Arbeitsmarktpolitik und -theorie

Lehrbuch zu empirischen, institutionellen und theoretischen Grundfragen der Arbeitsökonomik

Von

Universitätsprofessor Dr. Dr. h.c. Jürgen Zerche

Dr. Werner Schönig

Dipl.-Volksw. David Klingenberger

Forschungsinstitut für Sozialpolitik der Universität zu Köln

R. Oldenbourg Verlag München Wien

Die Deutsche Bibliothek – CIP-Einheitsaufnahme

Zerche, Jürgen:
Arbeitsmarktpolitik und –theorie : Lehrbuch zu empirischen, institutionellen und theoretischen Grundfragen der Arbeitsökonomik / von Jürgen Zerche ; Werner Schönig ; David Klingenberger. – München ; Wien : Oldenbourg, 2000
ISBN 3-486-25413-8

Rosenheimer Straße 145, D-81671 München
Telefon: (089) 45051-0, Internet: http://www.oldenbourg.de

Gedruckt auf säure- und chlorfreiem Papier
Druck: Hofmann-Druck Augsburg GmbH, Augsburg
Bindung: R. Oldenbourg Graphische Betriebe Binderei GmbH

ISBN 3-486-25413-8

Vorwort

Das vorliegende Buch verfolgt das Ziel, einen grundlegenden Einblick in die Arbeitsmarktpolitik und -theorie zu geben, wobei empirische, institutionelle und theoretische Grundfragen der Arbeitsökonomik dargestellt werden. Aufbauend auf umfangreichen Arbeiten und Lehrerfahrungen am Forschungsinstitut für Sozialpolitik der Universität zu Köln liegt damit ein Lehrbuch vor, das sowohl in seinem Konzept als auch hinsichtlich der Berücksichtigung des Forschungsstandes eine Lücke auf dem deutschsprachigen Markt zu schließen versucht.

Im institutionellen, vor allem aber im theoretischen Teil ist das Buch eine grundlegende Überarbeitung des von Jürgen Zerche 1979 vorgelegten Bandes 'Arbeitsökonomik', der jedoch um wesentliche Teile ergänzt wurde. So sind die empirische Situationsanalyse des bundesdeutschen Arbeitsmarkts, die Ausführungen zur Arbeitsmarktordnungspolitik, zur Arbeitslosigkeit und ihrer Bekämpfung, zur Zukunft der Arbeit und schließlich jene zu den neueren Entwicklungen der Arbeitsmarkttheorie vollständig neu verfaßt. Wir hoffen damit, ökonomische Theorie und Praxis verbunden und zusätzlich Bezüge zur sozialwissenschaftlichen Diskussion aufgezeigt zu haben. Das vorliegende Buch soll Lehrenden und Studierenden an Universitäten und Fachhochschulen sowie der interessierten Öffentlichkeit einen hinreichend geschlossenen Überblick zur Thematik geben.

Ein solches Vorhaben wäre ohne umfangreiche Diskussionen und redaktionelle Zuarbeiten undenkbar. Wir danken ganz herzlich Silke Geißler, Thomas Schleiermacher und Degenhard Sowa für ihre Mitarbeit bei der Erstellung der Graphiken, der Recherche, des Layouts und für ihr gewissenhaftes Korrekturlesen. Letzteres hat auch Dipl.-Volksw. Marcus Piepenburg mit großem Ertrag für uns auf sich genommen. Wichtige Anregungen haben wir zudem aus den lebhaften Diskussionen mit Fachkollegen und Praktikern sowie in Vorlesungen und Seminaren zur Arbeitsökonomik erhalten. Nicht zuletzt danken wir dem Oldenbourg Verlag für seine freundliche Begleitung dieses Lehrbuchprojektes.

Köln

Jürgen Zerche

Werner Schönig

David Klingenberger

Inhaltsverzeichnis

Abbildungsverzeichnis

Tabellenverzeichnis

1. Grundlagen der Arbeitsmarktpolitik und -theorie

1.1 Definitionen und Begriffserläuterungen

Die Probleme der menschlichen Arbeit und Arbeitswelt sind so vielfältig, daß sie in nahezu allen wissenschaftlichen Disziplinen behandelt werden. Vor allem zählen sie innerhalb der Wirtschafts- und Sozialwissenschaften mit zu den zentralen Gegenstandsbereichen.

Was ist Arbeit?

Die Existenz der Menschen ist zutiefst von dem geprägt, was man gemeinhin mit dem Begriff der *'Arbeit'* umschreibt. Die Vielfalt der Erscheinungsformen von 'Arbeit' schlägt sich in einer entsprechenden Vielzahl von Definitionsversuchen nieder. Allgemein formuliert kann man sagen, daß Arbeit eine Betätigung geistiger und körperlicher Kraft ist, wobei der Umkehrschluß jedoch nicht gilt. Einschränkend läßt sich *menschliche Arbeit* als *bewußte Betätigung* geistiger und körperlicher Kräfte definieren (*Harms*, 1923, S. 368). Jede bewußte Betätigung impliziert zugleich, daß sich das Individuum im Hinblick auf bestimmte *Zwecke* betätigt. Arbeit unterscheidet sich als solche durch die *Zielsetzung* und nicht durch irgendwelche äußeren Merkmale von der Nicht-Arbeit (z.B. Spiel oder Sport) (*Carell*, 1956, S. 229).

Welche Zielsetzungen sind es also, die uns von Arbeit sprechen lassen? *Karl Marx* hatte als Arbeit diejenige Tätigkeit des Menschen bezeichnet, deren Zweck die Aneignung des Natürlichen für menschliche Bedürfnisse und die Herstellung von Gebrauchswerten ist (*Marx*, 1962, S. 198). Gemäß dieser anthropologischen Dimension ist die Arbeit als „eine von allen Gesellschaftsformen unabhängige Existenzbedingung des Menschen" (ebd., S. 192) aufzufassen.

Doch die Arbeit ist nicht nur eine Naturnotwendigkeit, sie konstituiert den Menschen zudem in psychischer wie sozialer Hinsicht. Arbeit schafft nicht nur Werte, sondern weist darauf hin, daß der, der arbeitet, auch selbst etwas wert ist. Die Gesellschaft kann die Wertschätzung, die sie einer bestimmten Arbeitsleistung entgegenbringt, in Form von sozialer Anerkennung und/oder mittels einer materiellen Vergütung ausdrücken. Mit der *Arbeitsteilung* entwickelte sich die Tauschwirtschaft, womit zugleich materielle Vergütungsformen an Bedeutung gewannen.

In den Wirtschaftswissenschaften wird daher in der Regel der erwerbswirtschaftliche Zweck der Arbeit besonders betont, so etwa in der Definition von *Paulsen*: „Im ökonomischen Sinne ist die Arbeit eine Dienstleistung, die begehrt und ökonomisch knapp ist, daher einen Ertrag oder Preis (Lohn, Gehalt, Honorar etc.) erzielt." (*Paulsen*, 1963, S. 33).

Im Rahmen dieses Lehrbuchs sei Arbeit als diejenige *körperliche* oder *geistige Tätigkeit* von Personen definiert, die auf ein *wirtschaftliches Ziel* gerichtet ist. Im ökonomischen Sinne ist die Arbeit eine *Dienstleistung*, die *begehrt* und *knapp* ist, daher einen *Ertrag* oder *Preis* erzielt.

Genauso wie die Arbeit aus den genannten Gründen ein besonderes ökonomisches Gut darstellt, ist auch der *Arbeitsmarkt*, d.h. der ökonomische Ort des Aufeinandertreffens von Arbeitsangebot und Arbeitsnachfrage, in mehrfacher Hinsicht ein besonderer, mit den Güter- und Geldmärkten nicht zu vergleichender Markt.

Aufgrund der Subjektgebundenheit der Arbeit stellt das *Angebot* von Arbeitsleistungen für die Menschen stets mehr dar als der ökonomische Vorgang des Tausches von Arbeit gegen Geld. Arbeit läßt sich nicht auf ihre Warenform reduzieren. Diese Gefahr droht indes dort, wo die besitzlosen Arbeitnehmer unter einem strukturellen Verkaufszwang stehen, ihr Arbeitsangebot daher entsprechend unelastisch ist. Dieser strukturelle Verkaufszwang wird in seiner Wirkung verstärkt durch anomale Marktreaktionen (bei sinkendem Lohn muß das Arbeitsangebot erhöht werden, um ein ausreichendes Einkommen zu erzielen), durch die spezifische Struktur des Arbeitsmarktes (viele Anbieter stehen wenigen Nachfragern gegenüber) sowie durch die eingeschränkte Mobilität des Faktors Arbeit (Herausbildung von fachlich und räumlich segmentierten Teilmärkten). Um die Nachteile, die sich aus ihrem unelastischen Angebot ergeben, auszugleichen, schlossen sich die Arbeitnehmer zu Gewerkschaften zusammen. Im politischen Bereich führten die Besonderheiten des Faktors Arbeit zu einem Mitteleinsatz, der auf eine Regelung der Arbeitsbedingungen bzw. Regelung der Arbeitsentgelte gerichtet war. Zu den Regelungen der Arbeitsbedingungen zählten insbesondere gesetzliche Maßnahmen im Bereich des Arbeitsschutzes, der Arbeitszeitregelung und der allgemeinen Arbeitsbedingungen wie Urlaubszeit, Kündigungsschutz usw. (*Liefmann-Keil*, 1961, S. 236 ff.).

Die Besonderheiten des Arbeitsmarktes machen sich auch auf der *Nachfrageseite* bemerkbar. Da in der Regel keine fertigen Arbeitsleistungen, sondern lediglich Potentiale solcher Leistungen angeboten werden, wird das nachfragende Unternehmen verbindliche Vereinbarungen in Form eines Arbeitsvertrages über die zu erbringenden Leistungen anstreben. Infolge von Informationsasymmetrien ist ein solcher Arbeitsvertrag jedoch nur unvollständig spezifizierbar. Dieser Sachverhalt hat erhebliche Auswirkungen auf den Preisbildungsprozeß auf dem Arbeitsmarkt.

Die Vielfalt der Erscheinungsformen von Arbeit und der damit zusammenhängenden Fragestellungen nötigt dem Wissenschaftler die Beschränkung auf einige wenige Aspekte ab. Die Verfasser halten eine spezielle Betrachtung des Faktors Arbeit im Rahmen einer *Arbeitsökonomik* für angemessen und sinnvoll. Die ökonomische Theorie kann uns Auskunft über das Angebot und die Nachfrage, die Allokation (Aufteilung) der Arbeit hinsichtlich unterschiedlicher Verwendungen, die Preisbildung für Arbeit und Probleme der Bildung von Arbeitskapital (human capital) geben.

Der zentrale Stellenwert, den die Arbeit im Leben der meisten Menschen einnimmt, hat zur Folge, daß Erörterungen der mit der Arbeit zusammenhängenden Fragen häufig besonders wertgeladen behandelt werden. Von daher erscheint es verständlich, daß sich die Auswahl des ökonomischen Aspektes bei der Untersuchung der Arbeit von anderen Fachvertretern des Vorwurfs der Einseitigkeit, des Ökonomismus oder gar der Arbeiterfeindlichkeit ausgesetzt sehen kann. Gerade aus dem Versuch einer philosophisch-ganzheitlichen Betrachtungsweise sind die Wirtschaftswissenschaften heftig angegriffen worden (*Marcuse*, 1975).

Es soll daher zunächst geklärt werden, warum hier die *ökonomische* Betrachtungsweise als notwendig und sinnvoll angesehen wird (*Zerche*, 1993, S. 43ff.). Dann sollen einige Verwendungen des Begriffs vorgestellt und im Rahmen einer Begriffsabgrenzung mögliche Mißverständnisse mit ähnlich klingenden Begriffen und Fächern ausgeräumt werden.

Die Arbeitsökonomik ist eine Teildisziplin der Wirtschaftswissenschaften. Sie kann als Teilbereich einer ökonomisch orientierten Sozialpolitiklehre verstanden werden. In Anlehnung an die Überlegungen *Liefmann-Keils* läßt sich eine spezifisch ökonomische Betrachtungsweise damit begründen (*Zerche/Gründger*, 1996),

- daß viele Probleme der praktischen Sozialpolitik ursächlich mit ökonomischen Erscheinungen und Bedingungen in unserer Gesellschaft verbunden sind;
- daß sich die meisten Probleme der praktischen Sozialpolitik mit ökonomischen Kategorien beschreiben und quantifizieren lassen;
- daß die meisten Probleme der praktischen Sozialpolitik mit ökonomischen Mitteln bewältigt werden können bzw. angesichts der Knappheit der erforderlichen Mittel Überlegungen ökonomischer Art erfordern.

Mit der Betonung ökonomischer Betrachtungsweisen wird nicht geleugnet, daß bei marktwirtschaftlicher Wirtschaftssteuerung besondere soziale, psychische und rechtliche Probleme für diejenigen entstehen, die in der Regel kein Produktionsvermögen, sondern nur ihre Arbeitskraft besitzen und gezwungen sind, ein bestimmtes Lohnarbeitsverhältnis einzugehen. Diese Aspekte werden meist stärker von der *institutionellen Arbeitsökonomik* behandelt, die gerade in kritischer Distanz zur ökonomischen Theorie stärker in der Geschichte, der Soziologie und Rechtswissenschaft begründet ist.

Die Unterscheidung zwischen einer analytischen Arbeitsökonomik und einer institutionellen Arbeitsökonomik ist jüngeren Datums. In der älteren angelsächsischen Fachliteratur werden unter „labo(u)r economics" meist der institutionelle und der ökonomisch-analytische Aspekt gemeinsam behandelt. Allgemein läßt sich jedoch sagen, daß auch dort die institutionellen und historischen Fragen stärker in den Mittelpunkt der Untersuchungen gestellt werden. Ein gutes Beispiel für eine Schwerpunktverschiebung bildet das Lehrbuch von Allan M. *Cartter* und F. Ray *Marshall* (*Cartter/Marshall*, 1973), in dem beide Gebiete in einer ausgewogenen Kombination behandelt werden. Für sie hat labor economics die Aufgabe „to describe, analyze, and theorize about the organization, institutions, and behavior of the labor market in an industrializing or industrialized economy" (*Cartter/Marshall*, 1973, S. 3). Ausgehend von den traditionellen Hauptbeschäftigungsgebieten der Arbeitsökonomen nennen sie die Geschichte der Entwicklung der Arbeiterbewegung und Theorien über die Entstehungsgeschichte, internationale Vergleiche der Arbeiterbewegung, Collective-Bargaining-Abläufe, Lohn- und Beschäftigungstheorie, Manpower Economics, staatliche Arbeitsmarktpolitik. In ihrer Arbeit legen sie einen Schwerpunkt auf die Verwendung der analytischen Instrumente der Ökonomie und betonen die Willkürlichkeit der Trennung der Arbeitsökonomie von der Allgemeinen Volkswirtschaftslehre. 1976 hat Albert *Rees* in einem H. Gregg *Lewis* gewidmeten Bande des Journal of Political Economy die Unterscheidung zwischen „analytical labor economics" und „institutional labor economics" betont und hervorgehoben, daß die ökonomisch-analytische Betrachtungsweise erst heute, insbesondere in den führenden wirtschaftswissenschaftlichen Fakultäten der USA, dominiert.

Die Unterscheidung zwischen analytischer und institutioneller Arbeitsökonomik findet sich in den neueren angelsächsischen Lehrbüchern nur mehr implizit. Dies ist erstens der zunehmenden Spezialisierung und Ausdifferenzierung des Faches geschuldet und spiegelt zweitens den geringeren Umfang staatlicher Intervention auf dem Arbeitsmarkt wider, wie er für die neuere angelsächsische Situation charakteristisch ist. Aus der Vielzahl der neueren englischsprachigen Lehrbücher aus den neunziger Jahren sei hier nur auf die Beiträge von *Borjas* (1996), *Ehrenberg/Smith* (1994), *Filer/Hamermesh/Rees* (1996), *McConnell/Brue/MacPherson* (1998), *Reynolds/Masters/Moser* (1997) und *Smith* (1994) verwiesen. Sie weisen sich durch einen typisch angelsächsischen Problembezug aus, dessen Erklärungswert allerdings durch seinen Fokus auf die empirisch-institutionelle Situation in den USA und Großbritannien hinsichtlich der bundesdeutschen Situation Grenzen gesetzt sind.

Um so bedeutsamer sind daher umfassende Ländervergleiche, die in den letzten Jahren unternommen wurden. Indem deren Autoren versuchen, empirische, institutionelle und theoretische Aspekte zusammenzuführen, haben diese Arbeiten den Charakter von Lehrbuchdarstellungen angenommen. Als einflußreiche Beispiele hierfür seien die Arbeiten von *Layard/Nickel/Jackman* (1991, 1994) und *Lindbeck* (1993) empfohlen. Deren Kernaussagen werden am Ende des vorliegenden Lehrbuchs, in Abschnitt 3.4, ausführlich referiert.

Im deutschen Sprachraum hat u. a. *Rothschild* mit seiner „Lohntheorie" einen wichtigen Teilbereich der Arbeitsökonomik behandelt (*Rothschild*, 1963). Teilweise griff er dabei auf sein Buch „The Theory of Wages" (*Rothschild*, 1954) zurück, so daß dieser Beitrag in Teilen den Stand der frühen fünfziger Jahre wiedergibt. Elisabeth *Liefmann-Keil* hat dann in ihrem wegweisenden Buch „Ökonomische Theorie der Sozialpolitik" (*Liefmann-Keil*, 1961) eine gelungene Darstellung wichtiger Gebiete der Arbeitsökonomik mit Hilfe ökonomischer Instrumente gegeben. Ihr eigentliches Ziel ist aber die Begründung der Sozialpolitik als Politik der Einkommensverteilung. 1972 erschien dann ein Reader mit repräsentativen Aufsätzen aus dieser Teildisziplin der Wirtschaftswissenschaften mit dem Titel „Arbeitsökonomik" (*Külp/Schreiber*, 1972). Dieser Band enthält Aufsätze aus den Bereichen Betriebliche Sozialpolitik, Lohnpolitik der Tarifverbände und Lohnpolitik des Staates. Nach Auffassung der Herausgeber befaßt sich die „Arbeitsökonomik" mit den ökonomisch relevanten Beziehungen zwischen den Arbeitnehmern und den Arbeitgebern (S. 9). Eine Konzentration auf die Analyse des Arbeitsmarktes - wie in der klassischen und neoklassischen Theorie - wird aber abgelehnt. Es wird darauf hingewiesen, daß die ökonomisch relevanten Beziehungen weiter zu sehen seien als die reinen Marktbeziehungen. Die relevanten Beziehungen begännen erst nach Abschluß des Arbeitsvertrages. Daher bedürfe die Arbeitsmarktanalyse einer Ergänzung durch die Untersuchung der innerbetrieblichen Beziehungen zwischen Arbeitnehmern und Arbeitgebern.

In den neueren deutschsprachigen Lehrbüchern zur Arbeitsmarktpolitik und -theorie nehmen die Beiträge von *Franz* (1996), *Keller* (1997), *Sesselmeier/Blauermel* (1997), *Wagner/Jahn* (1997) und *Landmann/Jerger* (1999) eine hervorragende Stellung ein, wenngleich die unterschiedliche methodisch-disziplinäre Schwerpunktsetzungen offenkundig sind. Der Band von *Franz* konzentriert sich auf eine empirisch-ökonometrische Analyse und Einordnung des bundesdeutschen Arbeitsmarktgeschehens und ist als solcher maßgebend für den Überblick zum Stand der arbeitsmarkttheoretischen Forschung in Deutschland geworden. Ein ähnliches Konzept und gleiche analytische Qualität - bei stärker makroökonomischer Ausrichtung - zeigt das neue Lehrbuch von *Landmann/Jerger*, das sich zudem auch den politischen Handlungsempfehlungen zuwendet. Primär mikroökonomisch orientiert sind hingegen die Lehrbücher von *Sesselmeier/Blauermel* und *Wagner/Jahn*, die in dem Bemühen um eine Mikrofundierung der Arbeitsökonomik unter Einschluß von Transaktionskosten und Institutionen die Hauptforschungsrichtung der letzten Dekade repräsentieren. Demgegenüber befaßt sich *Keller* fast ausschließlich mit den institutionellen Fragen der Arbeitsmarktpolitik. Kehrseite der Schwerpunktsetzungen der vorgestellten Lehrbücher ist es, daß keines von ihnen einen zusammenfassenden Überblick zur analytischen wie auch zur institutionellen Arbeitsökonomik versucht. Dies läßt sich auch an der von den Autoren verwendeten Terminologie ablesen.

Leicht mit der Arbeitsökonomik zu verwechseln sind die Begriffe der *Arbeitsmarktökonomik*, der *Arbeitspolitik* sowie der *Arbeitswissenschaft*. Die Arbeits*markt*ökonomik (vgl. *Franz*, 1996) ist enger als die Arbeitsökonomik ausgerichtet, da sie sich auf die Analyse der reinen Marktbeziehungen konzentriert, Aspekte innerbetrieblicher Arbeitsbeziehungen hingegen ebenso ausspart wie etwa Segmentationstheorien.

Die *Arbeitspolitik*, definiert als „Prozeß der Einflußnahme von betrieblichen, überbetrieblichen und staatlichen Handlungsträgern auf die Organisation des Arbeits- und Produktionsprozesses und seine sozialen Folgewirkungen - unter Berücksichtigung verschiedener Interessenlagen“ (*Keller*, 1997, S. 1), ist wiederum stärker institutionell und damit auch interdisziplinär ausgerichtet. Neben ‘Versatzstücken’ aus der Sozial- und Wirtschaftsgeschichte, der Rechtswissenschaft, der Soziologie, der Politikwissenschaft, der Psychologie und der Betriebswirtschaftslehre umfaßt die Arbeitspolitik auch verschiedene der Volkswirtschaftslehre zugeordnete Aspekte der Arbeitsökonomik.

Die stärker ingenieurwissenschaftlich orientierte *Arbeitswissenschaft* interessiert sich insbesondere für objektive Sachverhalte der menschlichen Arbeit. Kernfrage ist, was der Mensch bei einer Arbeit leisten kann. Der zentrale Leistungsbegriff ist dabei technisch definiert als Quotient aus Werkeinheiten und Zeiteinheiten:

$$Leistung(L) = \frac{Werkeinheiten\ \ (WE\ \ in\ \ Stück,\ \ kg\ \ usw.)}{Zeiteinheiten\ \ (ZE\ \ in\ \ Stunden,\ \ Minuten)}$$

Mit H. H. *Hilf* kann man dann die Arbeitswissenschaft als „die Lehre von der durch die Leistungsforschung geklärten Arbeitsgestaltung oder von der durch die methodische Arbeitsgestaltung ermöglichten menschlichen Arbeitsleistungen“ (*Hilf*, 1964, S. 17) bezeichnen.

In Deutschland hatte der REFA (Reichsausschuß für Arbeitszeitermittlung) für die Arbeitswissenschaft eine besondere Bedeutung. Er baute das Arbeitszeitstudium durch Untersuchungen des Arbeitsablaufs und durch Richtlinien für die Arbeitsbewertung aus.

Wenn auch die Arbeitswissenschaft mit ihrer stärker technischen Orientierung auf die Mittelwahl zur Erzielung einer Leistung abstellt und nicht unmittelbar dem Wirtschaften als Vergleich von Geldgrößen (*Mellerowicz*, 1973, S. 9 ff.) zugerechnet werden kann, so muß andererseits betont werden, daß sich die technische und die wirtschaftliche Sphäre, insbesondere im betrieblichen Bereich, ständig durchdringen, wobei die Arbeitswissenschaft hier besonders für die betriebliche Lohnpolitik (*Gutenberg*, 1979) von großer Bedeutung ist.

In diesem Band wird die Arbeitsmarktpolitik und -theorie als eine Teildisziplin der Wirtschaftswissenschaften behandelt. Es finden daher institutionelle und theoretische Aspekte gleichermaßen Beachtung. Zudem wird großer Wert auf eine empirische Fundierung der Aussagen gelegt.

Der analytisch-ökonomische Bereich hat die ökonomisch relevanten Wechselwirkungen zwischen unselbständig beschäftigten Erwerbspersonen und Unternehmern bzw. ihren Verbänden auf dem Arbeitsmarkt, im innerbetrieblichen Bereich, im innerverbandlichen Beziehungsgefüge und die wirtschaftlichen Wirkungen dieser Beziehungen zum Gegenstand. Die institutionelle Arbeitsökonomik müßte dann in starker Wechselbeziehung zu Geschichte, Recht und Soziologie gesehen werden, wobei soziale Gruppenbeziehungen in den Verbänden, die staatliche Rahmengesetzgebung usw. zu behandeln sind. Die folgende Übersicht (vgl. Abbildung 1.1) macht die Einordnung der Arbeitsökonomik in das System der Sozial- und Wirtschaftswissenschaften deutlich.

Abbildung 1.1: Die Einordnung der Arbeitsökonomik in das System der Sozial- und Wirtschaftswissenschaften

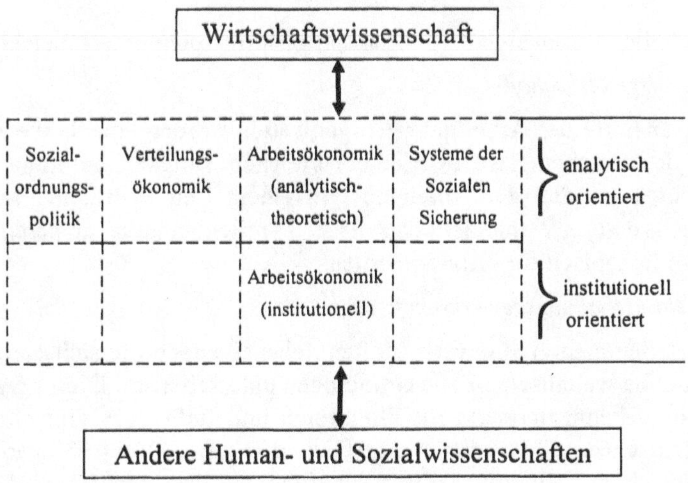

1.2 Korporative Akteure auf dem Arbeitsmarkt

Die Form und Verfassung des Arbeitsmarktes wird maßgeblich von korporativen Akteuren beeinflußt. Im Zuge der wachsenden Berücksichtigung von Institutionen in der Arbeitsökonomik hat die Darstellung der korporativen Akteure und der institutionellen Gegebenheiten erfreulicherweise auch wieder Einzug in die Lehrbuchliteratur gehalten (vgl. etwa *Keller*, 1997 und *Wagner/Jahn*, 1997). Mit *Lampert* läßt sich von einem institutionalisierten, organisierten Markt sprechen (*Lampert*, 1998, S. 181). Träger der Arbeitsmarktpolitik sind neben dem Staat bzw. den Institutionen der mittelbaren Staatsverwaltung (Bundesanstalt für Arbeit, Arbeitsgerichtsbarkeit, Bundesministerium für Arbeit und Sozialordnung) die Gewerkschaften und Arbeitgebervereinigungen.

1.2.1 Die Gewerkschaften

Gewerkschaften sind „freiwillige, auf Dauer angelegte Interessenvereinigungen von abhängig beschäftigten Arbeitnehmern mit dem Ziel der Absicherung und Verbesserung ihrer wirtschaftlichen und sozialen Lage bzw. Arbeitsbedingungen“ (*Keller*, 1997, S. 29). Die Erfolge der Gewerkschaften bei der Verfolgung dieses Zieles hängen in hohem Maße von ihrer Organisationsform ab.

Grundsätzlich lassen sich drei Organisationsprinzipien unterscheiden:

- *Die Berufsgewerkschaft*

  In dieser Form der Arbeitnehmerorganisation werden jeweils die Angehörigen des gleichen Berufes oder der gleichen Tätigkeit zusammengefaßt. Die Folge ist, daß der Arbeitgeber in einem Betrieb mit mehreren Gewerkschaften zu verhandeln hat, die z. T. miteinander rivalisieren. Dieses System ist typisch für Großbritannien.

- *Die Weltanschauungsgewerkschaft*

  Es bestehen mehrere Gewerkschaften nebeneinander, die sich durch unterschiedliche weltanschauliche Grundlagen unterscheiden. Dieses System ist vor allem kennzeichnend für Frankreich und Italien; es gibt christliche, sozialistische und kommunistische Gewerkschaften. Vor 1933 gab es auch in Deutschland Richtungsgewerkschaften: die liberalen Hirsch-Dunckerschen Gewerkvereine, die christlichen und die freien, sozialdemokratisch orientierten Gewerkschaften.

- *Die Industriegewerkschaft*

  Nach 1945 wurde in Westdeutschland die Einheitsgewerkschaft gegründet, die nach dem Industrieprinzip („ein Betrieb - eine Gewerkschaft“) gegliedert ist. Alle Arbeitnehmer, die in einer Branche tätig sind, gehören zu einer Gewerkschaft, die folglich verschiedene Berufsgruppen umfaßt. Als einzige Arbeitnehmerorganisation ist die Gewerkschaft ein starker Verhandlungspartner für die Unternehmer.

In Deutschland schlossen sich im Oktober 1949 die Gewerkschaften der drei Westzonen zum Deutschen Gewerkschaftsbund (DGB) zusammen. Derzeit gehören dem DGB 12 Einzelgewerkschaften an, die - mit Ausnahme z.B. im Schul- und Hochschulbereich - nach dem Industrieprinzip organisiert sind. Die Zahl der Einzelgewerkschaften ist aufgrund der Fusions- bzw. Integrationstendenzen in den letzten Jahren deutlich gesunken.

So schlossen sich die IG Druck und Papier und die Gewerkschaft Kunst im Jahre 1989 zur IG Medien zusammen. Die IG Bau-Agrar-Umwelt übernahm 1995 die kleinere Gewerkschaft Gartenbau-, Land- und Forstwirtschaft. Die IG Chemie, die IG Bergbau und die Gewerkschaft Leder fusionierten wiederum im Jahre 1997 zur IG Bergbau, Chemie, Energie (IGBCE). Zur Jahresmitte 1998 wurde schließlich die Gewerkschaft Textil-Bekleidung in die IG Metall integriert. In Kürze soll die Gewerkschaft Holz und Kunststoff auf dem gleichen Wege nachfolgen. Spätestens zum Jahre 2002 ist der Zusammenschluß von fünf Einzelgewerkschaften zur Vereinten Dienstleistungsgewerkschaft ('ver.di') mit schätzungsweise 3,1 Millionen Mitgliedern geplant. In dieser Dienstleistungsgewerkschaft sollen die Deutsche Angestellten-Gewerkschaft (DAG), die Deutsche Postgewerkschaft, die Gewerkschaft Handel, Banken und Versicherungen (HBV), die Gewerkschaft Öffentliche Dienste, Transport und Verkehr (ÖTV) sowie die IG Medien aufgehen. Damit wäre Verdi die weltweit mitgliederstärkste Gewerkschaft.

Die Zusammenführung solch unterschiedlicher Einzelgewerkschaften im Zuge einer organisatorischen Modernisierung beinhaltet Chancen wie Risiken. Zusammenschlüsse werden als eine erfolgversprechende Möglichkeit gesehen, eine flächendeckende Mitgliederbetreuung zu vertretbaren Kosten zu gewährleisten und auf diese Weise die Handlungsfähigkeit der Mitgliedergewerkschaften innerhalb des Dachverbandes zu sichern. So zielt die geplante Megafusion explizit darauf ab, in neuen Beschäftigungsbereichen durch qualifizierte Betreuungs- und Vertretungsangebote in ausreichender Zahl Mitglieder zu gewinnen. Mit dem Einbezug des DAG ließen sich zudem die bisherigen 'kontraproduktiven Konkurrenzverhältnisse' zwischen den DGB-Einzelgewerkschaften und der DAG überwinden. Allerdings dürfen auch die mit Fusionen verbundenen Risiken nicht übersehen werden. Auf der einen Seite besteht die Gefahr einer abnehmenden Bindungsfähigkeit gegenüber den Mitgliedern (Identitätsverlust), auf der anderen Seite ist aber auch eine innere Auflösung der Einheitsgewerkschaft durch wenige, dafür starke Weltanschauungsgewerkschaften denkbar.

Neben den genannten Einheitsgewerkschaften existieren noch weitere Arbeitnehmervereinigungen, deren bedeutendste die bereits genannte Deutsche Angestelltengewerkschaft (DAG) und der Deutsche Beamtenbund

(DBB) sind. Der Mitte der 50er Jahre wiedergegründete Christliche Gewerkschaftsbund (CGB) ist von geringer Bedeutung geblieben. Etwa 82 Prozent aller Gewerkschaftsmitglieder waren 1996 im DGB organisiert (vgl. Abbildung 1.2).

Abbildung 1.2: Gewerkschaftsmitglieder nach zugehöriger Gewerkschaft in Prozent

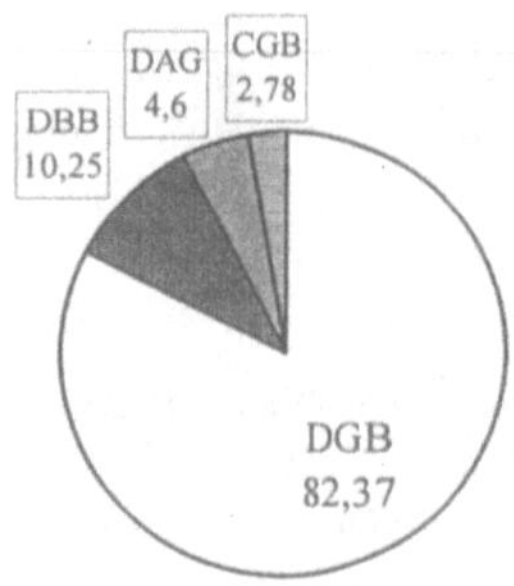

Quelle: Angaben des DGB.

Die Zahl der DGB-Mitglieder nahm zwischen 1950 und 1996 von 5,4 Mio. auf ca. 9,0 Mio. zu (vgl. Tabelle 1.1), wobei die Entwicklung in den einzelnen Mitgliedergewerkschaften infolge des wirtschaftlichen Strukturwandels sehr unterschiedlich verlief (vgl. Abbildung 1.3).

Tabelle 1.1: Mitgliederverteilung im DGB

	1950	1976	1996
Beamte	344.000	698.000	663.000
Angestellte	571.000	1.436.000	2.555.000
Arbeiter	4.535.000	5.266.000	5.450.000
Sonstige Mitglieder[1]	-	-	305.000
	5.450.000	7.400.000	8.973.000

[1] (Freiberufler, Arbeitslose, Rentner/innen, Auszubildende etc.)

Quelle: Angaben des DGB.

Abbildung 1.3: Mitgliederentwicklung im DGB 1976 - 1996 absolut und in Prozent aller DGB-Mitglieder

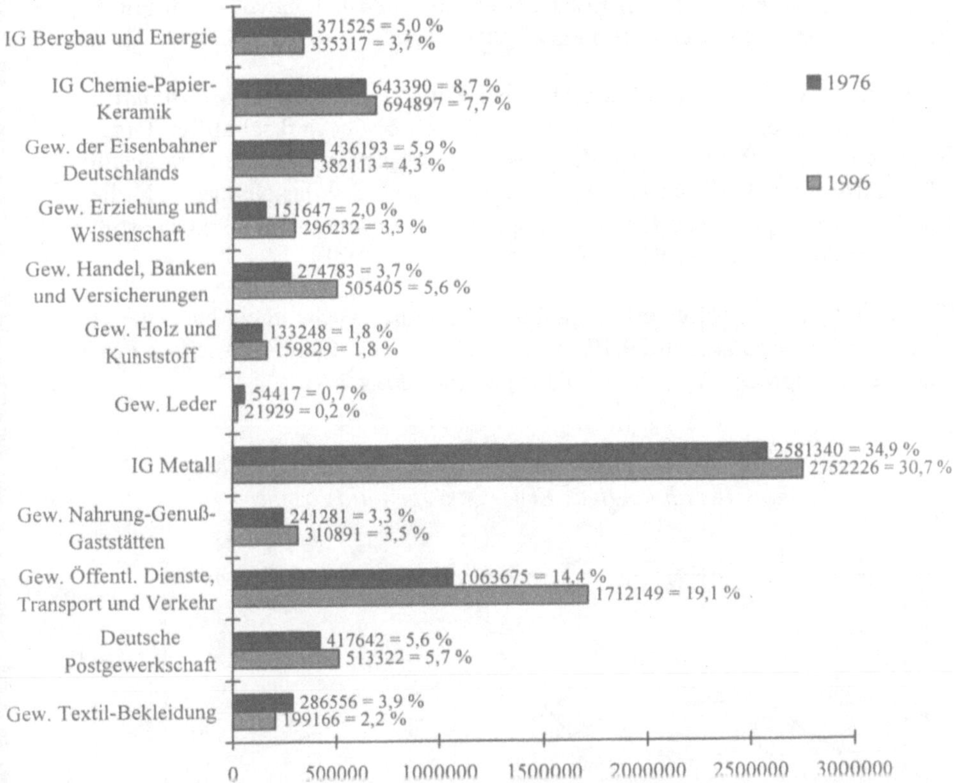

Quelle: Angaben des DGB.

Die obige Abbildung zeigt, das sei vorausgeschickt, nicht den Organisationsgrad, sondern die Verteilung der Gewerkschaftsmitglieder auf die DGB-Gewerkschaften. Zunächst fällt auf, daß die beiden größten Einzelgewerkschaften (IG Metall und ÖTV) zusammen fast die Hälfte (49,8 Prozent) der Mitglieder in DGB-Gewerkschaften auf sich vereinigen. Demgegenüber verteilt sich die andere Hälfte der Mitglieder auf weitere zehn Einzelgewerkschaften, deren Einfluß auf die DGB-Führung als entsprechend gering einzustufen ist.

Auffällig ist zudem, daß nur vier der zehn Gewerkschaften (GEW, HBV, NGG, ÖTV) steigende Anteile an den Mitgliedern der DGB-Gewerkschaften haben. Zu den 'Gewinnern' der Mitgliederentwicklung zählen damit durchweg Dienstleistungsgewerkschaften, während die Anteile der großen Industriegewerkschaften - teilweise trotz absoluter Zunahme - gefallen sind.

Hierin spiegelt sich eindrucksvoll der wirtschaftliche Strukturwandel (Deindustrialisierung) und die damit einhergehende Verschiebung der Beschäftigungsanteile auf dem Arbeitsmarkt (vgl. Abschnitt 1.3.1) wider. Die Beschäftigungsanteile wachsen insbesondere in jenen Branchen, die traditionell einen geringen Organisationsgrad aufweisen.

Trotz der merklichen absoluten Mitgliederzunahme ist der gewerkschaftliche Organisationsgrad, hier definiert als Anteil der gewerkschaftlich Organisierten an den Beschäftigten des jeweiligen Organisationsbereiches, leicht rückläufig. Dies läßt sich zunächst damit erklären, daß der Nenner (d.h. die Zahl der abhängig Beschäftigten) im gleichen Zeitraum noch stärker gestiegen ist als der Zähler, nämlich von 14 Mio. auf 30,7 Mio.

Für den Deutschen Gewerkschaftsbund in seiner Gesamtheit beträgt der Organisationsgrad aktuell 29,1 Prozent (1996); er liegt damit nur einen Prozentpunkt unter dem Wert von 1965 (vgl. Abbildung 1.4).

Abbildung 1.4: Anteil der Gewerkschaftsmitglieder im DGB an den abhängigen Erwerbstätigen in Prozent

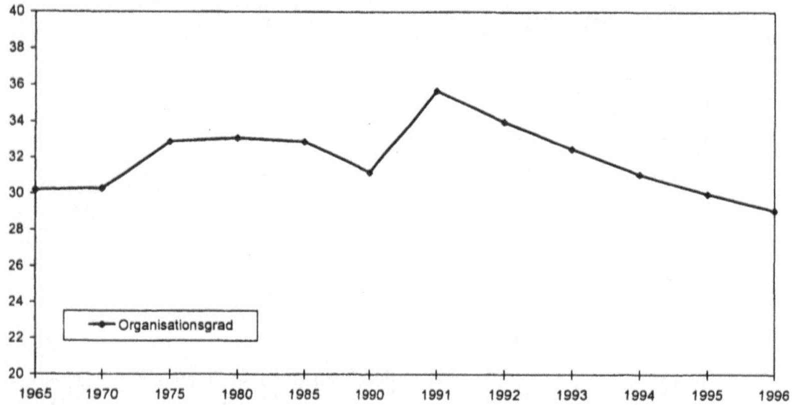

Quelle: Angaben des DGB.

Gesondert betrachtet werden muß der Effekt, der von der Vereinigung der beiden deutschen Staaten ausgeht. Da die gewerkschaftliche Bindung in der ehemaligen DDR vergleichsweise hoch war, konnte der DGB mit dem organisatorischen Aufbau in den neuen Bundesländern seinen Organisationsgrad innerhalb eines Jahres (1990/91) um 4,5 Prozentpunkte auf 35,7 Prozent steigern. Die krisenhafte Wirtschaftsentwicklung und der Niedergang großbetrieblicher Strukturen in den neuen Bundesländern hat allerdings inzwischen eine weitgehende Angleichung des Organisationsgrades an die Verhältnisse in den alten Bundesländern bewirkt.

Der Organisationsgrad kann als Meßgröße für die Verhandlungsmacht (bargaining power) der Gewerkschaften gelten. Er zeigt zudem an, inwieweit die Gewerkschaften ihr Mitgliederpotential auch tatsächlich ausschöpfen können.

Im internationalen Vergleich liegt die Bundesrepublik Deutschland hinsichtlich des Organisationsgrades nach wie vor im Mittelfeld. Beamte sind stärker organisiert als Arbeiter, die an sich den traditionellen Kern der Gewerkschaftsorganisation bilden. Weit abgeschlagen folgen die Angestellten. Als ein strukturelles Problem der Gewerkschaften gilt insbesondere der geringe Organisationsgrad von Frauen und Jugendlichen sowie von technischen Berufen mit hoher Qualifikation.

Ausgangspunkt einer kritischen Bewertung des Organisationsgrades des Deutschen Gewerkschaftsbundes ist daher das Grundproblem, daß sich die Organisationsdefizite gerade in jenen Branchen (neuere Dienstleistungen) und bei jenen Personengruppen (Frauen, Jugendliche, Akademiker) konzentrieren, die in den letzten Dekaden die größten Beschäftigungsgewinne verzeichnen konnten (vgl. Abschnitt 1.3.1). Umgekehrt ist der gewerkschaftliche Organisationsgrad bei den männlichen Facharbeitern mit Normalarbeitsverhältnis in der Großindustrie zwar nach wie vor am höchsten, deren Beschäftigungsanteile fallen jedoch seit Jahrzehnten deutlich. Gelingt es den DGB-Gewerkschaften nicht, dieses strukturelle Problem zu lösen, so ist ihre zukünftige Konfliktfähigkeit als gering einzuschätzen.

Die Gewerkschaften der Bundesrepublik Deutschland sind so organisiert (vgl. Abbildung 1.5), daß neben der Vertretung der Mitgliederinteressen auch eine Orientierung an gesamtgesellschaftlichen und gesamtwirtschaftlichen Notwendigkeiten ermöglicht wird. So ist in der Bundesrepublik Deutschland nicht zu erwarten, daß eine zahlenmäßig kleine Arbeitnehmergruppe bei der Verfolgung egoistischer Einkommensziele von den DGB-Gewerkschaften unterstützt wird. Ihr Verhalten wird stark von ihrer Organisationsstruktur und ihrem innerverbandlichen Willensbildungsprozeß geprägt. Eine straffe Organisation und ein demokratischer Aufbau stärken die Politik der deutschen Gewerkschaften. Sie können im Rahmen der Lohnpolitik eine Gegenmachtposition einnehmen, um die ökonomischen Interessen ihrer Mitglieder im marktwirtschaftlichen System zu vertreten.

Durch die Vertretung ganzer Industriebereiche durch eine Gewerkschaft (Industrie-Gewerkschaft), in der konfessionelle, parteipolitische und ständische Unterschiede ausgeschaltet sind (Einheitsgewerkschaften), wurde ein gewerkschaftlicher Konkurrenzkampf um die Arbeitnehmer durch das Dominieren der DGB-Gewerkschaften weitgehend verhindert.

Abbildung 1.5: Organisationsschema des Deutschen Gewerkschaftsbundes

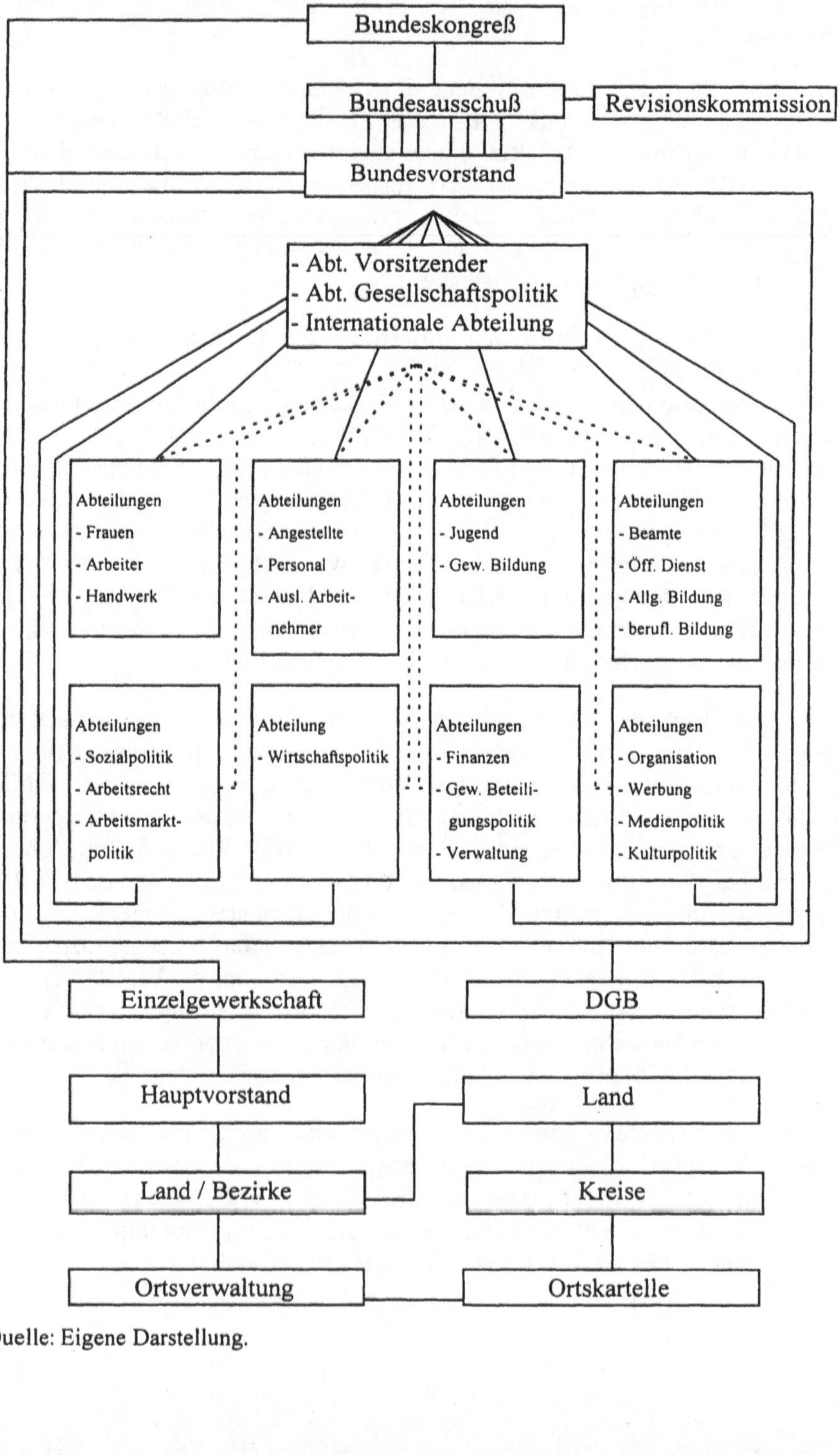

Quelle: Eigene Darstellung.

Der Zusammenschluß von 16 Einzelgewerkschaften zum DGB im Jahre 1949 hat ebenfalls die Stärke der Gewerkschaftsbewegung entscheidend beeinflußt. Dabei ist die Position des DGB gegenüber seinen Einzelgewerkschaften vergleichsweise schwach. Die Tarif- und Finanzhoheit bleibt der jeweiligen Gewerkschaft erhalten (der DGB selbst ist keine Tarifpartei und kann keine Tarifverträge abschließen). Gemeinsame gesellschaftspolitische Ziele lassen sich indes nur im Rahmen einer koordinierten Lohnpolitik mit Aussicht auf Erfolg verfolgen.

Der DGB dient hier vor allem als Koordinationsorgan. Dabei muß man allerdings berücksichtigen, daß die Einzelgewerkschaften des DGB, je nach Mitgliederstärke, unterschiedlichen Einfluß auf die DGB-Politik nehmen. Der Zusammenschluß im DGB ist aber auch für die kleineren Gewerkschaften von Vorteil, da sie sich an die Lohnpolitik der großen und starken Gewerkschaften anlehnen können.

Ihre Legitimation als Arbeitnehmervertreter leiten die Gewerkschaften neben der rechtlichen Fundierung aus ihrer demokratischen Willensbildung ab. So entscheiden die Mitglieder über die Delegierten auf Orts-, Bezirks-, Landes- und Bundesebene. Von den Delegierten werden dann die Vorstände und die diese kontrollierenden Organe gewählt.

Auch der lohnpolitische Willensbildungsprozeß ist in Satzungen geregelt, die demokratischen Prinzipien entsprechen. Traditionell und nach Satzung sind es die Bezirke, die Landes- oder die Verwaltungsstellen, die nach außen die Lohnverhandlungen führen (*Himmelmann*, 1970, S. 108). Bei Tarifabschlüssen auf Bundesebene bleibt den Untergliederungen der Gewerkschaften nur ein geringer Spielraum zur Ausgestaltung für den jeweiligen Tarifbereich.

Unabhängig von der Organisationsebene, auf der die Tarifverhandlungen geführt werden, lassen sich drei Einflußfaktoren aufzeigen.

- *Der Einfluß der Tarifkommission*

  Nach den geltenden Bestimmungen für Urabstimmung und Streik sind die Tarifkommissionen „Organe der Willensbildung über Ziele und Strategie der Lohnpolitik“ (*Bergmann*, 1979, S. 367). Ihre Legitimation beziehen die Mitglieder der Tarifkommission aus der Wahl bzw. Bestätigung durch die Delegiertenversammlungen. Von entscheidender Bedeutung für den Willensbildungsprozeß in den Tarifverhandlungen ist die Zusammensetzung der Tarifkommission.

  So wird bei der IG Metall vom Bezirksleiter in Zusammenarbeit mit der Bezirkskommission die Zahl ihrer Mitglieder und deren Verteilung auf die Verwaltungsstellen festgelegt. Sie treffen dann die personelle Auswahl. Bewertet man den Einfluß der Tarifkommissionen auf den lohnpolitischen Willensbildungsprozeß nach ihrer Stellung in der Organisation der Gewerkschaften, so ist dieser sehr gering. So hat sie bei der IG Metall lediglich das Recht zu „Stellungnahmen“ und „Empfehlungen“ in tarifpolitischen Fragen (*Bergmann*, 1979, S. 368). Doch darf der persönliche Einfluß ihrer Mitglieder auf die Tarifverhandlungen nicht unterschätzt werden, da viele von ihnen als Betriebsräte und Vertrauensleute in großen Unternehmungen fungieren.

- *Der Einfluß der Mitglieder*

Untersucht man die Möglichkeit der Einflußnahme der Arbeitnehmer im Betrieb auf den Willensbildungsprozeß, so hat man zwischen direktem und indirektem Einfluß zu unterscheiden.

Direkte Beteiligungsrechte hat die Masse der Gewerkschaftsmitglieder nur im Rahmen der Urabstimmung und des Streiks, weil nur dann die exekutive Gewalt auf die Arbeitnehmer übergeht.

Indirekten Einfluß übt das normale Mitglied bei den Wahlen zu den Delegiertenversammlungen (alle drei bis vier Jahre) aus, aus denen die Repräsentanten der Gewerkschaft hervorgehen. Eine weitere Einflußnahme ergibt sich daraus, daß die Stimmung im Betrieb in die Meinungsbildung der Betriebsräte und Vertrauensleute eingeht.

- *Der Einfluß des Hauptvorstandes*

Der Hauptvorstand ist das juristische und nach außen letztinstanzlich verantwortliche Organ der Gewerkschaft (BAG, AP, Nr. 5).

Er setzt sich zusammen aus dem demokratisch gewählten geschäftsführenden Vorstand und den ehrenamtlichen Vorstandsmitgliedern, die von den Bezirken vorgeschlagen werden und in der Regel die Mehrheit bilden (*Föhr*, 1974, S. 35).

Dem Hauptvorstand stehen im lohnpolitischen Willensbildungsprozeß wesentliche Einflußmöglichkeiten zu. Vier wesentliche Faktoren lassen sich nennen (*Himmelmann*, 1970, S. 109):

(1) Der für die Lohnpolitik auf Bezirksebene verantwortliche Bezirksleiter ist Beauftragter des Vorstandes, meist von ihm angestellt und ihm verantwortlich.

(2) Nach den Streikrichtlinien des DGB, die für alle angeschlossenen Gewerkschaften verbindlich sind, fällt die Entscheidung über Urabstimmung und Streik allein dem Hauptvorstand zu.

(3) Der Hauptvorstand haftet für die Gewerkschaft, deshalb muß ihm die letztinstanzliche Entscheidungsbefugnis vorbehalten bleiben.

(4) Die Finanzhoheit liegt beim Hauptvorstand; Streikgelder dürfen nur aus der Hauptkasse und durch ihn gezahlt werden.

Daraus läßt sich eindeutig entnehmen, daß der Hauptvorstand das entscheidende Organ im Willensbildungsprozeß der Gewerkschaft ist. Das satzungsrechtliche Kontrollorgan für den Vorstand, der Gewerkschaftsbeirat bzw. der Gewerkschaftstag, ist kaum in der Lage, den Vorstand wirkungsvoll zu kontrollieren: Der Gewerkschaftstag tritt nur alle drei bis vier Jahre zusammen; im Gewerkschaftsbeirat ist der Vorstand meist stimmberechtigt.

1.2.2 Die Organisationen der Arbeitgeber

Die Wirtschaft der Bundesrepublik ist von einem Netz mehrerer tausend Unternehmerverbände überzogen, die fachlich und regional gegliedert sind.

Die Organisationen der Unternehmen lassen sich in drei Arten gliedern:

- Die Wirtschaftsverbände vertreten die gemeinsamen wirtschaftspolitischen Interessen der Mitglieder. Sie befassen sich zum einen mit rein fachlichen und branchenspezifischen Problemen und versuchen zum anderen vor allem die Wirtschaftsgesetzgebung zu beeinflussen („Lobby"). Bedeutendster Wirtschaftsverband ist der *Bundesverband der deutschen Industrie* (BDI) mit 34 Spitzen- und 352 Fachverbänden. Viele Kontakte zwischen staatlichen Stellen und Unternehmerverbänden bei Anhörungen, Beiräten und Instituten führen zu großem Einfluß dieser Organisationen.

- Die Arbeitgeber sind in der *Bundesvereinigung der Deutschen Arbeitgeberverbände* (BDA) organisiert (Jahresbericht der Bundesvereinigung der Arbeitgeberverbände), die ein Dachverband für die Mitgliedsverbände verschiedenster Branchen ist (vgl. Abbildung 1.6). „Die Bundesvereinigung hat die Aufgabe, solche gemeinschaftlichen sozialpolitischen Belange zu wahren, die über den Bereich eines Landes oder den Bereich eines Wirtschaftszweiges hinausgehen und die von grundsätzlicher Bedeutung sind" (§ 2 der Satzung der BDA). „Die Selbständigkeit der Mitglieder darf auf tarifpolitischem Gebiet nicht durch die Maßnahmen der Bundesvereinigung und ihrer Organe beschränkt werden" (§ 3). Die Tarifverhandlungen mit den Gewerkschaften werden also regional und branchenmäßig dezentralisiert geführt, der Dachverband hat mehr eine Lobby- und Koordinierungsfunktion, wie es ähnlich auch für den DGB gilt. Dem BDA gehören 51 Fachverbände (mit 450 Mitgliedsverbänden) und 15 Landesverbände (mit 599 Mitgliedsverbänden) an. In den alten Bundesländern sind ca. 75 Prozent der Unternehmen mit etwa 80 Prozent der Belegschaft in diesen Verbänden organisiert. Der Organisationsgrad in den neuen Bundesländern ist infolge anhaltender Verbandsabstinenz bzw. Verbandsflucht deutlich geringer (1995: 27 Prozent der Unternehmen mit 64 Prozent der Beschäftigten) (*Keller*, 1997, S. 26).

Von Bedeutung für die Meinungsbildung der Wirtschaft sind auch die *Industrie- und Handelskammern*, die im Deutschen Industrie- und Handelstag (DIHT) organisiert sind. Für die Handwerkskammern besteht als Dachorganisation der Deutsche Handwerkstag. Die 83 Kammern als Körperschaften des öffentlichen Rechts nehmen zahlreiche staatliche und halbstaatliche Aufgaben wahr, so z.B. in der beruflichen Ausbildung. Für sie besteht Zwangsmitgliedschaft.

In den letzten Jahren scheinen sich die Verteilungskämpfe zwischen den Spitzenverbänden der Unternehmen verschärft zu haben. Einerseits verstehen sich alle drei als Anbieter von Dienstleistungen für die Unternehmen, was bei verschiedenen Beratungsleistungen zu Konkurrenzsituationen führt. Andererseits sind die Wettbewerbsbedingungen der drei Spitzenverbände deutlich unterschiedlich: Während der DIHT aufgrund der Pflichtmitgliedschaft in den lokalen Industrie- und Handelskammern kein grundsätzliches Organisationsproblem hat (bis auf die zurückgehende Bereitschaft, in den Kammern Ehrenämter auszuüben), ist die Mitgliedschaft in BDI und BDA freiwillig und wird daher von immer mehr Unternehmen unter Kostenaspekten kritisch hinterfragt. Dies gilt insbesondere für den BDI, der mit seiner wirtschaftspolitischen Lobby-Arbeit ein typisches öffentliches Gut herstellt und der daher Gefahr läuft, daß Nichtmitglieder gegenüber seinen wirtschaftspolitischen Erfolgen eine Trittbrettfahrerposition einnehmen. Die Verbände des BDI versuchen, dieser Gefahr durch das Angebot exklusiver Dienste, wie z.B. der Organisation von Arbeitsgruppen oder spezieller Informationen, entgegenzuwirken. Demgegenüber ist die Entscheidung über die Mitgliedschaft in der BDA eng mit der Bewertung von Flächentarifverträgen seitens der Unternehmen abhängig. Werden sie - aufgrund einer geringen Konfliktfähigkeit der Gewerkschaften - als nicht notwendig eingeschätzt, so besteht ein Anreiz zum Austritt aus dem BDA-Verband, mit dem gleichzeitig die Tarifbindung für das Unternehmen entfällt.

Aus der unterschiedlichen Stellung der drei Spitzenverbände folgt schließlich, daß sie in der öffentlichen Diskussion in den letzten Jahren leicht unterschiedliche Positionen vertreten haben. Dabei kann der BDI als der Verband bezeichnet werden, der die radikalsten Forderungen an die Wirtschafts- und Sozialpolitik in Richtung einer umfassenden Deregulierung stellt. Im Gegensatz dazu betonen DIHT und BDA ihren öffentlichen Auftrag, d.h. sie stehen grundsätzlich etwa zur kommunalen Wirtschaftsförderung und zum dualen System der Berufsausbildung bzw. zur Notwendigkeit von Flächentarifverträgen.

Abbildung 1.6: Aufbau der Bundesvereinigung der Arbeitgeberverbände

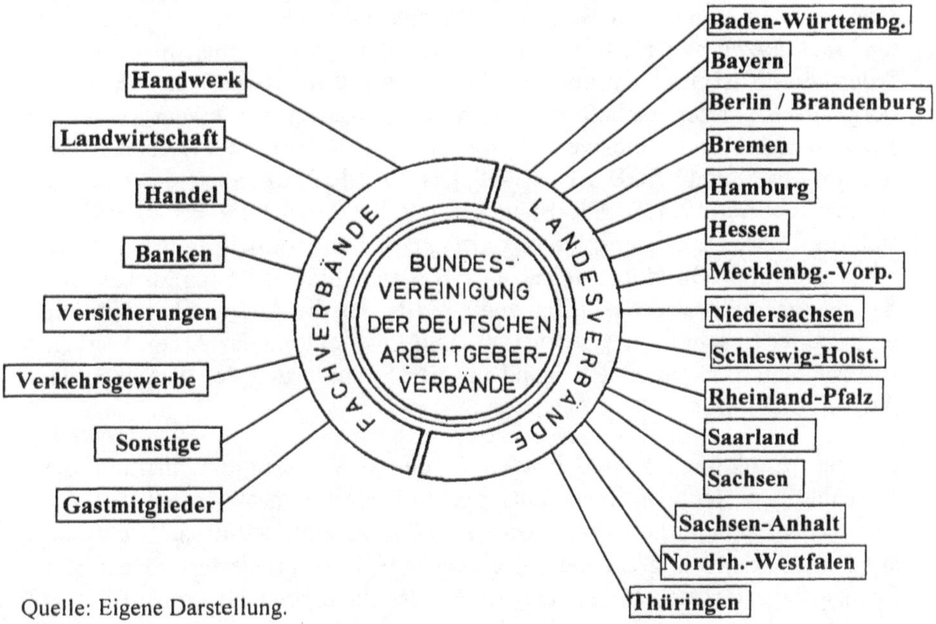

Quelle: Eigene Darstellung.

1.2.3 Der Staat

Angesichts der medienwirksam inszenierten Tarifauseinandersetzungen zwischen den Gewerkschaften und den Arbeitgeberverbänden gerät mitunter aus dem Blickfeld, daß der institutionelle Rahmen für die Tarifparteien von staatlicher Seite vorgegeben wird. Die Tarifparteien können lediglich im Rahmen der vom Gesetzgeber definierten Tarifautonomie agieren. Der Staat bleibt als Akteur oftmals im Hintergrund, gerade weil er sich bei der Verfolgung arbeitsmarktpolitischer Ziele der Entlastungsleistungen der Tarifparteien bedienen kann (*Schönig*, 1996).

Dem demokratisch-föderativen Staatsaufbau entsprechend sind eine Vielzahl von staatlichen und halbstaatlichen Organen mit arbeitsmarktpolitischen Fragen befaßt.

In seiner Funktion als *Legislative* definiert der Staat Regeln für die Ausgestaltung der Tarifvertrags- bzw. Arbeitsbeziehungen. Hierzu zählen die Mitbestimmungsregelungen auf betrieblicher und überbetrieblicher Ebene genauso wie das Tarifvertragsgesetz (TVG) und das Arbeitsförderungsgesetz (AFG bzw. SGB III). Die Verabschiedung arbeitsmarktpolitisch relevanter Rechtsnormen fällt in den Kompetenzbereich der Gesetzgebungsorgane des Bundes und der Länder.

In seiner Funktion als *Exekutive* hat der Staat für die Umsetzung der arbeitsmarktpolitisch relevanten Rechtsnormen zu sorgen. Vollzugsorgane sind die Bundesregierung und die Gebietskörperschaften. Eine bedeutsame Rolle spielen erstens das fachlich zuständige *Bundesministerium für Arbeit und Sozialordnung (BMA)*, welches für den Bereich der Arbeitsmarktpolitik federführend ist, und zweitens die *Bundesanstalt für Arbeit (BA)* in Nürnberg, die als Körperschaft des öffentlichen Rechts mit eigener Rechtspersönlichkeit und Selbstverwaltung für den Vollzug der Arbeitsförderungspolitik gemäß SGB III zuständig ist (zu den Aufgaben der BA vgl. ausführlich Kap. 2.3.2). Die Bundesanstalt für Arbeit, die der Rechtsaufsicht des BMA untersteht, gliedert sich in 10 Landesarbeitsämter, 181 Arbeitsämter und 630 Nebenstellen. Der BA angegliedert ist u.a. das *Institut für Arbeitsmarkt- und Berufsforschung (IAB)*, das die Aufgabe hat, Umfang und Art der Beschäftigung sowie Lage und Entwicklung des Arbeitsmarktes zu beobachten, zu untersuchen und für die Durchführung der Aufgaben der BA auszuwerten.

In seiner Funktion als *Judikative* wacht der Staat über die Einhaltung der einschlägigen Rechtsnormen. Entsprechend der Eigenständigkeit des Arbeitsrechts hat sich die *Arbeitsgerichtsbarkeit* als ein institutionell selbständiger, aus dem allgemeinen Rechtssystem ausgegliederter Zweig der Rechtspflege herausgebildet. Die Arbeitsgerichtsbarkeit ist dreistufig aufgebaut (Arbeitsgerichte, Landesarbeitsgerichte, Bundesarbeitsgericht). Im *Urteilsverfahren* sind die Arbeitsgerichte u.a. zuständig für Rechtsstreitigkeiten zwischen Tarifvertragsparteien oder zwischen diesen und Dritten aus Tarifverträgen, ebenso für Rechtsstreitigkeiten zwischen Arbeitnehmern und Arbeitgebern aus dem Arbeitsverhältnis. Im *Beschlußverfahren* sind die Arbeitsgerichte u.a. zuständig für Streitigkeiten aus dem Betriebsverfassungsgesetz, die meisten Streitigkeiten aus dem Mitbestimmungsgesetz sowie für Entscheidungen über die Tariffähigkeit und Tarifzuständigkeit einer Vereinigung (§§ 2, 2a Arbeitsgerichtsgesetz). Von großer Bedeutung für die Ausgestaltung der Tarifautonomie waren insbesondere die Entscheidungen des Bundesarbeitsgerichts über die Zulässigkeit von Differenzierungsklauseln, von Effizienzlohnklauseln in Tarifverträgen sowie zum Arbeitskampfrecht.

Der staatliche Einfluß auf die Verhältnisse auf dem Arbeitsmarkt resultiert nicht zuletzt daher, daß der Staat zur Erfüllung seiner Aufgaben in nicht unbedeutendem Umfang selber Arbeitskräfte nachfragt, also auch *Arbeitgeberfunktion* besitzt. 1996 waren über 5,2 Mill. Personen im öffentlichen Dienst beschäftigt. Das entspricht einem Anteil von 17,1 Prozent an allen abhängig Beschäftigten. Die Bedeutung sowohl für die gesamtwirtschaftliche Lohn- als auch für die Arbeitsmarktentwicklung liegt auf der Hand. In seiner Rolle als 'Modell'-Arbeitgeber kann der Staat zudem indirekten Einfluß auf die Entwicklung der Arbeitsbeziehungen in der Privatwirtschaft ausüben.

1.2.4 Die Internationale Arbeitsorganisation

Auf internationaler Ebene ist bei den Akteuren der Arbeitsmarktpolitik vor allem auf die *Internationale Arbeitsorganisation* (ILO, auch als *Internationales Arbeitsamt* übersetzt) zu nennen, die bereits nach dem ersten Weltkrieg durch den Friedensvertrag von Versailles ins Leben gerufen wurde und in enger Verbindung zum Völkerbund stand. Sie führte auch im zweiten Weltkrieg ihre Arbeit fort und wurde 1946 in den Status einer Sonderorganisation der Vereinten Nationen gesetzt. Ihre Aufgaben sind neben der international vergleichenden Arbeitsmarktbeobachtung vor allem die Ausarbeitung internationaler Übereinkommen und Empfehlungen zu Mindeststandards des Arbeitsschutzes, der Koalitionsfreiheit und Mitbestimmung, des Diskriminierungsverbots, der sozialen Sicherung bei Arbeitslosigkeit und der Entlohnung. Der Einfluß der ILO leidet darunter, daß nicht alle Mitgliedsstaaten - auch die Bundesrepublik nicht - die verschiedenen Übereinkommen zu Mindeststandards ratifiziert haben. Vor dem Hintergrund des allgemein zu beobachtenden Abbaus arbeitsschutzrechtlicher Standards in den achtziger Jahren arbeitet die ILO gegen den Trend einer Deregulierung in den meisten entwickelten Volkswirtschaften (vgl. Abschnitt 2.1.6). Andererseits werden in den Entwicklungs- und Schwellenländern Forderungen nach Einhaltung der Menschenrechte auch im Bereich des Arbeitslebens (Verbot von Sklaverei, Kinderarbeit u.a.) lauter.

1.3 Der bundesdeutsche Arbeitsmarkt im empirischen Überblick

Nachdem in den obigen Abschnitten die terminologischen und institutionellen Grundlagen der Arbeitsökonomik geklärt wurden, wird im folgenden das Arbeitsmarktgeschehen anhand ausgewählter Statistiken dargestellt. Mit diesem empirischen Überblick folgen wir dem Vorgehen neuerer Lehrbuchdarstellungen, wie sie etwa im deutschen Sprachraum von *Franz* (1994, S. 3ff.) oder im angelsächsischen Sprachraum durch *Lindbeck* (1993, S. 5ff.) verbreitet sind. Die Kenntnis der stylised facts des Arbeitsmarktes ist unabdingbare Voraussetzung einer fruchtbaren Beschäftigung mit arbeitsökonomischen Fragestellungen.

Ein Ziel eines solchen Überblicks über das Arbeitsmarktgeschehen mehrerer Dekaden ist es, langfristige, strukturelle Trends von kurz- und mittelfristigen, konjunkturellen Schwankungen zu unterscheiden. Eben diese Differenzierung wird in der öffentlichen Diskussion allzu leicht vernachlässigt, insbesondere dann, wenn kurzfristige Schwankungen vorschnell zu Katastrophenszenarien extrapoliert werden.

Die folgenden Angaben beschränken sich auf einen empirischen Überblick zur bundesdeutschen Arbeitsmarktentwicklung seit 1950. Diese Datenbasis mag zunächst als zu eng erscheinen, um dem Erkenntnisinteresse, nämlich allgemeine Aussagen über strukturelle Trends und konjunkturelle Schwankungen abzuleiten, gerecht werden zu können. Andererseits ist jedoch zu bedenken, daß schon bei der hier gewählten Datenbasis erhebliche Probleme der statistischen Erfassung zu berücksichtigen sind, wie etwa die Ausweitungen des Bundesgebiets seit 1950 (Einbezug des Saarlandes und der neuen Bundesländer) oder auch die wechselnden Definitionen der amtlichen Statistik im Bereich der erwerbstätigen oder arbeitslosen Erwerbspersonen. Soweit nicht anders vermerkt, werden im folgenden ab dem Jahr 1991 einschließlich immer gesamtdeutsche Zahlen ausgewiesen.

Neben den methodischen Problemen - die im internationalen Vergleich über lange Zeiträume noch gravierender werden - rechtfertigt ein weiterer Aspekt die Beschränkung auf die bundesdeutsche Statistik. Trotz aller Unterschiede im Detail weisen die entwickelten Volkswirtschaften Europas und Nordamerikas in den meisten Strukturdaten der Erwerbstätigkeit (etwa sektoraler Strukturwandel, Erwerbs- und Teilzeitquoten) sowie in den konjunkturellen Schwankungen der Arbeitslosigkeit ähnliche Entwicklungen auf. Dieser Gleichklang schließt ein, daß die einzelnen Volkswirtschaften unterschiedliche strukturelle Probleme zu bewältigen haben und daß sie sich in unterschiedlichen, phasenverschobenen Konjunkturzyklen bewegen können. Die Kenntnis dieser Unterschiede darf jedoch nicht den Blick auf die Gemeinsamkeiten der Arbeitsmarktentwicklung verstellen.

1.3.1 Strukturelle Trends

Als erster struktureller Trend sei hervorgehoben, daß der Arbeitsmarkt insofern generell an Bedeutung gewinnt, da die Zahl der Erwerbspersonen langfristig betrachtet deutlich gestiegen ist. Immer mehr Menschen bieten auf dem bundesdeutschen Arbeitsmarkt ihre Arbeitsleistung an oder sind selbständig tätig. Zwar sind in Deutschland die Zahl und der Anteil der Arbeitslosen ebenfalls deutlich gestiegen, dies darf jedoch nicht darüber hinwegtäuschen, daß auch hier nach wie vor der Großteil der Erwerbspersonen (zur Zeit ca. 90 Prozent) erwerbstätig, d.h. nicht arbeitslos ist (vgl. Abbildung 1.7). Die Arbeitsökonomik beschäftigt sich daher mit den ökonomischen Problemen der Erwerbstätigkeit insgesamt. Sie sollte nicht - wie es vereinzelt den Anschein hat - auf eine Ökonomik der Arbeitslosigkeit reduziert werden.

Abbildung 1.7: Erwerbspersonen und Erwerbstätigkeit 1950-1997 (in Tsd.)

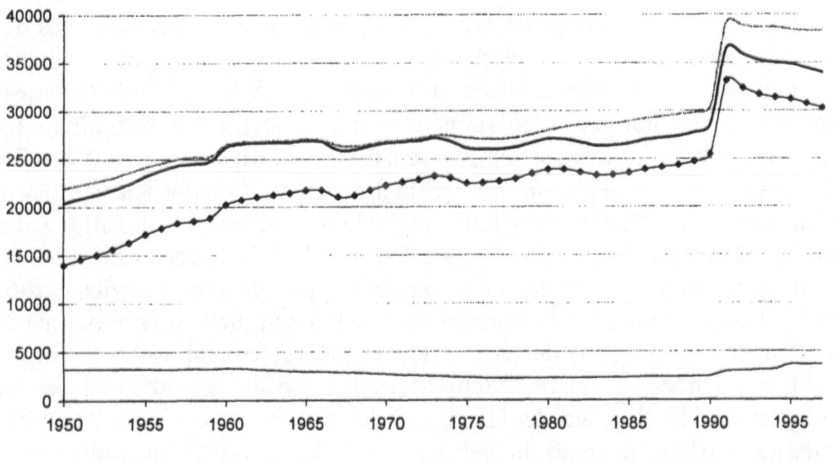

Quelle: Bundesministerium für Arbeit und Sozialordnung, 1998.

Im Zeitraum von 1950 bis 1997 ist der bundesdeutsche Arbeitsmarkt deutlich gewachsen, da sowohl die Zahl der Erwerbspersonen (= Erwerbstätige + Arbeitslose) als auch die Zahl der Erwerbstätigen (= Arbeitnehmer + Selbständige) langfristig zugenommen hat. Der Arbeitsmarkt in der Sozialen Marktwirtschaft hat somit über einen Zeitraum von 40 Jahren immer mehr Menschen eine Erwerbstätigkeit ermöglicht.

Im Unterschied zu diesem langfristigen Trend ist seit 1991 eine abnehmende Erwerbstätigenzahl zu beobachten. Zur Zeit ist noch offen, ob dieser Rückgang auch am Ende der neunziger Jahre noch als Spätfolge der Transformationskrise angesehen werden muß, oder ob sich - einen weiteren Rückgang unterstellt - eine Trendwende am bundesdeutschen Arbeitsmarkt abzeichnet. Falls eine Trendwende vorliegt, so muß diese strukturelle, gleichsam tiefer liegende Gründe haben, wie etwa Veränderungen im Erwerbsverhalten der Bevölkerung. Bedenkt man hier den demographischen Wandel sowie die weitere Zunahme von Ausbildungszeiten und unterstellt man zudem, daß langfristig sowohl die Frauenerwerbstätigkeit als auch die Zuwanderung rückläufige Wachstumsraten verzeichnen werden, so ist es in der Tat nicht ausgeschlossen, daß die Zahl der bundesdeutschen Erwerbspersonen ihr Maximum bereits erreicht hat. Eine weitere Zunahme der Erwerbstätigkeit ist vermutlich nur über eine weitere Zunahme der Teilzeittätigkeit zu realisieren, wie etwa der internationale Vergleich der *OECD* zeigt. Zum Abschluß des zweiten Kapitels dieses Lehrbuches wird noch ausführlich auf Fragen des internationalen Vergleichs sowie die Diskussion um die Zukunft der Arbeit eingegangen.

Wie bereits oben vermerkt, setzt sich die Zahl der Erwerbspersonen aus der Zahl der Erwerbstätigen und der Zahl der Arbeitslosen zusammen. Arbeitslosigkeit ist somit in dem Umfang zu konstatieren, wie nicht alle Erwerbspersonen erwerbstätig werden können. In der vorstehenden Abbildung 1.7 weichen in diesem Ausmaß die Kurven der Erwerbspersonen und der Erwerbstätigen voneinander ab. Ein deutlicher Abstand beider Kurven, ist in Deutschland zunächst in den fünfziger Jahren und dann seit Anfang der siebziger Jahre zu beobachten. Ein wachsender Teil der Arbeitsuchenden ist somit bereits seit Anfang der siebziger Jahre von den grundsätzlich positiven Entwicklungen am Arbeitsmarkt ausgeschlossen. Seit Anfang der neunziger Jahre hat die Zahl der Arbeitslosen in Deutschland einen Stand erreicht, der vorher nur in der Weltwirtschaftskrise der zwanziger Jahre zu beklagen war. Es liegt auf der Hand, daß der drastische Anstieg der bundesdeutschen Arbeitslosigkeit in der letzten Dekade kein sich weiter fortsetzender Trend mit weiter steigenden Arbeitslosenzahlen sein kann. Dies wäre weder politisch akzeptabel noch ökonomisch wahrscheinlich. Daher ist eine differenziertere Betrachtung der Struktur und Entwicklung der Arbeitslosigkeit notwendig. Sie wird im zweiten Kapitel dieses Lehrbuches noch ausführlich erfolgen.

Ein erster Indikator für eine Reaktion des Arbeitsmarktes auf den hohen Stand der Arbeitslosigkeit ist eine weitere Sonderentwicklung am Arbeitsmarkt. So ist die Zahl der Selbständigen, die von 1950 bis 1980 langfristig aufgrund der Konzentrationsprozesse in Handel, Landwirtschaft und Handwerk abnahm, in den letzten Jahren wieder deutlich angestiegen. Teils sind diese 'neuen Selbständigen' vor der drohenden Arbeitslosigkeit unfreiwillig in die Selbständigkeit ausgewichen (Scheinselbständigkeit), teils sind sie jedoch auch als 'echte' Selbständige nicht von einem einzigen Auftraggeber abhängig und mit überdurchschnittlichem Einkommen in expandierenden Dienstleistungsbranchen tätig.

Gegen die Befürchtung eines fortgesetzten Anstiegs der Arbeitslosigkeit spricht zudem eine Analyse sehr langer Zeitreihen, wie sie etwa *Lindbeck* (1993, S. 5ff.) für den Zeitraum nach 1890 betrieben hat. Ein sprunghafter Anstieg der Arbeitslosigkeit ist nicht nur in den siebziger und achtziger Jahren des zwanzigsten Jahrhunderts zu beobachten gewesen, sondern ebenfalls in der Weltwirtschaftskrise der zwanziger Jahre oder auch in den Beschäftigungskrisen der Jahrhundertwende. Entscheidend für die Einordnung dieser sprunghaften Anstiege ist nun, daß „in the very long run (over several decades or even a century)" kein einheitlicher Trend in der Entwicklung der Arbeitslosigkeit zu beobachten ist (vgl. auch *Layard/Nickel/Jackman*, 1994, S. 47). Ganz eindeutig ist in sehr langfristiger Perspektive kein eindeutiger Trend (weder ein fortgesetzter Anstieg noch ein beständiger Rückgang der Arbeitslosigkeit) zu konstatieren.

Umgekehrt formuliert haben sich langfristig in allen Volkswirtschaften die Zahl der Erwerbspersonen und die Zahl der Erwerbstätigen annähernd parallel entwickelt (vgl. für die achtziger Jahre auch *Paqué*, 1998, S. 20). In diesem Sinne tendiert der Arbeitsmarkt langfristig gesehen tatsächlich zu einem Ausgleich von Angebot und Nachfrage und reagiert flexibel auf langfristige strukturelle Trends. Die in diesem Rahmen auftretenden Phasen und Strukturen der Unterbeschäftigung stellen eine enorme Herausforderung der Wirtschafts- und Sozialpolitik dar. Da einerseits kein langfristiger, gleichsam naturgesetzlicher Trend zu steigender Arbeitslosigkeit zu konstatieren ist und andererseits das Problem der Arbeitslosigkeit bekämpft werden muß, bietet sich Gelegenheit und Anlaß für Arbeitsmarkt- und Beschäftigungspolitik.

Die obige Aussage, daß im langfristigen Vergleich dem Arbeitsmarkt eine steigende Bedeutung zukommt, bestätigt sich bei der folgenden Betrachtung der *Erwerbsquoten*, d.h. dem Anteil der Erwerbspersonen an der Bevölkerung. Auch hier ist seit 1950 in Deutschland eine tendenzielle Zunahme zu beobachten, die erst seit Anfang der neunziger Jahre wieder leicht rückläufig ist. Auch diese Tendenz steigender Erwerbsquoten läßt sich für die meisten entwickelten Industriestaaten nachweisen (*Smith*, 1994, S. 21ff.).

Speziell für die Bundesrepublik lassen sich grob vier Phasen unterscheiden: Die starke Zunahme der Erwerbsquote bis Ende der fünfziger Jahre, ein anschließender Rückgang und die Stabilisierung bis Ende der siebziger Jahre, dann ein erneutes Ansteigen der Erwerbsquote Anfang der achtziger Jahre und schließlich ein erneuter leichter Rückgang in den neunziger Jahren. Diese Trends bewegen sich indes in einem vergleichsweise engen Korridor einer allgemeinen Erwerbsquote von 40 bis 45 Prozent. Sie spiegeln sowohl konjunkturelle Schwankungen als auch strukturelle Trends wider.

Besonders deutlich werden die zugrundeliegenden Ursachen bei einer Differenzierung nach Erwerbsquoten von Männern und Frauen. Hier zeigt sich, daß sich hinter der Entwicklung der allgemeinen Erwerbsquote zwei entgegengesetzte Trends verbergen. Von einer kurzen Erholungsphase in den achtziger Jahren abgesehen, sinkt die Erwerbsquote der Männer seit 1960 kontinuierlich ab, was als Folge von verlängerten Ausbildungszeiten und des früher einsetzenden Ruhestandes interpretiert wird. Im Gegensatz dazu fällt auf, daß die Erwerbsquote der Frauen fast kontinuierlich und besonders seit Anfang der siebziger Jahre zugenommen hat. Grund dafür ist der Anstieg der Erwerbsquote von verheirateten Frauen im Alter von 25 bis 50 Jahren (vgl. Abbildung 1.8).

Abbildung 1.8: Erwerbsquoten 1950 - 1997 in Prozent

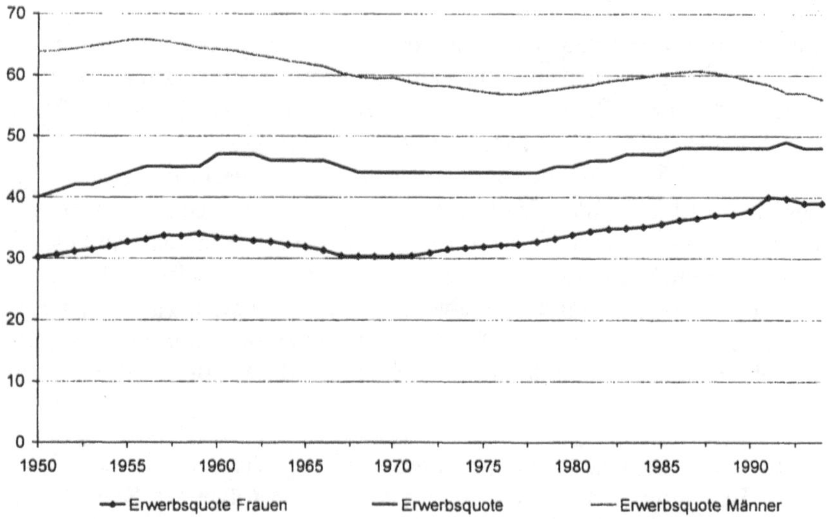

Quelle: Bundesministerium für Arbeit und Sozialordnung, 1998.

Da sich die Erwerbstätigkeit für einen Großteil der verheirateten Frauen im betreffenden Alter (insbesondere jener mit Kindern) auf eine Teilzeittätigkeit beschränkt, kann parallel zum Anstieg der Frauenerwerbstätigkeit eine Zunahme der Teilzeitbeschäftigung beobachtet werden. Die folgende Abbildung 1.9 zeigt, daß die allgemeine *Teilzeitquote* deutlich angestiegen und daß auch hier eine geschlechtsspezifische Differenzierung geboten ist.

Teilzeitarbeit wird in Deutschland weit überwiegend von Frauen geleistet, auch wenn die Teilzeitquote der Männer seit Mitte der achtziger Jahre ebenfalls leicht ansteigt. Die Teilzeitarbeit verheirateter Frauen wird in der Regel als Kompromißlösung zur besseren Vereinbarkeit von Beruf und Familie praktiziert und ist insofern aus Sicht der Frauen freiwillig. Erst bei einem Ausbau von Einrichtungen der sozialen Infrastruktur (z.B. zur umfassenden Kinderbetreuung) oder bei überdurchschnittlichen Einkommensverhältnissen ist zu beobachten, daß ihre Bereitschaft zur Aufnahme einer Vollzeittätigkeit zunimmt. Unverheiratete Frauen ohne Kinder hingegen weisen ein den Männern ähnliches, vom Vollzeitarbeitsverhältnis geprägtes Erwerbsverhalten auf. Bei diesen beiden Gruppen ist die Teilzeittätigkeit in der Regel unfreiwillig, d.h. eine Kompromißlösung gegenüber drohender Arbeitslosigkeit.

Abbildung 1.9: Teilzeitquoten 1970-1996 in Prozent

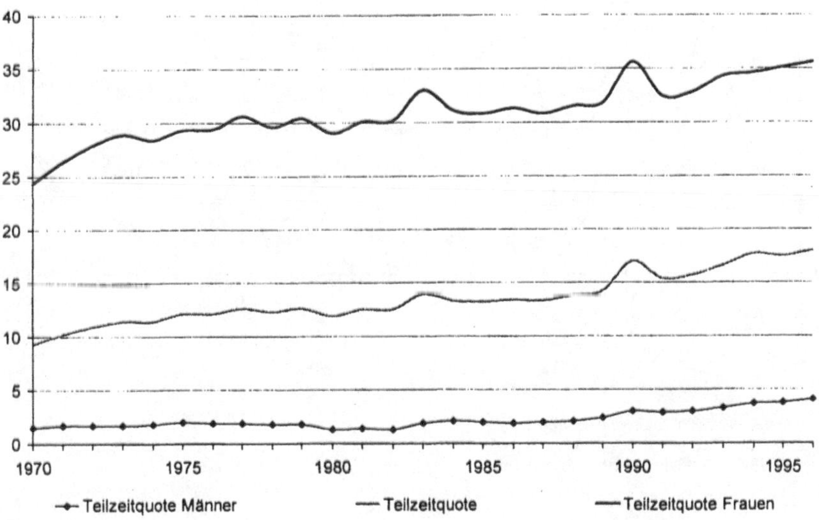

Quelle: IAB, 1997.

Aufgrund dieses allgemeinen Hintergrundes überrascht es nicht, daß sich ähnliche Entwicklungen für die Teilzeitquoten in allen entwickelten Volkswirtschaften konstatieren lassen (*Paqué*, 1998, S. 24). Es deutet nichts darauf hin, daß die Erwerbstätigkeit insgesamt an Bedeutung verliert, ganz im Gegenteil ist sie gerade auch für verheiratete Frauen mit Kindern zu einem zentralen Bestandteil ihres Lebens geworden. Daher sei nochmals davor gewarnt, vorschnell ein 'Ende der Arbeitsgesellschaft' auszurufen. Die traditionelle Unterscheidung von Vollzeit- und Teilzeittätigkeit kann angesichts dieser Entwicklung nur ein grobes Orientierungsschema bieten. Notwendig sind hier differenziertere Analysen über den Umfang der täglichen, monatlichen oder jährlichen Erwerbstätigkeit.

Eng mit der Entwicklung von Umfang und Qualität der Erwerbstätigkeit verknüpft ist die Entwicklung der gesamtwirtschaftlichen *Produktivität*. Generell ist festzustellen, daß sich die gesamtwirtschaftliche Produktivität nach wie vor mit positiven Wachstumsraten entwickelt, wobei das verarbeitende Gewerbe eine Vorreiterfunktion innehat (*Smith*, 1994, S. 65f.). Die folgende Abbildung 1.10 veranschaulichen die Situation für die Bundesrepublik.

Abbildung 1.10: Produktivität je Erwerbstätigen (-stunde) 1965 - 1997 (Veränderungsraten in Prozent)

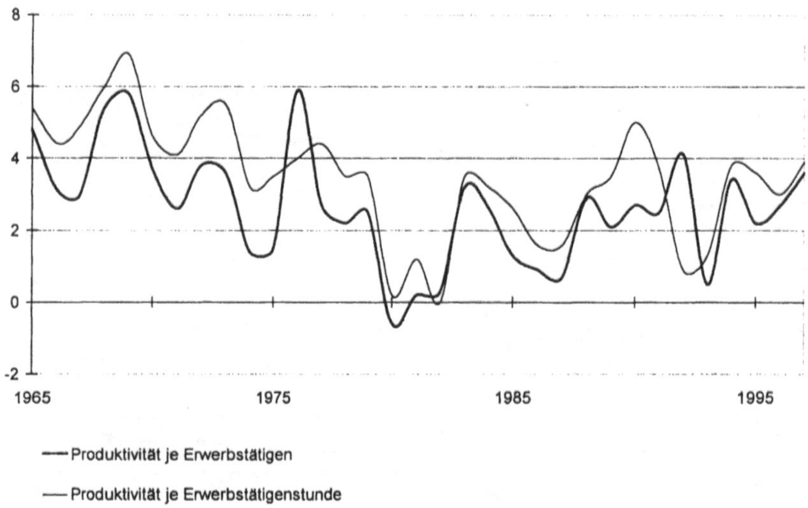

Quelle: IAB, 1997.

Aus Abbildung 1.10 ist zunächst ersichtlich, daß die gesamtwirtschaftliche Produktivität je Erwerbstätigen (Bruttoinlandsprodukt in Preisen von 1991 je Erwerbstätigen) in der Bundesrepublik seit 1965 fast durchgehend positive Wachstumsraten aufweist. Lediglich im Jahr 1980 ist für die Produktivität je Erwerbstätigen eine negative Wachstumsrate zu verzeichnen. Ein ganz ähnliches Bild zeigt die Entwicklung der Produktivität je Erwerbstätigenstunde. Deren Steigerungsraten liegen im betrachteten Zeitraum noch über denen der Produktivität je Erwerbstätigen. Ursächlich für diese Differenz ist die Zunahme der Teilzeittätigkeit, die sich im gesamtwirtschaftlichen

Durchschnitt in einer abnehmenden Arbeitszeit je Erwerbstätigen widerspiegelt.

Der allgemeine Trend steigender Produktivität schwächte sich in den sechziger und siebziger Jahren ab, und erst zu Anfang der achtziger Jahre stiegen die Wachstumsraten der Produktivität wieder an. Begründet wird diese Trendwende damit, daß zu Beginn der achtziger Jahre auch im wachsenden Dienstleistungssektor starke Produktivitätszuwächse zu verzeichnen waren. Gerade in den kaufmännischen Dienstleistungen (Banken und Versicherungen), aber auch bei den freien Berufen und im Handel haben die automatisierte Datenverarbeitung sowie neue Organisationskonzepte enorme Rationalisierungseffekte hervorgebracht. Für die weitere Entwicklung der gesamtwirtschaftlichen Produktivität wird ausschlaggebend sein, welche Produktivitätsentwicklung die sonstigen, insbesondere die personennahen Dienstleistungen zukünftig aufweisen werden (vgl. auch Abschnitt 2.4).

Die folgende Abbildung 1.11 geht nun der Frage nach, wie sich die steigende Produktivität je Erwerbstätigen auf die *Arbeitszeit* und den *Bruttoverdienst* ausgewirkt haben. Dazu werden die Daten für die beschäftigten Arbeitnehmer ausgewiesen, d.h. die Selbständigen (mit deren Einkommen aus Unternehmertätigkeit und Vermögen) sowie die Arbeitslosen (mit ihrem Einkommen aus Sozialtransfers) werden hier vernachlässigt.

Abbildung 1.11: Bruttoverdienst und Arbeitszeit 1965 - 1997 (Veränderungsraten in Prozent)

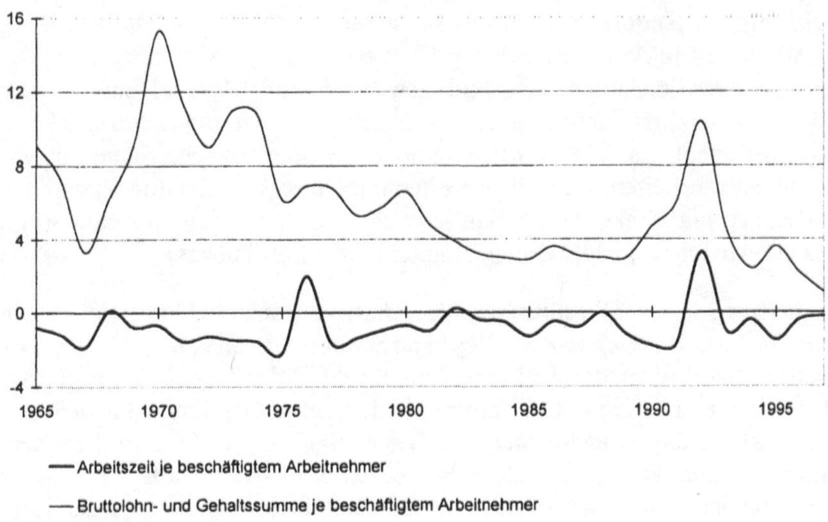

Quelle: IAB, 1997.

Es zeigt sich, daß sich die steigende Produktivität im Zeitraum von 1965 bis 1970 sowohl in einer kürzeren Arbeitszeit je Arbeitnehmer als auch in einem Anstieg der Bruttolohn- und Gehaltssumme je Arbeitnehmer (Bruttoeinkommen aus unselbständiger Arbeit abzüglich Sozialbeiträge der Arbeitgeber) niedergeschlagen hat. Die Bruttolohn- und Gehaltssumme je beschäftigtem Arbeitnehmer weist durchgehend positive Wachstumsraten auf, die allerdings langfristig einen deutlich fallenden Trend zeigen. Rechnet man zudem die Inflationsrate sowie Steuern und Sozialbeiträge von den Bruttoeinkommen ab, so erhält man für den Zeitraum seit Anfang der neunziger Jahre sinkende Realeinkommen. Aus Sicht der Arbeitsökonomik ist jedoch entscheidend, daß die Bruttolohn- und Gehaltssumme je beschäftigtem Arbeitnehmer in den neunziger Jahren - wenn auch mit fallenden Wachstumsraten - angestiegen ist. Gegenüber den starken Schwankungen im Verdienst je beschäftigtem Arbeitnehmer erweist sich die Entwicklung der Arbeitszeit als recht beständig. Sie liegt in einem Korridor zwischen null bis minus zwei Prozent pro Jahr.

Schreibt man die unterschiedlichen Trends für die Entwicklung von Verdienst und Arbeitszeit fort, so würde der weitere Produktivitätszuwachs zunehmend in verminderte Arbeitszeiten umgesetzt. Dies gilt jedoch nur dann, wenn Brutto- und Nettolohn nicht zunehmend auseinanderklaffen. Eine solche Differenz wird in der Literatur unter dem Begriff der Lohnschere kritisiert, durch die „ein Keil zwischen die Personalkosten des Unternehmens je Beschäftigten und dem frei wählbaren Güterbündel des Arbeitnehmers geschoben" wird (*Franz*, 1994, S. 262). Gelingt es nicht, die Lohnschere zu schließen, dann ist es mehr als fraglich, ob die Arbeitnehmer bei geringen Steigerungen des Bruttolohnes langfristig eine Stagnation oder gar einen Rückgang des Nettorealverdienstes bei einer gleichzeitigen Verminderung der Arbeitszeit je Arbeitnehmer begrüßen werden. Hier sind angesichts des von den Gewerkschaften angekündigten 'Endes der Bescheidenheit' zum Ende der neunziger Jahre Zweifel an der Bereitschaft zur Lohnzurückhaltung angebracht. Es scheint sich vielmehr das ökonomische Standardtheorem zu bewahrheiten, daß die Arbeitnehmer ihre Entscheidung zwischen Einkommen und Freizeit nach dem jeweiligen Grenznutzen ausrichten (vgl. dazu die Ausführungen im dritten Kapitel dieses Lehrbuches).

Die bisherigen Ausführungen zur Beschäftigungsentwicklung ließen die *sektorale Verschiebung der Beschäftigungsanteile im Strukturwandel* unberücksichtigt, obwohl diese Niveau und Struktur der Nachfrage nach Arbeitsleistungen bestimmt. Der dominierende strukturelle Trend auf dem Arbeitsmarkt ist die Verschiebung der Beschäftigungsanteile zwischen dem primären, sekundären und tertiären Sektor der Volkswirtschaft. Auch dieser Trend, der auch unter dem Stichwort der Deindustrialisierung in der Literatur diskutiert wird, ist in allen entwickelten Volkswirtschaften zu beobachten (*Paqué*, 1998, S. 25ff., *Smith*, 1994, S. 53ff.). Abbildung 1.12 veranschaulicht den bundesdeutschen Strukturwandel in seiner Bedeutung für den Arbeitsmarkt.

Es zeigt sich, daß die Zahl der Erwerbstätigen im primären Sektor seit 1960 deutlich zurückgegangen ist und heute deren Anteil an allen Erwerbstätigen eine fast zu vernachlässigende Größe darstellt. Zumindest steht der politische Verbandseinfluß der knapp 1 Mio. dort Erwerbstätigen in keinem Verhältnis zur volkswirtschaftlichen Bedeutung des primären Sektors.

Abbildung 1.12: Erwerbstätige nach Wirtschaftsbereichen 1960 - 1997 (in Tsd.)

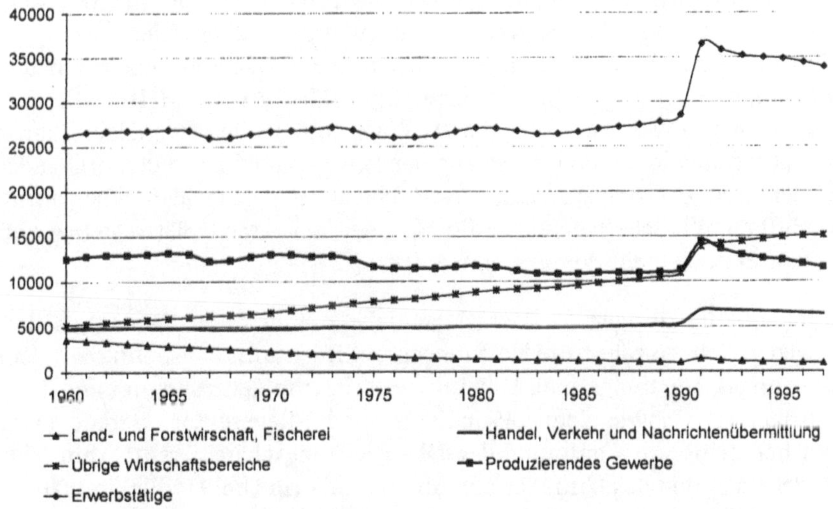

Quelle: IAB, 1997.

Auch die Erwerbstätigkeit im produzierenden Gewerbe ist tendenziell rückläufig, wenn auch stärkeren Schwankungen unterworfen. Trotz dieses tendenziellen Rückgangs ist das produzierende Gewerbe nach wie vor als 'industrieller Kern' von besonderer Bedeutung für die Beschäftigungssituation, da zum einen auch zu Ende der neunziger Jahre über 10 Mio. Erwerbstätige im produzierenden Gewerbe tätig sind und zum anderen viele Dienstleistungen für das produzierende Gewerbe erbracht werden. Ursache für den dortigen Beschäftigungsrückgang ist neben der fortschreitenden Automatisierung der industriellen Produktion auch die Auslagerung von Tätigkeiten in spezialisierte Unternehmen des Dienstleistungssektors (outsourcing) sowie die Auslagerung der Produktion im Rahmen internationaler Standortentscheidungen.

Auch in den traditionellen Dienstleistungsbereichen Handel, Verkehr und Nachrichtenübermittlung ist die Zahl der Erwerbstätigen leicht sinkend und liegt 1997 bei ca. 6.5 Mio. Erwerbstätigen. Dies mag angesichts des öffentlich empfundenen Booms der Telekommunkationsbranche überraschen. Jedoch ist zu bedenken, daß hier nicht nur neue Märkte erschlossen wurden, sondern daß auch der traditionelle Dienstleistungssektor in den letzten Dekaden enorme Rationalisierungsschübe erlebt hat. Sie stehen in engem Zusammenhang mit der Umstrukturierung ehemals staatlich geführter Unternehmen (Post, Telekom, Bahn), die massiv Stellen abgebaut haben.

Den abnehmenden Anteilen im primären, sekundären und traditionellen tertiären Sektor stehen einzig die 'übrigen Wirtschaftsbereiche' mit wachsenden absoluten und relativen Werten seit 1960 gegenüber. Hier hat die zunehmende Erwerbstätigkeit auch in den neunziger Jahren angehalten und umfaßt heute über 15 Mio. Erwerbstätige, d.h. fast die Hälfte aller Erwerbstätigen. Zwar war auch dieses Wachstum in den neunziger Jahren nicht ausreichend, um den Rückgang der Erwerbstätigkeit in den drei anderen Sektoren zu kompensieren, unverkennbar ist jedoch, daß schon heute die übrigen Wirtschaftsbereiche die Mehrheit der Arbeitsplätze stellen und in Zukunft noch mehr dominieren werden.

Setzt man die übrigen Wirtschaftsbereiche mit den sonstigen Dienstleistungen gleich, so ruhen die Hoffnungen der Beschäftigungspolitik auf dem Forschungs-, Beratungs- und Bildungsbereich, dem Gastronomie- und Tourismusgewerbe sowie dem Gesundheits- und Pflegesektor. Gerade diese Branchen erfordern - aufgrund des Dienstleistungscharakters und hinsichtlich der Lage und des Umfangs der Arbeitszeit - eine höhere Flexibilität der Arbeitnehmer. Sie bieten dafür jedoch auch flexiblere Beschäftigungsmöglichkeiten an, die dem Bedürfnis vieler Arbeitnehmer(innen) entgegenkommen. Da in Dienstleistungsbranchen der Anteil der Teilzeitbeschäftigten überdurchschnittlich hoch ist, kann eine strukturelle Verschiebung der Arbeitsnachfrage beobachten werden, die weg von den 'männlich geprägten' Normalarbeitsverhältnissen in der industriellen Produktion und hin zu den 'weiblich dominierten', oftmals in atypischen Beschäftigungsverhältnissen ausgeübten Dienstleistungstätigkeiten weist. Diese Entwicklung hat in der Bundesrepublik Ende der neunziger Jahre dazu beigetragen, daß die Arbeitslosenquote der Frauen geringer als jene der Männer ist (vgl. die Ausführungen im zweiten Kapitel).

Eng mit dem wirtschaftlichen Strukturwandel und der Flexibilisierung der Arbeitswelt verbunden ist die Verschiebung in der *Qualifikationsstruktur* der Erwerbstätigen. Bereits die folgenden, grob vereinfachenden Schätzungen des *Instituts für Arbeitsmarkt- und Berufsforschung* (IAB) - die durch qualifikationsspezifische Arbeitslosenquoten im zweiten Kapitel dieses Lehrbuchs ergänzt werden - zeigen, daß die Qualifikation zunehmende Bedeutung für die Erwerbstätigkeit hat und auch weiter haben wird.

Die Kernaussagen dieser Projektion werden in der internationalen Literatur bestätigt (*Smith*, 1994, S. 83). Demnach wird die allgemeine und berufliche Bildung für die Chancen auf dem Arbeitsmarkt zunehmende Bedeutung haben. Im bundesdeutschen Beispiel ist zu erwarten, daß sich der Anteil von Erwerbstätigen ohne Berufsausbildung von heute ca. 20 Prozent auf 10 Prozent im Jahr 2010 halbieren wird. Während demgegenüber der Anteil von Absolventen einer Berufsausbildung im dualen System konstant bleibt, werden Fachschul-, Fachhochschul- und Universitätsausbildung weiter an Bedeutung gewinnen (vgl. Abbildung 1.13).

Abbildung 1.13: Qualifikationsstruktur der Erwerbstätigen 1976 - 2010 (in Prozent)

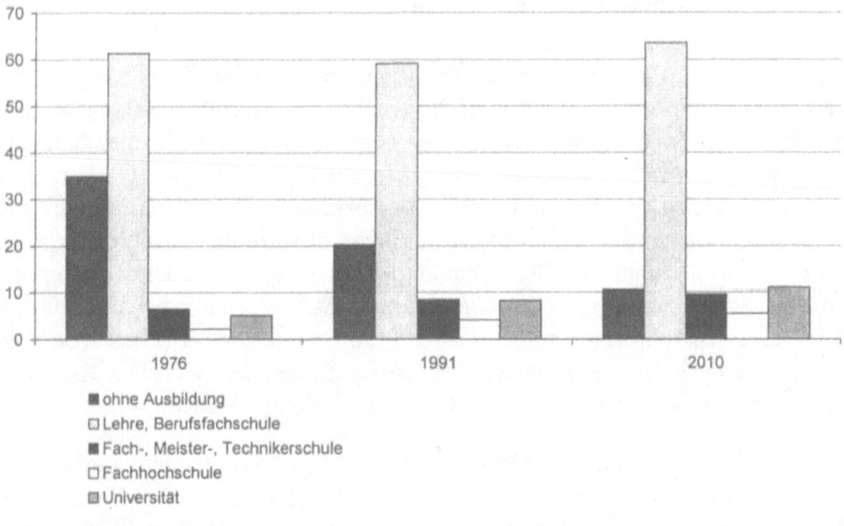

Quelle: IAB 1995, S. 235.

In dieser zusammengefaßten Entwicklung treffen gleichgerichtete Trends von Arbeitsangebot und Arbeitsnachfrage aufeinander, da sowohl die Erwerbstätigen höhere Qualifikationen anstreben als auch die Arbeitgeber solche nachfragen. Plausibel ist die zunehmende Bedeutung des Humankapitals nicht nur im produzierenden Gewerbe, das steigende Anforderungen an die Bedienung elektronisch gesteuerter Maschinen stellt, sondern auch im Bereich der Fort- und Weiterbildung sowie der hochwertigen Dienstleistungen allgemein.

Umgekehrt werden auch zukünftig Angebot und Nachfrage nach einfachen Dienstleistungen (Gastronomie, Reinigung, Transport) bestehen. Angebotsseitig deshalb, da nicht alle Personen in der Lage sind, den steigenden Anforderungen des Arbeitslebens gerecht zu werden. Diese Überforderung mag aus einem Mangel an Begabung herrühren oder sie mag sich während der beruflichen Tätigkeit z.B. in einem Zusammenbruch des einzelnen zeigen. In welchem Umfang und zu welchen Konditionen zukünftig ein Markt für einfache Dienstleistungen bestehen wird und welche Ansatzpunkte sich daraus für die Arbeitsmarktpolitik (z.B. durch Kombilöhne) ergeben, ist jedoch offen.

Notwendig ist heute eine Differenzierung zwischen den einfachen, primären Dienstleistungen und den komplexeren, sekundären Dienstleistungen. Beide Arten von Dienstleistungen werden auf unterschiedlichen Teilmärkten (oder auch Arbeitsmarktsegmenten) angeboten und nachgefragt. Sie werden in ihrer Dualität die Struktur und Funktionsweise des Arbeitsmarktes in der Zukunft bestimmen, wie im dritten Kapitel ausführlich erläutert wird.

1.3.2 Konjunkturelle Schwankungen

Neben den oben angeführten langfristigen, strukturellen Trends ist der Arbeitsmarkt von kurz- und mittelfristigen, konjunkturellen Schwankungen geprägt. Die Volkswirtschaftslehre hat dem Phänomen zyklischer Schwankungen seit etwa dem Anfang des zwanzigsten Jahrhunderts vermehrte Aufmerksamkeit gewidmet und eine entsprechende Fülle von Theoremen aufgestellt. Neben der reinen Modelltheorie - etwa in der Tradition *Samuelsons* - waren dabei Beiträge der empirischen Konjunkturforschung mit grundlegenden Arbeiten von *Mitchell* und *Schumpeter* wegweisend. Die folgenden Ausführungen stehen in der Tradition der empirischen Konjunkturforschung. Es soll gezeigt werden, wie sich die idealtypischen Konjunkturzyklen anhand der bundesdeutschen Daten erkennen lassen.

Jeder konkrete Konjunkturzyklus weist eine Reihe von Gegebenheiten auf, die in dieser Kombination einmalig sind und sich nicht in derselben Weise wiederholen. Gleichzeitig gilt jedoch auch, daß Konjunkturzyklen wiederkehrende Merkmale gemeinsam haben, die daher allgemeine Aussagen und insbesondere Prognosen über die weitere Entwicklung gestatten. Für die idealtypische Analyse und Prognose des konjunkturellen Arbeitsmarktgeschehens hat sich das Indikatorenmuster als brauchbare Annäherung herausgestellt. Hier geht man davon aus, daß der idealisierte Konjunkturablauf aktuell durch Präsenzindikatoren (z.B. Produktion, Bruttosozialprodukt) abgebildet wird und daß zudem Früh- und Spätindikatoren die vorhergegangene bzw. kommende Situation zeigen (vgl. zum Überblick: *Woll*, 1990, S. 523 - 526).

Für den Arbeitsmarkt gilt, daß das Arbeitsangebot - sieht man von der Mobilisierung aus der 'stillen Reserve' ab - im Konjunkturverlauf weitgehend konstant bleibt, die Arbeitsnachfrage der Unternehmen jedoch erheblich schwankt. Die schwankende Arbeitsnachfrage zählt (neben der Wachstumsrate des Sozialprodukts, den Produktions- und Investitionsindikatoren) zu den Präsenzindikatoren des Konjunkturzyklus. Die Präsenzindikatoren werden idealtypisch von einer gleichgerichteten Entwicklung der Frühindikatoren (z.B. Auftragseingang) bzw. der Spätindikatoren (z.B. Preisniveau) phasenverschoben begleitet.

Steigt nach oder während einer Rezession der Auftragseingang an, so versuchen die Unternehmen zunächst, mit dem vorhandenen Personal und den bestehenden Anlagen die anfallenden Arbeiten zu bewältigen. Erst wenn dies nicht mehr möglich ist und man einen weiteren Auftragseingang erwartet, wird - wie schon *Keynes* feststellte - in Anlagen, aber auch in Personal investiert. Anlagen und Personal sind daher beide fixe bzw. 'quasi-fixe' Produktionsfaktoren, die eine vorausschauende Unternehmenspolitik erforderlich machen. Daher wird sowohl der Anlagen- als auch der Personalbestand auch dann zunächst beibehalten, wenn sich die Auftragslage wieder verschlechtert. Erst bei einer anhaltenden Rezession bleiben dann Ersatzinvestitionen aus bzw. es wird dann Personal entlassen oder vakante Stellen werden nicht wieder besetzt. Abbildung 1.14 zeigt die wichtigsten Präsenzindikatoren im Konjunkturzyklus für die Bundesrepublik.

Es ist erkennbar, daß sich die Zuwachsraten von Bruttosozialprodukt und Bruttoinvestitionen annähernd zeitgleich und gleichgerichtet entwickeln und daß im selben Zyklus die Arbeitslosenquote entgegengerichtet schwankt. Unverkennbar zeigen die Bruttoinvestitionen die größten Amplituden, wohingegen das Sozialprodukt insgesamt wie auch die Arbeitslosenquote weniger starke Ausschläge aufweisen. Von besonderer Bedeutung ist, daß die Arbeitslosenquoten in jedem Konjunkturzyklus auf ein höheres Niveau der sogenannten Sockelarbeitslosigkeit angehoben wurde, also auch im Boom nicht mehr Vollbeschäftigung herrschte.

Auch wenn empirische Analysen im Grundsatz die Aussagen der empirischen Konjunkturforschung auch für die bundesdeutsche Volkswirtschaft bestätigen, so darf dies nicht darüber hinwegtäuschen, daß die einzelnen Konjunkturzyklen nach Dauer und Stärke der Schwankung sehr unterschiedlich sind und sich heute weniger verallgemeinern lassen. Eine zentrale Ursache hierfür sind externe Störungen, die auf die Angebots- oder die Nachfrageseite einwirken können und dadurch eine zyklische Schwankung nachhaltig überlagern. Gerade die Arbeitsmarktentwicklung einer exportorientierten Volkswirtschaft ist von solcherlei schockartigen Steigerungen oder Zusammenbrüchen der Auslandsnachfrage - etwa den beiden Ölkrisen der siebziger und achtziger Jahre, dem Investitionsboom im Vorfeld des EU-Binnenmarkts, der Transformation in den Volkswirtschaften Osteuropas sowie Turbulenzen auf den Weltfinanzmärkten - besonders betroffen. Vor diesem Hintergrund ist in den letzten Jahren die keynesianische, national orientierte und zyklenorientierte Konjunkturpolitik hinter dem Bemühen zurückgetreten, die nach einem Schock sprunghaft ansteigende Arbeitslosigkeit durch vielfältige Mittel der Arbeitsmarkt- und Beschäftigungspolitik wieder zurückzuführen. Letztlich ist eine nachhaltige Bekämpfung der Arbeitslosigkeit nur durch kombinierten Einsatz konjunkturpolitischer und strukturpolitischer Instrumente möglich.

Abbildung 1.14: Arbeitslosenquote und andere Präsenzindikatoren 1965 - 1997 (Veränderungsraten in Prozent)

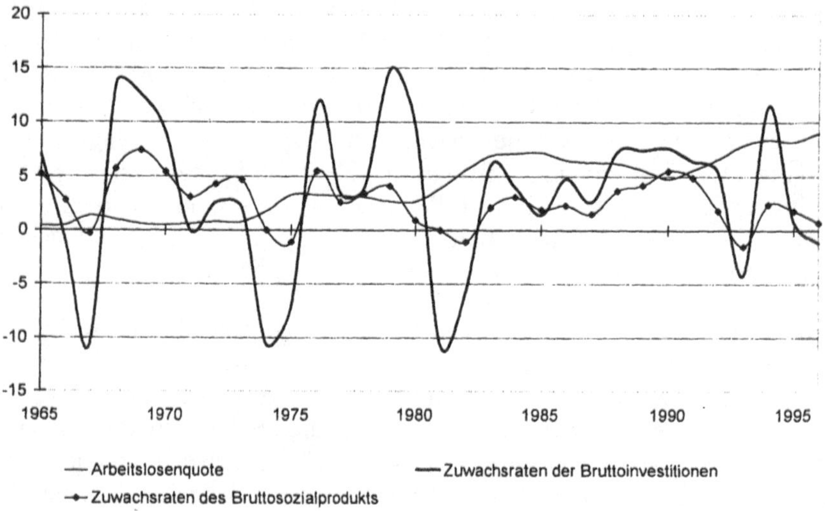

Quelle: Bundesministerium für Arbeit und Sozialordnung, 1997.

In der arbeitsökonomischen Literatur hat die *Okun*-Kurve zur Veranschaulichung der konjunkturellen Beschäftigungsschwankungen einige Verbreitung gefunden. Die *Okun*-Kurve ist die graphische Gegenüberstellung der Nutzungsintensitäten von Kapital und Arbeit im Zeitverlauf, wobei ihre Operationalisierung als Gegenüberstellung von Auslastungsgrad der Sachkapazitäten und Arbeitslosenquote gebräuchlich ist. Die ursprünglich von *Okun* 1962 festgestellte, enge Korrelation besteht zwischen der Wachstumsrate des realen Bruttosozialprodukts und der Arbeitslosenquote. Auch bei Berücksichtigung neuerer Daten können Koeffizienten für verschiedene Länder ermittelt werden, indem in die Punktwolke aus den Kombinationen von Wachstumsraten und Arbeitslosenquoten eine Regressionsgleichung konstruiert wird. Es zeigt sich dann, daß die Koeffzienten international recht nah beeinander liegen und im übrigen die landestypische Konjunkturempfindlichkeit der Beschäftigung widerspiegeln (*Landmann/Jerger*, 1999, S. 24ff.).

Die folgende Abbildung 1.15 wählt nun eine andere Darstellungsform, indem sie den zeitlichen Verlauf des von Zusammenhangs für die Bundesrepublik rekonstruiert. Aus dem *Okun*schen Gesetz, das einen negativen Zusammenhang mit einer überproportionalen Schwankung des Auslastungsgrads gegenüber einer entgegengerichteten, geringeren Schwankung der Arbeitslosenquote postuliert, folgt ein hyperbolischer Verlauf der *Okun*-Kurve. Demnach wäre in der Hochkonjunktur eine sehr hohe Auslastung der Sachkapazitäten (nahe 100 Prozent) und gleichzeitig eine geringe Arbeitslosenquote zu erwarten. Umgekehrt ist eine Rezession durch eine geringe Sachkapitalauslastung (90 bis 95 Prozent) und eine hohe Arbeitslosenquote gekennzeichnet. Abbildung 1.15 zeigt den Verlauf der *Okun*-Kurve für die alten Bundesländer (vgl. auch *Sesselmeier/Blauermel*, 1997, S. 32ff.).

Abbildung 1.15: Okun-Kurve für die Bundesrepublik 1965 - 1997 (Angaben in Prozent)

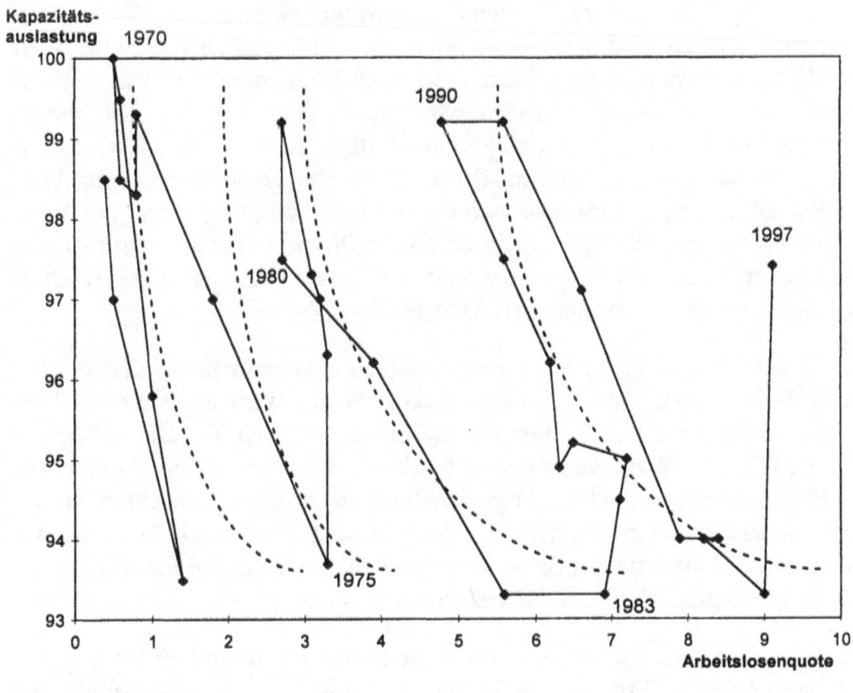

Quelle: Bundesministerium für Arbeit und Sozialordnung, 1998.

An der obigen Darstellung fällt auf, daß der vermutete Zusammenhang einer inversen Beziehung von Arbeitslosenquote und Kapazitätsauslastung nicht eindeutig besteht. Es müssen vielmehr verschiedene Niveaus der *Okun*-Kurve unterschieden werden, wie sie in der obigen Abbildung 1.15 durch die unterbrochenen Linien angedeutet sind. Diese Niveaus entsprechen dem mehrfachen sprunghaften Anstieg der Sockelarbeitslosigkeit seit den sechziger Jahren (vgl. dazu im Detail die Ausführungen zu Entwicklung und Struktur der Arbeitslosigkeit im zweiten Kapitel).

Das - bereits oben bei der Skizze der Präsenzindikatoren angesprochene - Niveau der Sockelarbeitslosigkeit zeigt sich etwa darin, daß trotz eines Auslastungsgrads von über 99 Prozent in den Jahren 1990/91 nicht Vollbeschäftigung herrschte, sondern die Arbeitslosenquote in den alten Bundesländern gut 6 Prozent betrug. Daraus folgt, daß der inverse Zusammenhang von Auslastungsgrad und Arbeitslosenquote zwar im Prinzip gilt; die Rechtsverschiebung der *Okun*-Kurve gibt jedoch einigen Anlaß zur Skepsis gegenüber Hoffnungen auf eine rein konjunkturelle Lösung des Beschäftigungsproblems in der Bundesrepublik.

Skepsis gegenüber dem Versuch des Abbaus von Arbeitslosigkeit ausschließlich über Wachstumsimpulse legt auch die Analyse der Beschäftigungsschwelle nahe (vgl. die Ausführungen zur 'Zukunft der Arbeit' in Abschnitt 2.4). Das methodische Instrumentarium der Beschäftigungsschwelle (*Hof*, 1995, 69ff.) untersucht den Beschäftigungsgehalt des Wirtschaftswachstums. Dazu wird die Beschäftigungsschwelle definiert als jener Wert des Wirtschaftswachstums, ab dem eine Ausweitung der Beschäftigung einsetzt. Liegt das reale Wirtschaftswachstum unter der Beschäftigungsschwelle, so ist der Produktivitätsfortschritt größer als das Wirtschaftswachstum und es findet gesamtwirtschaftlich ein Personalabbau statt. Umgekehrt kommt es zu einer Ausweitung der Beschäftigung, wenn das Wirtschaftswachstum nicht mehr allein durch das Produktivitätswachstum getragen werden kann. Abbildung 1.16 zeigt die gesamtwirtschaftliche Beschäftigungsschwelle für den Zeitraum 1965 bis 1997.

Die lineare Regression zeigt einen positiven Zusammenhang der Wachstumsrate des realen Bruttoinlandsprodukts mit der Wachstumsrate der Produktivität (in Höhe von 0,5346x) sowie einen positiven Y-Achsenabschnitt von 1,1875. Der Y-Achsenabschnitt bedeutet, daß auch bei einem konstanten Bruttoinlandsprodukt ein Produktivitätsfortschritt zu beobachten ist, der dann als autonomer Produktivitätsfortschritt bezeichnet wird. Bei einer positiven Wachstumsrate des Bruttoinlandsprodukts wächst darüber hinaus die Produktivität zusätzlich um die Rate von 0,5346.

Aufgrund des Zusammenspiels von Y-Achsenabschnitt und einem endogenen Wachstum der Produktivität kleiner eins gibt es einen Schnittpunkt, bei dem beide Veränderungsraten gleich sind. Im obigen Beispiel liegt dieser

Schnittpunkt bei einem Wert von ca. 2,5 Prozent. Dieser Wert von 2,5 Prozent Wirtschaftswachstum ist die gesamtwirtschaftliche Beschäftigungsschwelle. Wird sie überschritten, liegt also die reale Wachstumsrate über 2,5 Prozent, so reicht der Produktivitätsfortschritt nicht mehr aus, um die Produktionszunahmen zu bedienen, und die Beschäftigung steigt. Umgekehrt fällt die Beschäftigung, wenn das Wirtschaftswachstum weniger als 2,5 Prozent beträgt.

Abbildung 1.16: Beschäftigungsschwelle 1965 - 1997

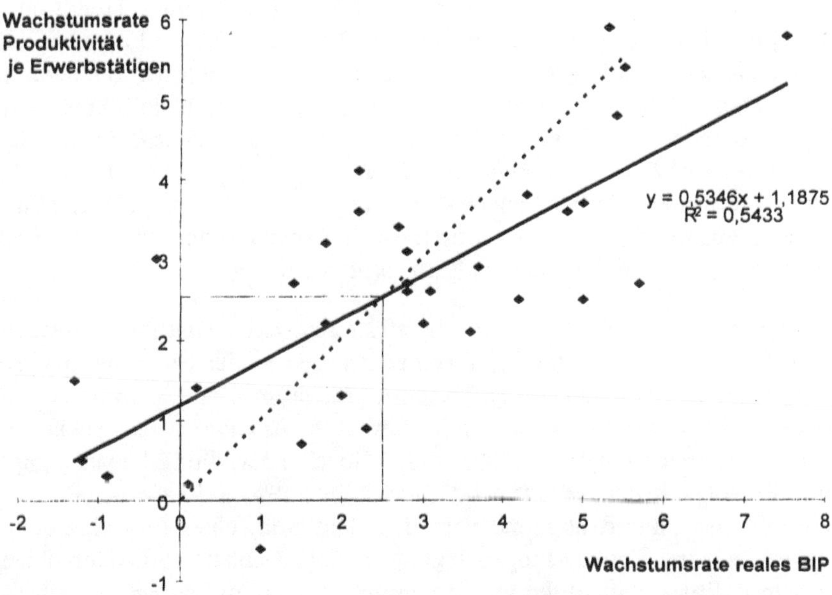

Quelle: Bundesministerium für Arbeit und Sozialordnung, 1998; eigene Berechnungen.

In der weiteren Analyse wäre es notwendig, nun die Entwicklung der Beschäftigungsschwelle zu analysieren sowie eine sektorale Differenzierung vorzunehmen (*Löbbe*, 1998, S. 109 - 117). Im langfristigen Vergleich ist die gesamtwirtschaftliche Beschäftigungsschwelle gesunken, da - wie oben erläutert - die Wachstumsraten des Produktivitätsfortschritts gesunken sind. Tendenziell ist daher das Wirtschaftswachstum beschäftigungsintensiver geworden. Dieser Trend wurde traditionell von dem sektoralen Strukturwandel getragen, da im wachsenden Dienstleistungssektor sowohl die Produktivität als auch ihre Wachstumsraten geringer waren als in der Industrie.

In den letzten Jahren scheint sich dieser Trend umzukehren, da nun die gesamtwirtschaftliche Beschäftigungsschwelle wieder ansteigt, was vor allem damit begründet wird, daß nun auch im tertiären Sektor (einschließlich des öffentlichen Dienstes) erhebliche Produktivitätssteigerungen realisiert werden. Insgesamt ist daher die Befürchtung nicht unbegründet, daß das Wirtschaftswachstum zukünftig weniger beschäftigungsintensiv wird und die Situation eines Wachstums ohne Beschäftigungseffekt - jobless growth - droht. Wäre dies der Fall, dann stünde in der Tat die Arbeitsmarkt- und Beschäftigungspolitik vor neuen Herausforderungen, die kaum mit den alten Instrumenten zu bewältigen wären (vgl. hierzu auch Abschnitt 2.4).

1.3.3 Arbeitsmarktbilanz

Aufgrund des komplexen Zusammenspiels von strukturellen Trends und konjunkturellen Schwankungen auf dem Arbeitsmarkt ist die Prognose der Arbeitsmarktentwicklung für die Politikberatung von zentraler Bedeutung. Als ein Beispiel für ein Instrument der institutionalisierten Politikberatung wird im folgenden das Konzept der Arbeitsmarktbilanz des *Instituts für Arbeitsmarkt- und Berufsforschung der Bundesanstalt für Arbeit* dargestellt. Das IAB ermittelt jährlich eine Arbeitsmarktbilanz, die ex post die Entwicklung von Angebot und Nachfrage nach Arbeitskräften analysiert und daraus eine Prognose der weiteren Entwicklung ableitet.

Mit dieser Situationsanalyse und langfristigen Arbeitsmarktvorausschau verfolgt das IAB zwei Ziele: Zum einen werden in der Situationsanalyse Veränderungen der Angebots- und Nachfrageseite im Detail analysiert, zum anderen wird in der Prognose durch alternative Annahmen das Spektrum möglicher Entwicklungen umrissen und politischer Handlungsbedarf signalisiert. Es soll mit der Arbeitsmarktbilanz keineswegs eine zwingende, unbeeinflußbare Zukunft abgebildet werden. Der Sinn einer Fortschreibung heute erkennbarer Entwicklungen liegt darin, bei absehbaren Abweichungen von dem politisch Gewollten vor Fehlentwicklungen zu warnen und politische Entscheidungen zu fundieren, durch die unerwünschte Entwicklungen vermieden werden. Damit sind die Arbeitsmarktanalysen des IAB (wie auch die des Sachverständigenrats und der Wirtschaftsforschungsinstitute) wichtige Orientierungshilfe für Staat, Tarifparteien und andere politische Akteure. Die vielfältigen Probleme und bekannten Fehlprognosen (vgl. *Lampert/ Englberger/Schüle*, 1991, S. 86 - 94) der Arbeitsmarktentwicklung sollten nicht zu einer pauschalen Ablehnung der Prognostik führen. Dazu scheint sowohl ihr heuristischer Wert als auch der erwünschte Effekt sich selbst widerlegender Arbeitsmarktprognosen für die Politikberatung als zu wertvoll.

In der Arbeitsmarktbilanz wird das Erwerbspersonenpotential der tatsächlichen Erwerbstätigkeit gegenübergestellt, um anhand der registrierten Arbeitslosen sowie der stillen Reserve das Ausmaß der quantitativen Unterbeschäftigung zu erkennen (vgl. auch *Engelen-Kefer u.a.*, 1995, S. 112).

Langfristig weist die Arbeitsmarktbilanz die oben skizzierten strukturellen Trends auf, kurz- bis mittelfristig ist sie eher konjunkturell orientiert. Das Konzept der Arbeitsmarktbilanz gibt daher grundsätzlich Gelegenheit einer abschließenden Zusammenfassung beider Aspekte. Die folgenden Ausführungen konzentrieren sich jedoch auf den vergleichsweise kurzen Zeitraum 1991 bis 1997 für Gesamtdeutschland und sind als vereinfachte, exemplarische Skizze einer Arbeitsmarktbilanz gedacht.

Betrachtet man zunächst die Entwicklung der Nachfrage nach Arbeitskräften, so fällt auf, daß die Zahl der Erwerbstätigen über den gesamten Zeitraum rückläufig war (vgl. Abbildung 1.17). Dieser Rückgang wird auf das Sinken des Arbeitsvolumens zurückgeführt. Dieses wiederum erklärt sich aus der Kombination von geringen Steigerungsraten des realen Bruttoinlandsprodukts, höheren Steigerungsraten der Stundenproduktivität sowie einer Verminderung der durchschnittlichen Arbeitszeit. Aus Sicht der Arbeitsmarktbilanz sind die produktivitäts-, wachstums- oder arbeitszeitbedingten Nachfragefaktoren im wesentlichen als unabhängige Variablen zu verstehen. Sie strahlen von dem Gütermarkt auf den Arbeitsmarkt aus und spiegeln zudem die Verteilung des Arbeitsvolumens auf die Erwerbstätigen wider. Darüber hinaus werden in dem zugrunde liegenden Modell vielfältige Interdependenzen berücksichtigt.

Abbildung 1.17: Veränderung derArbeitskräftenachfrage 1991 - 1997 (Veränderungsraten in Prozent)

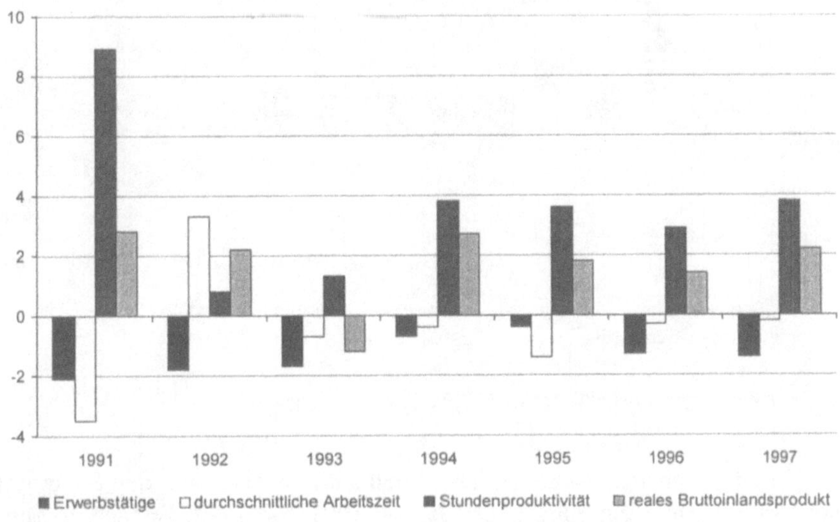

Quelle: Autorengemeinschaft des IAB, 1998, S. 6.

Eine zentrale Ursache für den Rückgang der Erwerbstätigenzahl liegt im Unterschreiten der Beschäftigungsschwelle, das isoliert betrachtet zu einem noch stärkeren Rückgang der Erwerbstätigenzahl geführt hätte. Umgekehrt betrachtet ist der vergleichsweise geringe Rückgang der Erwerbstätigen auch auf den Rückgang der durchschnittlichen Arbeitszeit in den meisten Jahren zurückzuführen.

Die sich anschließende Prognose der Arbeitsnachfrage basiert nun auf Hypothesen über das künftige Wirtschaftswachstum, die Produktivitätsfortschritte sowie die durchschnittliche Arbeitszeit. Für das Jahr 1998 hatte das IAB drei Varianten berechnet, die von einem weiteren Rückgang der Erwerbstätigenzahl um 0,8 Prozent, 0,9 Prozent oder 1 Prozent ausgingen. Die tatsächliche Entwicklung im Jahr 1998 zeigte indes eine leichte Zunahme der Erwerbstätigenzahl. Dies mag veranschaulichen, wie schwierig Arbeitsmarktprognosen selbst für einen vergleichsweise kurzen Zeitraum sind.

Abbildung 1.18: Veränderung des Angebots an Arbeitskräften 1991 - 1997 (gegenüber dem Vorjahr in Tsd.)

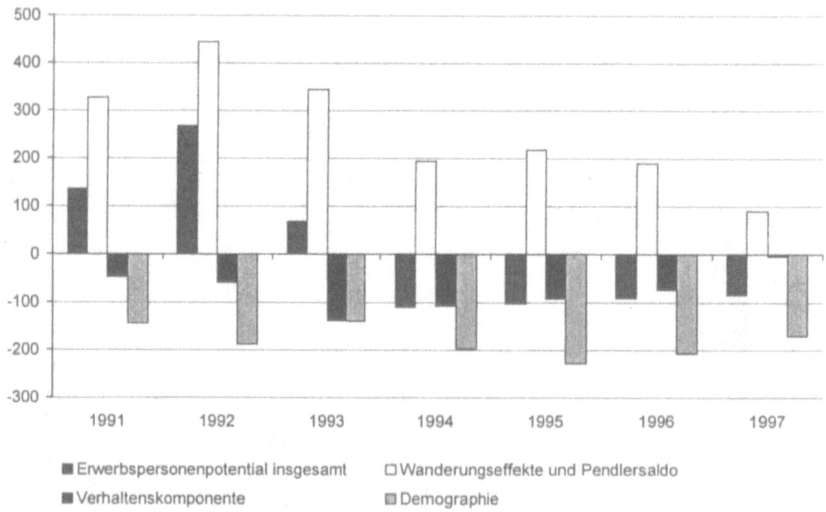

Quelle: Autorengemeinschaft des IAB, 1998, S. 6.

Die Entwicklung des Angebots an Arbeitskräften zeigt für den Zeitraum eine sprunghafte Steigerung in den Jahren 1991 und 1992. Danach erkennt man einen jährlichen Rückgang des Erwerbspersonenpotentials. Aus Abbildung 1.18 sind die unterschiedlichen Einflüsse recht deutlich zu erkennen. Ursächlich für den Anstieg des Erwerbspersonenpotentials war ein positiver

Wanderungs- und Pendlersaldo von 330.000 bzw. 444.000 Personen. Dieser Zustrom von Arbeitskräften auf dem gesamtdeutschen Arbeitsmarkt (ergänzend könnten die Wanderungs- und Pendlerbewegungen von den neuen in die alten Bundesländer untersucht werden) hat ab 1994 und nochmals ab 1997 deutlich abgenommen, was den Angebotsdruck auf dem Arbeitsmarkt spürbar vermindert hat. Die demographische Entwicklung und die Verhaltenskomponente sind vom langfristigen Trend geprägt. Sie zeigen im gesamten Zeitraum ebenfalls rückläufige Werte.

Für die weitere Prognose der Arbeitsnachfrage hatte das IAB keine alternativen Varianten berechnet, sondern einen weiteren Rückgang des Erwerbspersonenpotentials um 172.000 Personen prognostiziert. Dieser wurde durch ein nun negatives Wanderungs- und Pendlersaldo verursacht.

Abbildung 1.19: Arbeitsmarktbilanz 1991 - 1997 im Jahresdurchschnitt (gegenüber dem Vorjahr in Tsd.)

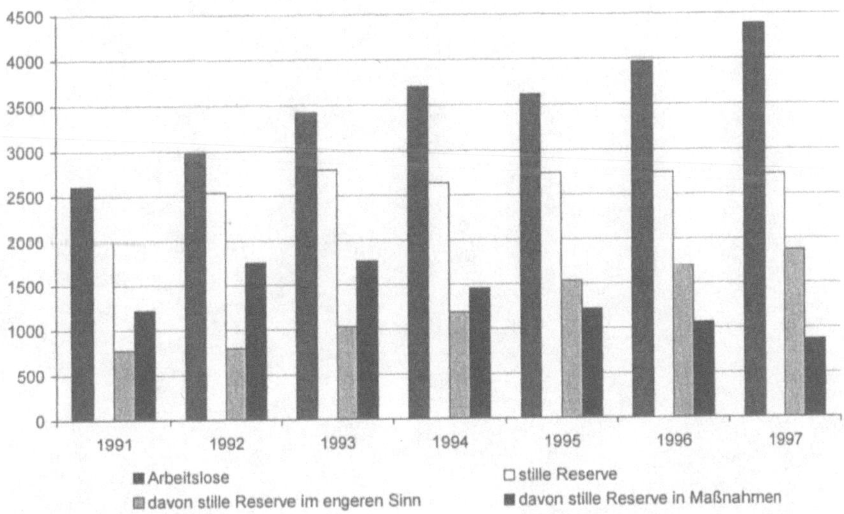

Quelle: Autorengemeinschaft des IAB, 1998, S. 6.

Zweck der Gegenüberstellung von Angebots- und Nachfragetrends auf dem Arbeitsmarkt ist die Erstellung der Arbeitsmarktbilanz, d.h. der Differenz aus Angebots- und Nachfrageentwicklung. Sie zeigt für den betrachteten Zeitraum einen Anstieg der gesamtdeutschen Zahl der Arbeitslosen, wobei die Steigerungsraten in den Jahren 1991 bis 1993 sowie ab 1996 besonders hoch waren. Das Ansteigen der registrierten Arbeitslosen ist jedoch nicht ausschließlich durch die Veränderungen der Nachfrage und des Angebots an Arbeitskräften zu erklären. Wie Abbildung 1.19 zeigt, ist die sogenannte 'stille Reserve', d.h. die Zahl der arbeitssuchenden, jedoch nicht als arbeitslos registrierten Personen seit 1993 konstant geblieben. Dies wiederum ist darauf zurückzuführen, daß seit 1993 die Zahl der Personen in Maßnahmen der aktiven Arbeitsmarktpolitik rückläufig ist und diese Personen danach als registrierte Arbeitslose geführt werden. Ein Teil des Anstiegs der offenen Arbeitslosigkeit ist somit auf eine Reduktion von Maßnahmen der aktiven Arbeitsmarktpolitik zurückzuführen.

2. ARBEITSMARKTPOLITIK

Die Arbeitsmarktpolitik läßt sich mit *Lampert* (1998, S. 179) definieren als „die Gesamtheit der Maßnahmen, die das Ziel haben, den Arbeitsmarkt als den für die Beschäftigungsmöglichkeiten und die Beschäftigungsbedingungen der Arbeitnehmer entscheidenden Markt so zu beeinflussen, daß für alle Arbeitsfähigen und Arbeitswilligen eine ununterbrochene, ihren Neigungen und Fähigkeiten entsprechende Beschäftigung zu bestmöglichen Bedingungen, insbesondere in bezug auf das Arbeitsentgelt und die Arbeitszeit gesichert wird." Folgt man dieser Definition, so wird deutlich, daß die Arbeitsmarktpolitik sich in ihrem Zielkatalog nicht einfach mit einer maximalen Beschäftigungsmenge auf dem Arbeitsmarkt - gleichgültig zu welchen Bedingungen - zufriedengeben kann. Vielmehr stehen die Arbeitsbedingungen (u.a. Arbeitsentgelt, Arbeitszeit und Arbeitsschutz) *gleichberechtigt* neben dem Ziel eines hohen Beschäftigungsstandes. Letzterer ist kein Selbstzweck, da die Arbeitsbedingungen für die Lebenslage der Arbeitnehmer von entscheidender Bedeutung sind.

Grundlegender Ausgangspunkt der Arbeitsmarktpolitik in der Sozialen Marktwirtschaft ist die Gefahr, daß die Funktionsweise eines unregulierten Arbeitsmarktes zu Arbeitsbedingungen führen kann, die den Anforderungen des *Grundgesetzes* nicht genügen. Arbeitnehmer, die unter Arbeitsangebotszwang stehen, werden Arbeitsbedingungen akzeptieren, die insbesondere den Artikeln 1 (Schutz der Menschenwürde), 2 (Grundrecht auf freie Entfaltung der Persönlichkeit), 3 (Diskriminierungsverbot), 12 (Freiheit der Arbeitsplatz- und Berufswahl) sowie 20 und 28 (Sozialstaatsgebot) widersprechen können. Nimmt man noch die Artikel 9 (positive und negative Koalitionsfreiheit), 11 (Recht auf Freizügigkeit) und 14 (Privateigentum an Produktionsmitteln) hinzu, so wird deutlich, daß der Arbeitsmarkt in der Bundesrepublik durch den Auftrag des Grundgesetzes weder völlig reguliert noch völlig unreguliert sein kann.

Die Arbeitsmärkte sind daher einerseits freie Märkte, auf denen Arbeitnehmer und Arbeitgeber im Wettbewerb stehen und für die die *Privatheit der Arbeitsverhältnisse* grundlegendes Merkmal ist. Gleichzeitig gebieten es der *Schutz der Menschenwürde* und andere Grundgesetznormen, daß der Staat durch Arbeitsmarktpolitik interveniert, wenn und soweit eben diese Anforderungen verletzt werden (*Lampert/Englberger/Schüle*, 1991, S. 21). Der jeweiligen Bundesregierung ist es somit nicht völlig freigestellt, ob und welche Arbeitsmarktpolitik sie betreibt, sondern sie hat immer ihren grundgesetzlichen Auftrag zu beachten.

Als *Operationalisierung* der grundgesetzlichen Oberziele der Arbeitsmarktpolitik können als Unterziele u.a. die Höhe und Stetigkeit des Arbeitseinkommens, die Höhe und Stetigkeit von Lohnersatzleistungen bei Arbeitslosigkeit, die Sicherung der realen Möglichkeiten zur freien Arbeitsplatz- und Berufswahl und die Sicherung der realen Wirksamkeit der staatlichen Mindestnormen angesehen werden. Insgesamt betrachtet setzt sich dann die Arbeitsmarktpolitik wie folgt zusammen (*Lampert*, 1998, S. 180):

- Die *Arbeitsmarktordnungspolitik*, die durch Setzung staatlicher Mindestnormen des Arbeitsschutzes, der Lohnhöhe, der Partizipation und der sozialen Sicherung zur Gewährleistung bestmöglicher Arbeitsbedingungen beitragen soll; sowie
- die *Arbeitsmarktprozeßpolitik*, die erstens durch einen kurzfristigen Ausgleich von Angebot und Nachfrage (Ausgleichspolitik) eine optimale Allokation des Faktors Arbeit und eine Überwindung struktureller Ungleichgewichte zu gewährleisten versucht. Zur Arbeitsmarktprozeßpolitik zählt zweitens das langfristige Hinwirken auf die volkswirtschaftlichen Aggregate von Arbeitsangebot und Arbeitsnachfrage in Richtung eines Arbeitsmarktausgleichs bei hohem Beschäftigungsniveau (Vollbeschäftigungspolitik).

Wie die Arbeitsmarkttheorie im dritten Kapitel dieses Buches noch im Detail herausarbeiten wird, besteht auf den Märkten für Arbeitsleistungen allgemein *unzureichende Markttransparenz*, die die Preiselastizität des Arbeitsangebots des gegebenen Arbeitspotentials verringert. Da die Marktübersicht der Nachfrager nach Arbeitsleistungen im allgemeinen höher ist als die der Anbieter, wird tendenziell die Position der Nachfrager gestärkt, weshalb es als sozialpolitische Aufgabe angesehen werden kann, die Markttransparenz primär für die Arbeitnehmer zu erhöhen. Ihre Verwirklichung ist in vielen modernen Industriegesellschaften vornehmlich staatlichen Stellen übertragen worden. Verbesserte Marktübersicht dient aber nicht nur den Arbeitnehmern, sondern auch den Arbeitgebern, da sie im Einzelfall aus einem größeren Angebot auswählen können.

Nachdem die Arbeitsvermittlung teils durch die Tarifparteien, teils durch gewerbsmäßige Vermittlung in Deutschland bis Mitte der dreißiger Jahre zum Teil in privaten Händen gelegen hatte, wurde sie 1935 ein Staatsmonopol. Im Zuge der allgemeinen Deregulierungsbestrebungen wurde das Vermittlungsmonopol der Bundesanstalt für Arbeit zwischenzeitlich wieder aufgehoben. Seit 1994 ist auch die private Stellenvermittlung erneut zugelassen. Die quantitative Bedeutung (Einschaltungsgrad und Marktanteil) der privaten Vermittlungen ist jedoch nach wie vor marginal (*Keller*, 1997, S. 382 ff.).

Die Schaffung von Transparenz auf den Arbeitsmärkten dient u.a. einer größeren Mobilität der Arbeitnehmer, die wiederum stark von interindustriellen Lohndifferenzen bestimmt ist (*Gallaway*, 1971, S.33 ff.). Die ökonomische Theorie kennt den Mobilitätsfall lediglich als Spezialfall der Konsumentennachfragetheorie: Das Individuum auf dem vollständigen Markt wird das Angebot seiner Arbeitsleistungen so ausrichten, daß die Grenzrate der Substitution von Einkommen gegen Freizeit dem realen Lohnsatz auf dem

Markt entspricht. In diesem einfachen Fall besteht Mobilität der Arbeit aber lediglich in der Variation des Arbeitsangebots am Markt. Geht man vom einfachen Fall zu dem Fall über, in dem zwei Märkte mit unterschiedlichen Lohnsätzen bestehen, dann hat das Individuum zwischen beiden zu entscheiden, wobei es unter Maximierungsbedingungen und unter Ausschluß von Informationskosten den Platz mit dem höheren Lohnsatz wählen wird.

In Fällen der *Arbeitslosigkeit* übernimmt der Staat eine weitere wichtige Aufgabe. Für den einzelnen Arbeitnehmer ist Arbeitslosigkeit mit dem Verlust des Arbeitseinkommens verbunden. Dies wiegt um so schwerer, wenn für den Großteil der abhängig Beschäftigten das Einkommen aus Arbeit die einzige oder wichtigste Einkommensquelle darstellt. Für den Staat gilt es daher, durch geeignete wirtschaftspolitische Maßnahmen (z. B. über die Vergabe öffentlicher Aufträge etc.) und sozialpolitische Vorkehrungen die Arbeitslosigkeit möglichst zu verhindern, die Wiedereingliederung arbeitsloser Arbeitnehmer in den Wirtschaftsprozeß zu ermöglichen oder die finanziellen Auswirkungen einer Arbeitslosigkeit auf den einzelnen Arbeitnehmer und seine Familie so gering wie möglich zu halten (durch die Zahlung von Sozialeinkommen). Der Sicherung vor Arbeitslosigkeit, die den sozialpolitischen Maßnahmen zuzurechnen ist, dienen die Arbeitsvermittlung, die Arbeitsberatung und die Berufsberatung. Eine wichtige Funktion bei der Sicherung vor Arbeitslosigkeit haben auch Bildungsmaßnahmen, so die berufliche Ausbildung, Fortbildung, Umschulung, Rehabilitation und die Förderung der Arbeitsaufnahme. Auf Partialmärkten bzw. in besonderen Situationen greifen Maßnahmen zur Förderung der ganzjährigen Beschäftigung in der Bauwirtschaft, das Kurzarbeitergeld und die Maßnahmen zur Arbeitsbeschaffung in ungünstig strukturierten Regionen ein. Für Arbeitslose gibt es Leistungen in Form von Arbeitslosengeld bzw. Arbeitslosenhilfe (vgl. Abschnitt 2.3.2.4). Inwieweit die Arbeitsmärkte durch diese und weitere Maßnahmen entlastet werden können, hat ihr Einsatz im Zuge der deutschen Vereinigung gezeigt.

Für den Arbeitsmarkt entstehen aus der Höhe des Arbeitslosengeldes im Konjunkturwechsel z. T. erhebliche Probleme daraus, daß während Zeiten der Hochkonjunktur die Effektivlöhne z. B. durch häufige Überstunden oder auch übertarifliche Löhne besonders hoch sind. Diese hohen Löhne dienen zwar einerseits als Bemessungsgrundlage der Versicherungsbeiträge an die Bundesanstalt für Arbeit, andererseits aber auch als Bemessungsgrundlage für das Arbeitslosengeld. Hieraus entsteht in vielen Fällen das Problem, daß das Arbeitslosengeld höher ist als der in Rezessionsphasen bei einer erneuten Arbeitsaufnahme erzielbare Lohn.

2.1 Arbeitsmarktordnungspolitik

Wie bereits im ersten Kapitel dieses Buches erläutert, setzt der Staat durch Gesetz, Verordnungen u.a. Daten für den Arbeitsmarkt (*Nipperdey*, o.J.), ohne daß damit unmittelbar Transfers verbunden sind. Diese Datensetzungen werden im folgenden als ordnungspolitische Interventionen bezeichnet. Ihre Regelungen betreffen das Arbeitsverhältnis und den Urlaub, die Kündigung, das Werkswohnungswesen, die Lohngestaltung, die Lohnfortzahlung bei Krankheiten und Feiertagen, das Arbeitszeitrecht, den Betriebsschutz, den Schutz der Frau und der arbeitenden Jugend, den Heimarbeiterschutz, den Arbeitsschutz, das Tarif- und Schlichtungsrecht, die Mitbestimmung, die sozialen Rechte bei Arbeitslosigkeit usw. Im Laufe der letzten Jahrzehnte hat sich das Arbeitsrecht zu einer Spezialdisziplin der Rechtswissenschaft entwickelt.

Wesentliche Impulse gingen und gehen dabei von der Rechtsprechung auf diesem Gebiet aus. Der Ausbau der *Arbeitsgerichtsbarkeit* erfolgte in Deutschland durch das Gewerbegerichtsgesetz von 1890, das nicht zuletzt unter dem Eindruck des großen Bergarbeiterstreiks von 1889 zustande gekommen war. Es schuf erstmals eine Sondergerichtsbarkeit für gewerbliche Streitigkeiten, die außerhalb der Organisation der ordentlichen Gerichte stand (*Frerich/Frey*, 1993, S. 139f.). Der daran anschließende Aufbau der Arbeitsgerichtsbarkeit in Deutschland kann als eine herausragende rechtsschöpferische Innovation bezeichnet werden.

Grundsätzlich kann der Staat indirekt oder direkt die Arbeitsverhältnisse und speziell die Lohnhöhe beeinflussen, wobei heute auch in der Bundesrepublik die indirekte Einflußnahme dominiert und diese den Kern der folgenden Ausführungen zur Arbeitsmarktordnungspolitik bildet. Zuvor werden jedoch der Vollständigkeit halber auch jene Formen staatlicher Einflußnahme angesprochen, die die freie Preisbildung begrenzen oder aufheben. Im wesentlichen sind dies die Formen von Mindestlöhnen, Gleichheitsvorschriften und Lohnstops.

Die *Mindestlohngesetzgebung* (*Stigler*, 1946, S. 405 ff.), in Deutschland nicht gebräuchlich, kann als Bestandteil des Systems sozialer Sicherung aufgefaßt werden. Während die soziale Sicherung Mindesteinkommen garantiert, die nicht Arbeitseinkommen sind, sichert ein Mindestlohn ein Grundeinkommen aus Arbeit. Der schwächere Marktpartner soll durch Mindestlöhne davor bewahrt werden, daß sich seine ungünstige Marktstellung zu seinen Lasten auswirkt. Gesetzliche Mindestlöhne finden sich vorzugsweise in den Ländern, in denen Tendenzen bestehen, den Lohn zum Soziallohn auszugestalten (z. B. Frankreich), oder in denen bewußt dem Arbeitseinkommen der Vorzug vor Sozialeinkommen gegeben wird (z. B. in den USA, Kanada, Australien und - als aktuelles Symbol der Politik von 'new labour' - in Großbritannien).

Eine weitere Form imperativer Preispolitik des Staates bildet das *Gleichheitsgebot* „gleicher Lohn bei gleicher Arbeit“. In der Bundesrepublik ist diese Forderung im Grundgesetz in Art. 3 (3) kodifiziert, d. h. niemand darf wegen seines Geschlechts, seiner Abstammung, seiner Rasse, seiner Sprache, seiner Heimat und Herkunft, seines Glaubens, seiner religiösen oder politischen Anschauungen benachteiligt oder bevorzugt werden. Ähnliche Bestimmungen gibt es auch in den Verfassungen bzw. im Recht anderer Länder. In der Bundesrepublik ist dieser Verfassungsgrundsatz zumindest formal durchgesetzt. In einigen Industriebereichen gibt es jedoch noch sogenannte Leichtlohngruppen, in die nur weibliche Beschäftigte eingruppiert werden. Zwar ist dieser Fall, soweit er als Diskriminierung aufgefaßt wird, rechtlich kaum faßbar, tatsächlich stellt er jedoch einen Verstoß gegen das Gleichheitsgebot dar. Ökonomisch ist die Gleichheitsforderung nicht ohne Probleme, denn die Durchsetzung kann auch eine Reihe von Nachteilen für die Geschützten mit sich bringen, indem sie weniger Arbeitsangebote erhalten (z. B. Frauen- bzw. Mutterschutzgesetz) und als Beschäftigte keine besonderen Schutztatbestände mehr geltend machen können.

Ein entscheidender imperativer staatlicher Eingriff in den Arbeitsmarkt ist ein *Lohnstop*. Lohnstop bedeutet das Einfrieren der bestehenden Lohnsätze und der Lohnstruktur. Wenn auch nicht in der Bundesrepublik, so war dieses Instrument in angelsächsischen und romanischen Ländern in Zeiten verstärkter Inflationstendenzen recht gebräuchlich. Die ökonomischen Konsequenzen von Lohnstops bestehen einerseits darin, daß von staatlicher Seite ein aufwendiger Kontrollapparat benötigt wird und andererseits, daß ein möglicherweise positiver Effekt auf das Preisniveau nach Aufhebung der Kontrollen durch ein entsprechendes Nachholbedürfnis wieder zunichte gemacht wird. Zu bedenken ist auch, daß Lohnstops in der Regel von Preisstops begleitet werden, wofür der Kontrollapparat noch erheblich größer sein muß. Daneben haben die Arbeitgeber im Fall des Lohnstops beträchtliche Ausweichmöglichkeiten, die z.B. nicht nur in Höhergruppierungen einzelner Beschäftigter, sondern auch in sogenannten freiwilligen Sozialleistungen (fringe benefits) bestehen.

Schon diese ersten Beispiele lassen vermuten, daß Fragen der Arbeitsmarktordnung heute - aufgrund eines gewissen Eigenlebens der Rechtsprechung - seitens der Ökonomen in die Diskussion geraten sind. Forderungen nach einer Deregulierung und Flexibilisierung des Arbeitsmarktes werden an die Politik herangetragen und wurden seit Anfang der achtziger Jahre von dieser auch umgesetzt. Die Hoffnungen, durch eine Deregulierung des Arbeitsmarktes die Massenarbeitslosigkeit abbauen zu können, erfüllte sich indes nicht. Befürworter der Deregulierung führen dies auf externe Schocks auf dem Arbeitsmarkt zurück und vermuten, daß ohne eine Deregulierung heute der Stand der Arbeitslosigkeit noch höher wäre. Dem halten Kritiker der Deregulierung entgegen, daß die Regulierung des Arbeitsmarktes gesamtgesellschaftlich keine negativen Beschäftigungseffekte habe. Ohne hier auf die einzelnen Positionen im Detail eingehen zu können sei hier nur auf die abschließende Textbox zum theoretischen Exkurs 'Deregulierung - Ausweg oder Irrweg?' verwiesen (vgl. Abschnitt 2.1.6). Einen guten, da ausgewogenen Überblick zu beiden Positionen gibt auch der Sammelband von *Büchtemann*, 1990.

Im folgenden wird die Arbeitsmarktordnungspolitik in ihrer allgemeinen Rechtfertigung sowie in ihrer praktischen Ausgestaltung in Form von Mindestnormen dargestellt.

2.1.1 Grundproblematik der Arbeitsmarktordnung

Der Arbeitsmarkt war - wie der Nobelpreisträger *North* zutreffend feststellt - niemals völlig unreguliert (*North*, 1984, S. 8). Ganz im Gegenteil ist die Wirtschafts- und Sozialgeschichte von der Antike über das Mittelalter bis ins frühe 19. Jahrhundert von umfangreichen Regulierungen des Arbeitsmarkts geprägt. Letztlich beruhten alle Sozialordnungen auf Standesregeln, die immer auch eine ökonomische Grundlage hatten. Der Hinweis auf die antike Sklavenwirtschaft einerseits sowie die mittelalterlichen Zunftordnungen andererseits mag hier zur Illustration genügen. Grundlegend für den Aufbau der neuzeitlichen Arbeitsmarktordnung in Deutschland war die Einführung der Gewerbefreiheit in den preußischen Provinzialregierungen im Jahr 1808, die eine endgültige Überwindung der Zunftordnung bedeutete und damit einen Weg zum wirtschaftlichen Wachstum eröffnete.

Als Kehrseite der Deregulierung des Arbeitsmarktes - und im Zusammenspiel mit anderen Faktoren - zeigte sich jedoch bald eine Proletarisierung weiter Bevölkerungskreise und eine Verschlechterung der Arbeitsbedingungen, der wiederum der preußische Staat mit den ersten modernen Arbeitsschutzgesetzen Einhalt zu bieten versuchte. Diese entsprangen also nicht staatlicher Willkür, sondern waren Reaktion auf die ökonomische Verelendung und soziale Verwahrlosung eines Teils der Bevölkerung.

Aus diesen Erfahrungen - die in Deutschland 'historisch' sind, in anderen Ländern der Erde jedoch auch heute noch gemacht werden - folgert *Lampert* eine Grundproblematik der Arbeitsmarktordnungspolitik, daß nämlich die Arbeitsmärkte einer ordnungspolitischen Ausgestaltung bedürfen, „weil unter den Bedingungen individueller Arbeitsvertragsfreiheit Arbeitnehmer und Arbeitgeber zwar *formal gleichgestellt*, die unter Angebotszwang stehenden Arbeitnehmer aber den über die Produktionsmittel und über die Produktionserträge verfügenden Arbeitgebern *material unterlegen* sind. Außerdem ist auf den Arbeitsmärkten Ordnungspolitik notwendig, um ein spezifisches Problem zu lösen: das Problem der Verteilung des Produktionsertrages auf die an der Produktion beteiligten Produktionsfaktoren." (*Lampert*, 1998, S. 191; Hervorhebungen von den Verfassern).

Dabei sollen die *Mindestnormen* der Arbeitsmarktordnungspolitik verhindern, daß sich unter den Bedingungen des marktwirtschaftlichen Wettbewerbs die *individuellen Optionen* (etwa bei einer Zulassung der Kinderarbeit) zu *kollektiven Zwängen* (materielle Angewiesenheit auf Kinderarbeit) transformieren. Mindestnormen der Arbeitsmarktordnungspolitik sind in vier Bereichen zu konstatieren:

- Mindestnormen für Arbeitsschutz zur Sicherung grundlegender Freiheitsrechte durch das Arbeitszeitgesetz (Wochenarbeit, Feiertage, Ausgleich), Regelungen zum Umgang mit gesundheitsgefährdenden Roh-, Hilfs- und Betriebsstoffen sowie Regelungen der Befristung von Arbeitsverträgen.
- Mindestnormen für Arbeitsentgelte, die durch Gesetz oder durch die Tarifparteien festgelegt werden können.
- Mindestnormen der Betriebsverfassung, mit denen der Mensch in seiner gesamten Person - und nicht nur als Träger der Arbeitsleistung - berücksichtigt werden soll. Stichworte sind hier Demokratisierung und Partizipation.
- Mindestnormen der sozialen Sicherung, durch die der Angebotszwang der abhängig Beschäftigten vermindert und die Würde des Menschen auch bei Arbeitslosigkeit gewahrt werden soll. Praktisches Ziel ist es, einen Suchprozeß zu ermöglichen, der sowohl aus Sicht des einzelnen als auch aus gesamtwirtschaftlicher Sicht eine bestmögliche Nutzung des Humanvermögens erlaubt.

2.1.2 Arbeitsschutz

Aus der Arbeitsausübung im Unternehmen können dem Arbeitnehmer zahlreiche Gefahren drohen (*Lampert/Englberger/Schüle*, 1991, S. 35). Dazu zählen Beeinträchtigungen der Gesundheit und speziell der Arbeitsfähigkeit durch den Umgang mit gesundheitsgefährdenden Substanzen und Anlagen, Beeinträchtigung der zeitlichen Voraussetzungen für die Entfaltung der Persönlichkeit durch zu lange Arbeitszeiten sowie Beeinträchtigung der Lebenslage durch völlige Planungsunsicherheit bei Befristung und kurzfristig möglicher Kündigung des Arbeitsverhältnisses. Umgekehrt formuliert dient der Arbeitsschutz vor allem drei Zielen:

(1) der Verhinderung zu starker Ausnutzung der Arbeitsleistungen durch die Betriebe,

(2) dem Schutz der Arbeitenden vor sich selbst im Sinne eines Bewahrens vor Überforderung seiner eigenen Arbeitskraft und der seiner Familie (*Liefmann-Keil*, 1961, S. 237),

(3) dem Schutz vor objektiv-technischen Risiken der Arbeitswelt.

Der Arbeitsschutz stärkt die Position des Arbeitnehmers gegenüber dem Arbeitgeber und kann langfristig sowohl zur quantitativen wie qualitativen Verbesserung des Arbeitsangebots führen (*Liefmann-Keil*, 1961, S. 238). Besonders deutlich wird das, wenn an die Schutzmaßnahmen für Kinder, Jugendliche, Frauen allgemein und Schwangere bzw. Mütter erinnert wird. Diese Gruppen sollen aus übergeordneten politischen Erwägungen nur mit Einschränkungen auf dem Arbeitsmarkt tätig sein.

Die Vorteile des Arbeitsschutzes für die *Arbeitnehmer* liegen in besserer Ausbildung (Arbeitsverbot für Jugendliche unter 14 Jahren), adäquateren Arbeitszeiten (Nachtarbeitsverbot für Frauen), höheren Arbeitsentgelten (bedingt durch bessere Ausbildung und höheren Gesundheitsstand) und Verminderung der Arbeitsunfälle. Als Nachteil des Arbeitsschutzes werden von einigen Autoren die erhöhten Zugangsbarrieren der (zu einer der geschützten Gruppen gehörigen) Outsider genannt.

Für die *Arbeitgeber* stellt sich die Situation differenzierter dar (vgl. den theoretischen Exkurs in Abschnitt 2.1.6). Einerseits bringt der Arbeitsschutz in fast allen Fällen eine Erhöhung der dem Faktor Arbeit zuzuordnenden Kosten: Beispielsweise bringen Arbeitszeitbeschränkungen oft die Notwendigkeit von höher bezahlten Überstunden mit sich, des weiteren erhöhen sich durch Arbeitssicherheits- und Schutzmaßnahmen im Betrieb die Investitionskosten bzw. die Beiträge an die Berufsgenossenschaften, deren Maßstab die Lohnsummen und die arbeitsplatzspezifischen Gefährdungen der Beschäftigten bilden. Ein Vorteil auch für die Arbeitgeber liegt andererseits in der quantitativen und qualitativen Verbesserung des Arbeitsangebots, das tendenziell zu einer gesteigerten Produktivität beiträgt. Welches Ausmaß an Arbeitsschutz aus Sicht der Unternehmen gewinnmaximierend ist, kann a priori nicht postuliert werden, da auch beim Arbeitsschutz eine Marginalanalyse notwendig wäre: den steigenden Kosten der Prävention stehen verminderte Ausfälle und wirtschaftliche Störungen bei Unfällen gegenüber. Das Gewinnmaximum liegt unter diesem Aspekt bei Gleichheit von Grenzkosten und Grenznutzen, d.h. weder bei einem maximalen Arbeitsschutz noch bei dessen völliger Vernachlässigung (*Stegemann*, 1999, S. 19). Hinzu kommt, daß aus Sicht der meisten Unternehmen dem Arbeitsschutz ein Eigenwert zukommen dürfte, der sich gut in ein Konzept der Erzeugung qualitativ hochwertiger Produkte einfügen kann.

Wie die raschen technischen Wandlungen unserer Zeit zeigen, kann Arbeitsschutz nicht ein für alle mal geregelt werden; vielmehr kommt es darauf an, daß der Staat neue Entwicklungen rechtzeitig erkennt und ihnen in Form von besonderen Regelungen begegnet (*Schewe* u.a., 1975, S. 15 - 19; *Köllermann*, 1971, S. 46 - 62).

Eine besondere Funktion bei der Fortentwicklung des Arbeitsschutzes nimmt in Deutschland - neben der Rechtsprechung - die *gesetzliche Unfall-*

versicherung ein, die 1884 im Zuge der *Bismarck*schen Sozialgesetzgebung eingeführt wurde. Angestrebt wurde mit ihr nicht nur der Schutz des Arbeitnehmers vor den Folgen eines Arbeitsunfalls, sondern sie sollte auch die zivilrechtliche Haftpflicht des Arbeitgebers gegenüber seinen Arbeitnehmern ablösen. Heute sind drei Hauptaufgaben der gesetzlichen Unfallversicherung in der Bundesrepublik im *§ 1 SGB VII* festgeschrieben: erstens die Unfallverhütung, zweitens die Wiederherstellung der Leistungsfähigkeit nach Eintritt eines Unfalls sowie drittens die Entschädigung der Versicherten bzw. der Hinterbliebenen durch Geldleistungen. Während zunächst nur besonders gefährdete Branchen einbezogen wurden, wurde der Kreis der Versicherten immer weiter ausgedehnt und umfaßt heute alle Personen, die in einem Arbeits-, Dienst- oder Ausbildungsverhältnis stehen. Mitglied in einer Berufsgenossenschaft - dem Träger der gesetzlichen Unfallversicherung - und deren einzige Beitragszahler sind die Unternehmen bzw. Schulen u.a.; leistungsberechtigt ist allein der Arbeitnehmer.

Die gesetzliche Unfallversicherung gilt - gemessen an ihren Zielen - als *sehr erfolgreiche Sozialversicherung*, da sie über ein differenziertes Beitragssystem für die Unternehmen deutliche Anreize zur Prävention setzt. Die Beiträge werden nach dem Prinzip der nachträglichen Bedarfsdeckung, d.h. abhängig von dem geleisteten *Arbeitsentgelt* und dem *Grad der Unfallgefahr* berechnet (*Krüger/Müller/Stegemann*, 1999). Letzterer wird durch die Bildung von Gefahrenklassen entsprochen, die - zusätzlich zu der Gliederung der zuständigen Berufsgenossenschaften nach Wirtschaftszweigen - die Grundlage für die individuelle Einstufung des Unternehmens sind. Nach Ablauf eines Jahres werden dann aufgrund der tatsächlichen Schadensverläufe Zuschläge gefordert oder Nachlässe gewährt.

Aus diesen versicherungstechnischen Details wird deutlich, daß die gesetzliche Unfallversicherung als Unternehmenshaftpflichtversicherung mit Pflichtmitgliedschaft ausgestaltet ist. Dabei hat die Trägerschaft durch die spezialisierten Berufsgenossenschaften (35 gewerbliche, 21 landwirtschaftliche sowie Eigenversicherungsträger von Bund, Ländern und Gemeinden) den Vorteil einer *herausragenden Kompetenz der Berufsgenossenschaften* in Fragen der Prävention und Rehabilitation. Ihnen obliegt es, typische Unfallursachen zu ermitteln, den Unternehmen bei der Prävention beratend zur Seite zu stehen, über die Anerkennung von Berufskrankheiten zu entscheiden und Maßnahmen zur Rehabilitation zu evaluieren. Die monetäre Entschädigung der Versicherten bzw. Hinterbliebenen umfaßt somit nur einen kleinen Teil des Leistungsspektrums der gesetzlichen Unfallversicherung.

Arbeitszeitregelungen (*Liefmann-Keil*, 1961, S. 240) sind zuerst eine Maßnahme des Arbeitsschutzes gewesen, indem Höchstarbeitszeiten festgelegt wurden. Notwendig wurde die staatliche Einführung von Höchstarbeitszeiten erstmals aufgrund der *unerträglichen Arbeitsbedingungen der Industriearbeiterschaft im neunzehnten Jahrhundert.* Infolge des Zwangs zur

Verwertung ihrer Arbeitskraft, der großen Zahl vermögensloser Arbeitssuchender und der Bedingungen eines unregulierten Arbeitsmarkts kam es zu Arbeitszeiten, die keine Reproduktion der Arbeitskraft zuließen und gravierende gesundheitliche Konsequenzen hatten. Die wöchentliche Arbeitszeit betrug in der deutschen Industrie 1860/70 78 Stunden, 1885/90 72 Stunden und 1900/05 noch 60 Stunden. Auch Frauen und Kinder waren zur Leistung langer Arbeitszeiten und Nachtarbeit gezwungen. Vor allem für die Kinder waren die Bedingungen unerträglich, sie wurden in der ersten Hälfte des neunzehnten Jahrhunderts gewöhnlich im Alter von acht bis neun Jahren im industriellen Arbeitsprozeß, d.h. getrennt von ihren Eltern, 10 bis 14 Stunden täglich eingesetzt. Aufgrund der katastrophalen Folgen dieser Arbeitsbedingungen für die kindliche Entwicklung wurde *1839 das preußische Regulativ über die Beschäftigung jugendlicher Arbeiter* erlassen. Es bestimmte ein Mindestalter für Kinderarbeit von neun Jahren, die maximale Arbeitszeit dieser Kinder auf 10 Stunden täglich und ein Beschäftigungsverbot an Sonn- und Feiertagen sowie zwischen 21 Uhr und 5 Uhr (*Lampert*, 1998, S. 20 und 64f). Heutige Arbeitsbedingungen in einigen Entwicklungs- und Schwellenländer führen plastisch die damalige Situation in Deutschland vor Augen.

Grundsätzlich kann die Flexibilisierung, aber auch die Verkürzung der wöchentlichen Arbeitszeit Gegenstand der modernen Arbeitszeitpolitik sein (vgl. die Ausführungen in Abschnitt 2.3.4). Bei letzterem besteht zum einen die Möglichkeit der Verkürzung bei vollem Lohnausgleich oder verkürzter Arbeitszeit mit höheren Überstundenentgelten. In diesen Fällen ist die Maßnahme lohnpolitisch motiviert, da das durchschnittliche arbeitsstündliche Einkommen steigt. Zum anderen werden im Rahmen von Verträgen zur Beschäftigungssicherung zunehmend Tarifvereinbarungen abgeschlossen, in denen eine Arbeitszeitverkürzung ohne vollen Lohnausgleich von den Gewerkschaften akzeptiert wird, wenn im Gegenzug Entlassungen abgewendet oder Beschäftigungsgarantien seitens der Unternehmer gegeben werden.

Trotz der weniger strikten Regelung im Arbeitszeitgesetz hat sich tarifvertraglich in Deutschland inzwischen die 40-Stunden-Woche durchgesetzt. Mittlerweile liegt die tarifliche durchschnittliche Wochenarbeitszeit der Arbeiter in den alten Bundesländern bei 37,4 Stunden, in den neuen Bundesländern bei 39,3 Stunden (Stand: 1996).

2.1.3 Mitbestimmung

Folgt man der Definition *Weddigen*s, so ist Mitbestimmung die Teilhabe von Arbeitnehmern oder ihrer demokratisch gewählten Vertreter in Arbeitsgemeinschaften, die Beschlüsse zu Regelungen treffen, welche Fragen der Sozialpolitik, Personalpolitik und Wirtschaftsführung betreffen (*Weddigen*, 1962, S. 14). Die Art dieser Teilhabe kann graduell abgestuft sein nach der

Intensität der Teilhabe (Mitentscheidung im engeren Sinne versus Mitwirkung durch Information, Anhörung, Beratung oder Zustimmung) und den *Ebenen der Teilhabe* (Arbeitsplatz, Unternehmen, gesamtwirtschaftlich).

Auch wenn heute vielfach die Mitbestimmung dadurch gerechtfertigt wird, daß sie einen ökonomisch effizienten Modus der Konfliktaustragung und Vermittlung zwischen Arbeitgebern und Arbeitnehmern darstelle, so trifft diese Argumentation dennoch nicht den Kern der Mitbestimmungsidee. Effizienz erklärt allenfalls die Stabilität von Mitbestimmungsregelungen, nicht jedoch ihre Entstehung. Ihre Entstehung wird nur bei Bezugnahme auf sozialreformerische Ideen verständlich. Die gewerkschaftlichen Forderungen nach mehr Mitbestimmung sowie die heftigen Kämpfe um die Ausgestaltung der Mitbestimmungsgesetzgebung lassen sich - umgekehrt formuliert - nicht durch unterschiedliche Auffassungen über die richtige, technisch-effiziente Unternehmensverfassung erklären.

Vielmehr wird die Mitbestimmung so kontrovers diskutiert, da sie als gesellschaftspolitisches Programm über den Rahmen des reduzierten Menschenbildes der neoklassischen Ökonomik hinausreicht. Es wird von Befürwortern der Mitbestimmung angenommen, daß *beim Vollzug produktiver, weisungsabhängiger Arbeit beim Menschen soziale Bedürfnisse vorliegen*, deren Verletzung nicht durch einen eventuell höheren materiellen Ertrag kompensiert werden kann. Konzediert man, daß menschliche Arbeit mehr ist als instrumentalisierte Arbeit im Sinne eines Produktionsfaktors, so ergibt sich die Notwendigkeit des Umbaus von Unternehmensverfassungen mit dem Ziel, einen Dialog zwischen den unterschiedlichen Interessen zu institutionalisieren.

Da die verschiedenen Formen der Mitbestimmung mehr oder weniger stark die Verfügungsrechte der Unternehmer beschränken, liegt es nahe, daß die Entwicklung der Mitbestimmungsgesetze nicht kontinuierlich erfolgte. Vielmehr *spiegeln die verschiedenen Phasen Verschiebungen des Kräfteverhältnisses zwischen Arbeitnehmern und Arbeitgebern wider*. Reformfreudigkeit, Gestaltungswillen und Durchsetzungsfähigkeit wechseln sich mit Phasen nur geringer Aktivitäten ab. Aufgrund der vielfältigen Einflüsse entstand in der bundesdeutschen Sozialpolitik ein international einmaliges Modell der betrieblichen, unternehmerischen und gesellschaftlichen Mitbestimmung.

In der ersten Phase, der Neuordnung von *1945 bis 1952*, überwog nach den katastrophalen Erfahrungen des zweiten Weltkriegs der allgemeine politische Wille zu 'antikapitalistischen' Strukturveränderungen in der Wirtschaft. Waren die spontanen, lokalen Gründungen von Arbeiterausschüssen noch unbedeutend, so erlangte die Idee der Mitbestimmung durch das Alliierte Kontrollratsgesetz Nr. 22 von 1946 sowie durch das Ahlener Programm der CDU eine legale Grundlage (für die Verabschiedung von Betriebsratsgesetzen durch die Länder) und breiteren gesellschaftlichen Rückhalt. Zwar setzte sich mit der Konsolidierung der Bundesrepublik Anfang der fünfziger Jahre eine Abkehr von Sozialisierungsgedanken durch. Gleichzeitig wurde jedoch 1951 das Montanmitbestimmungsgesetz als eine Reaktion auf das Alliierte Kontrollratsgesetz Nr. 27 und auf den massiven Druck der britischen Besatzungsmacht beschlossen. Die Montanmitbestimmung wurde nicht im allgemeinen Konsens beschlossen, sondern ergab sich als Kompromiß in der historischen Situation drohender Beschlagnahmung, Entflechtung und Enteignung der Eisen- und Stahlindustrie durch die Briten. Durch die Montanmitbestimmung wurde die weitere Produktion gesichert. Sie war nicht Ergebnis einer gezielten gewerkschaftlichen Strategie, sondern das Nebenprodukt der von den britischen Besatzungsbehörden durchgeführten Entflechtung und Neuordnung der eisen- und stahlproduzierenden Konzerne. So scheiterten denn auch die bundesdeutschen Gewerkschaften bei allen späteren Versuchen, die paritätische Mitbestimmung auf andere Branchen auszuweiten. Statt dessen wurde im Mitbestimmungsgesetz von 1952 die Drittelparität festgeschrieben, was als schwere Niederlage der Gewerkschaften empfunden wurde.

Im Gegensatz zu der unmittelbaren Nachkriegszeit kam es bereits in den folgenden Jahren *1953 bis 1966* zu einem Stillstand der Mitbestimmungsgesetzgebung. Graduelle Anpassungen wie das Bundespersonalvertretungsgesetz und das Mitbestimmungsänderungsgesetz belegen eine pfadabhängige Weiterentwicklung, nicht jedoch weitere Reformschritte.

Erst von *1967 bis 1982* wurden erneut Reformen durchgesetzt, die diesmal ihren externen Impuls jedoch nicht dem Alliierten Kontrollrat verdankten, sondern der politischen Mehrheit für neue gesellschafts- und wirtschaftspolitische Konzeptionen. Pläne der sozial-liberalen Regierung zu einer Ausweitung der Montanmitbestimmung auf die gesamte Wirtschaft scheiterten indes an verfassungsrechtlichen Bedenken. Damit blieb die Montanmitbestimmung ein Sondergesetz, explizit auf die Montanindustrie beschränkt und wurde letztlich ein Opfer des wirtschaftlichen Strukturwandels. Indem man verhinderte, daß sie für heutige Schlüsselindustrien fortentwickelt wurde, hat das gewerkschaftliche Bemühen um eine Demokratisierung seinen wohl nachhaltigsten Rückschlag erfahren. Mitbestimmungsrelevante Reformen waren in dieser Phase das Gesetz zur Förderung von Stabilität und Wachstum von 1967, die darauf aufbauende Konzertierte Aktion (1967 bis 1976), das neue Betriebsverfassungsgesetz von 1972, weitere Reformen der Montanmitbestimmung 1967, 1971 und 1981 sowie insbesondere das Mitbestimmungsgesetz von 1976.

Mit dem *Regierungswechsel 1982* setzte dann erneut eine Phase des Desinteresses an der Mitbestimmung ein. Erneut konzentrierten sich Reformbestrebungen auf die pfadabhängige Weiterentwicklung der bestehenden Regelungen, wie z.B. die stärkere Berücksichtigung von Minderheiten bei der

Reform des Betriebsverfassungsgesetzes sowie die Übertragung aller Mitbestimmungsgesetze auf die neuen Bundesländer durch den Staatsvertrag von 1990.

Als Ergebnis dieser Entwicklung ist heute in der Bundesrepublik die Mitbestimmung auf drei Ebenen institutionalisiert:

Die *betriebliche* Mitbestimmung wurde in der Bundesrepublik durch das *Betriebsverfassungsgesetz* von 1952 und das *Personalvertretungsgesetz* von 1955 kodifiziert und in den siebziger und achtziger Jahren novelliert. Sie regelt das Recht der Arbeitnehmer eines Betriebes, durch Wahl eines Betriebs- bzw. Personalrats an den sie betreffenden Entscheidungen, z.B. über die Betriebsordnung, das Lohnsystem, Versetzungen und Urlaubsregelungen beteiligt zu werden. Dabei sind die Mitbestimmungsrechte des Betriebsrats je nach Problemstellung differenziert.

Zweite Ebene der Mitbestimmung ist die *unternehmerische* Mitbestimmung, für die - je nach Unternehmenstyp - drei unterschiedliche Rechtsgrundlagen existierten. Für Beschäftigte in kleinen Kapitalgesellschaften gilt nach wie vor das *Betriebsverfassungsgesetz*, das den Arbeitnehmervertretern lediglich ein Drittel der Sitze im Aufsichtsrat zuerkennt. Diese sogenannte '1/3-Parität' erlaubt nur sehr eingeschränkte Mitbestimmungsmöglichkeiten, was insbesondere im Vergleich zu den umfassenden Mitbestimmungsrechten im *Montanmitbestimmungsgesetz* von 1951 (zuletzt geändert 1993) deutlich wird. Hier - bei großen Unternehmen der Montanindustrie - spricht man von einer 'echten Parität', da Arbeitnehmer- und Arbeitgebervertreter die gleiche Zahl von Vertretern in den Aufsichtsrat entsenden, wobei in Pattsituationen ein neutrales Mitglied die Beschlußfähigkeit des Aufsichtsrats sicherstellt. Hinzu kommt, daß nach dem Montanmitbestimmungsgesetz ein nicht gegen die Mehrzahl der Stimmen der Arbeitnehmervertreter im Aufsichtstrat zu bestellender Arbeitsdirektor als gleichberechtigtes Mitglied im Vorstand vertreten ist. Zwischen den Regelungen der 1/3-Parität nach dem Betriebsverfassungsgesetz und der echten Parität nach dem Montanmitbestimmungsgesetz nimmt das *Mitbestimmungsgesetz* von 1976 (zuletzt geändert 1994) eine Mittelstellung ein. In seinem Geltungsbereich (Kapitalgesellschaften mit mehr als 2000 Arbeitnehmern) verfügen die Arbeitnehmer zwar auch über die Hälfte der Sitze im Aufsichtsrat, können jedoch durch das Doppelstimmrecht des Aufsichtsratsvorsitzenden, der wiederum nur von den Arbeitgebervertretern gewählt wird, jederzeit überstimmt werden. Damit - und aufgrund der quotierten Sitzverteilung im Aufsichtsrat - ist weder die Zusammensetzung noch die Stimmrechtsregelung nach dem Mitbestimmungsgesetz voll paritätisch.

Als dritte Ebene der Mitbestimmung wird in der Literatur die *gesamtwirtschaftliche (oder auch: überbetriebliche) Mitbestimmung* genannt. Im engeren Sinne sind dies Konzertierte Aktionen und andere korporatistische Arrangements (vgl. Abschnitt 2.3.5), die jedoch auf fallweisen Übereinkünften beruhen und keine einklagbaren Mitbestimmungsrechte von Arbeitnehmern oder Arbeitgebern beinhalten. Im weiteren Sinne zählen einige Autoren (*Lampert*, 1998, S. 220) auch die Mitwirkungsrechte der Tarifparteien in den Einrichtungen der sozialen Sicherung, in der Arbeits- und Sozialgerichtsbarkeit, in der berufsständischen Selbstverwaltung und anderen Einrichtungen zur gesamtgesellschaftlichen Mitbestimmung.

Empirischer Exkurs: Die heutige Praxis der betrieblichen Mitbestimmung

Die *empirische Betriebsratsforschung* legt eine vorsichtige Einschätzung der positiven Effekte der betrieblichen Mitbestimmung nahe. Das Analysepotential von Repräsentativbefragungen, die Angaben zu den betrieblichen Arbeitsbeziehungen enthalten, beginnt zu wachsen und ist noch lange nicht ausgeschöpft. Neben Befragungen durch Arbeitgeberverbände und Gewerkschaften hat das Betriebspanel des *IAB* wichtige neue Ergebnisse erbracht sowie bekannte Trends bestätigt.

So hat die Stichprobe des IAB-Betriebspanels im Herbst 1998 (*Düll/Ellguth*, 1999, S. 168f.) ergeben, daß *in der Privatwirtschaft (ohne öffentlichen Dienst und Tendenzbetriebe) nur jeder zehnte betriebsratsfähige Betrieb (mindestens 5 Beschäftigte) über einen Betriebsrat verfügte*. Dieser niedrige Gesamtdurchschnitt wird von den zahlenmäßig dominierenden Kleinbetrieben bestimmt, da es in nur 4 Prozent der Betriebe mit 5 bis 20 Beschäftigten einen Betriebsrat gibt. Umgekehrt steigen bei Betrieben mit 21 bis 100 Beschäftigten die Anteile auf 28 Prozent bzw. bei Großbetrieben mit über 1000 Beschäftigten auf 96 Prozent. Aus der besseren Repräsentation in Großbetrieben folgt erstens, daß der Anteil der Beschäftigten, die von einem Betriebsrat vertreten werden (Vertretungsquote), mit 50 Prozent deutlich höher liegt, als es die Verbreitung der Betriebsräte vermuten läßt. Es folgt zudem, daß mit zunehmender Tertialisierung und sinkender Durchschnittsgröße der Betriebe eine „strukturelle Infragestellung des Repräsentationsprinzips in den Betrieben" (*Düll/Ellguth*, 1999, S. 170) droht.

Probleme werden auch dann deutlich, wenn man nach der *faktischen Arbeitsfähigkeit* der Betriebsräte fragt. Als Indikator dafür verweist *Keller* (1997, S. 85f.) auf die Existenz einer *Betriebsvereinbarung* zwischen Betriebsrat und Arbeitgeber, die unmittelbar und zwingend für alle Betriebsangehörigen gilt. Seinen Angaben nach bestehen in 80 Prozent aller Betriebe mit mindestens 200 Beschäftigen Betriebsvereinbarungen. Da in Kleinbetrieben weniger Betriebsvereinbarungen gelten, ist zu vermuten, daß die dortigen Betriebsräte entweder überhaupt nicht in Erscheinung treten oder aber nicht konfliktfähig sind.

Die Erfahrungen mit den unterschiedlichen Ebenen der Mitbestimmung erfordern ein differenziertes Fazit (vgl. *Keller*, 1997). In der empirischen Forschung ist es weitgehender Konsens, daß die *betriebliche Mitbestimmung* eine wirksame Flankierung zur Durchsetzung der Arbeitsschutzgesetze im Betrieb darstellt und ihre Kosten im Vergleich zu ihrem wirtschaftlichen Wert gering erscheinen. Für dieses generell positive Fazit spricht zum einen, daß der Betriebsrat zur Kooperation verpflichtet ist und daß er auch im Sinne der Unternehmensleitung Mißstände rechtzeitig thematisieren kann. Zum anderen ist das Betriebsverfassungsgesetz hinreichend differenziert und offen, so daß es weder von den Beschäftigten noch von den Arbeitgebern im Grundsatz in Frage gestellt wird.

Gegenüber den grundsätzlich positiven Erfahrungen mit der betrieblichen Mitbestimmung werden jene mit der *unternehmerischen Mitbestimmung* deutlich skeptischer eingeschätzt. Dies liegt zum einen daran, daß nur eine Minderheit der Arbeitnehmer von der unternehmerischen Mitbestimmung erfaßt wird und daß die Kontrolltätigkeit im Aufsichtsrat faktisch wenig Einfluß auf die Entscheidungen des Vorstandes nimmt. So sind Fälle selten, in denen ein Aufsichtsrat die Korrektur skandalöser Entwicklungen rechtzeitig angemahnt hat. Die Krise der unternehmerischen Mitbestimmung zeigt sich nach Ansicht von Kritikern letztlich darin, daß sie sich auf Institutionen und Paritäten konzentriert, die an prägender Bedeutung für das Wirtschaftsleben verloren haben. Demgegenüber betonen die Befürworter der unternehmerischen Mitbestimmung, daß sie im Zuge einer Verbetrieblichung der Tarifpolitik und in Zusammenarbeit mit dem Betriebsrat (vgl. die folgenden Abschnitte) wieder eine zunehmende Bedeutung erlangt hat.

Solche Verlagerungen auf die unternehmerische Ebene gehen zu Lasten der *gesellschaftlichen Mitbestimmung*. Die Abschottung interner Arbeitsmärkte, die Erosion der Flächentarifverträge sowie das Aufkommen betrieblicher 'Bündnisse für Arbeit' spricht dafür, daß der gesellschaftlichen Mitbestimmung angesichts des wirtschaftlichen Strukturwandels enge Grenzen gesetzt sind. Denn korporatistische Arrangements erfordern zwingend, daß die Beteiligten (Staat, Unternehmervertreter, Gewerkschaften) in der Lage sind, die Entscheidungen des einzelnen Unternehmens bzw. Betriebsrats zu kontrollieren. Eben dazu sind sie heute angesichts einer verstärkten Abwanderungsdrohung der Mitglieder (Exit Option) immer weniger in der Lage. Diese Aspekte indes erfordern eine genauere Betrachtung.

Als Reflex ihrer unterschiedlichen Wirksamkeit auf den verschiedenen Ebenen ist in der Geschichte der Mitbestimmung seit Gründung der Bundesrepublik eine *zunehmende Verbetrieblichung* zu beobachten. Im Zuge dieser Entwicklung haben sich die Mitbestimmung auf Betriebs-und Unternehmensebene dort, wo sie nebeneinander bestanden, eng miteinander verwoben. So wurde nach Ansicht der *Kommission Mitbestimmung* (1998, S. 7 - 22) die Mitbestimmung auf Unternehmensebene aufgrund personeller Verflechtungen in der Praxis zum verlängerten Arm der betrieblichen Mitbestimmung. Darauf wiederum hat der deutsche Gesetzgeber in den letzten Jahrzehnten mit einer Stärkung der Rolle der Betriebsräte reagiert, während umgekehrt eine Ausweitung der unternehmerischen und gesamtwirtschaftlichen Mitbestimmung ausgeblieben ist.

Für die weitere Entwicklung ist entscheidend, daß in dem Maße, wie der strukturelle Wandel eine Verbetrieblichung der Tarifpolitik erzwingt, auch die betriebliche Mitbestimmung aufgewertet wird. Die Gefahr liegt indes nahe, daß die Institution der betrieblichen Mitbestimmung durch ihre Aufwertung überfordert wird, wenn von ihr gleichzeitig erstens ein Beitrag zur kooperativen und innovativen Unternehmenskultur im Sinne eines wirtschaftlichen Wertes und zweitens ein Beitrag zur sozialen Integration und demokratischen Praxis erwartet wird. Die institutionalistische Perspektive für moderne Gesellschaften würde davor warnen, mit einer einzigen Institution sehr unterschiedliche Ziele verfolgen zu wollen. Schon allein der Blick auf die interne Ausdifferenzierung des Mitbestimmungssystems verdeutlicht einen *institutionellen Reifungsprozeß und steigenden Anteil informeller Kooperation*, der nicht problemlos durch das Gesetz standardisiert und instrumentalisiert werden kann.

Diese Problematik gilt insbesondere auch auf europäischer Ebene, auf der sich Bemühungen um eine Standardisierung beobachten lassen, welche die nationalen Mitbestimmungskulturen unter zusätzlich Anspassungsdruck bringen. Veränderte Erfolgsbedingungen in härter umkämpften internationalen Märkten scheinen solchen Unternehmen Vorteile zu gewähren, die ihren Entscheidungsprozeß weitgehend dezentralisieren. Dies wiederum legt nahe, daß das gesetzliche Mitbestimmungsrecht weiter auf die prozedurale Regulierung dezentraler Verhandlungsprozesse zu Lasten der reinen Schutzfunktion zugeschnitten wird. Es ist daher auch nach Ansicht der *Kommission Mitbestimmung* (1998, S. 18ff.) eine europäische Harmonisierung der nationalen Systeme der Arbeitnehmerbeteiligung in Betrieb und Unternehmen nicht zu erwarten. Vielmehr wird sich die Mitbestimmung in Zukunft noch mehr als bisher unter dem Druck institutioneller und wirtschaftlicher Konkurrenz behaupten müssen und den sich abzeichnenden Rahmen des europäischen Rechts der Arbeitnehmerbeteiligung im jeweiligen Betrieb und Unternehmen ausschöpfen. Freiwilligkeit und Subsidiarität führt auf Europa insgesamt bezogen zu einer *Partikularisierung* der Strukturen der Arbeitnehmerbeteiligung nach Unternehmen und deren nationalen Ursprüngen. Zugleich steht es durch seine Betonung von Gewerkschaften und Verhandlungen in einem Spannungsverhältnis zu der deutschen Tradition, die 'harte' gesetzliche Regelungen bevorzugt. Letztlich verstärkt der Einfluß des europäischen Rechts die auch in Deutschland zu beobachtende Verbetrieblichung und internen Differenzierung.

Die Errichtung Europäischer Betriebsräte stellt die deutsche Mitbestimmung erstmals vor die schwierige Aufgabe, über die Landesgrenze hinausreichende Institutionen in ihr bestehendes, bisher ausschließlich nationales Institutionengefüge einzugliedern und abzustimmen. Die bisherige Praxis zeigt gleichwohl einen fast gänzlich reibungslosen Aufbau des Systems der Europäischen Betriebsräte in Deutschland. Weder Arbeitgeber noch Arbeitnehmer scheinen in dieser Innovation eine Bedrohung zu sehen, die Arbeitgeber vertrauen auf den Beitrag der Mitbestimmung für eine kooperative Unternehmenskultur, die Gewerkschaften hingegen darauf, daß die Entwicklungen nicht in einer Verkürzung gewachsener Mitbestimmungsrechte münden.

2.1.4 Tarifautonomie

In einer modernen Wirtschaft reicht die individuelle Regelung der Arbeitsverhältnisse nicht aus, vielmehr bedarf sie der Ergänzung durch ein kollektives Arbeitsrecht, wie sich spätestens seit etwa Mitte des 19. Jahrhunderts mit dem stärkeren Übergang von feudal-ständischen zu liberal-kapitalistischen Wirtschaftsformen gezeigt hatte. Die Notwendigkeit eines kollektiven Arbeitsrechts ergab sich aus der unbefriedigenden Stellung des einzelnen Arbeitnehmers gegenüber dem Unternehmer, dem es auf Grund der Vertragsfreiheit und seiner im Vergleich zum Arbeitnehmer in der Regel wirtschaftlich stärkeren Position gelingen konnte, für ihn günstige und den Arbeitnehmer nachteilige Bedingungen durchzusetzen. Zwar gab es 1867 in Deutschland erst etwa 2 Millionen Industriearbeiter (*Köllermann*, 1971, S. 7), doch wurde bereits 1873 der erste Kollektivvertrag geschlossen (*Köllermann*, 1971, S. 47). Erst 1918 gab es eine verbindliche Rechtsgrundlage für Tarifverträge (Verordnung vom 23.12.1918).

Heute ist das Recht der Staatsbürger, sich zu Vereinigungen zur Verbesserung ihrer wirtschaftlichen Stellung auf dem Arbeitsmarkt zusammenzuschließen, unbestritten und in der nationalen und internationalen Rechtsetzung und Rechtsprechung abgesichert. So heißt es in der Allgemeinen Erklärung der Menschenrechte der Vereinten Nationen vom 10.12.1948: „Everyone has the right to form and to join trade unions for the protection of his interests . . .“ (Art. 23 (4)).

Auch in der Konvention über wirtschaftliche, soziale und kulturelle Rechte vom 16.12.1966 und den Übereinkommen der Internationalen Arbeitsorganisation (ILO) werden die Vereinigungsfreiheit der Arbeitsmarktparteien und das Streikrecht genannt. Ähnliche Aussagen enthalten die Konvention zum Schutz der Menschenrechte vom 4.11.1950 und die Europäische Sozialcharta vom 18.10.1961. Diese Texte erhielten Gesetzeskraft in der Bundesrepublik Deutschland (*Hernekamp*, 1975, S. 26 ff.).

Die fundamentalen Grundrechte sind auch im Grundgesetz garantiert. So heißt es in Art. 20 (1): „Die Bundesrepublik Deutschland ist ein demokratischer und sozialer Rechtsstaat“. Art. 2 (1) gewährleistet die freie Entfaltung der Persönlichkeit, Art. 3 (1) die Gleichheit vor dem Gesetz, Art. 9 regelt die Vereinigungsfreiheit, insbesondere zur Wahrung und Förderung der Arbeits- und Wirtschaftsbedingungen. Die Verfassungen der einzelnen Bundesländer führen ähnliche Kataloge für die Grundlagen des Arbeitsrechts auf. Zum Teil ergänzen die Länderverfassungen die Aussagen des Grundgesetzes. So wird z.B. das Streikrecht in Berlin, Brandenburg, Bremen, Hessen, Rheinland-Pfalz und im Saarland ausdrücklich genannt.

Tarifautonomie

Unter *Tarifautonomie* wird die gesetzlich garantierte Freiheit zur vertraglichen Feststellung von allgemeinverbindlichen Tariflöhnen und sonstigen Arbeitsbedingungen durch die gesetzlich anerkannten Tarifparteien verstanden.

Volle Tarifautonomie liegt vor, wenn die Tarifverträge unter ausschließlicher Verantwortung der Tarifparteien ohne verbindliche Einschaltung Dritter zustande kommen und wenn die Tarifparteien ebenfalls ohne verbindliche Einschaltung Dritter (außer den betroffenen Arbeitnehmern und Arbeitgebern) im Falle der Nichteinigung den Streik bzw. die Aussperrung beschließen können. Eine in jedem Einzelfall zu vereinbarende unverbindliche Einschaltung Dritter ist damit nicht ausgeschlossen.

Modifizierte Tarifautonomie soll besagen, daß die Tarifparteien durch Gesetze oder durch eigene, über den einzelnen Tarifabschluß zeitlich hinausgehende Vereinbarung gehalten sind, Dritte einzuschalten, sei es bei jeder Tarifverhandlung, sei es im Falle der Nichteinigung vor Inkrafttreten des Streiks bzw. der Aussperrung. Die Äußerungen solcher Dritter sind aber für die Tarifparteien unverbindlich oder haben allenfalls aufschiebende Wirkungen.

Von *beschränkter Tarifautonomie* sprechen wir, wenn zwar zunächst - mit oder ohne Einschaltung Dritter - der Versuch unternommen wird, einen Tarifvertrag durch die Tarifparteien abschließen zu lassen, wenn aber im Falle der Nichteinigung einer bzw. im Zusammenwirken mehrere der zuvor genannten Dritten den Inhalt der Tarifverträge feststellen.

Bedingte Tarifautonomie wollen wir es nennen, wenn die Tarifparteien zwar zunächst für den Abschluß von Tarifverträgen zuständig sind, einer bzw. mehrere der zuvor genannten Dritten aber die Möglichkeit eines aufhebenden Vetos haben.

Aufhebung der Tarifautonomie liegt vor, wenn einer bzw. im Zusammenwirken mehrere der zuvor genannten Dritten die Tariflöhne (oder Effektivlöhne) von sich aus, sei es mit oder ohne Einschaltung von Arbeitnehmer- oder Arbeitgebervertretern, festlegen (*Meinhold*, 1964, S. 78).

Eine konkrete Ausprägung findet die durch das Grundgesetz verbürgte Vereinigungsfreiheit in der *Tarifautonomie*, die in der Bundesrepublik Deutschland in besonders weitem Umfang anerkannt ist. Die *Tarifparteien* entscheiden unabhängig vom Staat, in eigener Verantwortung, was in den Tarifabkommen geregelt wird und ob sie zur Durchsetzung ihrer Forderungen Kampfmaßnahmen einsetzen sollen.

Zum Wesen der Tarifpartei gehört der freie, privatrechtliche Zusammenschluß von Arbeitnehmern oder Arbeitgebern in unabhängiger Weise und auf überbetrieblicher Grundlage. Diese Koalition muß zur Wahrnehmung kollektiver Interessen beim Abschluß von Tarifverträgen oder bei der Durchführung von Arbeitskämpfen erfolgen.

Tariffähig, also Partei in einem Tarifvertrag, kann nach § 2 Tarifvertragsgesetz sein:

a) auf Arbeitgeberseite ein einzelner Arbeitgeber, eine Vereinigung von Arbeitgebern oder Zusammenschlüsse von Vereinigungen (Spitzenorganisationen) und
b) auf Seiten der Arbeitnehmer Gewerkschaften oder Zusammenschlüsse von Gewerkschaften (Spitzenorganisationen).

Die Tarifparteien müssen für die Tariffähigkeit folgende wichtige *Voraussetzungen* erfüllen:

- Die Bildung einer Vereinigung zur Wahrung kollektiver Interessen muß vorausgegangen sein.
- Die Vereinigung muß ein auf Dauer angelegter privatrechtlicher Verein mit Gesamtnamen sein.
- Es muß sich um eine gegnerfreie Vereinigung handeln.
- Die Koalition muß überbetrieblich und unabhängig vom Staat sein.

Die Tarifvertragsparteien verhandeln in sog. Tarifauseinandersetzungen über den Inhalt der Tarifverträge.

Welche ökonomischen Gründe lassen sich dafür anführen, warum die Tarifvertragsparteien über Tarifverträge verhandeln? Allgemein formuliert haben beide Seiten ein Interesse daran, daß der soziale Konflikt zwischen den Interessen der Arbeitnehmer und denen der Arbeitgeber in einem festen organisatorischen Rahmen geregelt wird. In der Literatur werden folgende Funktionen der Tarifautonomie und des Flächentarifvertrages unterschieden:

Aus Sicht der *Arbeitnehmer* sind *die Schutz-, die Verteilungs- und die Partizipationsfunktion* zu nennen. Die *Schutzfunktion* besagt, daß den tendenziell auf dem Arbeitsmarkt benachteiligten Arbeitnehmern durch die Möglichkeit des Zusammenschlusses und gemeinsamer Interessenvertretung eine stärkere Machtposition verliehen wird. Diese trägt zur Sicherung des Lebensstandards und menschenwürdiger Arbeitsbedingungen bei. Die *Verteilungsfunktion* meint den Ausgleich des Machtgefälles zwischen den Marktseiten und die Möglichkeit der Beeinflussung der Verteilung des Produktionsertrages. Schließlich besagt die *Partizipationsfunktion*, daß das Gewerkschaftsmitglied über die Wahl der Gewerkschaftsfunktionäre Einfluß auf die tarifpolitische Strategie der Gewerkschaft nehmen kann. In der konkreten Verhandlungssituation bzw. im Arbeitskampf ist demgegenüber der Einfluß der Mitgliederbasis gering und beschränkt sich auf die Möglichkeit einer Teilnahme an einer Urabstimmung zu Streikbeginn und Streikende.

Aus Sicht der *Arbeitgeber* werden *die Kartell-, die Ordnungs- und die Friedensfunktion* genannt. Bei der *Kartellfunktion* geht es um die gleichmäßige Regelung von Lohnstrukturen und Arbeitsbedingungen in konkurrierenden Unternehmen. Damit soll ausgeschlossen werden, daß die Unternehmen untereinander in einen 'schmutzigen Wettbewerb' treten, in dem Gewinne nicht aufgrund einer effizienteren Produktion oder besserer Produkte erwirtschaftet werden, sondern einzig aufgrund von niedrigeren Löhnen. Auch wenn kurzfristig durch Lohnwettbewerb Kostenvorteile für einige erzielt werden können, so haben die Unternehmen insgesamt doch ein Interesse an gut ausgebildeten Arbeitnehmern und hoher Produktivität. Dies gilt insbesondere, wenn auf dem Weltmarkt qualitativ hochwertige Waren angeboten werden. Die *Ordnungsfunktion* setzt gegenüber der Kartellfunktion einen anderen Akzent. Sie betont die Vorteile einer Transparenz und Stabilität der Lohnstrukturen und Arbeitsbedingungen, die für die Unternehmen Planbarkeit und einen geordneten Geschäftsgang ermöglichen. Ähnliches gilt auch für die *Friedensfunktion*, die darauf abstellt, daß die Gewerkschaften während der Geltungsdauer des Tarifvertrages keine wilden Streiks durchführen dürfen. Die Friedenspflicht ist zentraler Bestandteil des Tarifvertrages und für die Gewährleistung eines reibungslosen Produktionsprozesses - der angesichts integrierter Fertigungskonzepte immer wichtiger wird - von wachsender Bedeutung.

Nicht zuletzt sei auf die *Entlastungsfunktion* hingewiesen, die seitens des *Staates* betont wird. Staat und Regierung werden durch die Tarifautonomie davon entlastet, selbst in den hochbrisanten Fragen der Primärverteilung Stellung zu beziehen. Für die Demokratie können aus einer regelmäßigen und formalen Einbindung des Staates etwa in Schlichtungsverfahren gravierende Gefahren erwachsen, da der Staat gezwungen wird, in einem Verteilungskonflikt explizit Stellung zu beziehen.

Der *Tarifvertrag* „regelt die Rechte und Pflichten der Tarifvertragsparteien und enthält Rechtsnormen, die den Inhalt, den Abschluß und die Beendigung von Arbeitsverhältnissen sowie betriebliche und betriebsverfassungsrechtliche Fragen ordnen können“ (§ 1 TVG). Nach dem zugrundeliegenden Regelungsgegenstand kann zwischen Lohn- bzw. Gehaltstarifverträgen, Lohn- bzw. Gehaltsrahmentarifverträgen sowie Manteltarifverträgen unterschieden werden. Für die Mehrzahl der Arbeitnehmer bestimmt sich der Inhalt der Arbeitsverträge nach den von den Tarifparteien ausgehandelten Tarifverträgen.

In den *Lohn- bzw. Gehaltstarifverträgen* werden für die in der Regel einjährige Vertragslaufzeit meistens nur die Lohnsätze festgelegt. Die *Lohn- bzw. Gehaltsrahmentarifverträge* regeln die Lohnarten und Lohngruppen. In den

Manteltarifverträgen, die längerfristig gelten, werden die Rahmenbedingungen des Arbeitsverhältnisses geregelt, wie z.B. Arbeitszeit, Urlaubsanspruch oder Kündigungsfristen. Sind in Tarifverträgen bestimmte Bestandteile eines Arbeitsvertrages geregelt, so gelten sie rechtlich vor den Regelungen des individuellen Arbeitsvertrages. Die Tarifvertragsparteien (Gewerkschaften und Arbeitgeberverbände) nehmen also im Arbeitsrecht die beherrschende Stellung ein.

An die Rechtsnormen des Tarifvertrages gebunden sind zunächst nur die Mitglieder der Tarifvertragsparteien, d.h. die Mitglieder der beteiligten Gewerkschaften und Arbeitgeberverbände bzw. das als Tarifpartei auftretende Einzelunternehmen. Für sie werden die im Tarifvertrag getroffenen Abmachungen „unmittelbar und zwingend" (§ 4 TVG) gültig, soweit sie innerhalb seines geographischen und branchenmäßigen Geltungsbereichs (Tarifbereich) liegen. Es handelt sich hier um Mindestregelungen, von denen nicht zu Ungunsten des Arbeitnehmers abgewichen werden darf (sog. Günstigkeitsprinzip).

Den Landesarbeitsbehörden und dem Bundesministerium für Arbeit und Sozialordnung sind alle neuen abgeschlossenen Tarifverträge zuzusenden. Die Tarifverträge werden in einem Tarifregister festgehalten.

Auf Antrag einer der Tarifparteien kann der Bundesminister für Arbeit und Sozialordnung eine *Allgemeinverbindlichkeitserklärung* (§ 5 TVG) abgeben, wodurch die Bestimmungen des Tarifvertrages auch für diejenigen Arbeitnehmer und Arbeitgeber des betreffenden Tarifbereichs wirksam werden, die nicht am Zustandekommen dieser Übereinkunft beteiligt waren. Die Allgemeinverbindlichkeitserklärung stellt einen gerichtlich nachprüfbaren Verwaltungsakt in bezug auf die Verbände dar. Hier zeigt sich die staatliche Mitwirkungshandlung als Eingriff in die Sphäre der Arbeitsmarktparteien.

Voraussetzungen der Allgemeinverbindlichkeitserklärung sind ein Antrag, eine bestimmte Beschäftigtenzahl und ein öffentliches Interesse. Den Antrag auf die Allgemeinverbindlichkeitserklärung hat mindestens eine der Tarifvertragsparteien zu stellen. Die an dem Tarifvertrag beteiligten Arbeitgeber müssen mindestens die Hälfte der in den Geltungsbereich des Tarifvertrages fallenden Arbeitnehmer beschäftigen. Dabei kommt es nicht darauf an, ob diese Arbeitnehmer tarifgebunden sind. Zudem muß die Allgemeinverbindlichkeitserklärung im öffentlichen Interesse liegen. Feste Regeln für die Definition des öffentlichen Interesses gibt es nicht und kann es auch nicht geben, da „Öffentliches Interesse" einem steten Wandel unterworfen ist, der von den angenommenen Umständen, den Veränderungen der technischen und wirtschaftlichen Verhältnisse der Betriebe, einzelner Wirtschaftszweige, räumlicher Bereiche sowie der Gesamtwirtschaft bestimmt wird.

Die Voraussetzung des öffentlichen Interesses kann dazu dienen, Arbeitnehmer vor ungerechtfertigt niedrigen Löhnen zu schützen. Bezüglich der Arbeitgeberseite kann der Staat ein Interesse daran haben, durch Ausschaltung einer mittels niedriger Löhne ermöglichten Preisunterbietung einer Gefährdung tarifgebundener Betriebe und damit der dortigen Arbeitsplätze vorzubeugen.

Die Allgemeinverbindlichkeitserklärung hat für die Gewerkschaften eine ambivalente Bedeutung: Sind die Abschlüsse für die Arbeitnehmer positiv zu werten, kann sich die Gewerkschaft als Sachwalter aller Arbeitnehmer fühlen und entsprechende Werbungsarbeit betreiben. Für nicht Organisierte entfällt aber oft der Anreiz, einer Gewerkschaft beizutreten, da sie die Leistungen ohne eigenen Beitrag erlangen. Für die tarifpolitischen Leistungen der Gewerkschaften gilt oft, daß sie ein Verbandsgut erbringen, das als Kollektivgut dem „Prinzip der Nicht-Ausschließbarkeit" unterliegt. Im Gewerkschaftsjargon spricht man dann vom „Trittbrettfahrerproblem". (Vgl. die bedeutsame Studie zu Fragen der Individual- und Kollektivgüter im Verbandswesen von *Mancur Olson, jr.* (*Olson*, 1992, sowie *Niggemann*, 1973)).

Im Falle des Scheiterns von Tarifverhandlungen können die Tarifparteien als legitimierte Arbeitskampforganisationen die Zeit des Arbeitsfriedens durch kollektive Maßnahmen beenden. Die wichtigsten Kampfmittel sind für den Fall des Arbeitskampfes der *Streik* und die *Aussperrung* (*Zerche*, 1970, S.12 ff.). Der Rahmen des Arbeitskampfes wird durch Urteile der Arbeitsgerichte und vor allem des Bundesarbeitsgerichts abgesteckt. Streik und Aussperrung sind in der Bundesrepublik gesetzlich erlaubt. Weitet man den Begriff Arbeitskampf auf alle kämpferischen, kollektiven Handlungen der Arbeitsmarktparteien aus und versteht man mit Ludwig *Heyde* „Unter Arbeitskampf ... diejenige Auseinandersetzung über Gruppeninteressen ..., die in kämpferischer Haltung unter Parteien des Arbeitsmarktes mit dem Ziel einer Beeinflussung der Arbeitsbedingungen stattfindet" (*Heyde*, 1953, S. 298), so könnten auch historische Instrumente und illegale Mittel darunter verstanden werden (Sabotage, passive Resistenz, Boykott, Arbeitsnachweis, Berufswarnung, Bummelstreiks, „Dienst nach Vorschrift"). Heute sind diese Kampfmittel der Arbeitnehmer zwischen den Tarifparteien äußerst umstritten.

Unter *Streik* ist die gemeinsame, planmäßige Arbeitsniederlegung von Arbeitnehmern innerhalb eines Industriezweiges oder Betriebes zur Erreichung eines Kampfzieles zu verstehen. Dabei besteht bei den Streikenden der Wille zur Arbeitsfortsetzung nach Beendigung des Arbeitskampfes. Der Streik ist die schärfste Waffe der Arbeitnehmer, ihre Ziele durchzusetzen. Den Beamten steht das Streikrecht nicht zu. In der Bundesrepublik Deutschland werden Streiks im Vergleich zu anderen Industriestaaten relativ selten durchgeführt. Dies macht die folgende Tabelle 2.1 deutlich.

Wird der Streik schon als ultima ratio der Gewerkschaften betrachtet, so ist in der Bundesrepublik das stärkste Mittel der Unternehmer, die *Aussperrung*, noch seltener zur Anwendung gekommen, da sie vor allem nicht gewerkschaftlich Organisierte, die kein Streikgeld erhalten, trifft. Aussperrung ist eine planmäßige Verweigerung des Zugangs der Arbeitnehmer zum Arbeitsplatz durch Gesamtlösung oder durch Suspendierung der Arbeitsverhältnisse zum Erreichen der Kampfziele der Arbeitgeber. Dabei besteht der Wille zur Wiedereinstellung nach Beendigung des Kampfes.

Die Arbeitgeberverbände und das Bundesarbeitsgericht sehen dieses Instrument als unverzichtbar zur Wahrung der Chancengleichheit in Auseinandersetzungen der Verbände an. Der DGB-Bundeskongreß forderte 1972 ihr Verbot. Das Bundesarbeitsgericht hatte bereits 1955 entschieden, die Aussperrung der Arbeitgeber sei dem Streik der Gewerkschaften äquivalent (BAG-Entscheidungen, Bd. 1, S. 309). Aber diese Entscheidung ist insbesondere aus der Sicht der Gewerkschaften und ihnen nahestehender Arbeitsrechtler strittig. Die Gewerkschaften sehen in der Verweigerung der Arbeitsleistung im Streik ein Kampfmittel, das sich in seinem Wesen vom Entzug des Arbeitsplatzes durch den Unternehmer während der Aussperrung unterscheidet. Einig sind sich die Arbeitsmarktparteien nur darin, daß die Kampfmaßnahmen nur Kollektivmittel und nicht individualrechtlich zu beurteilen sind.

Tabelle 2.1 veranschaulicht mehrere interessante Aspekte. Erstens wird deutlich, daß die Anzahl der durch Streik und Aussperrung verlorenen Arbeitstage in den drei Zeiträumen in fast allen Ländern deutlich, z.T. dramatisch, zurückgegangen ist. Insbesondere jene Länder, die in den siebziger Jahren überdurchschnittlich viele Ausfälle hatten (z.B. Großbritannien, Irland, Italien) konnten diese bis in die neunziger Jahre um 80 bis 95 Prozent reduzieren. Zwar sind auch heute noch international deutliche Unterschiede in der Zahl der Ausfalltage zu beobachten, diese sind aufgrund dieser Entwicklung jedoch geringer als in den siebziger Jahren. In diesem Sinne ist der oftmals genannte als Standortfaktor genannte 'sozialer Friede' - gemessen an einer geringen Zahl von Ausfalltagen - nicht mehr der Bundesrepublik vorbehalten, sondern heute in einer zunehmenden Anzahl von Ländern anzutreffen.

Es ist zu vermuten, daß diese Entwicklung nicht primär auf die Befriedungsfunktion von Tarifverträgen zurückzuführen ist, sondern vielmehr Folge des hohen Stands der Arbeitslosigkeit sowie der nationalen Politikvorstöße zur Schwächung der Gewerkschaften. In einer solchen Situation nimmt die Streikbereitschaft und Konfliktfähigkeit von Arbeitnehmern und Gewerkschaften offenbar ab, was allerdings nicht heißt, daß nun - in einem 'goldenen Zeitalter' - die Arbeitsbeziehungen gänzlich konfliktfrei wären.

Tabelle 2.1: Ausfalltage durch Streiks und Aussperrungen je 1000 Arbeitnehmer im Jahresdurchschnitt

	1970 - 1979	1980 - 1989	1990 - 1997
Belgien	275	-	45
Dänemark	261	178	43
Deutschland	52	27	15
Finnland	613	408	200
Frankreich	286	119	87
Griechenland	-	753	329
Großbritannien	569	334	34
Irland	785	380	124
Italien	1511	623	184
Niederlande	40	15	25
Österreich	11	2	5
Portugal	-	158	41
Schweden	46	182	59
Spanien	792	646	371
Norwegen	45	99	83
Schweiz	2	0	1
Kanada	882	519	224
Japan	124	10	2
USA	507	123	43

Quelle: Institut der deutschen Wirtschaft, 1999, Tab. 154.

Deutlicher würde dies, wenn in Tabelle 2.1 nicht Zeiträume, sondern einzelne Jahre unterschieden würden. Dann nämlich fiele auf, daß die Zahl der Ausfalltage in einzelnen Jahren sprunghaft ansteigt, wenn der gesellschaftliche Verteilungskonflikt wieder offen angegangen wird (z.B. in der Bundesrepublik beim Arbeitskampf zur Durchsetzung der 35-Stunden-Woche). Eine Betrachtung ausgewählter Jahre birgt die Gefahr, je nach Vergleichsjahren ein verzerrtes Bild der strukturellen Situation zu zeichnen. Es ist daher Vorsicht geboten, wenn in einschlägigen Statistiken nicht Zeiträume, sondern ausgewählte Jahre verglichen werden.

Im Rahmen der zulässigen Arbeitskampfmittel entscheiden die Verbände durch ihre Richtlinien, wie sie selbst Strategie und Taktik in der Auseinandersetzung gestalten. Im Gesamtinteresse kann ein Arbeitskampf oft als notwendig, häufig aber auch als grundsätzliches Übel gesehen werden.

Daher sind Arbeitskämpfe nur erlaubt, wenn alle Mittel gütlicher Einigung fruchtlos waren, d. h. wenn sie als „letztes Mittel" eingesetzt werden. Sie müssen dann 'fair' verlaufen, d.h. nach dem Prinzip der Verhältnismäßigkeit durchgeführt sein und 'sozialadäquat' (angemessen) sein.

Die Gerichte können entscheiden, ob diese Grundsätze eingehalten werden. Aus dem Prinzip der Sozialadäquanz und dem Verhältnismäßigkeitsprinzip hat das BAG einen Katalog von Bedingungen aufgestellt, der den Gewerkschaften einerseits das 'Streikmonopol' zuspricht, zum anderen den rechtmäßigen Streikverlauf regelt (*Däubler*, 1974, S. 411 ff.). Demnach dürfen, solange nicht alle Verhandlungsmöglichkeiten ausgeschöpft sind, die Gewerkschaften nicht zur Urabstimmung aufrufen (Beachtung der Friedenspflicht). Der Streik ist nur rechtmäßig, wenn es sich um kollektivvertraglich zu regelnde Ziele handelt.

Unrechtmäßige Arbeitskämpfe können zum Schadensersatz verpflichten: So gilt insbesondere während der Verhandlungsphase und der Dauer der Tarifverträge die Friedenspflicht. In dieser Zeit sind Kampfmaßnahmen unerlaubt. Streiken Arbeitnehmer in dieser Phase, dürfen sie von den Gewerkschaften nicht unterstützt werden ('wilde Streiks') (*Grote*, 1952, S. 145 ff.). Wegen einer noch vor Ablauf der Friedenspflicht vorgenommenen Urabstimmung beim schleswig-holsteinischen Metallarbeiter-Streik 1956/57 wurde die IG Metall deshalb vom BAG zur Ersatzleistung für die Gesamtdauer des Streiks (114 Tage) verpflichtet.

Im Jahre 1986 kam es zu einer Neuregelung des § 116 AFG. Vor der Novellierung sah dieser vor, daß im Falle eines Streiks in einer Branche Arbeitnehmern derselben Branche in einem anderen Tarifbezirk, die von den Folgen des Streiks indirekt betroffen werden ('kalte Aussperrung'), Arbeitslosen- und Kurzarbeitergeld zu zahlen sei. Im Zuge des Arbeitskampfes in der Metallindustrie im Frühjahr 1984 kam es jedoch zu Meinungsverschiedenheiten über die Legalität dieser Zahlungen. Durch eine Änderung des Arbeitsförderungsgesetzes (§§ 76, 116 AFG) sollte die Neutralität der Bundesanstalt für Arbeit sichergestellt werden.

Mittelbar betroffene Arbeitnehmer, die zwar derselben Branche, aber einem anderen Tarifbezirk angehören, erhalten im Falle der kalten Aussperrung im Gegensatz zu früher keine Unterstützungsleistungen mehr, wenn in ihrem Tarifbezirk eine Forderung erhoben wird, die einer Hauptforderung des Arbeitskampfes nach Art und Umfang gleich ist und das Arbeitskampfergebnis aller Voraussicht nach im wesentlichen übernommen wird. Vor diesem Hintergrund sind die Gewerkschaften zu neuen Streikformen übergegangen (Schwerpunkt-, Wechsel- und Warnstreiks). Von Arbeitgeberseite wird die rechtliche Zulässigkeit dieser Arbeitskampfmaßnahmen allerdings bestritten.

2.1.5 Krise des Flächentarifvertrages?

Unter Berufung auf die veränderten ökonomischen und sozialen Rahmenbedingungen (anhaltende Massenarbeitslosigkeit, internationale Standortkonkurrenz) werden die derzeitigen tarifrechtlichen Strukturen (vor allem von seiten der Arbeitgeberverbände) zunehmend in Frage gestellt und eine Krise des Flächentarifvertrages diagnostiziert.

Allgemein kann eine Krise des Flächentarifvertrages dann vermutet werden, wenn den Tarifvertragsfunktionen (vgl. Abschnitt 2.1.5) eine geringere Bedeutung beigemessen wird. Hierfür können mehrere Gründe ausschlaggebend sein. So kann auf Arbeitnehmerseite die Schutz-, Verteilungs- und Partizipationsfunktion generell gering geschätzt werden, wofür der sinkende gewerkschaftliche Organisationsgrad (vgl. Abschnitt 1.2.1) einen guten Anhaltspunkt bietet. Auch auf Arbeitgeberseite sinkt der Organisationsgrad aufgrund von Austritten aus dem Arbeitgeberverband bzw. wegen Nichteintritten junger Unternehmen. Offenkundig gehen diese Unternehmen davon aus, daß in Zeiten von hoher Arbeitslosigkeit und intensivem Standortwettbewerb auch ohne Tarifbindung ein störungsfreier Arbeitsablauf gewährleistet ist. Zudem wird auch der 'schmutzige' Lohnwettbewerb nicht mehr durchgehend abgelehnt.

Von einer Krise kann in zweierlei Hinsicht gesprochen werden. Zum einen läßt sich eine *Akzeptanzkrise* ausmachen. Der Flächentarifvertrag droht zu erodieren, weil (vor allem in den neuen Bundesländern) Unternehmen den Arbeitgeberverbänden fernbleiben, vor allem aber, weil die Tarifbedingungen von tarifgebundenen Unternehmen immer häufiger mißachtet werden. Auf diese Weise entwickeln sich zunehmend tariffreie Beschäftigungsbereiche. Zum anderen wird die Krise des Flächentarifvertrages als *Anpassungskrise* verstanden. Im Zentrum der aktuellen Diskussion um den Flächentarifvertrag steht die Frage, ob das deutsche Modell der Lohnfindung noch hinreichend effektiv und zukunftsfähig ist (zum theoretischen Hintergrund vgl. Abschnitt 3.3.5).

Reformvorschläge stellen zumeist auf eine weitergehende Differenzierung der Lohnstrukturen und Flexibilisierung der Lohnpolitik ab. Mögliche Maßnahmen werden zum einen in einer Stärkung des Individualwettbewerbs (z.B. Einschränkung des Günstigkeitsprinzips, Beschränkung der Möglichkeit zur Allgemeinverbindlichkeitserklärung), zum anderen in einer betriebsnäheren Tarifpolitik (z.B. Firmentarifverträge, Tariföffnungsklauseln, Abkehr vom Unabdingbarkeitsprinzip) gesehen (*Hardes*, 1988).

Dem Vorschlag einer Stärkung des Individualwettbewerbs läßt sich entgegnen, daß das kollektive Tarifvertragsrecht durch die Umgehung des Günstigkeitsprinzips völlig ausgehebelt würde. Die Tarifverträge würden auf diese Weise zu unverbindlichen 'Preisempfehlungen' degradiert (*Wendeling-Schröder*, 1997). Damit würde die strukturelle Ungleichgewichtigkeit der Verhandlungspartner auf der Ebene des Individualvertrages erneut ausschlaggebend. Die von wirtschaftsliberaler Seite geäußerte Kritik an der Praxis der Allgemeinverbindlichkeitserklärung verkennt im übrigen deren recht begrenzte praktische Bedeutung (*Revel*, 1994, S. 61 f.). Lediglich 1,2 Prozent der bestehenden Tarifverträge sind für allgemeingültig erklärt, und von diesen haben gerade mal 14 Prozent die Entlohnung zum Inhalt (*Franz*, 1995). *Lampert* spricht insofern zu Recht von einem ordnungspolitischen 'Popanz', der durch die überzeichnete Kritik entstehe (*Lampert*, 1986).

Ebenso birgt die Tendenz zur „Verbetrieblichung" der Tarifpolitik eine Reihe von Gefahren. Da nach geltendem Recht auch einzelne Arbeitgeber tariffähig sind (§ 2 Abs. 1 TVG), ist es ohne gesetzliche Änderungen bereits heute möglich, das bisher vorherrschende System der Flächentarifverträge durch ein System von Firmen- oder Haustarifverträgen zu ersetzen.

Gegen eine verstärkte Einführung von Firmentarifverträgen spricht vor allem, daß der Verteilungskonflikt zwischen den Tarifparteien auf diese Weise dorthin getragen würde, wo ihn der Flächentarifvertrag heraushalten soll, nämlich in den einzelnen Betrieb. Der Flächentarif stellt ja gerade darauf ab, die betrieblichen Arbeitsbeziehungen, insbesondere das System der betrieblichen Mitbestimmung, von Konflikten über die Verteilung des Produktionsergebnisses zu entlasten. Die hierin zum Ausdruck kommende Friedensfunktion des Flächentarifvertrages würde durch eine weitergehende Verbetrieblichung des Tarifrechtes erheblich beeinträchtigt. Die Betriebsvertretungen würden auf diese Weise letztlich zu beitragsfreien und unentrinnbaren Gewerkschaften, womit zugleich gegen die in Art. 9 Abs. 3 GG gewährleistete negative Koalitionsfreiheit verstoßen würde.

Die Mitgliedschaft des einzelnen Unternehmens im Arbeitgeberverband wiederum wäre, da nicht mehr mit einer betrieblichen Friedensgarantie verbunden, weitgehend funktionslos, dementsprechend mit einer Vielzahl von Austritten aus den Arbeitgeberverbänden zu rechnen. Für die Einführung gesetzlicher Tariföffnungsklauseln oder die Abschaffung des Unabdingbarkeitsprinzips (§ 77 Abs. 3 BetrVG) gilt die aufgezeigte Problematik ebenfalls.

Ob die tarifrechtlichen Strukturen tatsächlich in dem Ausmaß reformbedürftig sind, wie die Fundamentalkritik am Flächentarifvertrag vermuten lassen könnte, ist strittig. „Aus wissenschaftlicher Sicht ist derzeit kein allgemein gültiger Referenzmaßstab für eine Lohnstruktur verfügbar, an dem zweifelsfrei abgelesen werden könnte, ob die Flexibilität der Lohnstruktur zufriedenstellend ist oder nicht" (*Franz*, 1995, S. 36).

Aus den genannten Gründen erscheint es sinnvoller, zunächst die bestehenden tarifrechtlichen Spielräume zu nutzen. Die folgenden Zahlen illustrieren, daß der Flächentarif weitaus flexibler als sein Ruf ist (*Streeck*, 1998).

Seit Inkrafttreten des Tarifvertragsgesetzes im Jahr 1949 haben die Tarifvertragsparteien rund 302.000 Tarifverträge abgeschlossen. Die Zahl der in der Bundesrepublik gültigen Tarifverträge betrug zum Jahresende 1997 etwa 47.300 (Vorjahr ca. 45.000) (*Clasen*, 1998). Der Anstieg läßt sich auf die rund 360 Tarifverträge zur Entgeltfortzahlung im Krankheitsfall, mehr als 70 Tarifverträge zur Altersteilzeit, ca. 800 örtliche Tarifverträge zur beschäftigungssichernden Arbeitszeitverkürzung im Öffentlichen Dienst sowie den Zuwachs an Firmentarifverträgen zurückführen. Die quantitative Entwicklung macht ersichtlich, daß die deutsche Tariflandschaft zunehmend differenzierter und flexibler wird. Die angemahnte Reform des Flächentarifs wird demnach durch die Praxis vor Ort bereits angegangen.

2.1.6 Abbau arbeitsrechtlicher Standards seit den achtziger Jahren

Wie bereits oben angedeutet, ist seit Anfang der achtziger Jahre - nicht nur in der Bundesrepublik - ein fortschreitender Abbau von Arbeitsschutzbestimmungen zu beobachten gewesen. Ziel dieser Deregulierungs- und Flexibilisierungsmaßnahmen war die Verminderung der Arbeitslosigkeit, wobei angenommen wurde, daß ein Mehr an Vertragsfreiheit neue Beschäftigungschancen eröffnen würde. Ob und inwieweit diese Politik erfolgreich war bzw. warum sie gescheitert ist, darüber wird in der Literatur heftig gestritten.

Ohne auf die Grundproblematik der Deregulierung näher einzugehen und ohne Anspruch auf Vollständigkeit, werden im folgenden die wichtigsten arbeitsrechtlichen Reformen der christlich-liberalen Bundesregierung aufgelistet (*Kehrmann*, 1999, S. 5 - 11):

- *Zulassung von befristeten Arbeitsverhältnissen* durch das Beschäftigungsförderungsgesetz von 1985. Das Vorliegen eines die Befristung rechtfertigenden, sachlichen Grundes ist nun nicht mehr erforderlich.

Gleichzeitig wurde die Möglichkeit des Arbeitnehmerverleihs ausgeweitet und es wurden variable Zeitmodelle wie die kapazitätsorientierte variable Arbeitszeit oder die Arbeitsplatzteilung, die zuvor von der Rechtsprechung in vielen Fällen untersagt worden waren, durch die Aufnahme in das Gesetz zulässig.

- Als Reaktion auf den umfassenden Arbeitskampf von 1984, den die IG Metall zum Einstieg in die 35-Stunden-Woche führte und der nicht nur der Gewerkschaft, sondern auch Arbeitgebern und der Bundesanstalt für Arbeit hohe Kosten verursachte, wurde der *§ 116 AFG* im Jahr 1986 geändert. Nun erhalten Arbeitnehmer, die im Zuge eines Arbeitskampfes arbeitslos geworden sind, auch dann kein Arbeitslosengeld, wenn im räumlichen Geltungsbereich des betroffenen Betriebs eine Forderung erhoben wird, die einer Hauptforderung des Arbeitskampfes in Art und Umfang gleich ist und voraussichtlich im wesentlichen übernommen werden wird. Diese Einschränkungen der Leistungen der Bundesanstalt für Arbeit waren heftig umstritten. Für die Bundesregierung waren sie ein Schritt zur Sicherung der Neutralität der Bundesanstalt für Arbeit, für die Gewerkschaften ein Angriff auf ihre Streikfähigkeit.
- Mit der *Reform des Betriebsverfassungsgesetzes* wurden 1988 die Einrichtung eigenständiger Gremien für leitende Angestellte sowie wichtige Änderungen des Wahlverfahrens verfügt, was von den Gewerkschaften als Versuch der Spaltung der Arbeitnehmerschaft und Schwächung des Betriebsrats heftig kritisiert wurde.
- Eine Fortsetzung der Deregulierungs- und Flexibilisierungspolitik bildete die weitere *Lockerung des Arbeitszeitgesetzes* 1994, wonach nicht mehr die 48-Stunden-Woche, die im Jahr 1918 als Höchstgrenze bestimmt worden war, sondern nun die 60-Stunden-Woche zulässig wurde. Voraussetzung für die Zulässigkeit der 60-Stunden-Woche ist, daß es innerhalb eines Ausgleichzeitraums von 6 Monaten zu einem Ausgleich auf 8 Stunden täglich kommt. Diese Lockerung gestattet es, auf einen vermehrten Arbeitsanfall durch eine massive Ausweitung der Überstunden zu reagieren.
- Abgeschafft wurden zudem eine Reihe von *Sonderregelungen* für einzelne Personengruppen, wie z.B. Besonderheiten des Jugendarbeitsschutzes (1984), das Nachtarbeitsverbot für Frauen (1992) und die längeren Kündigungsfristen für Angestellte (1993).
- Als eine der letzten Deregulierungsmaßnahmen erhöhte die christlich-liberale Bundesregierung 1996 den *Schwellenwert für die Gültigkeit des Kündigungsschutzgesetzes* von 5 auf 10 Arbeitnehmer. Betroffen waren von dieser Änderung ca. 6 bis 8 Millionen Arbeitnehmer in 80 Prozent der bundesdeutschen Unternehmen. Zudem wurden die Kriterien bei der Sozialauswahl im Falle von Entlassungen gelockert.

Theoretischer Exkurs: Deregulierung - Ausweg oder Irrweg?

Im Streit unter Ökonomen über die Beschäftigungswirksamkeit von Deregulierungsmaßnahmen lassen sich grob zwei Lager unterscheiden.

Die *Deregulierungsbefürworter* verweisen in der Sichtweise der neoklassischen Theorie darauf, daß Schutznormen der Sozialgesetzgebung als Versicherungsklauseln bei Existenz von Transaktionskosten interpretiert werden müssen. Dabei liegt das ökonomische Problem darin, daß diese unabdingbaren Schutzstandards nicht kostenlos auf dem Markt durchzusetzen sind. Werden langfristige Verträge - wie für den Arbeitsmarkt typisch - geschlossen, so hat ein durchgängiger Bestandsschutz nichtintendierte Verteilungs- und Beschäftigungswirkungen, da es einen „Bestandsschutz nicht zum Nulltarif gibt" (*Schellhaaß*, 1990, S. 87; *Knappe*, 1997, S. 512f.). Für den *Bestandsschutz als Zwangsversicherung* wird der Arbeitgeber demnach eine Versicherungsprämie kalkulieren, die wiederum nach der Risikoklasse gestaffelt ist. Die Chancen für einen Vertragsabschluß sind daher um so geringer, je höher das Risiko ist, das dem einzelnen Arbeitnehmer aufgrund verschiedener sozialer Merkmale zugewiesen wird. Auf dem Arbeitsmarkt konkretisiert sich dieses Theorem darin, daß die Differenz zwischen Wertschöpfung und Lohn so hoch sein muß, daß nicht nur die marktübliche Verzinsung des Eigenkapitals, sondern auch die Finanzierung der Bestandsschutzkosten möglich sein muß. Ist die Differenz zu gering, dann kommt es nicht zu einem Vertragsabschluß, da dies Kalkül bei der Neueinstellung voll wirksam ist. *Nutznießer sind diejenigen Insider, deren Arbeitsplatz ohne den Kündigungsschutz gefährdet wäre.* Ihr Bestandsschutz wird durch einen impliziten versicherungsmäßigen Risikoausgleich innerhalb der Arbeitnehmerschaft finanziert. *Der Schutz der bestehenden Verträge der Insider ist somit nach neoklassischer Sicht eine Regelung zu Lasten der Einstellungschancen der arbeitslosen Outsider.* Die Diskriminierung der 'schlechteren Risiken' durch allgemeine Schutzgesetze wird bei speziellen Schutzgesetzen als noch gravierender angesehen. Eine Gefahr liegt demnach in einer Überwälzung des Risikos in Form einer selektiven Einstellungspraxis, da die geschützten Personengruppen selbst schon in ihrem Sonderstatus hervorgehoben sind. Eine Deregulierung solcher Vorschriften könnte somit die Arbeitslosigkeit vor allem der besonders geschützten Gruppen vermindern.

Eine andere Sichtweise vertreten die *Deregulierungsskeptiker*. Sie betonen, daß die Deregulierungspolitik seit Anfang der achtziger Jahre *die Arbeitslosigkeit nicht vermindern konnte* und daß angesichts massiver Arbeitslosigkeit eine Vielzahl von Schutzrechten schon heute nur auf dem Papier existieren. Im Arbeitsalltag ist auch ohne gesetzliche Deregulierung eine *faktische Deregulierung* zu beobachten. Indikatoren dafür sind erstens die zunehmenden Abweichungen vom Normalarbeitsverhältnis, zweitens die in der Regel problemlose Kündigung eines Mitarbeiters, der maximal ein Abfindung erhält, sowie drittens die meist unwidersprochene Forderung des Arbeitgebers nach flexiblen Arbeitszeiten. Schließlich wird aus theoretischer Sicht die neoklassische Analyse als zu radikal zurückgewiesen. So muß ein allgemeiner Bestandsschutz in der praktischen Personal- und Belegungspolitik nicht unbedingt selektive Wirkungen haben. Dagegen spricht, daß realiter die Arbeitgeber *nicht stets gewinnmaximierend* kalkulieren und daß gesamtwirtschaftlich ein institutionalisierter Kündigungsschutz im Sinne eines Mindeststandards auch die *Verhandlungskosten senken und damit effizient* sein kann. Es kann für beide Parteien effizient sein, die gesetzlichen Kündigungsvorschriften in die eigene Planung zu übernehmen statt für jeden Arbeitnehmer eigene Prämien zu schätzen. Aufgrund der beidseitigen, erheblichen spezifischen Investitionen kann eine langfristige und standardisierte Vertragsbindung ex ante Planungssicherheit bedeuten, die in ihrem Wert nicht ex post beurteilt werden kann. Die empirische Beobachtung, daß von den möglichen Vertragsbefristungen auf dem Arbeitsmarkt nur sehr beschränkt Gebrauch gemacht wird, bestätigt die Vermutung, daß die dem Bestandsschutz zugeschriebenen negativen Wirkungen nur sehr begrenzt reale Bedeutung erlangen (vgl. *Hoffmann/Walwei*, 1998, S. 411 ff.).

Ein erster wichtiger Anhaltspunkt bei einer differenzierten Beurteilung ist, den *Interessenkonflikt zwischen den 90 Prozent erwerbstätigen Insidern und den 10 Prozent arbeitslosen Outsidern* offenzulegen. Es dürfen die Interessen keiner der beiden Gruppen grundsätzlich übergangen werden. Weiterhin ist für die Beurteilung der Schutzgesetze der *Grad ihrer Allgemeinheit* von zentraler Bedeutung. Umfassen sie alle Personen und sind auch international gültig, so bietet sich nur der oben beschriebene Ansatz selektiver Beschäftigungspraxis. Spezielle Schutzgesetze laufen darüber hinaus Gefahr, die Insider mit besonderen Merkmalen zwar besser zu schützen, die Outsider mit denselben Merkmalen jedoch dauerhaft vom Arbeitsmarkt auszuschließen. Schutzgesetze - insbesondere spezielle Schutzgesetze für einzelne Personengruppen - können sowohl als Rigiditäten wirken und damit die Transaktionskosten erhöhen (d.h. die Flexibilität vermindern), sie können jedoch auch Handlungsspielräume eröffnen, indem sie Transaktionskosten vermindern (d.h. die Planungssicherheit erhöhen). *Arbeitsschutzgesetze können sowohl effizient als auch ineffizient sein.* Welcher Effekt im einzelnen dominiert, kann nicht a priori entschieden werden. Ein Mehr an Flexibilität der einen Marktseite wird regelmäßig mit einer zunehmenden Rigidität für die andere Marktseite und/oder mit Verteilungswirkungen innerhalb einer Marktseite erkauft (*Büchtemann/Neumann*, 1990, S. 15 - 18).

In Folge des *Regierungswechsels 1998* wurden zu Anfang 1999 die Lohnfortzahlung im Krankheitsfall sowie die alten Schwellenwerte des Kündigungsschutzes wieder eingeführt. Diese Rücknahmen beziehen sich somit nur auf die letzten Deregulierungsgesetze der christlich-liberalen Bundesregierung. Führt man sich indes das gesamte Spektrum der Deregulierung seit Anfang der achtziger Jahre vor Augen, so wird deutlich, daß die Grundtendenz auch von der rot-grünen Bundesregierung nicht rückgängig gemacht wird. Insgesamt kann daher von einem Trend zum Abbau arbeitsmarktordnungspolitischer Standards gesprochen werden.

Dies gilt um so mehr, da ein *Trend zur Deregulierung auch im internationalen Vergleich zu beobachten* ist und auf supranationaler Ebene Konventionen zur Arbeitsmarktordnungspolitik nur rudimentär vorhanden sind. Selbst auf der Ebene der Europäischen Union gilt für die supranationale Regulierung von Arbeitsverhältnissen, daß „der Fortschritt eine Schnecke (ist) und manchmal nicht einmal dies“ (*Keller*, 1999, S. 109; vgl. S. 116f.). Ansätze einer eigenständigen europäischen Entwicklung sind auf den verschiedenen Ebenen unterschiedlich weit fortgeschritten, am weitesten auf der Betriebsebene, deren Bedeutung immerhin tendenziell zunehmend ist. Statt einer 'harten' Regulierung im Sinne absolut einheitlicher Standards ist die internationale Arbeitsmarktordnungspolitik in den neunziger Jahren durch 'weiche' Regulierungen im Sinne einer Übereinkunft zu Mindeststandards gekennzeichnet. Sie sollen einerseits die nördlichen Mitgliedsländer vor ungewollter Unterbietungskonkurrenz und andererseits die südlichen Mitgliedsländer vor Überforderung schützen. Daher bleiben diese Mindeststandards in ihrem Regelungsgehalt regelmäßig hinter den bundesdeutschen Vorschriften zurück. Auch langfristig erscheint eine weitgehende Harmonisierung der europäischen Regulierung von Arbeitsbeziehungen eher unwahrscheinlich. Statt dessen werden sich Arbeitnehmer und Arbeitgeber im europäischen Binnenmarkt wohl auch zukünftig einem „Flickenteppich minimaler Sozialstandards" (*Keller*, 1999, S. 117) gegenübersehen.

2.2 Lohnpolitische Strategien der Tarifparteien

Die Frage nach einer 'angemessenen' Verteilung des Sozialprodukts hat sowohl die breite Öffentlichkeit als auch viele Wirtschaftswissenschaftler immer wieder beschäftigt. Dabei hat die verteilungspolitische Diskussion in der Bundesrepublik Deutschland in den letzten Jahren deutlich an Schärfe zugenommen. Geringe gesamtwirtschaftliche Wachstumsraten, anhaltende Massenarbeitslosigkeit und Finanzierungsprobleme der öffentlichen Haushalte haben zu einem wachsenden Problemdruck und zu einer Gefährdung des 'sozialen Friedens' geführt. Es liegt auf der Hand, daß angesichts der veränderten Rahmenbedingungen die Verteilungsfrage und damit auch die Frage nach den Optionen der Lohnpolitik an Bedeutung gewinnt.

2.2.1 Vermögens- und Einkommenskonzentration

Es wird im folgenden nicht angestrebt, nach der üblichen Verfahrensweise der Theorie der Wirtschaftspolitik vorzugehen, d. h. von einer Analyse der Lage ausgehend nach Vorgabe bestimmter Ziele den zieladäquaten Einsatz der Mittel zu untersuchen. Schon der Versuch einer annähernd umfassenden Lageanalyse müßte den vorgegebenen Raum sprengen. An dieser Stelle ist jedoch auf die vielen Untersuchungen zur Einkommens- und Vermögensverteilung in der Bundesrepublik Deutschland hinzuweisen, die allerdings durch Materialschwierigkeiten und methodische Probleme bedingt, kritisch zu würdigen wären. Außerdem muß darauf verwiesen werden, daß einparametrische Maße wie Lohnquote, Anteil am Produktivvermögen sowie verschiedene Verteilungskoeffizienten die Verteilungssituation nur unzureichend beschreiben und eine umfassende Aussagekraft nur einer mehrdimensionalen Betrachtungsweise zukommen kann (*Zerche*, 1988).

Im Rahmen einer arbeitsökonomischen Schwerpunktsetzung wird sich die Darstellung und Analyse von Verteilungsfragen vor allem auf eine Einkommensart, nämlich den Lohn bzw. das Gehalt als Ertrag für geleistete Arbeit zu konzentrieren haben.

Die Unterscheidung verschiedener Einkommensarten wie Arbeitseinkommen, Vermögenseinkommen, Gewinneinkommen etc. legt eine Einteilung der Bevölkerung in Gruppen nahe, die miteinander ihre jeweilige Haupteinkommensquelle gemeinsam haben. So entwickelte sich in den Jahrhunderten der Wirtschaftsgeschichte die Unterscheidung der Gesellschaft in Klassen, welche sich auch nach der Einkommensquelle definierten. Arbeiter bezogen den Lohn, Unternehmer den Profit und die adeligen Grundeigentümer eine Bodenrente. Damals wie heute beschreibt die Verteilung der Einkommensarten die wirtschaftlichen Beziehungen zwischen den gesellschaftlichen Gruppen.

Heute ist allerdings zunehmend zu beobachten, daß ein Haushalt Einkommen aus mehreren Quellen bezieht, also z.B. ein Arbeitnehmerhaushalt zusätzlich zum Lohn noch Zinsen auf sein gespartes Vermögen und Miete aus einer vermieteten Eigentumswohnung erhält. Dieses Phänomen bezeichnet man als *Querverteilung* (vgl. Stobbe, 1981, S. 45). Anstelle der funktionellen Einkommensverteilung (Arbeit, Kapital, Boden) gewinnt damit zunehmend die personelle Einkommensverteilung an Relevanz. Trotz der zunehmenden Querverteilung stellt das Arbeitseinkommen für den Großteil der Arbeitnehmer aber nach wie vor die wichtigste Einkommensquelle dar.

Obwohl die Konzentration bei der *Einkommensverteilung* nicht ganz so ungleichmäßig ausfällt wie bei der *Vermögensverteilung*, sind auch hier die Unterschiede sowohl relativ als auch absolut erheblich. Generell gilt, daß sich die ungleiche Einkommens- und Vermögensverteilung wechselseitig beeinflussen und bedingen. In der Gruppe der Unselbständigen glichen sich die Einkommen in der Bundesrepublik Deutschland zwar immer mehr an, jedoch besteht im Vergleich zu den Selbständigen ein erhebliches Gefälle sowohl absolut als auch relativ. Die Analyse ist stark vereinfachend, da insbesondere das Aggregat 'Selbständige' höchst inhomogen ist.

Betrachtet man die Entwicklung der bundesdeutschen Einkommensverteilung in den letzten Jahren, so zeigt sich tendenziell, daß der Einkommensanteil der mittleren Gruppen durchgängig zurückgegangen ist, während umgekehrt sowohl die Armuts- als auch die Reichtumsquoten angestiegen sind. Die Armutsquote ist in den alten Bundesländern von 1973 bis 1994 von 6,5 Prozent auf 11,5 Prozent, also auf fast den doppelten Wert gestiegen. Demgegenüber war der Anstieg der Reichtumsquote von 4,2 Prozent auf 5,3 Prozent weitaus geringer, wobei allerdings hier die Untererfassung der obersten Einkommensklassen methodisch zu bemängeln ist (vgl. *Schönig*, 1996a, S. 51 - 54). Eine leichte Korrektur dieser Polarisierungstendenz war zu Anfang der neunziger Jahre zu beobachten. Diese scheint wiederum bis heute revidiert worden zu sein.

In einer neueren Untersuchung von *Hauser* und *Becker* ist die Entwicklung der relativen gruppenspezifischen Nettoeinkommenspositionen nach durchschnittlichen Äquivalenzeinkommen in den alten Bundesländern dargestellt (*Hauser/Becker*, 1996, S. 286f.). Betrachtet man die Entwicklung der relativen Wohlfahrtspositionen in den letzten 25 Jahren, so fällt die in der Regel konstante Rangfolge der relativen Positionen auf. Erwartungsgemäß nehmen die Selbständigenhaushalte durchweg die Spitzenpositionen ein. Die überwiegend von Sozialhilfe lebenden Personen erreichen in allen Jahren die niedrigste (50 Prozent des Durchschnittseinkommens), die Bezieher von Arbeitslosengeld die zweitniedrigste Position. Andere Nichterwerbstätige sind - abhängig von ihrem ehemaligen Erwerbsstatus - teilweise sogar etwas besser gestellt als einige Haushalte mit erwerbstätigem Haushaltsvorstand.

So nehmen bemerkenswerterweise die Pensionäre die zweithöchste Position ein, gefolgt von den aktiven Beamten und den Angestellten.

Zwar blieben die Rangfolgen konstant, die Abstände zwischen den Wohlfahrtspositionen haben sich jedoch deutlich verschoben. Auch dies belegt die Polarisierung der Einkommensverteilung. Seit Anfang der achtziger Jahre ist eine absolute und relative Verbesserung der Wohlfahrtsposition der Selbständigen offenkundig. Umgekehrt haben sich die relativen Positionen der abhängig Beschäftigten sowie der Sozialhilfe- oder Arbeitslosengeldbezieher verschlechtert. Das Auseinanderdriften der Einkommenspositionen kann ebenfalls in dem Absinken der bereinigten Lohnquote abgelesen werden (vgl. Abschnitt 2.2.2.1). Die Tatsache, daß in den letzten Jahren die Lohnquote merklich auf ca. 65 Prozent gefallen ist, ist bei diesem Aggregat als ein deutliches Auseinanderdriften der Verteilungsrelationen zu interpretieren.

Je höher indes das Einkommen ist, um so leichter und um so mehr wird gespart. Damit wird über eine ungleiche Vermögensbildung die Einkommensdifferenzierung über die Vermögenseinkünfte gefördert. Diese wiederum verstärkt weiter die Vermögenskonzentration. Die Einkommensdifferenzierung an sich genügt bereits, bei gleicher Sparwilligkeit, die Vermögensbildung überproportional zu den Einkommensunterschieden wachsen zu lassen. Mit steigendem Einkommen steigt im allgemeinen auch die Sparneigung. Die Sparquoten betrugen im Durchschnitt der Jahre 1950 bis 1970 bei den Selbständigen 14 Prozent und bei den Arbeitnehmern 7 Prozent ihres Einkommens. Laut Einkommens- und Verbrauchsstichprobe stiegen die Sparquoten bis 1993 bei den Selbständigen auf 22,7 Prozent und bei den Arbeitnehmern auf 14,5 Prozent. Im Falle der Arbeitnehmer sind die beachtlichen Aufwendungen für die Sozialversicherung allerdings nicht enthalten (*Dittmar*, 1974, S. 121ff.). Die unterschiedliche Vermögens- und Einkommensverteilung ergibt sich also in diesem Ursachenkomplex durch die starken Einkommensunterschiede und die unterschiedlichen Sparquoten.

Die Bedeutung des Vermögens für breite Bevölkerungsschichten und die Notwendigkeit einer korrigierenden Vermögensverteilungspolitik mittels Lohnpolitik (bzw. Steuerpolitik) werden ersichtlich, wenn man die verschiedenen *Funktionen des Vermögens* betrachtet.

Zunächst hat Vermögen, soweit es nicht Gebrauchsvermögen ist, eine *Ertragsfunktion*. Auf Geldvermögen aller Art werden Zinsen gezahlt, Produktivvermögen hingegen wirft Dividenden oder Gewinne ab. Daher wird das Vermögen für den Arbeitnehmer zusätzlich zum Erwerbseinkommen eine weitere Einkommensquelle bedeuten (Querverteilung). Zu der Ertragsfunktion tritt die *Sicherungsfunktion* von Vermögen. Für Zeiten ohne oder mit geringem Erwerbseinkommen kann durch Vermögensbildung Vorsorge getroffen werden. In Deutschland wird die Sicherungsfunktion zum großen

Teil durch die Ansprüche an die Sozialversicherungen - insbesondere die Arbeitslosen- und die Rentenversicherung - erfüllt, weshalb man ihnen verschiedentlich auch einen vermögensähnlichen Charakter attestiert hat. Definiert man Sicherheit als 'Freiheit im Zeitablauf' (*Giersch*, 1961, S. 83), so wird die enge Verbindung zwischen der Sicherungsfunktion und der Dispositionsfunktion deutlich. Die *Dispositionsfunktion* des Vermögens verweist darauf, daß Vermögen größere Unabhängigkeit bietet und Entscheidungsfreiräume gewährt. Dies ist vor allem dann von Bedeutung, wenn das soziale Sicherungssystem lückenhaft ausgestaltet ist wie z.B. bei der Entscheidung für Kinder oder beim Studium oder dem Sprung in die Selbständigkeit.

Problematisch erscheint die derzeitige Vermögenskonzentration insbesondere aufgrund der *Machtfunktion* des Vermögens. Macht bedeutet nach *Max Weber* bekanntlich, die eigenen Interessen auch gegen den Widerstand anderer durchsetzen zu können. Durch das Eigentum an Produktivvermögen erlangt der Kapitalbesitzer eine ökonomische Machtposition, die auch auf politischer und gesellschaftlicher Ebene weiterwirkt. Vor allem in Zeiten knapper Arbeitsplätze und politisierter Investitions- und Standortentscheidungen wird die Machtfunktion des Vermögens offenkundig. Es kann die Entwicklung einer ganzen Region beeinträchtigen, wirtschaftspolitische Maßnahmen konterkarieren und politische Entscheidungen unmittelbar beeinflussen (*Zerche*, 1988, S. 92).

Die *sozialethische Funktion* des Vermögens ist aus der christlichen Soziallehre abgeleitet. Sie besagt, daß durch Vermögensbesitz das Bewußtsein der Arbeitnehmer gestärkt wird, für sich selbst und nicht für Dritte zu arbeiten. Es ist aus sozialethischer Sicht unzureichend, daß die kapitalbesitzende Minderheit den Wirtschaftsprozeß organisiert, während die vermögenslose Mehrheit sich in eine Objektrolle verwiesen sieht. Umgekehrt betrachtet wird der Arbeitnehmer erst durch die Möglichkeit der Bildung von Produktivvermögen in seiner Personalität respektiert und auf diese Weise zu einem handlungsfähigen Subjekt (*Nell-Breuning*, 1974, S. 40).

Schließlich wäre noch auf die *gesamtgesellschaftlichen Funktionen* hinzuweisen. Als solche werden in der volkswirtschaftlichen Literatur u.a. genannt: Die Akkumulation des Kapitalstocks, der in der neoklassischen Wachstumstheorie als eine Voraussetzung für eine wachsende Volkswirtschaft gilt, sowie die gesellschaftsstabilisierende Funktion zur Sicherung des sozialen Friedens durch Verbreitung einer 'Kleinkapitalistenmentalität'.

Eine breitere Streuung von Einkommen und Vermögen erscheint demnach vor allem aufgrund der größeren Entscheidungsfreiheit des einzelnen, der breiteren Streuung ökonomischer und gesellschaftlicher Macht sowie der größeren Stabilität in der Gesellschaft als wünschenswert. Die Bildung von Vermögen erweitert den individuellen Handlungsspielraum und dient zugleich der Machtdekonzentration und Machtkontrolle durch Gegenmachtbildung. Vermögenspolitik ist zudem geeignet, die Stellung der Arbeitnehmer im Wirtschaftsprozeß zu verbessern.

Wenn im folgenden die Argumente für und gegen unterschiedliche verteilungspolitische Strategien angeführt werden, wird eine Beschränkung auf den Bereich des wirtschaftlichen Subsystems der Gesellschaft vorgenommen, obwohl gerade im lohn- und verteilungspolitischen Bereich immer wieder die enge Verflechtung mit dem politischen Subsystem deutlich wird. Die Einordnung der verteilungspolitischen Konzeptionen und die politischen Ansatzpunkte sollen hier nun systematisch verdeutlicht werden.

2.2.2 Verteilungspolitische Ziele der Gewerkschaften

Aus dem allgemein konstatierten Übelstand der ungleichmäßigen Einkommens- und Vermögensverteilung kann eine qualitative verteilungspolitische Zielsetzung abgeleitet werden, die heute in der politischen Diskussion vorherrscht: Eine allmähliche Annäherung der Einkommen und Vermögen an eine gleichmäßigere Verteilung. Zu den vehementesten Verfechtern dieses Verteilungsziels gehören und gehörten u. a. die im Deutschen Gewerkschaftsbund zusammengeschlossenen Gewerkschaften. Aus gewerkschaftlicher Sicht soll u.a. die Lohnpolitik ein Instrument zur Erreichung des angestrebten Ziels sein.

Die Gewerkschaften verfolgen als Vertreter der individuellen und sozialen Interessen ihrer Mitglieder einkommenspolitische, beschäftigungspolitische und institutionelle Ziele. Zu den einkommenspolitischen Zielen gehört besonders die Forderung nach „gerechter" Verteilung.

Die Verteilungsziele der Gewerkschaften richten sich traditionell auf eine Erhöhung der Lohnquote, die durch eine Erhöhung des Nominallohns angestrebt wird (vgl. Abbildung 2.1). Auch heute noch spielt die Steigerungsrate der Nominallöhne eine erhebliche, wenn auch abnehmende Rolle bei den Tarifabschlüssen. Die Nominallohnforderungen der Gewerkschaften sind hauptsächlich durch folgende drei Faktoren bestimmt: die Produktivitätsentwicklung, die Inflationsrate und eine Umverteilungskomponente. Damit wollen die Gewerkschaften sowohl eine Kompensation für inflationsbedingte Kaufkraftverluste erzielen als auch an der zunehmenden Produktivität partizipieren und schließlich die Gewinne unmittelbar umverteilen. Zusätzlich streben die Gewerkschaften eine Nivellierung der Lohnstruktur mittels einer verstärkten Anhebung der Löhne für untere Lohngruppen (Rahmentarifverträge) an.

Bekanntlich sieht sich die Nominallohnpolitik der Gewerkschaften erheblichen Problemen gegenüber, wovon hier nur die Entwicklung der Arbeitslosigkeit und die Inflationsrate genannt werden sollen. Angesichts der Massenarbeitslosigkeit und der damit verbundenen Organisationsprobleme nehmen die Gewerkschaften zunehmend auch *beschäftigungspolitische Ziele* in ihren Forderungskatalog auf. Denn zum einen können u.a. durch Lohnzugeständnisse Arbeitsplätze gesichert werden (Bündnisse für Arbeit) (vgl. Abschnitt 2.3.5), zum anderen steigt in den Gewerkschaften der Anteil arbeitsloser Mitglieder, deren Interessen ebenfalls berücksichtigt werden müssen.

Ambivalenz der Nivellierungsstrategie

Der gewerkschaftliche Erfolg beim Ziel einer Nivellierung der Lohnstruktur ist ambivalent zu beurteilen. Einerseits ist die *tarifliche Lohnspreizung in der Bundesrepublik tatsächlich gering*, wenn man sie etwa mit derjenigen in den USA und anderen deregulieten Arbeitsmärkten vergleicht. Die geringe Lohnspreizung ist ein Indikator dafür, daß auch gering qualifizierte Arbeitnehmer in der Bundesrepublik an der gesamtwirtschaftlichen Produktivitätssteigerung teilhaben. Dafür spricht auch, daß die vorhandenen Möglichkeiten zur Lohnspreizung seitens der Unternehmen nicht genutzt werden. Mit Rücksicht auf den Betriebsfrieden werden die Möglichkeiten einer differenzierten Eingruppierung der Arbeitnehmer nur unvollkommen genutzt, so daß in der Regel die untersten Lohngruppen nur gering besetzt sind.

Andererseits ist es nicht auszuschließen, daß eine Ursache für die seit Jahren hohe *strukturelle Arbeitslosigkeit von Personen mit geringem Qualifikationsniveau* (vgl. Abschnitt 2.3.1.1) in den zu hohen Lohnkosten für geringqualifizierte Tätigkeiten liegt. Trifft dies zu, dann kommt die nivellierte Lohnstruktur den geringqualifizierten Insidern des Arbeitsmarktes zugute, während die Beschäftigungschancen der Outsider sinken. Zudem ist es fraglich, ob alle Arbeitslosen auf ein Niveau hin qualifiziert werden können, bei dem sie in der Lage sein würden, ihre vergleichsweise hohen Löhne zu erwirtschaften. In dem Maße, wie eine Anhebung der Tariflöhne für Niedriglohngruppen strukturelle Arbeitslosigkeit erzeugt, ist die Zielerreichung des gewerkschaftlichen Umverteilungsziels kritisch zu hinterfragen.

Als der DGB-Vorsitzende *Heinz-Oskar Vetter* 1970 das DGB-Grundsatzprogramm erläuterte, nannte er als wichtigste wirtschafts- und gesellschaftspolitische Ziele der Gewerkschaften die Mitbestimmung und die Verwirklichung einer gerechten Einkommens- und Vermögenspolitik für die Arbeitnehmer. Es sei dringend erforderlich, alle Volksschichten an der volkswirtschaftlichen Vermögensbildung zu beteiligen. Auch bemühe sich der DGB seit längerer Zeit um die Ausarbeitung einer vermögenspolitischen Konzeption, die dazu beitragen solle, die gröbsten Ungerechtigkeiten zu beseitigen.

Indes war die Position der verschiedenen im DGB zusammengeschlossenen Gewerkschaften zu Fragen der Verteilungspolitik keineswegs so einhellig. Am 4. April 1973 beschloß der Bundesausschuß des DGB mit der äußerst knappen Mehrheit von 55 zu 52 Stimmen, sich in der Vermögenspolitik für eine überbetriebliche Vermögensbeteiligung in Anlehnung an einen SPD-Parteitagsbeschluß einzusetzen (*Pitz*, 1974, S. 54f.). Hier zeigt sich wiederum, daß insbesondere die traditioneller orientierten Gewerkschaften gegenüber einer Vermögenspolitik skeptisch eingestellt waren.

In der Diskussion um verteilungspolitische Strategien lassen sich unter den DGB-Gewerkschaften mindestens *drei grundsätzliche Positionen* unterscheiden. Sie wurden Ende der sechziger Jahre formuliert und wirken in ihren Grundzügen bis in die aktuelle Diskussion hinein.

Die *erste Position* ist insbesondere vom Vorstand der IG Metall vertreten worden, der forderte, auf eine Vermögenspolitik ganz und gar zu verzichten (*Loderer*, 1974, S. 9 ff.). Unter dem Schlagwort 'Barlohn statt Sparlohn' ist diese Position in die Diskussion eingegangen. Eine *zweite Position* in der verteilungspolitischen Strategiediskussion wurde von gewerkschaftlich orientierten Sozialökonomen eingenommen, die für die Errichtung überbetrieblicher Fonds mit Arbeitnehmerselbstverwaltung und 'ewiger Sperrfrist' für die Vermögenszertifikate, d.h. ohne direkte persönliche Begünstigung der Arbeitnehmer, votieren. Heute umfaßt diese Position die Forderung, daß Fonds überbetrieblicher Vermögensbildung der Mitbestimmung unterliegen sollten. Die *dritte Position*, die sich für eine gemischte Strategie von Lohnpolitik und Vermögenspolitik einsetzt (Investivlohnpolitik, individuelle Vermögensbildungspolitik), wurde primär gefördert durch die Politik der Industriegewerkschaft Bau-Steine-Erden unter ihrem Vorsitzenden *Georg Leber*. Der Übelstand der ungleichmäßigen Verteilung war für *Leber* nicht durch die gewohnte Lohnpolitik allein zu beseitigen. Bereits 1964 wurde ein Übergang von der Lohnpolitik zu einer umfassenden Einkommenspolitik gefordert. Diese Position wurde später von *Lebers* Nachfolger *Rudolf Sperner* vertreten. Die Ziele der tarifvertraglichen Vermögensbildungspolitik konkretisiert *Sperner* wie folgt: „(1) Beteiligung der Arbeitnehmer am zuwachsenden Produktivvermögen, das ja gemeinsam erarbeitet wird. Damit wird gleichzeitig eine größere Gerechtigkeit in der Vermögensbildung erreicht. (2) Die Eigenkapitalbildung der Betriebe wird gestärkt und gleichzeitig damit werden die Investitionsmöglichkeiten verbessert" (*Sperner*, 1975, S. 26).

Eine Gewerkschaftspolitik, die die gegebene Verteilung ändern will, kann einerseits über eine aktive Lohnpolitik versuchen, die Primärverteilung zu ändern oder als verbundene Strategie zusätzlich zur Lohnpolitik die Einkommensverwendung und damit die Realverteilung zugunsten der Arbeitnehmer zu beeinflussen suchen (vgl. Tabelle 2.2).

Tabelle 2.2: Übersicht wichtiger verteilungspolitischer Ansätze

Verteilungsbereich und Ansatzpunkte	Politik
I. Primärverteilung	
1. Lohnhöhe (Faktorpreis für Arbeit)	Nominallohnpolitik
2. Faktormengen und Faktorqualitäten	Vermögenspolitik
	Bildungspolitik
	Forschungs- und Rationalisierungspolitik
3. Zinshöhe (Preise für Kapital)	Geldpolitik
4. Preise auf Gütermärkten (bedingt durch Marktmacht)	Preispolitik
5. Macht auf Arbeits- und Gütermärkten	Ordnungspolitik
Bruttoeinkommen	
II. Sekundärverteilung	
1. Steuern und Beiträge	Preispolitik, Geldpolitik
2. Transferzahlungen	Politik der sozialen Sicherung (Zweig der Sozialpolitik)
Nettoeinkommen	
III. Realverteilung	
1. Güterpreise	Preispolitik, Geldpolitik
2. Öffentliche Ausgaben	Verteilungspolitik
3. Einkommensverwendung in Haushalten	Vermögenspolitik
4. Gesamtwirtschaftliche Einkommensverwendung, Investitionen, Konsumgüter	Mitbestimmungspolitik
Realeinkommen	

Quelle: Zerche, 1974, S. 226.

2.2.2.1 Die Nominallohnpolitik

Beurteilen wir zunächst die *erste Position*, die *Strategie der aktiven Lohnpolitik*, wie sie beispielsweise von der IG Metall verfolgt wird. Zum Vermögensbildungsgesetz hatte *Otto Brenner* schon 1965 erklärt: „Die Bezeichnung als Gesetz zur Förderung der Vermögensbildung der Arbeitnehmer ist daher im Grunde eine gewaltige Aufschneiderei. Durch dieses Gesetz wird sich weder die Vermögensverteilung noch die soziale Stellung der Arbeitnehmer grundsätzlich ändern" (*Brenner*, 1965, S. 19f.). Die IG Metall, die stark an der Entwicklung der expansiven Lohnpolitik beteiligt war, äußerte sich in „Leitsätzen zur Vermögenspolitik" zum Problem der Vermögenspolitik: „Aus grundsätzlichen gewerkschaftspolitischen Überlegungen hält die IG Metall (...) an der Konzeption der gewerkschaftlichen Tarifpolitik, den Anteil der Arbeitnehmer am Sozialprodukt zu erhöhen, fest" (*Pitz*, 1974, S. 53). Für die IG Metall und ihr nahestehende ideologische Positionen war der Lohnkampf um höhere Einkommen und eine höhere Lohnquote in Anlehnung an die Interpretation von *P. F. Drucker* das traditionelle Symbol des eigentlichen Konflikts zwischen Kapital und Arbeit, wobei dieser Kampf als Ausfluß der *Marx*schen These von der Ausbeutung des Proletariats durch die Kapitalisten zu sehen ist.

Die IG Metall vertritt auch heute noch die Position einer strikten Trennung von Tarifpolitik und Vermögenspolitik. Der Ersatz der aktiven Tarifpolitik durch Vermögenspolitik, so die programmatische Aussage, könne nicht die Linie der IG Metall sein (*Weißkirchen*, 1994, S. 45).

Die Gegner einer aktiven Lohnpolitik als Verteilungspolitik können im wesentlichen nach drei Argumentgruppen unterteilt werden. Nach Ansicht der ersten Gruppe sollen Arbeitskämpfe und Lohnkonflikte grundsätzlich vermieden werden. Gemäß dieser Position gefährden Lohnkonflikte die politische und wirtschaftliche Ordnung. Man sucht den „richtigen Lohn" nach „richtigen Lohnformeln" und wünscht eigentlich, daß der Sachverstand den richtigen Lohn und das richtige Lohngefüge festsetzen möge. Die Auffassung, Lohnfragen seien auch Machtfragen, wird hier als falsch zurückgewiesen. Lohnkämpfe werden mit dem verglichen, was *Goethe* einst vom Spekulanten gesagt hat: Sie sind „wie ein Tier auf dürrer Heide, von einem bösen Geist im Kreis herumgeführt, und ringsherum liegt schöne grüne Weide" (*Föhl*, 1964, S. 17).

Die zweite Gruppe bemüht sich, die Ineffizienz von Lohnkämpfen zu belegen, indem sie die Untauglichkeit des gewerkschaftlichen Instruments zur Erreichung des angestrebten Ziels nachzuweisen versucht. Hier werden insbesondere genannt, daß die Lohnquote nahezu konstant sei und durch Gewerkschaften nicht beeinflußt werden könne, daß die Lohnpolitik verteilungspolitisch völlig unwirksam sei, und daß man bezüglich der Wage Drift, also der Differenz zwischen Effektivlöhnen und Tariflöhnen, von der Aufsaugungsthese auszugehen habe, d.h. die Effektivlöhne zögen die Tariflöhne lediglich nach.

Die dritte Gruppe betont besonders die Gefährdung gesamtwirtschaftlicher Ziele durch die gewerkschaftliche Lohnpolitik. Als Argumente werden hier u.a. negative Beschäftigungswirkungen, die Gefährdung der Preisstabilität sowie die Gefährdung des Außenhandels durch schwindende Konkurrenzfähigkeit auf dem Weltmarkt genannt.

Mit *von Nell-Breuning* (*Nell-Breuning*, 1960, S. 103 ff.) lassen sich die *Lohnbildung* und die *Lohnfindung* unterscheiden. Lohnbildung meint die Art und Weise, wie sich in der Wirtschaft die Löhne entsprechend den gegebenen Determinanten nach vornehmlich wirtschaftlichen Gesetzmäßigkeiten bilden. Unter Lohnfindung ist dann die Art und Weise zu verstehen, wie die Tarifparteien herausfinden, auf welche Löhne sie sich vernünftigerweise einigen können und sollen. Die Lohnfindung ist erforderlich, weil die Wirtschaft nicht ohne Einschränkungen als wohlgeordnet angesehen werden kann und von machtmäßigen Verfälschungen ihres Ablaufs nicht frei ist. Die reine Lohnbildung wird demnach keine auch nur 'vorläufig richtigen' Löhne bringen. Die Aufgabe, zumindest annähernd richtige Löhne zu finden, entstand mit der kapitalistischen Produktionsweise und der Trennung von Kapital und Arbeit. Damit wurden Lohnauseinandersetzungen ein Ausdruck eines Spannungsverhältnisses zwischen Arbeitnehmern und Arbeitgebern beim Kampf um einen angemessenen Anteil am gesellschaftlich erstellten Produkt. Dem entspricht die Doppelnatur des Lohns als Kostenfaktor und als Einkommen.

Von diesem Sachverhalt ausgehend wird deutlich, daß der Sachverstand überfordert wäre, wenn er einen einzigen richtigen Lohn bestimmen sollte. Bezeichnen wir den Lohn oder das Lohngefüge als „richtig“, das sich in die Wirtschaftsordnung und den Ablauf des Wirtschaftsprozesses störungsfrei einpaßt (*Nell-Breuning*, 1960, S. 104f.), so ist erkennbar, daß es den richtigen Lohn nicht gibt. Je nach wirtschaftlicher Lage, nach gegebener Wirtschaftsordnung und gegebenen wirtschaftspolitischen Zielen, nach dem Verhalten und den Zielsetzungen der Tarifparteien ist ein anderer Lohn bzw. ein anderes Lohngefüge erforderlich. Diese Vorentscheidungen sind vor allem politische Entscheidungen, die einen ökonomisch objektiven Maßstab für die Festsetzung der Lohnhöhe grundsätzlich ausschließen. Hier hat die Politik der autonomen Tarifparteien einzusetzen.

In der zweiten Gruppe, in der insbesondere die Unwirksamkeit der gewerkschaftlichen Lohnpolitik betont wird, dient die behauptete Konstanz der Lohnquote als ein Beweismittel für diese These. Hier geht es um die Untersuchung der These von der Konstanz der Lohnquote als Argument für die Erfolglosigkeit gewerkschaftlicher Lohnpolitik.

Die Tatsache, daß die Brutto-Lohnquote (Verhältnis des Bruttoeinkommens aus unselbständiger Arbeit zum Volkseinkommen) im Zeitraum von 1950 bis 1960 mit Abweichungen von ± 1 Prozent um etwa 60 Prozent schwankte, führte dazu, daß diese Seite die 60-Prozent-Grenze als eine Art 'Naturkonstante' (kritisch dazu *Külp*, 1994, S. 237 ff.) herauszustellen versuchte. Diese geringen Schwankungen sind seit 1960 nicht mehr festzustellen. Wenn man berücksichtigt, daß die Lohnquote ex definitione ein relativ unempfindliches Maß darstellt, so ist eine Veränderung z.B. für 1980-1982 auf etwa 76 Prozent schon beachtlich (Abbildung 2.1).

Das eigentlich angestrebte verteilungspolitische Ziel, die Erhöhung der Lohnquote, konnte allerdings nicht erreicht werden. Zwar stieg die nicht strukturbereinigte Bruttolohnquote seit 1950 an, bezieht man jedoch den Wandel in der Beschäftigtenstruktur mit ein, so ist bis 1982 kein steigender Trend bei der bereinigten Lohnquote zu erkennen. Bis 1990 fiel die strukturbereinigte Lohnquote sogar auf ihren historischen Tiefstand.

Abbildung 2.1: Die Lohnquote der alten Bundesländer von 1950 - 1990 (Basis 1960)

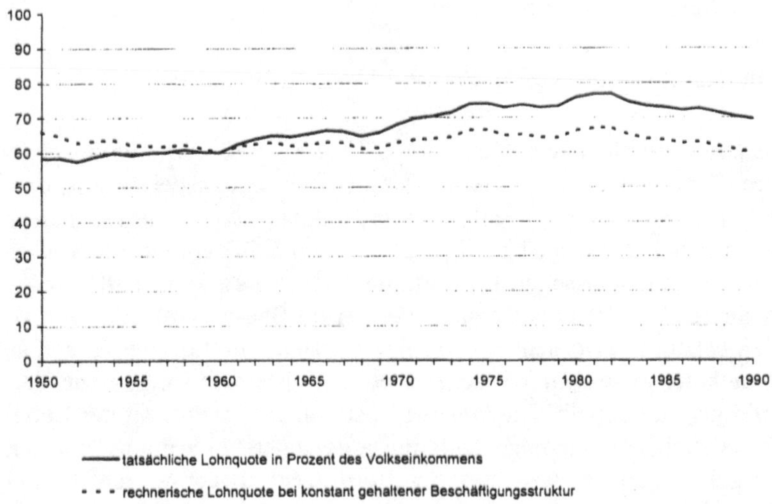

Quelle: Statistisches Bundesamt, 1990; Bretschneider/Husmann/Schnabel, 1970ff., Tab. E 21.

Werden neben den empirischen Belegen noch die Vielzahl der Determinanten für die Lohnquote, z. B. Elastizität der Produktionsfunktionen (*Cobb/Douglas*), Monopolisierungsgrad, effektive Nachfrage, Änderung der Branchenstruktur, Änderung der Bevölkerungsstruktur angeführt, wie sie *J.*

Heinz Müller untersucht hat (*Müller*, 1963), so muß man den ersten Teil der These als falsch zurückweisen. Aber selbst unter der Annahme der Konstanz der Lohnquote überzeugt der zweite Teil der These nicht. Es wird nicht näher geprüft, ob nicht ohne gewerkschaftliche lohnpolitische Aktivität die Lohnquote möglicherweise gesunken wäre.

Ein weiteres Hauptargument besteht in der These von der verteilungspolitischen Ineffizienz gewerkschaftlicher Lohnpolitik. Dieses Argument geht von der Tatsache aus, daß die Gewerkschaften bei einer starken Stellung auf dem Arbeitsmarkt nur die nominalen Lohnsätze (Geldlohnsätze) erhöhen können und auf den Reallohn (Verhältnis von Nominallohn zum Einkommenswert des Geldes, gemessen am Preisindex der Lebenshaltung) keinen direkten Einfluß haben. *Krelle* betont, daß „eine aggressive Lohnpolitik immer zu einer Erhöhung des Preisniveaus (führt); sie kann die Einkommensverteilung langfristig überhaupt nicht beeinflussen" (*Krelle*, 1968, S. 284f.). Kurzfristig kann nach *Krelle*s Auffassung die Verteilung in gewissem Umfang für Arbeitnehmer verbessert werden. Hinzu kommt noch ihre Wirkung auf eine auch langfristig wirksame Lohnstrukturveränderung (*Krelle*, 1968, S. 284f.). Entschiedener vertritt *Föhl* die Mehrheitsmeinung. Wenn die Gewerkschaften auf Grund einer überlegenen Machtposition eine Lohnerhöhung durchsetzen, so bleibt diese verteilungsunwirksam, weil sie nur nominal durchgesetzt werden kann.

2.2.2.2 Die Kombination von Lohn- und Vermögenspolitik

Es sollen nun die Erfolgsaussichten der *dritten Position*, der *kombinierten Lohn- und Vermögenspolitik*, wie sie beispielsweise von der Industriegewerkschaft Bau-Steine-Erden verfolgt wird, untersucht werden. Da man in der überbetrieblichen Ertragsbeteiligung, die vom DGB entwickelt worden war, in der parlamentarischen Behandlung nicht voran kam, hatte *Georg Leber* im September 1964 als Vorsitzender der IG Bau-Steine-Erden den als Leber-Plan bekannt gewordenen Vorschlag gemacht, die Lohnzahlungen an die Arbeitnehmer in seinem Wirtschaftsbereich mit einem Beitrag zur Vermögensbildung zu koppeln. Die Unternehmer sollten 1,5 Prozent der Lohnsumme zusätzlich zur Vermögensbildung aufwenden. *Leber* ging von der Vorstellung aus, daß die Verteilung des Vermögenszuwachses zuerst unter denen geregelt werden müsse, die diese Vermögen gemeinsam erarbeiteten. Eine zweckentsprechende Lösung sah er in einer tarifvertraglichen Verankerung der Vermögensbildung in Form eines Investivlohnes. Das „Ärgernis der ungleichmäßigen Vermögensverteilung" war für ihn nicht durch die gewohnte Lohnpolitik zu beseitigen. Bei dem ständig wachsenden Kapitaleinsatz werde die Frage immer drängender, warum sich das Vermögen nur in der Hand einer kleinen Schicht konzentriere. Da ein Kampf gegen die Kapitalbildung „ein Kampf gegen Fortschritt und Zukunft" sei, müsse unbedingt eine gerechtere Vermögensverteilung erreicht werden.

Die Vorschläge *Lebers* erfuhren in dem dann abgeschlossenen Tarifvertrag eine Abänderung dahingehend, daß der Investivlohn als Lohnzuschlag von 9 Pfennig je Arbeitsstunde gewährt wurde, wenn der Bauarbeiter eine eigene Sparleistung von 2 Pfennig je Arbeitsstunde erbrachte. Angestellte erhielten monatlich DM 22,- Investivlohn bei einer Eigenleistung von DM 4,-. Diese tarifvertragliche Lösung wurde durch die Vermögensbildungsgesetze maßgeblich gefördert und in den folgenden Tarifverträgen weiter entwikkelt. Mit der Durchsetzung des Konzeptes der IG Bau-Steine-Erden war ein erster Schritt zur tarifvertraglichen Vereinbarung vermögenswirksamer Leistungen getan. Damit wurde der Investivlohn tarifvertraglich durchgesetzt, d. h. zum Konsumlohn trat ein Teil des Einkommens in Form vermögenswirksamer Leistungen. Von dieser Möglichkeit der tarifvertraglichen Vermögenspolitik machten dann auch andere Gewerkschaften im DGB Gebrauch. Der Vorstoß der IG Bau-Steine-Erden hat für die Gewerkschaftsmitglieder zu einem Durchbruch für eine kombinierte Lohn- und Sparstrategie geführt.

Wie ist nun diese kombinierte Strategie zu beurteilen? Durch die intensive Bindung eines Teils der Lohnerhöhungen stellt der Investivlohn eine kombinierte Maßnahme zur Beeinflussung der Primärverteilung und der Realverteilung durch die Einkommensverwendung dar. Eine direkte Verteilungswirkung im Bereich der Primärverteilung stellt sich allerdings nur dann ein, wenn der investive Teil der Lohnerhöhung das Maß der ohnehin anstehenden „normalen“ Lohnsteigerung übertrifft. Inwieweit das in Höhe des investiven Lohnanteils gebildete Vermögen die Vermögensverteilung zugunsten der Lohneinkommensbezieher und damit wieder die Primärverteilung der nächsten Periode beeinflußt, hängt davon ab, ob die durch den Investivlohn induzierte Vermögensbildung zusätzlich zu der bisherigen Vermögensbildung der Arbeitnehmer erfolgt.

Der verteilungspolitische Effekt konnte noch dadurch verstärkt werden, daß die investive Lohnzahlung mit einem eigenen Sparbeitrag des Arbeitnehmers verzahnt wurde. Auch hier ist wiederum Voraussetzung, daß dieser Eigenbeitrag zusätzlich gespart wird.

Bei dieser vereinfachten Darstellung des Investivlohns werden mögliche Reaktionen der Unternehmer, insbesondere hinsichtlich ihres Investitionsverhaltens, unberücksichtigt gelassen. Gelänge es den Unternehmern, die Investivlohnkosten auf die Preise zu überwälzen, was eine Vergrößerung des nominellen Volkseinkommens bedeuten würde, dann würde gleichzeitig in der Tendenz eine Rückkehr zu den ursprünglichen Verteilungsrelationen hergestellt. Ein Rückgang in der Investitionshöhe könnte ebenfalls als Reaktion angenommen werden und bedeutete in der Folge eine Senkung des Sozialprodukts und damit verbundene Beschäftigungsrückgänge. Somit ist darauf hinzuweisen, daß eine Investivlohnstrategie nicht in beliebigem Umfang durchgeführt werden und nicht in größerem Ausmaße gegen die Politik der Gesamtheit der Unternehmen erfolgreich durchgesetzt werden kann.

Trotz dieses ernüchternden Fazits hat das Konzept des Investivlohnes seit dem Ende der achtziger Jahre eine Renaissance erlebt. Im internationalen Vergleich sind vielfältige Ansätze auf dem Weg zu einer „Teilhabergesellschaft" zu beobachten (*Priewe/Havighorst*, 1999), die neben Investivlöhnen auch Gewinn- und Kapitalbeteiligungen umfassen. Zunächst hat in der Bundesrepublik der Investivlohn insbesondere bei der Lohnpolitik in den neuen Bundesländern eine bedeutende Rolle gespielt und wird heute schwerpunktmäßig in der mittelständischen Wirtschaft der alten Bundesländer umgesetzt.

Sowohl der internationale als auch der nationale Kontext des Investivlohnes weisen darauf hin, daß der Investivlohn vor allem als Element der betrieblichen Sozialpolitik und Personalwirtschaft eine Zukunft haben könnte. Die Beispiele einer Umsetzung im Unternehmen zeigen, daß ein Investivlohn dann im Interesse des Unternehmens liegt, wenn von ihm eine Festigung der Eigenkapitalbasis und eine bessere Bindung und Identifikation der Mitarbeiter erwartet wird. In diesem Sinne ist der Investivlohn ein durchaus modernes und zukunftsweisendes Instrument, auch wenn die staatliche Sparförderung zu seiner Verbreitung nur einen geringen Beitrag leistet. Grundsätzlich scheinen gerade junge Unternehmer in innovativen Branchen die strikte Trennung von Arbeit und Kapital aufheben zu wollen. So hatten Ende 1997 zwei Drittel der am 'Neuen Markt' der Frankfurter Börse notierten Aktiengesellschaften ihre Mitarbeiter am Produktivkapital beteiligt (*Rasch/Reitz*, 1997). Die überdurchschnittliche Verbreitung im Hochtechnologie- und Dienstleistungssektor kann tatsächlich eine Renaissance des Investivlohnes anzeigen.

Die Prognose sei gewagt, daß die Renaissance auf betrieblicher Ebene nicht von einer Renaissance auf tarifvertraglicher Ebene begleitet wird. Dagegen spricht erstens der generelle Trend, den Regelungsinhalt von Tarifverträgen zu vermindern (vgl. Abschnitt 2.1.5) sowie zweitens die nach wie vor kategorische Ablehnung paritätisch verwalteter Fonds seitens der BDA. Starre Haltungen beider Tarifparteien sind wenig geeignet, dem tariflichen Investivlohn zum Durchbruch zu verhelfen.

2.2.2.3 Gewerkschaftsstrategien im Vergleich

Es wird nun ein Maßstab für die unterschiedlichen Gewerkschaftsstrategien vorgestellt. Grundlage der folgenden Überlegungen ist der *Kaldor*sche Ansatz, daß die Sparquote der Nichtunternehmer eine entscheidende Determinante für die Verteilungsquoten bildet (*Kaldor*, 1960, S. 228 ff.). Bei der Vermögensbildungsstrategie wird die Prämisse gesetzt, daß die Unternehmer bei einer Erhöhung der Sparquote der Nichtunternehmer ihre reale Investitionsquote beibehalten.

Für eine aktive Lohnpolitik kommt man dann zu folgenden Ergebnissen: Die Nominallohnerhöhungen bilden die Gewinne für die Mitglieder der aktiven Gewerkschaften; die mit dieser Politik verbundenen Preissteigerungen können als Kosten behandelt werden. Diese Preiserhöhungen treffen aber alle Arbeitnehmer und Verbraucher in etwa gleich (*Frey*, 1966). Verallgemeinernd gilt, daß die Kosten der Lohnpolitik für die verursachende Gewerkschaft mit zunehmender Mitgliederzahl steigen (*Frey*, 1966, S. 205). Damit wird eine expansive Lohnpolitik für eine Einzelgewerkschaft - nur gemessen an den Interessen ihrer eigenen Mitglieder - dann rational, wenn sie „relativ“ klein ist.

Mit zunehmender Größe einer Gewerkschaft sind in zunehmendem Maße die Interessen aller Arbeitnehmer und Konsumenten in ihrer großen Spannweite zu berücksichtigen (*Lindner*, 1975, S. 549, Tab. 1). Bei der „Spar“- oder „Vermögenspolitik“, verstanden als Summe von Maßnahmen, die die Sparquoten des Lohneinkommens erhöhen soll, verhält es sich also genau umgekehrt. Eine solche Politik ist für eine Einzelgewerkschaft nur sinnvoll, wenn sie eine bestimmte Größe überschreitet (*Markmann*, 1971, S. 516).

Zwischen beiden Strategien besteht nach *Frey* eine optimale Kombination von Nominallohn und Vermögenspolitik. Je kleiner der Anteil der gesamten Arbeitnehmer und Konsumenten, den eine Gewerkschaft vertritt, desto günstiger ist die Politik nominaler Lohnforderungen; je größer der Anteil, desto stärkeres Gewicht muß auf die Erhöhung der Sparquote der Mitglieder gelegt werden.

Da durch die Vermögenspolitik gleichzeitig zwei Effekte wirken - Verbesserung der Lohnquote und langfristige Erträge aus den Vermögensbeständen - sind die Erfolgsaussichten der Vermögenspolitik langfristig noch günstiger als kurzfristig zu beurteilen.

Anhand dieser Kriterien werden die lohnpolitischen Strategien der IG Metall und der IG Bau-Steine-Erden bewertet. Aufgrund ihrer Mitgliederzahl und ihres Organisationsbereichs hätte die *IG Metall* ein besonderes Gewicht auf die Spar- und Vermögenspolitik legen müssen. Die propagierte Strategie war aus traditionellen Gründen genau umgekehrt. Im Rahmen dieses Konzeptes müßte daraus geschlossen werden, daß die IG Metall eine nur lohnpolitische Strategie auf Kosten ihrer Mitglieder und auf Kosten der Gesamtheit der Arbeitnehmer und Konsumenten getrieben hätte.

Die IG Bau-Steine-Erden kann aufgrund ihrer Mitgliederzahl und ihres Organisationsbereichs ebenfalls nicht als eine kleine Gewerkschaft charakterisiert werden. Eine Kombination von aktiver Lohn- und Vermögenspolitik war für sie optimal. Da sie eine solche gemischte Strategie betrieben hat, ist ihr Verhalten als rational nach obiger Zielsetzung zu kennzeichnen. Ob eine andere Gewichtung der beiden Komponenten zu Gunsten der aktiven Lohnpolitik noch größere Erfolge - ausschließlich gemessen am Interesse der eigenen Mitglieder - gebracht hätte, kann allein aus der Sicht der relativen Größe im Rahmen dieses Konzeptes nicht beantwortet werden. Damit wäre ein klares Verdikt gegen die Lohnpolitik der IG Metall gesprochen.

Es soll nun geprüft werden, ob die prinzipielle Absage an die Vermögenspolitik (*Pitz*, 1974, S. 53) ihre Entsprechung in der praktischen Gewerkschaftspolitik der IG Metall findet. Vergleicht man die Entwicklung der Tariflöhne in der Metallindustrie (z.B. Tarifgebiet Berlin), so stellt man fest, daß die IG Metall seit 1970 vermögenswirksame Leistungen tarifvertraglich vereinbart hat (Tabelle 2.3).

Der Investivlohnanteil betrug zunächst 3,1 Prozent des Tariflohnes. *Loderer* weist darauf hin, daß diese Tarifpolitik nicht als Instrument zur Lösung des Problems der wachsenden Vermögenskonzentration gesehen werden könne. „Es handelt sich vielmehr um einen Tarifvertrag, der konsequent die vom Staat bereitgestellten Sparförderungsmöglichkeiten - hier 312- bzw. 624-DM-Gesetz ausnutzt. Nicht mehr und nicht weniger“ (*Loderer*, 1974, S. 10). Damit hat sich aber in der tarifpolitischen Praxis die pragmatische Haltung gegenüber der ideologischen Position durchgesetzt. Die Industriegewerkschaft Bau-Steine-Erden hatte dagegen fünf Jahre früher mit tarifvertraglich vereinbarten vermögenswirksamen Leistungen begonnen. Ihrer Politik lag ein anderes Selbstverständnis und eine reformorientierte Ordnungspolitik zugrunde.

Im weiteren soll gefragt werden, welche Gründe - neben den ideologischen - die IG Metall zu ihrem Widerstand gegen Investivlöhne veranlaßt haben könnten. Bei der Diskussion der Gefährdung gesamtwirtschaftlicher Ziele durch die gewerkschaftliche Lohnpolitik waren bereits mögliche Auswirkungen auf die Preisniveaustabilität erörtert worden. Die Gefährdung dieses Ziels wird durch Investivlöhne verringert, soweit mit nachfrageorientierten Inflationsansätzen gearbeitet werden kann. Geht man dagegen von einem Ansatz der Kosteninflation aus, so sind inflationäre Wirkungen zu erwarten, unabhängig davon, ob die Lohnzuwächse in bar oder vermögenswirksam geleistet werden (*Külp*, 1972, S. 204). Daß die Lohnpolitik der IG Metall allein durch wirtschaftstheoretische Einsichten bestimmt worden sei, kann zumindest auf Zweifel stoßen.

Tabelle 2.3: Entwicklung der Tariflöhne in der Berliner Metallindustrie

Datum	Erhöhung um Prozent	Erhöhung um DM	auf DM pro Std.	davon Vermögensbildung in DM[1]	Anteil am Stundenlohn in Prozent
1.1.67	5,0	0,18	3,62	-	-
1.4.68	4,0	0,14	3,76	-	-
1.1.69	3,0	0,11	3,87	-	-
1.9.69	8,0	0,32	4,19	-	-
1.10.70	10,0	0,64	4,83	0,15	3,10
1.1.72	7,5	0,36	5,19	0,15	2,89
1.10.72	3,2	0,17	5,36	0,15	2,79
1.1.73	8,5	0,46	5,82	0,15	2,57
1.1.74	11,0	0,71	6,53	0,15	2,29
1.11.74	2,0	0,11	6,64	0,15	2,25
1.1.75	6,8	0,45	7,09	0,15	2,11

Quelle: IG Metall Berlin und eigene Berechnungen.

[1] Berechnungen:

$$\frac{40 \text{ Stunden} \cdot 13 \text{ Wochen}}{3} = 173{,}3 \text{ Stunden / Monat}$$

$$\frac{\text{vermögenswirksame Leistung des Arbeitgebers}}{\text{Stunden pro Monat}} = \frac{26{,}–}{173{,}3} = 0{,}15 \text{ DM / Stunde}$$

Sieht man Gewerkschaften mit *Ross* im wesentlichen als eine politische Institution (*Ross*, 1950, S. 21 f.), so ließen sich auch noch andere Gründe anführen. Nivellierungs- und Zentralisierungstendenzen bei der Aushandlung der Tariflöhne haben negative Wirkungen auf das Verhältnis zwischen Gewerkschaftsfunktionären und Mitgliedern. Hinzu kommt, daß die erwarteten Lohnzuwachsraten bei den Gewerkschaftsmitgliedern durch klassenkämpferische Parolen bei den Mitgliedern nicht zu realisierende Größenordnungen annehmen.

Um die Spannungen zwischen Gewerkschaftsführung und Mitgliedern nicht übermäßig anwachsen zu lassen, werden die Gewerkschaftsfunktionäre nach der *Ross*'schen Theorie eine lohnpolitische Strategie wählen, die am ehesten wieder ihre eigene Position stärkt. Dies ist die Barlohnstrategie, denn „der optisch sichtbare Erfolg bei einer Investivlohnpolitik ist geringer als bei einer Barlohnpolitik" (*Külp*, 1972, S. 215). Die höchstmögliche Nominallohnerhöhung ist bei dieser Betrachtungsweise geeigneter, die Machtposition der Gewerkschaftsführung zu stärken.

2.2.3 Verteilungsziele der Arbeitgeber

Im Gegensatz zu den Gewerkschaften verfügen die Arbeitgeber neben den Verhandlungen über die Nominallohnhöhe zusätzlich über eine Vielzahl anderer Instrumente, mit denen sie auf die Realverteilung einwirken können. Zudem ist den einzelnen Unternehmen ein großer Spielraum gegeben, die Mindestvorschriften des Tarifvertrages umzusetzen. Traditionell nutzen die Unternehmen ihre Handlungsspielräume zum einen mittels der *Preispolitik* auf den Absatz- und Beschaffungsmärkten (vgl. hierzu auch Tabelle 2.2), zum anderen durch *übertarifliche Bezahlung* der Arbeitnehmer auf dem Arbeitsmarkt (Wage-Drift).

In den letzten Jahren haben - aufgrund der strukturellen Umbrüche in der bundesdeutschen Wirtschaft - auch die Arbeitgeberverbände zunehmend Probleme in der Mitgliederbindung. Dadurch wird der Spielraum der Verbandsführung zur Formulierung verteilungspolitischer Ziele eingeschränkt. Vielfach sind zudem die Verbände recht heterogen strukturiert, so daß die großen und zahlungskräftigen Mitgliedsunternehmen den dominanten Verbandseinfluß ausüben. Dies ist schon dadurch naheliegend, da bei den Arbeitgeberverbänden das Stimmrecht an die Höhe der Mitgliedsbeiträge gekoppelt ist. Letztlich entsprechen daher die Verteilungsziele der Arbeitgeberverbände immer mehr den Zielen, die von den großen Mitgliedsunternehmen vorgegeben werden. Aufgrund dieser Konstellation kommt es auch innerhalb der Arbeitgeberverbände zu erheblichen Zielkonflikten. Vor diesem Hintergrund erklärt sich die Radikalisierung in den verteilungspolitischen Stellungnahmen der Arbeitgeberverbände. Sie fordern zur Zeit massiv ein Einfrieren des Lohnniveaus und eine stärkere Spreizung der Lohnstruktur.

2.3 Arbeitslosigkeit und ihre Bekämpfung

Bereits im ersten Kapitel dieses Buches wurde festgestellt, daß die Arbeitsökonomik nicht primär und erst recht nicht ausschließlich als Ökonomik der Arbeitslosigkeit verstanden werden sollte. Gleichwohl ist in der bisherigen Darstellung das Problem der Arbeitslosigkeit immer wieder angesprochen worden. Ein Buch zur Arbeitsökonomik mit dem Schwerpunkt auf dem bundesdeutschen Arbeitsmarkt wäre in der Tat unvollständig, wenn darin nicht auch das Problem der Arbeitslosigkeit behandelt würde.

Im folgenden werden zunächst in einem empirischen Überblick Problemdimensionen, Entwicklung und Struktur der Arbeitslosigkeit in der Bundesrepublik dargestellt und erste Folgerungen für die Bekämpfung der Arbeitslosigkeit gezogen. Daran schließt sich ein Überblick über das Arbeitsförderungsgesetz, verschiedene beschäftigungspolitische Strategien sowie internationale Erfahrungen an.

2.3.1 Arbeitslosigkeit in der Bundesrepublik

2.3.1.1 Problemdimensionen, Entwicklung und Struktur

Bei den Problemdimensionen der Arbeitslosigkeit kann die individuelle von der gesamtwirtschaftlichen Ebene unterschieden werden. Zunächst sei kurz auf die Wirkung der Arbeitslosigkeit auf die *direkt Betroffenen* hingewiesen. Dieser Aspekt wird in den ökonomischen Lehrbüchern regelmäßig ausgeblendet. Ökonomen interessieren sich primär für die ökonomischen Ursachen und makroökonomischen Folgen der Arbeitslosigkeit, nicht jedoch für ihre individuellen Folgen.

Gerade die individuellen und gesellschaftlichen Folgen der Arbeitslosigkeit haben jedoch eine breite sozialwissenschaftliche Analyse erfahren. Sie stimmen darin überein, daß Arbeitslosigkeit mehr bedeutet als den Ausfall des Erwerbseinkommens und dessen - teilweisen - Ersatz durch Transfereinkommen. Vielmehr reichen die Folgen der Arbeitslosigkeit weiter in das psychosoziale Wohlbefinden hinein. Arbeitslosigkeit ist mehr als bloße Ausgrenzung aus dem Produktionsprozeß, sie bedroht den gesamten Lebenszusammenhang, so wie umgekehrt die Arbeit vielfältige Funktionen für die Persönlichkeitsentwicklung hat. Arbeit bietet ein soziales Kontaktfeld und vermittelt das Gefühlt der Kompetenz sowie der persönlichen Nützlichkeit für die Gesellschaft. Erwerbstätige haben einen Orientierungsrahmen für die individuelle Selbsteinschätzung und die Konfrontation mit der Umwelt. Zweifellos reagieren nicht alle Arbeitslosen in gleicher Weise auf den Verlust ihres Arbeitsplatzes. Gleichwohl hat die empirische Forschung allgemeine Reaktionstendenzen sowie damit korrespondierende Einflußfaktoren ermitteln können (*Kirchler*, 1993, S. 39 - 83).

Als empirisch nachweisbare Wirkungen bei den Betroffenen seien hier nur eine steigende Mortalitäts- und Suizidrate, vermehrter Drogenkonsum und steigende Kriminalität, Depressivität, soziale Isolierung, Konflikte in der Familie und politische Radikalisierung genannt. Diese nicht-monetären Kosten der Arbeitslosigkeit sollten keinesfalls unterschätzt werden und relativieren die Befürchtung eines umfassenden Mißbrauchs des Arbeitslosenstatus. Welche dieser möglichen Reaktionen bei einem einzelnen Arbeitslosen im wahrscheinlich sind, kann an der Ausprägung einer Vielzahl von Variablen abgeschätzt werden. Dazu zählen die individuelle Wertschätzung der Arbeit, Alter und Geschlecht, Dauer der Arbeitslosigkeit, soziale Schicht und lokales Umfeld sowie finanzielle Belastung und soziales Netzwerk.

Von diesen Variablen hat in der Literatur insbesondere die Dauer der Arbeitslosigkeit - ein psychologisches 'Prozeßmodell der Arbeitslosigkeit' - eine hohe Beachtung gefunden. Bereits *Jahoda/Lazarsfedl/Zeisel* (1975/1933) haben in ihrer klassischen Studie „Die Arbeitslosen von Marienthal" beschrieben und gezeigt, daß mit zunehmender Dauer der Arbeitslosigkeit das Wohlbefinden einer typischen Entwicklung unterworfen ist: Auf den ersten Schock folgt zunächst die Phase des anfänglichen Optimismus, der dann mit weiterer Dauer der Arbeitslosigkeit einem wachsenden Pessimismus weicht. Schließlich setzt Fatalismus ein, wenn der einzelne keine Chancen mehr sieht, wieder in ein reguläres Arbeitsverhältnis zurückzukehren. Er richtet sich in einer Dependenz- und Armutsökonomie ein, aus der nur wenige aus eigenen Kräften einen Ausweg finden. Ein idealtypischer Verlauf der menschlichen Erfahrung mit dem Eintritt und der Fortdauer der Arbeitslosigkeit ist in Abbildung 2.2 veranschaulicht.

Unmittelbar nach dem Schock beim Eintritt in die Arbeitslosigkeit folgt somit meist eine Phase des Optimismus. Nun geht die neu gewonnene Zeitsouveränität mit der Hoffnung und Erwartung einher, bald wieder einen adäquaten Arbeitsplatz zu finden. Entsprechend intensiv sind die Bemühungen, an alte Firmenkontakte anzuknüpfen und andere Vermittlungsmöglichkeiten auszuschöpfen. Da in der Bundesrepublik ca. zwei Drittel der Arbeitslosen innerhalb eines Jahres die Arbeitslosigkeit verlassen, ist - im Durchschnitt gesehen - die Phase des Optimismus, d.h. die Erwartung eines baldigen Endes der Arbeitslosigkeit für die meisten Arbeitslosen begründet (vgl. dazu auch die folgenden Ausführungen zur Dynamik des Arbeitsmarktes).

Andererseits wird in der Bundesrepublik ca. ein Drittel der Arbeitslosen zu Langzeitarbeitslosen, da sie mindestens ein Jahr in der Arbeitslosigkeit bleiben. Mit zunehmender Dauer der Arbeitslosigkeit wird der Einkommensausfall aufgrund des Verlusts von beruflichen Qualifikationen und verminderter Ansprüche auf Lohnersatzleistungen zu einem wachsenden Problem. Gleichzeitig werden die Einschränkungen in immer mehr Lebensbereichen spürbar. Ist es zunächst nur das laufende Einkommen, so treten bald verringerte Zugangsmöglichkeiten zum Kapitalmarkt hinzu, sei es bei der Kreditwürdigkeit oder hinsichtlich der Möglichkeiten zur Vermögensbildung. Je länger die Arbeitslosigkeit andauert, desto mehr sehen sich die Arbeitslosen in ihrem natürlichen Anspruch an eine sinnerfüllte, nützliche Arbeit sowie an eine selbständige und unabhängige Lebensführung enttäuscht. Die eintretende Verbitterung und der Fatalismus sind dann um so gravierender, als sie sich selbst zu einem Beschäftigungshindernis entwikkeln. So trifft gerade bei Langzeitarbeitslosen ein individuelles Minderwertigkeitsgefühl mit einer sozialen Stigmatisierung durch die Umwelt zusammen.

Abbildung 2.2: Das individuelle Befinden im Verlauf der Arbeitslosigkeit in idealtypischer Darstellung

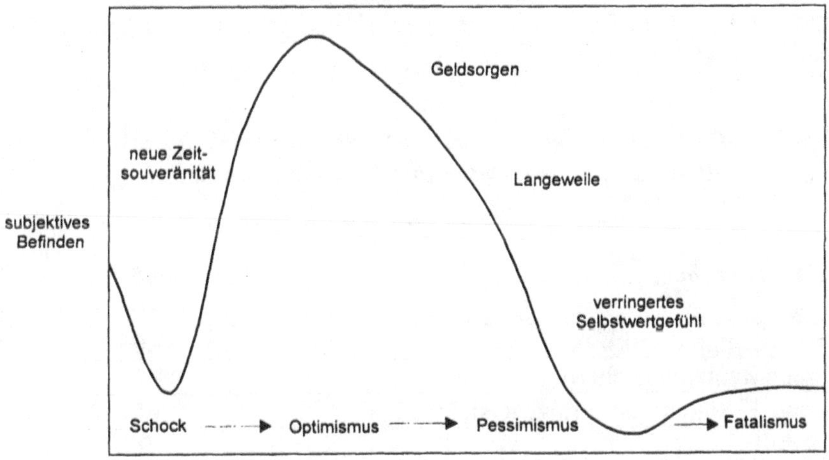

Quelle: Bach, 1990, S. 132.

Zu diesen gravierenden Wirkungen auf die einzelnen Betroffenen treten noch *makroökonomische Kosten* hinzu. So wird häufig betont, daß ein hoher Arbeitslosenstand den sozialen Frieden gefährde (steigende Armut und Kriminalität) und die Widerstände in der Bevölkerung gegenüber dem Strukturwandel (Risikoscheu und Ausländerfeindlichkeit) tendenziell erhöhe. Beides wird in der Regel zutreffen und beides ist mit erheblichen volkswirtschaftlichen Kosten verbunden.

Jedoch kann die Frage, ob Massenarbeitslosigkeit den sozialen Frieden eher gefährdet oder - ganz im Gegenteil - stabilisiert, nicht ohne Kenntnis der gesellschaftlichen Umstände beantwortet werden. Hier mag der Hinweis auf die höhere Streikbereitschaft der Gewerkschaften in Zeiten von Vollbeschäftigung genügen, die ihrer höheren Konzessionsbereitschaft in Zeiten von Arbeitslosigkeit gegenübersteht. Arbeitslosigkeit verschiebt in diesem Sinne das *gesellschaftliche Kräfteparallelogramm* zum Nachteil der Arbeitnehmer und zum Vorteil der Arbeitgeber und hat entsprechende Verteilungseffekte, die man positiv oder negativ bewerten kann. Zudem muß die Angst um den Arbeitsplatz nicht immer ein schlechtes Klima für Innovationsbereitschaft bilden. In jedem Fall jedoch bedeutet Arbeitslosigkeit ein Brachliegen von Humankapital und einen relativen Wohlfahrtsverlust.

Angesichts dieser Unwägbarkeiten wird in der Literatur hilfsweise auf die *fiskalischen Kosten der Arbeitslosigkeit* verwiesen. Die fiskalischen Kosten der Arbeitslosigkeit können als Mindestgröße der gesamten Kosten für die Volkswirtschaft gelten. In fiskalischer Perspektive belastet Arbeitslosigkeit das System der sozialen Sicherung - den Staatshaushalt und die Sozialversicherungen - einerseits durch Mindereinnahmen (Steuern und Beiträge) und andererseits durch steigende Ausgaben für Sozialleistungen (Sozialversicherungen und Sozialhilfe). Zur Veranschaulichung werden im folgenden Angaben des *IAB* der *BA* wiedergegeben.

Tabelle 2.4: Schätzung der fiskalischen Kosten der Arbeitslosigkeit in der Bundesrepublik Deutschland für 1996 in Mrd. DM

direkte Ausgaben, *davon*	***89,5***
Arbeitslosengeld/-hilfe	47,0
Beiträge Rentenversicherung	19,2
Beiträge Kranken- und Pflegeversicherung	14,5
Sozialhilfe	7,0
Wohngeld	1,7
Mindereinnahmen, *davon*	***69,4***
Bundesanstalt für Arbeit	11,1
Kranken- und Pflegeversicherung	10,8
Rentenversicherung	13,7
Steuern	33,8
Summe der fiskalischen Kosten	***158,9***

Quelle: IAB, 1997, S. 169; eigene Berechnungen.

Die Daten der Tabelle 2.4 zeigen, daß die Ausgaben für Arbeitslosengeld und Arbeitslosenhilfe weniger als ein Drittel der fiskalischen Kosten der Arbeitslosigkeit betragen. Fast ebenso bedeutsam sind die Steuerausfälle an Einkommen- und Verbrauchsteuern sowie jene Kosten, die in anderen Sozialversicherungen anfallen. Mit zunehmender Dauer der Arbeitslosigkeit, mit Absenkung des Niveaus der Lohnersatzleistungen sowie mit der Verschärfung der Anspruchsvoraussetzungen nimmt der Anteil der Sozialhilfe an den fiskalischen Kosten der Arbeitslosigkeit zu.

Bevor nun die Entwicklung der Arbeitslosenquoten und die Struktur der Arbeitslosigkeit genauer nachgezeichnet wird, sollte erwähnt werden, daß die Berechnung dieser Quoten eine Fülle *methodischer Probleme* aufwirft, die in der Literatur allzu häufig vernachlässigt und die nur selten als eigenständiges Problem, d.h. als Problem der „Operationalisierung des Begriffs der 'Arbeitslosigkeit'" (*Brinkmann*, 1981, S. 182 ff.) dargestellt werden.

Die methodischen Probleme lassen sich darauf zurückführen, daß nur die unfreiwillige Arbeitslosigkeit gemessen werden soll (jener Personen also, die zum herrschenden Marktlohn oder auch zu einem geringeren Lohn ihre Arbeitsleistung erfolglos anbieten) und daß es sich bei der *Arbeitslosenquote um den Quotient einer Zähler- und einer Nennergröße* handelt, die beide nur näherungsweise die obige Definition unfreiwilliger Arbeitslosigkeit abbilden. Im folgenden sei in Anlehnung an *Eckert* (1996, S. 900 - 909) das Zähler- und das Nennerproblem in der Ermittlung der Arbeitslosenquote unterschieden.

Die Arbeitslosenquote relativiert die absolute Gesamtzahl der Arbeitslosen, indem sie ihre Anzahl zur Zahl derjenigen in Beziehung setzt, die arbeitslos werden könnten. Sowohl für den Zählerwert (Arbeitslose) als auch für den Nennerwert (Erwerbspersonen) sind unterschiedliche Definitionen und Erhebungsverfahren denkbar, die auch tatsächlich international verwendet werden.

Das *Zählerproblem* besteht darin, die absolute Zahl der arbeitslosen Personen zu ermitteln. Dies kann entweder durch ein *Stichprobenverfahren*, d.h. im Zuge einer Repräsentativbefragung ermittelt werden. Dies Verfahren ist in Ländern mit geringer sozialer Absicherung (z.B. den USA) verbreitet, da dort die Arbeitslosen wenig Anreiz haben, sich bei der Behörde offiziell arbeitslos zu melden. Im Gegensatz dazu ermittelt die *Bundesanstalt für Arbeit* die Zahl der Arbeitslosen nach dem *Registrationsverfahren*, d.h. die Zahl entspricht den bei der BA gemeldeten Arbeitslosen. Insgesamt haben beide Verfahren Vor- und Nachteile. Sie betreffen den Versuch, einerseits die stille Reserve der Entmutigten einzurechnen und andererseits die freiwillig Arbeitslosen von der Berechnung auszuschließen. Während das Stichprobenverfahren die stille Reserve einbezieht, ist es andererseits auch anfällig gegenüber fehlerhaften Angaben und subjektiven Einschätzungen der Befragten. Daher sind umgekehrt die Daten des Registrationsverfahrens aufgrund ihres 'amtlichen' Charakters verläßlicher, wobei sich auch hier im Zuge wechselnder Legaldefinitionen von Arbeitslosigkeit vielfältige Anknüpfungspunkte zur Manipulation bei Grenzfällen (vorübergehende Beschäftigung, Zumutbarkeitskriterien, Altersgrenze, Meldepflicht) ergeben, welche für die jeweilige Regierung eine stete Versuchung zur Schönung der Arbeitslosenquoten darstellen.

Das *Nennerproblem* besteht darin, daß sich die Zahl der Erwerbspersonen als Summe aus Erwerbstätigen und Arbeitslosen berechnet. Erstens stehen daher die Arbeitslosen sowohl im Zähler als auch im Nenner des Bruches. Bedeutsamer sind zweitens die methodischen Probleme bei der Erfassung der absoluten Zahl der Erwerbspersonen. In der traditionellen deutschen Statistik waren die Erwerbspersonen gleich den abhängig Beschäftigten, d.h. ohne Selbständige. Im Zuge der europäischen Integration wird darüber hinaus seit 1985 zusätzlich zu jener Zahl eine standardisierte Angabe ausgewiesen, wonach zu den Erwerbspersonen die sozialversicherungspflichtig Beschäftigten, Auszubildende, geringfügig Beschäftigte, Beamte, Selbständige und mithelfende Familienangehörige zählen. Durch diese Erweiterung der Erwerbspersonen wird die Arbeitslosenquote ceteris paribus kleiner. Die Differenz zwischen beiden Quoten betrug 1995 ca. einen Prozentpunkt.

Faßt man diese Kritikpunkte zusammen, so läßt sich näherungsweise folgende Modellrechnung zur Ermittlung der tatsächlichen Zahl der Arbeitslosen aufstellen (vgl. Tabelle 2.5).

Auch diese Rechnung - die einige Ähnlichkeit zu der im ersten Kapitel, Abschnitt 1.2.3, vorgestellten 'Arbeitsmarktbilanz' des IAB aufweist - ist selbstverständlich mit methodischen Problemen behaftet und soll hier nur zur Veranschaulichung der Problematik angeführt werden. Es zeigt sich, daß auch im Registrationsverfahren der bundesdeutschen amtlichen Statistik erhebliche Fehlerquellen liegen, da auf beiden Seiten des Arbeitsmarkts keine Meldepflicht für offene Stellen bzw. der Arbeitssuchenden besteht. Führt man sich die obige Modellrechnung vor Augen, so spricht einiges dafür, daß in der bundesdeutschen Statistik - nach einer ersten Schätzung - eher eine Unter- als eine Überschätzung des Problems der Arbeitslosigkeit vorgenommen wird. Einer Zahl von 3,612 Mio. registrierten Arbeitslosen stehen im obigen Beispiel 6,685 Mio. tatsächlich Arbeitslose - also fast die doppelte Anzahl - gegenüber.

Tabelle 2.5: Modellrechnung zur Ermittlung der tatsächlichen Höhe der Arbeitslosigkeit in den alten und neuen Bundesländern für 1995 in Mio. Personen

registrierte Arbeitslose	***3,612***
Beschäftigte in ABM	+ 0,346
Beschäftigte mit Lohnkostenzuschüssen	+ 0,142
Teilnehmer an beruflicher Weiterbildung	+ 0,486
Kurzarbeiter	+ 0,064
Vorruheständler, Empfänger von Altersübergangsgeld und Personen über 58 Jahren	+ 0,530
stille Reserve im engeren Sinn (Schätzung des IAB)	+ 1,866
Zwischensumme 'unverschleierte Arbeitslosigkeit'	***7,046***
unechte Arbeitslose (= 10 Prozent der registrierten Arbeitslosen, Schätzung des IAB)	- 0,361
Summe 'tatsächliche Arbeitslosigkeit'	***6,685***

Quelle: Eckert, 1996, S. 902 ff.

Die politische Brisanz des methodischen Problems wird umso größer, wenn sich die zuständige Bundesregierung nach eigenem Bekunden primär daran messen lassen will, die Arbeitslosigkeit bekämpft zu haben. Dabei ist zu bedenken, daß die obige These von einer statistischen Unterschätzung der Problems der Arbeitslosigkeit vor dem Hintergrund internationaler Vergleiche relativiert werden muß. Im folgenden werden zwei Anhaltspunkte für den umgekehrten Befund, d.h. einer Überschätzung des Problems der Arbeitslosigkeit, vorgelegt. Eine wesentlich geringere Zahl von 'tatsächlich' Arbeitslosen erhält man bereits dann, wenn nur scheinbar geringfügige Änderungen in der Legaldefinition vorgenommen werden.

Erstens ist es im internationalen Vergleich üblich, einer Empfehlung der Internationalen Arbeitsorganisation (vgl. Abschnitt 1.2.4) zu folgen und jede Arbeit ab einer Stunde pro Woche als Erwerbstätigkeit einzustufen. In der Bundesrepublik läßt hingegen die Legaldefinition des § 118 SGB III eine Beschäftigung von weniger als 15 Stunden wöchentlich zu, ohne daß davon der Arbeitslosenstatus berührt ist. Erwerbstätige, die *weniger als 15 Stunden in der Woche* arbeiten, aber gleichzeitig eine Beschäftigung von mindestens 15 Stunden wöchentlich suchen, werden demnach in verschiedenen Quellen unterschiedlich klassifiziert. Sie sind erwerbstätig gemessen am Mikrozensus und zugleich arbeitslos nach der BA-Statistik (*Klös*, 1999, S. 66). Einer Bundesregierung würde es somit leicht fallen, mit Hinweis auf die internationalen Konventionen die geringfügig Beschäftigten als erwerbstätig einzustufen und damit die nationale Arbeitslosenquote merklich zu senken.

Ähnliches gilt zweitens auch für die Auslegung der Begriffe '*Verfügbarkeit*' und '*aktive Arbeitsplatzsuche*' in den §§ 119 bzw. 122 SGB III. In der internationalen Statistik müssen Arbeitslose bereit sein, innerhalb von zwei Wochen eine Arbeit aufzunehmen und sie müssen innerhalb von vier Wochen aktive Schritte zur Arbeitsplatzsuche nachweisen. Demgegenüber ist in der Bundesrepublik ein Ermessensspielraum des Sachbearbeiters in der Arbeitsverwaltung ausschlaggebend. Dies führt in der Praxis zu tendenziell höheren Arbeitslosenquoten.

Schließlich sei darauf hingewiesen, daß sich aus dem internationalen Vergleich auch Argumente zur Unterstützung der obigen Vermutung finden lassen. So hat die Nichtberücksichtigung der *stillen Reserve* in der Statistik der BA im internationalen Vergleich reduzierenden Effekt. Denn sie registriert - im Gegensatz zur Zensus-Statistik - nur die offene Arbeitslosigkeit, nicht aber die ungemeldeten Arbeitswünsche. Die Schätzungen über den Umfang der stillen Reserve reichen für 1998 von 2,644 Mio. Personen (*IAB*) über 2.551 Mio. (*DIW*), 1,888 Mio. (*Sachverständigenrat*) bis hin zu 1,216 Mio. Personen (Schätzung des *Statistischen Bundesamtes*), wobei auch hier die methodischen Probleme gravierend sind (*Klös*, 1999, S. 69). Sind alle oder nur einige der Personen in Fortbildungs- und Umschulungsmaßnahmen in der stillen Reserve? Wie ist die Selbsteinschätzung der Befragten zu bewerten und in welchem Umfang sind beispielsweise Vorruheständler zur stillen Reserve zu zählen? Offenkundig ist eine Beantwortung dieser Fragen nur durch Einführung von Basiswertungen zu Erwerbstätigkeit und Arbeitslosigkeit möglich.

Im Gegensatz zum Zählerproblem ist das methodische Nennerproblem eher verfahrenstechnischer Art, dafür aber nicht weniger brisant. Vielfach wird beklagt, daß die Erwerbstätigenstatistik erhebliche Lücken aufweist, so daß die *exakte Zahl der Erwerbspersonen unbekannt* bleibt. Schwachstellen sind dabei die mangelnde Aktualität und Branchentiefe der Erhebung, die Fortschreibungsprobleme zwischen den Volks- und Arbeitsstättenzählungen, die Beschäftigung von Ausländern, die geringfügige Beschäftigung und nicht zuletzt die Schattenwirtschaft (*Klös*, 1999, S. 71f.). Die Zusammenfassung dieser Punkte läuft auf eine systematische Unterzeichnung der tatsächlichen Erwerbstätigkeit in Deutschland hinaus. In deren Ausmaß ist von einer statistischen Überschätzung des Problems der Arbeitslosigkeit auszugehen.

Führt man sich die methodischen Probleme der Ermittlung der Arbeitslosenquote vor Augen, so besteht Grund zur besonderen Vorsicht gegenüber langen Zeitreihen und internationalen Vergleichen. Einige der vorstehenden Probleme können durch Rückgriff auf die standardisierten Arbeitslosenquoten - etwa jene der OECD - vermieden werden. Da die OECD-Statistiken auf dem Stichprobenverfahren basieren, sind mittels einer einheitlichen Umfragetechnik mit ihnen internationale Vergleiche auch über längere Zeitreihen möglich. (*Franz*, 1996, S. 347 - 350).

Standardisiert man die national ausgewiesenen Arbeitslosenquoten nicht, so kann aufgrund der beschriebenen Abgrenzungs- und Erfassungsprobleme das nationale Ausmaß der Arbeitslosigkeit gegenüber den standardisierten Daten sowohl über- als auch unterzeichnet werden. Das Spektrum der Differenzen reicht von + 3,5 Prozent in Belgien bis zu -1,9 Prozent in Schweden, wobei Deutschland mit + 1,4 Prozent zu jenen Ländern zählt in denen der nationale Nachweis merklich höher ausfällt als der international standardisierte (*Klös*, 1999, S. 63ff.). Absolut betrachtet gab es 1997 in Deutschland nach nationaler Methode, d.h. nach dem Rechtsbegriff der Arbeitslosigkeit der §§ 117 - 119 SGB III, rund 450.000 Arbeitslose mehr als nach der internationalen Meßmethode, wobei die Diskrepanzen mit der Umstellung auf die gesamtdeutschen Daten erheblich angestiegen sind.

Im Rahmen dieses Buches liegt indes der Akzent auf dem bundesdeutschen Arbeitsmarkt und damit auf der *Entwicklung der bundesdeutschen Arbeitslosenquote* (vgl. Abbildung 2.3). Auch bei deren Verlauf zeigt sich, daß eine angemessene Interpretation der Entwicklung der bundesdeutschen Arbeitslosenquote eine Vielzahl von Faktoren berücksichtigen muß, die separat die Zähler- und Nennergröße verändert haben.

Betrachtet man nur die Entwicklung der Arbeitslosenquote im Detail, so werden die sprunghaften Anstiege der *Sockelarbeitslosigkeit* 1973, 1982 und 1990 deutlich. Nach diesen sprunghaften Anstiegen konnte in späteren Erholungsphasen die Arbeitslosigkeit nur leicht zurückgeführt werden. Dies Phänomen verfestigter Arbeitslosigkeit nach einer schockartigen Veränderungen der Rahmenbedingungen wird in der Arbeitsmarktpolitik und -theorie als *Hysteresis* bezeichnet. Allgemein bedeutet Hysteresis, daß ein System auf eine externe Störung reagiert und nach Wegfall dieser Störung nicht mehr in seinen Ausgangszustand zurückkehrt. In der Ökonomie wird der Begriff auf unterschiedliche Arten von Persistenz-Phänomenen angewendet (*Göcke*, 1996).

Die Persistenz von Arbeitslosigkeit ist nicht nur ein bundesdeutsches Phänomen, sondern *im internationalen Vergleich vielfach zu beobachten*. Der Thematik ist daher im dritten Kapitel dieses Buches - bei der Darstellung der Ansätze einer Integration zum *'Konsensmodell' der Arbeitslosigkeit* (Abschnitt 3.4) - ein eigener Abschnitt gewidmet, der auch die naheliegenden Folgerungen für die Arbeitsmarktpolitik aufzeigt. Auf die dortigen Ausführungen sei hier ausdrücklich verwiesen.

Bezogen auf den bundesdeutschen Arbeitsmarkt sind Hysteresis-Phänomene bei der Verfestigung der Arbeitslosigkeit zu beobachten. Denn auch die sprunghaften Anstiege der Arbeitslosigkeit in den siebziger, achtziger und neunziger Jahren waren durch rezessive und/oder schockartige externe Störungen verursacht. In den nachfolgenden Wachstumsphasen setzte dann jedoch kein massiver Abbau der Arbeitslosigkeit ein. Im Gegenteil ging die Arbeitslosigkeit nur leicht zurück, so daß sich eine Sockelarbeitslosigkeit und eine zunehmende Langzeitarbeitslosigkeit herausgebildet hat. Die von ihr betroffenen Personen sehen sich aufgrund von Qualifikation, Alter, Geschlecht, Gesundheit und regionaler Bindung dauerhaft vom Arbeitsmarkt ausgeschlossen, wie weiter unten noch ausführlich dargestellt wird.

Abbildung 2.3: Entwicklung der Arbeitslosenquote für die Bundesrepublik Deutschland 1950 bis 1997

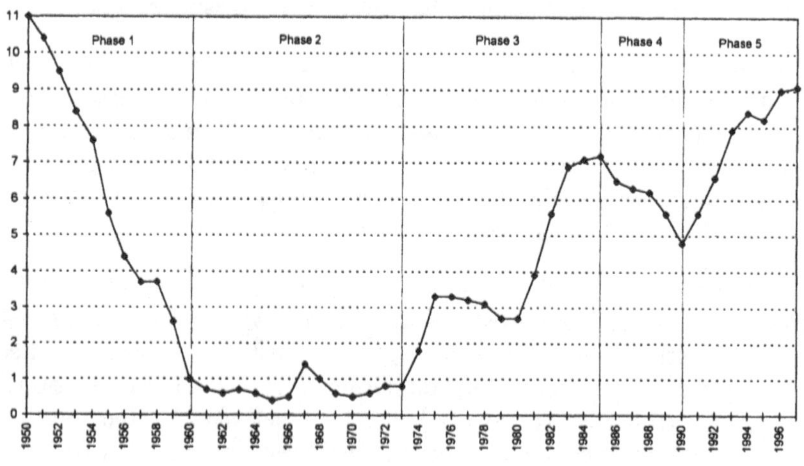

Quelle: Bundesministerium für Arbeit und Sozialordnung, 1998; eigene Darstellung.

In der *Entwicklung der Arbeitslosigkeit* in der Bundesrepublik können vor dem Hintergrund des Anstiegs der Sockelarbeitslosigkeit und in Anlehnung an *Franke* (1992, S. 15 - 25) fünf Phasen unterschieden werden.

In der ersten Phase von *1945 bis 1959* traf nach dem Krieg ein Flüchtlingsstrom auf eine zerstörte Industrie. Dem steigenden Arbeitsangebot standen reduzierte Beschäftigungsmöglichkeiten gegenüber. Folge davon war eine sehr hohe Arbeitslosenquote, die in Westdeutschland 1950 bei 11 Prozent (= ca. 1,58 Mio. Arbeitslose) lag. Aufgrund der allgemeinen Not waren neben der Arbeitslosigkeit auch die Wohnungsnot und die allgemeinen Probleme des Wiederaufbaus von besonderer Bedeutung. Daher konnte in der Phase des Wiederaufbaus die Erholung am Arbeitsmarkt durch einen enormen Bedarf an Investitions- und Konsumgütern getragen werden. Der Wiederaufbau wurde zudem von der Währungsreform und einer massiven Investitionsförderung flankiert.

In der zweiten Phase von *1960 bis 1972* herrschte Vollbeschäftigung, die nur in der Rezession 1966/67 und durch erste Strukturkrisen in Bergbau und in der Textilindustrie getrübt wurde. Obwohl gerade die erste Rezession weitreichende Konsequenzen für die Neukonzeptionierung der Arbeitsmarkt- und Beschäftigungspolitik hatte (Gesetz zur Förderung von Stabilität und Wachstum von 1967 sowie das Arbeitsförderungsgesetz von 1969), so war doch insgesamt nicht die Arbeitslosigkeit, sondern ein Arbeitskräftemangel das dominierende Problem des Arbeitsmarktes. Indikator dafür ist, daß beide Gesetze den Strukturwandel flankieren sollten und von einem Wachstums- und Machbarkeitsoptimismus getragen waren. Arbeitslosigkeit wurde allenfalls konjunkturbedingt und temporär für möglich gehalten, die größere Aufgabe der Wirtschafts- und Sozialpolitik jedoch in der Sicherung einer ausreichenden Anzahl von qualifizierten Erwerbspersonen gesehen. Der deutliche Arbeitskräftemangel wurde von der noch immer anhaltenden Wachstumsphase verursacht. Da jedoch der Berliner Mauerbau von 1961 und Verrentungsprogramme zunächst ein weiteres Ansteigen der Zahl der Erwerbspersonen verhinderten, wurde die 1956 einsetzende Anwerbung ausländischer Arbeitnehmer verstärkt.

In der dritten Phase von *1973 bis 1984* war ein starker Anstieg der Arbeitslosigkeit zunächst aufgrund von zwei Ölpreisschüben zu beobachten, die einerseits eine Preis-Lohn-Dynamik in Gang setzten und andererseits auf erste Sättigungstendenzen bei der Grundausstattung der Haushalte trafen. Auf die folgende Stagflation - dem Zusammentreffen von Inflation und Rezession - reagierten die Tarifparteien mit drastischen Lohnerhöhungen, was zu einer weiteren Reduktion der Arbeitsnachfrage führte. Dies war um so gravierender, da die sinkende Arbeitsnachfrage mit dem Anstieg des Erwerbspersonenpotentials zusammentraf, der Folge des Markteintritts der geburtenstarken Jahrgänge und der zweiten Ausländergeneration sowie der steigenden Frauenerwerbstätigkeit war. Aus der vielschichtigen Entwicklung in diesem Zeitraum ergab sich als Folge von steigenden Lohnkosten und steigender Arbeitslosigkeit ein verstärkter Rückgang einfacher Arbeitsplätze und eine besonders hohe Arbeitslosigkeit bei den Problemgruppen des Arbeitsmarktes.

In der vierten Phase von *1985 bis 1989* war ein lang anhaltender Aufschwung zu beobachten, der sich in einer starken Zunahme der Zahl der

Erwerbstätigen niederschlug. Ein wachsender Teil der neugeschaffenen Arbeitsplätze waren Teilzeitarbeitsplätze, welche vor allem von Frauen eingenommen wurden. Der westdeutsche Arbeitsmarkt konnte zudem den Großteil der Zuwanderer aufnehmen, deren Einwanderung als Spätaussiedler oder Deutschstämmige aus politischen Gründen nicht beschränkt wurde. Die Zahl der Erwerbstätigen stieg bis 1989 auf 27,6 Mio. Personen. Die Ursachen dieser Beschäftigungsausweitung sind umstritten, da viele Faktoren zusammentrafen. Neben Reformen der Arbeitsmarktpolitik, Lohnzurückhaltung und einer Verkürzung der Wochenarbeitszeit sind auch hier externe Faktoren zu berücksichtigen. Sinkende Ölpreise und ein internationaler Investitionsbedarf im Vorfeld des EU-Binnenmarktes wirkten sich günstig auf die deutsche Volkswirtschaft aus. So fielen die Arbeitslosenquoten aufgrund steigender Erwerbspersonenzahlen zwar spürbar, die absolute Zahl der Arbeitslosen blieb jedoch unverändert bei ca. 2 Mio. Personen.

In der anschließenden fünften Phase *seit 1990* sieht sich der bundesdeutsche Arbeitsmarkt vor besondere Herausforderungen u.a. durch die Integration der neuen Bundesländer gestellt. Nach einem kurzfristigen Aufschwung (‘Vereinigungsboom’) geriet der bundesdeutsche Arbeitsmarkt in die schwerste Krise seit den fünfziger Jahren. Diese wurde noch durch eine restriktive Haushaltspolitik im Vorfeld der Europäischen Währungsunion verstärkt. Aber allein mit dem Vorwurf der „Parallelpolitik“ (*Oberhauser*, 1996, S. 566), d.h. der Verstärkung der Rezession durch drastische Sparmaßnahmen der öffentlichen Hand, ist die massive Zunahme der Arbeitslosenquote nicht zu erklären. Hinzu kommt, daß auch mittelfristig Erweiterungsinvestitionen die Ausnahme bleiben werden und es somit unwahrscheinlich ist, daß die regionalen Entwicklungen auf den Arbeitsmärkten der alten und der neuen Bundesländer spürbar konvergieren. Es wird sich zeigen, ob die Entspannung auf dem Arbeitsmarkt Ende der neunziger Jahre das Erreichen eines neuen Sockels markiert oder ob langfristig sogar - aufgrund eines Absinkens von Erwerbspersonenzahl und Beschäftigungsschwelle sowie zunehmender Teilzeiterwerbstätigkeit - mit einem Abbau der Arbeitslosigkeit gerechnet werden kann (vgl. die Simulationsrechnungen des *IAB,* 1997, S. 20 ff.).

Zur *Struktur der Arbeitslosigkeit in der Bundesrepublik* - wie auch international - liegen umfassende Analysen vor. Sie werden regelmäßig erstens durch die *BA* im Rahmen der amtlichen (monatlichen und jährlichen) Statistik erstellt, zweitens auch von der *OECD* und anderen internationalen Instituten in Form vergleichender Länderberichte. Darüber hinaus wird das Arbeitsmarktgeschehen von einer Vielzahl spezialisierter Wissenschaftler beobachtet und kommentiert. An Daten zur Struktur der Arbeitslosigkeit herrscht somit kein Mangel, eher besteht die Gefahr, daß die Informationsflut die Situationsanalyse erschwert.

Im folgenden wird versucht - ähnlich dem einleitenden empirischen Überblick im ersten Kapitel - die Struktur der Arbeitslosigkeit in der Bundesrepublik anhand einiger Daten zu verdeutlichen. Dabei sei hervorgehoben, daß sich international zwar Art und Ausmaß der Problemgruppen des Arbeitsmarkts unterscheiden, daß sich jedoch andererseits typische Merkmale (z.B. Ausbildung, Alter, Geschlecht, Gesundheitszustand, Region) in jeder differenzierten Analyse nationaler Arbeitslosenquoten wiederfinden (vgl. etwa für die *OECD* die ausführlichen Verweise in *Layard/Nickel/Jackman*, 1991, S. 285 - 335). Auf Besonderheiten der bundesdeutschen Strukturierung (z.B. alte versus neue Bundesländer) wird explizit hingewiesen.

Abbildung 2.4 verdeutlicht zunächst, daß sich in den alten Bundesländern die *Arbeitslosenquoten der Männer und der Frauen* im Verlauf der neunziger Jahre angenähert haben.

Abbildung 2.4: Arbeitslosigkeit nach Geschlecht 1979 bis 1996 in den alten Bundesländern in Prozent

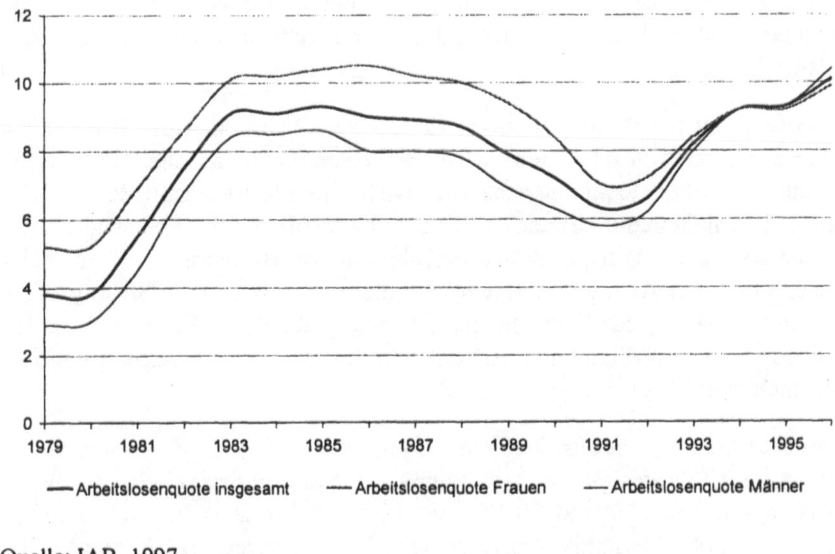

Quelle: IAB, 1997.

In der Literatur wird dies vor allem mit der zunehmenden Tertialisierung der Wirtschaftsstruktur begründet, die mit einem verstärkten Abbau industrieller Arbeitsplätze korrespondiert. Unterstellt man, daß tendenziell Männer häufiger im verarbeitenden Gewerbe tätig sind, Frauen hingegen in den personenbezogenen Dienstleistungsbranchen, so veranschaulicht Abbildung 2.4, daß zur Zeit die Männer besonders stark vom Strukturwandel betroffen sind.

Weiterhin ist zu bedenken, daß Männer nur eine geringe Neigung zur Teilzeittätigkeit haben und die Teilzeitquote von Frauen - in der Bundesrepublik wie auch im internationalen Vergleich - weitaus höher ist. Die in den achtziger Jahren hinzugekommenen Teilzeitarbeitsplätze wurden fast ausnahmslos von Frauen besetzt und auch heute ist der Anteil von Frauen in atypischen Beschäftigungsverhältnissen weit überdurchschnittlich. Ein ähnlicher Trend ist im übrigen auch in den neuen Bundesländern zu beobachten. Nach einer anfänglich schockartigen Erhöhung der Arbeitslosigkeit von Frauen setzte auch dort ab 1994 ein relativ starker Rückgang der Arbeitslosigkeit von Frauen ein. Gleichwohl liegt im Jahr 1996 aufgrund des hohen Ausgangsniveaus ihr Anteil mit 57,6 Prozent an allen Arbeitslosen noch deutlich über dem Anteil in den alten Bundesländern (42,4 Prozent).

Die *Betroffenheit von Arbeitslosigkeit* (gemessen an der Zahl der Zugänge in Arbeitslosigkeit in Prozent der abhängigen Erwerbspersonen) schwankt gleichgerichtet mit der Arbeitslosenquote, und zwar zwischen 11,4 Prozent und 19,1 Prozent der abhängigen Erwerbspersonen. Der Wert für 1996 liegt im langfristigen Vergleich im oberen Durchschnitt. Berücksichtigt man dabei, daß in jedem Jahr ca. ein Drittel der Erwerbstätigen ihren Arbeitsplatz wechseln und immerhin zwei Drittel der Arbeitslosen weniger als ein Jahr arbeitslos sind, so läßt dies insgesamt auf eine recht hohe Dynamik des Arbeitsmarkts schließen.

Diese reale Dynamik des Arbeitsmarktes - auch mit dem Begriff der *Umschlagshäufigkeit* umschrieben - wird übersehen, wenn pauschal eine Verfestigung der Arbeitslosigkeit behauptet wird. Für die Mehrzahl der Arbeitnehmer ist im Gegenteil die zeitweilige und kurzfristige Arbeitslosigkeit ein durchaus wahrscheinlicher Bestandteil ihrer Erwerbsbiographie. Rein rechnerisch und unter Abzug der Langzeitarbeitslosen betragen die Stromgrößen (Zu- und Abgänge) das Doppelte der Bestandsgröße der Arbeitslosigkeit. Es wird somit der verbleibende Arbeitslosenbestand etwa zweimal jährlich 'umgeschlagen' (vgl. *Franz*, 1996b, S. 138).

Betrachtet man die *durchschnittliche Dauer der Arbeitslosigkeit*, wie sie in Abbildung 2.5 dargestellt ist, so scheinen die Werte in den achtziger Jahren, die etwa zwischen 20 und 30 Wochen (5 bis 7 Monate) liegen, zunächst gegen eine hohe Dynamik des Arbeitsmarktes zu sprechen. Es zeigt sich, daß im Zuge eines Anstiegs der Arbeitslosenquote auch die durchschnittliche Dauer der Arbeitslosigkeit ansteigt. Hier liegen die Werte zwischen 15,5 Wochen im Jahr 1980 bei einer Arbeitslosenquote von 3,8 Prozent und 31,6 Wochen im Jahr 1989 bei einer Arbeitslosenquote von 7,9 Prozent. Ein modifiziertes Bild ergibt sich dann, wenn man zwischen den Gruppen der Arbeitslosen differenziert. Nur ein Drittel der Arbeitslosen in der Bundesrepublik sind Langzeitarbeitslose und von jenen ist wiederum nur ein Teil weit über ein Jahr arbeitslos. Aufgrund der Konzentration langer Arbeitslosigkeitsdauer auf vergleichsweise wenige Personen wird der arithmetische

Mittelwert der Dauer der Langzeitarbeitslosigkeit verzerrt. Die durchschnittliche Dauer der Arbeitslosigkeit läßt sich daher nur vor dem Hintergrund der allgemeinen Entwicklung und der Binnenstruktur der Arbeitslosigkeit beurteilen. Für den Anteil der Langzeitarbeitslosigkeit gilt dabei, daß sich die Zusammensetzung der Gruppe der Langzeitarbeitslosen nach einem Phasenschema strukturiert (*Klems/Schmid*, 1992, S. 450f.).

Abbildung 2.5: Arbeitslosigkeit nach Betroffenheit und Dauer 1979 bis 1996 in den alten Bundesländern

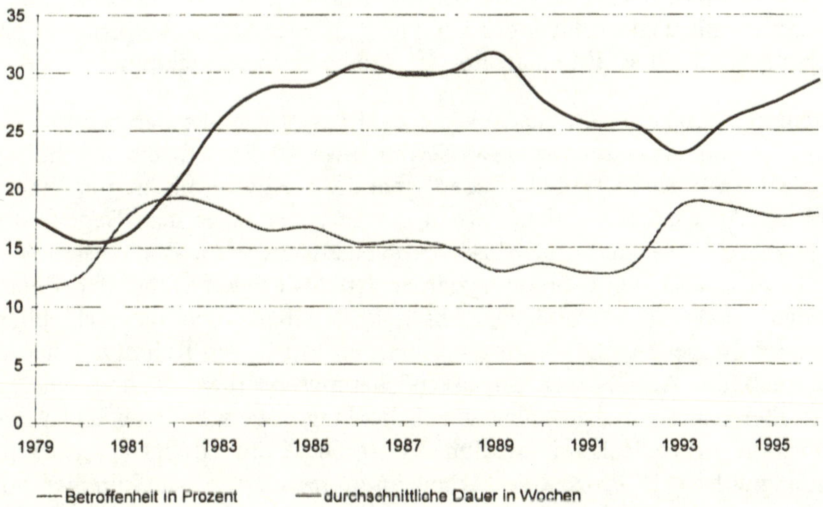

Quelle: IAB, 1997.

Hinter dem durchschnittlichen Bestand an Arbeitslosen verbirgt sich eine Dynamik von etwa doppelt so vielen Zu- und Abgängen. Beide Stromgrößen übersteigen die Bestandsgröße beträchtlich (*Franz*, 1996, S. 351), so daß *hohe Umschlagsprozesse* auch auf dem bundesdeutschen Arbeitsmarkt zu konstatieren sind.

In der arbeitsökonomischen Literatur werden die Umschlagsprozesse auf dem Arbeitsmarkt am Zusammenhang von Arbeitslosenquote und Quote der offenen Stellen als *Beveridge-Kurve* (oder auch: U-V-Kurve nach 'unemployment' und 'vacancies') beschrieben. Mit der Arbeitslosenquote als unabhängiger Variable und den offenen Stellen als abhängiger Variable untersucht sie die Möglichkeit eines gleichzeitigen Auftretens von Überschußnachfrage und Überschußangebot auf dem Arbeitsmarkt. Idealtypisch sollte die *Beveridge*-Kurve als Hyperbel verlaufen, da bei zunehmender Arbeitslosenquote umgekehrt die Quote der offenen Stellen als abnehmend angenommen wird. Diese Vermutung wird von dem empirischen Bild - auch im internationalen Vergleich - weitgehend bestätigt (*Smith*, 1994, S. 171 - 186; *Sesselmeier/Blauermel*, 1997, S. 25f.; *Landmann/Jerger*, 1999, S. 54ff.), allerdings mit der Ergänzung, daß in den Rezessionen der sechziger, siebziger, achtziger und neunziger Jahre jeweils eine *Rechtsverschiebung* der *Beveridge*-Kurve stattgefunden hat, auf die dann eine Bewegung entlang der Kurve folgte.

Diese Rechtsverschiebung der *Beveridge*-Kurve wird in der Literatur als Indikator für eine *zunehmende Bedeutung struktureller Arbeitslosigkeit* gesehen. Methodisch ist anzumerken, daß die Beveridge-Kurve - neben der oben beschriebenen Problematik bei der Erfassung der Arbeitslosenquote - zusätzlich mit dem Problem der Erfassung offener Stellen konfrontiert ist. Deren Anzahl gilt als Frühindikator der Arbeitsmarktentwicklung.

Allerdings beschreibt die Statistik die Zahl der offenen Stellen nur unvollkommen und deckt schätzungsweise nur etwa 40 Prozent der tatsächlich besetzbaren Arbeitsplätze ab. Zudem geht die Stellenvermittlung an einem Teil der Arbeitslosen vorbei, was in der Literatur unter dem Begriff der *Vermittlungsnähe* von Arbeitslosen problematisiert wird. Der Ansatz vermittlungsnaher bzw. vermittlungsferner Arbeitslosigkeit folgt der Beobachtung, daß der Vermittlungswunsch von Arbeitslosen unterschiedlich dringlich ist, sei es, daß sie kurz vor dem Eintritt in den Ruhestand stehen oder daß die Arbeitslosen Sozialversicherungsansprüche wahren wollen oder aber daß für sie aufgrund von Scheidung, Überschuldung und Mißbrauch die Arbeitslosigkeit zweckmäßig ist. Diese drei Gruppen werden im Umfang auf ca. 15 Prozent der Arbeitslosen geschätzt. Hinzu kommen gut 20 Prozent der Arbeitslosen, die aufgrund gravierender vermittlungshemmender Merkmale vermittlungsfern sind (*Klös*, 1999, S. 55 und S. 59ff.). Diese vermittlungsfernen Arbeitslosen können nur mit Einschränkungen Zielgruppe der Arbeitsförderung sein.

Notwendig ist es in jedem Fall, den Strukturmerkmalen der Arbeitslosigkeit besondere Beachtung zu schenken. Ausgangspunkt dieses *Strukturierungsprozesses* ist, daß in rezessiven Phasen ein erhöhter Zugang in Arbeitslosigkeit festzustellen ist, von dem zunächst Arbeitnehmer mit typischen Merkmalen, wie z.B. höheres Alter, gesundheitliche Einschränkung und geringeres Qualifikationsniveau, betroffen sind. Neuerdings ist zudem die Zugehörigkeit zur Randbelegschaft eines Unternehmens als weiteres Risiko für Arbeitslosigkeit zu nennen. Steigt später im Aufschwung das Beschäftigungsniveau wieder an, so beginnt eine zweite Phase der Selektion. Dann suchen die Arbeitgeber zunächst nach den 'Rosinen' unter den Bewerbern, d.h. wieder stehen die Problemgruppen des Arbeitsmarkts hinten an. Als Konsequenz dieses zweifachen Strukturierungsprozesses unterscheidet sich die Struktur der Langzeitarbeitslosigkeit in einer Phase lang anhaltender Massenarbeitslosigkeit (wie etwa in den neuen Bundesländern oder anderen

Problemregionen) von jener Struktur, die sich in einem Konjunkturzyklus herausbildet: Bei anhaltend hoher Arbeitslosigkeit sind auch Personen arbeitslos, die keiner Problemgruppe angehören. Anhaltende Massenarbeitslosigkeit bewirkt daher eine relativ geringe Strukturierung der Langzeitarbeitslosigkeit. Arbeitslosigkeit ist dann eben ein Massenphänomen geworden und das arithmetische Mittel vergleichsweise aussagekräftig. Umgekehrt ist in einer kurzfristigen Rezession oder in einer Hochkonjunktur die Strukturierung der verbliebenen Langzeitarbeitslosigkeit hoch und das arithmetische Mittel wird stark von den Extremwerten der Langzeitarbeitslosigkeit verzerrt. Dann nämlich sind Personen ohne vermittlungshemmende Merkmale nur selten arbeitslos, d.h. die Langzeitarbeitslosigkeit ist auf die Problemgruppen konzentriert.

Grundlage für die Konzeption von Maßnahmen der Wiedereingliederung von Arbeitslosen sind deren persönliche Merkmale und insbesondere die Frage, ob sie zu einer der Problemgruppen des Arbeitsmarkts zu zählen sind. Die folgende Abbildung 2.6 zeigt die Struktur der Arbeitslosigkeit nach typischen Risikofaktoren in den alten und den neuen Bundesländern.

Abbildung 2.6: Struktur der Arbeitslosigkeit 1996 in Prozent aller Arbeitslosen

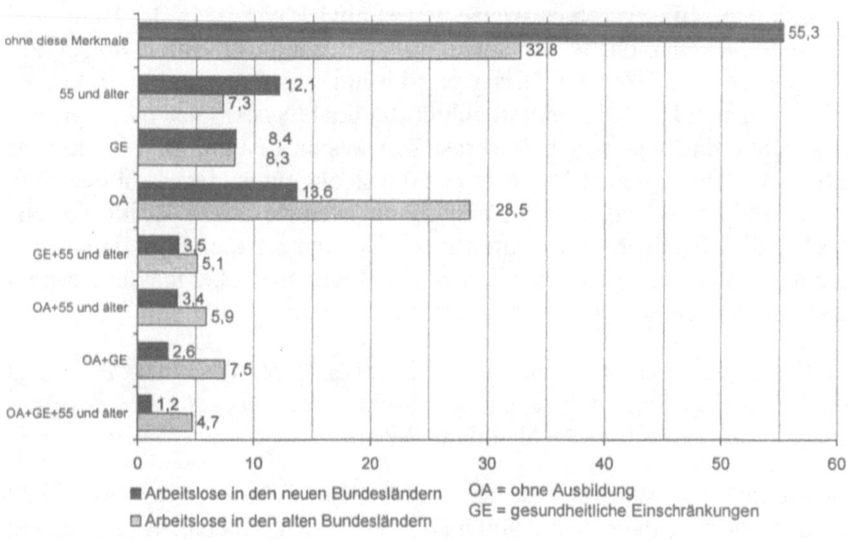

Quelle: IAB, 1997.

Abbildung 2.6 ist wie folgt zu lesen: Die Säulen mit den Anteilswerten addieren sich jeweils für die alten und die neuen Bundesländer zu 100 Prozent, wobei 32,8 Prozent der Arbeitslosen in den alten Bundesländern und

55,3 Prozent der Arbeitslosen in den neuen Bundesländern keines der klassischen Strukturierungsmerkmale aufweisen. Für die einzelnen Merkmale sind die Anteilswerte zu addieren, um den Gesamtanteil zu erhalten. So sind z.B. in den alten Bundesländern 28,5 Prozent der Arbeitslosen lediglich ohne Ausbildung, weitere 5,9 Prozent ohne Ausbildung und älter als 55 Jahre, 7,5 Prozent ohne Ausbildung und mit gesundheitlichen Einschränkungen sowie 4,7 Prozent ohne Ausbildung, über 55 Jahre und mit gesundheitlichen Einschränkungen. Der gesamte Anteil der Arbeitslosen ohne Ausbildung in den alten Bundesländern beläuft sich demnach auf 46,6 Prozent.

Bei einer vergleichenden Interpretation fällt auf, daß in den *neuen Bundesländern* nach wie vor die Arbeitslosigkeit in Folge der Transformationskrise ein derartiges *Massenphänomen* ist, daß 55,3 Prozent der Arbeitslosen keines der typischen vermittlungshemmenden Merkmale aufweisen. Infolge der großen Anzahl an Arbeitslosen ist der dortige Bestand stärker gemischt, was sich vor allem dadurch erklärt, daß regionale Beschäftigungseinbrüche alle Arbeitnehmer in der Region gleichermaßen getroffen haben.

Im Gegensatz dazu ist in den alten Bundesländern eine *international typische Häufung von vermittlungshemmenden Merkmalen* (ohne Ausbildung, gesundheitliche Einschränkungen, Alter über 55 Jahre) bei Arbeitslosen zu beobachten. Nur auf knapp ein Drittel der Arbeitslosen in den alten Bundesländern trifft keines der drei aufgeführten vermittlungshemmenden Merkmale zu. Eine vergleichsweise neue Entwicklung ist in der Bundesrepublik der - hier nicht weiter ausgeführte - wachsende Anteil *junger Arbeitsloser unter 25 Jahren*. Dieser war bislang nur für romanische Länder typisch, während in der Bundesrepublik das duale System der Berufsausbildung einen Einstieg in das Erwerbsleben leisten konnte. Der wachsende Anteil arbeitsloser junger Menschen ist um so alarmierender, da in den alten Bundesländern die fehlende Ausbildung das weitaus größte Risiko der Arbeitslosigkeit ist. Sowohl das Alter über 55 Jahren als auch die - damit häufig einhergehenden - gesundheitlichen Einschränkungen bergen ein geringeres Risiko für Arbeitslosigkeit.

Ein ähnliches, noch deutlicher strukturiertes Bild der Risikofaktoren zeigt sich, wenn man die Analyse auf die Struktur der *Langzeitarbeitslosigkeit* konzentriert. Dies erfolgt in Abbildung 2.7.

Abbildung 2.7 ist wie folgt zu lesen: Jede Säule zeigt an, wieviel Prozent der in der vorangegangenen Abbildung angeführten Arbeitslosen mit einem bestimmten Merkmal über ein Jahr arbeitslos waren. Daher addieren sich die Säulen mit den Merkmalswerten nun zu mehr als 100 Prozent. So waren z.B. von den 28,5 Prozent Arbeitslosen, die 'nur' ohne Ausbildung waren, 23,6 Prozent über ein Jahr arbeitslos. Kommen alle drei Merkmale zusammen, so sind in den alten Bundesländern 60,4 Prozent der Arbeitslosen mit diesen Merkmalen langzeitarbeitslos, in den neuen Bundesländern 50,6 Prozent.

Umgekehrt zeigt sich, daß sowohl in den alten als auch in den *neuen Bundesländern* nur gut ein Fünftel der Arbeitslosen, die keines der vermittlungshemmenden Merkmale aufweisen, zu den Langzeitarbeitslosen zählen. Insbesondere die Langzeitarbeitslosigkeit ist somit im Zusammenhang mit den angegebenen Merkmalen der Arbeitslosen zu sehen.

Abbildung 2.7: Struktur der Langzeitarbeitslosigkeit 1996 in Prozent aller Langzeitarbeitslosen in den alten bzw. den neuen Bundesländern

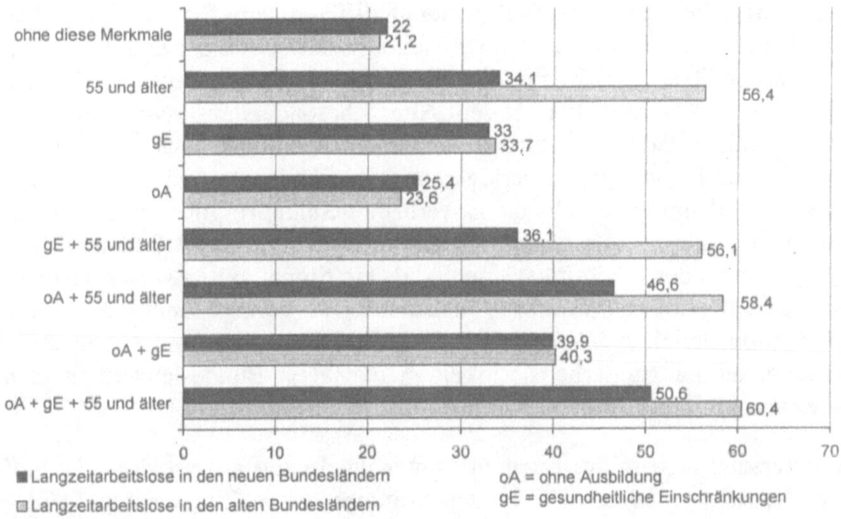

Quelle: IAB, 1997.

Das Fehlen einer *Ausbildung ist das am wenigsten riskante Merkmal* für Langzeitarbeitslosigkeit, da dies durch Bildungsmaßnahmen kompensiert werden kann. Hingegen scheinen das *Alter* und die *gesundheitlichen Einschränkungen* unter den Langzeitarbeitslosen die *Vermittlungsfähigkeit nachhaltig zu vermindern*. Dies ist insofern naheliegend (und gleichzeitig problematisch), da das Alter und die gesundheitlichen Einschränkungen (z.B. im Fall von chronischen Rückenleiden oder Sehbehinderungen) als Merkmale unveränderlich sind und damit der aktiven Arbeitsmarktpolitik nur wenig Ansatzpunkte geben. Zudem ist zu bedenken, daß sich ein Teil der älteren Langzeitarbeitslosen im Übergang zum vorgezogenen Ruhestand befindet und daher kein vorrangiges Vermittlungsinteresse mehr hat.

Diese - und andere - Differenzierungen innerhalb der Gruppe der Langzeitarbeitslosen sind erste Voraussetzung einer problemadäquaten Bekämpfung der Langzeitarbeitslosigkeit. Zwei Aspekte sind dabei von besonderer Bedeutung: Einerseits die klassische Strukturierung der Arbeitslosigkeit und andererseits das Auftreten atypischer Bewältigungsmuster.

Einerseits ist Arbeitslosigkeit - und insbesondere Langzeitarbeitslosigkeit - *nach wie vor klassisch strukturiert.* Neben dem Alter, den gesundheitlichen Einschränkungen und dem Qualifikationsniveau sind auch der regionale und sektorale Arbeitsmarkt sowie das Geschlecht wichtige Strukturierungsmerkmale. Wie stark sich diese Merkmale auswirken, ist abhängig vom Niveau der Arbeitslosigkeit. Zudem bestehen zwischen diesen Merkmalen vielfältige Interdependenzen und Kohorteneffekte. So ist beispielsweise der wirtschaftliche Strukturwandel regional differenziert, fordert eine höhere Qualifikation und bringt eine spezifische Struktur der Langzeitarbeitslosigkeit hervor (*Kress/Brinkmann/Wiedemann*, 1995, S. 744; *Rolle/van Suntum*, 1997, S. 21 ff.). Dabei kommt dem Alter - besonders aufgrund seiner Korrelation mit anderen vermittlungshemmenden Merkmalen wie gesundheitlicher Beeinträchtigung und geringerem Qualifikationsniveau - eine herausragende Bedeutung zu. Wie die Erwerbsbiographie, so gilt auch das Alter - neben objektiven Beschäftigungshemmnissen (bei gestaffeltem Kündigungsschutz oder Senioritätslöhnen) - als ein Signal, d.h. als „Synonym für geistige Inflexibilität, veraltete Qualifikationen, geringe Belastbarkeit und Motivationsdefizite" (*Heise*, 1995, S. 767). Dies erklärt den sprunghaften Anstieg der Langzeitarbeitslosigkeit in den alten Bundesländern ab dem Alter von 45 Jahren.

Andererseits wird in der Literatur immer wieder auf *unterschiedliche individuelle und sozialstaatliche Bewältigungsmuster* hingewiesen. Unterschiedliche *individuelle* Bewältigungsmuster ergeben sich, da Langzeitarbeitslose in unterschiedlichem Ausmaß hilfsbedürftig sind. Am deutlichsten ist am Beispiel der bundesdeutschen Vorruhestandsregelungen zu erkennen, daß sich nicht alle Langzeitarbeitslosen in einer prekären Lebenslage befinden, sondern daß in der Bundesrepublik, neben dem dominierenden Gefühl der Ausgrenzung und Deprivation, am anderen Ende des Spektrums auch das Gefühl der „Befreiung" (*Bäcker/Naegele*, 1995, S. 781) sowie relativ komfortable finanzielle Lösungen zu beobachten sind.

Zudem läßt sich im *internationalen Performancevergleich* der Einfluß der nationalen Systeme der sozialen Sicherung und der Lohnverhandlungen auf die Langzeitarbeitslosigkeit nachweisen. Kernthese ist dabei, daß der gleichgerichtete Zusammenhang von allgemeiner Arbeitslosigkeit und Langzeitarbeitslosigkeit nur innerhalb einer Wirtschafts- und Sozialordnung gilt. Im internationalen Vergleich unterschiedlicher Ordnungen bedeutet eine hohe Arbeitslosigkeit hingegen nicht automatisch auch hohe Langzeitarbeitslosigkeit. Daher muß die Langzeitarbeitslosigkeit auch eigenständige

Ursachen haben (*Rolle/van Suntum*, 1997, S. 41 - 48 und S.106 - 114), die wiederum Forderungen nach einer Reform der Wirtschafts- und Sozialpolitik implizieren. Auch liberale Ökonomen konstatieren, „daß es keine 'allein richtige' Lösung gibt; vielmehr geht es auch um normative Fragen, welche verschiedene Gesellschaften für sich unterschiedlich entscheiden können.“ (*Rolle/van Suntum*, 1997, S. 115). Die Politik hat bei der Bekämpfung von Langzeitarbeitslosigkeit eine Reihe von Gestaltungsoptionen und Wahlmöglichkeiten. Auf diese wird bei der Darstellung der internationalen Erfahrung mit der Bekämpfung der Arbeitslosigkeit (Abschnitt 2.3.6) noch ausführlich eingegangen.

Lohnabstandsgebot, Kombilohn und negative Einkommensteuer

Angesichts der drückenden Probleme, die mit der Langzeitarbeitslosigkeit in der Bundesrepublik zusammenhängen, wird verstärkt nach Auswegen aus der *Armutsfalle* gesucht. Die Armutsfalle besteht darin, daß - bei geringqualifizierten Langzeitarbeitslosen mit mehreren Kindern - der Unterschied zwischen dem möglichen Erwerbseinkommen und dem Sozialhilfeanspruch sehr gering werden kann, so daß das *Lohnabstandsgebot* des Bundessozialhilfegesetzes verletzt wird. Führt man sich zudem vor Augen, daß für die Betroffenen die möglichen Tätigkeiten wenig Selbstbestätigung versprechen und vor allem mit Arbeitsleid verbunden sind, so ist verständlich, daß für sie der Anreiz zur Arbeitsaufnahme gering sein kann.

Seitens der meisten Ökonomen wird daher der Vorschlag favorisiert, bei geringen Erwerbseinkommen die Erwerbstätigkeit mit einem gleitenden Transfer (als *Kombilohn oder negative Einkommensteuer*) zu subventionieren und damit die Anreizdefizite zur Arbeitsaufnahme in der Armutsfalle zu überwinden. Modelltheoretisch sind diese Instrumente ohne Zweifel konsistent und scheinen zudem geeignet, auch in der Bundesrepublik die Erwerbstätigkeit in schlecht bezahlten Dienstleistungen zu ermöglichen.

Einwände gegen diese Mehrheitsansicht richten sich darauf, daß beim Kombilohn und der negativen Einkommensteuer wichtige Fragen offen bleiben. Erstens ist zu bedenken, daß Langzeitarbeitslosigkeit nach typischen Merkmalen *strukturiert* ist. Beispielsweise können gesundheitliche, kognitive oder psychologische Einschränkungen bestimmte Tätigkeiten unmöglich machen, die dann in einem objektiven Sinne unzumutbar wären. Zweitens sei davor gewarnt, das Ziel der Absicherung des sozio-kulturellen Existenzminimums allzu eng mit beschäftigungspolitischen Zielen zu verknüpfen, da entsprechende Modelle in den meisten Varianten einen erheblichen *Kostenschub* bedeuten und *andere Probleme der Anreizstruktur* aufwerfen, wie sie vermutlich mit einer dauerhaften Alimentierung eines Niedriglohnsektors verbunden sind (*Becker*, 1998, S. 757). Weitreichende Hoffnungen auf einen Königsweg zur Bekämpfung der Langzeitarbeitslosigkeit würden vermutlich enttäuscht.

2.3.1.2 Ist Arbeitslosigkeit 'freiwillig' oder 'natürlich'?

Aufgrund der gesellschaftspolitischen Brisanz des Themas Arbeitslosigkeit ist der Begriff mit einer Vielzahl verschiedener Adjektive belegt worden. Diese Adjektive signalisieren Interpretationen der Arbeitslosigkeitsproblematik, denn es macht offenkundig einen Unterschied, ob und welches Niveau von Arbeitslosigkeit man als 'freiwillig', 'natürlich', 'inflationsstabil' oder 'quasi-gleichgewichtig' interpretiert. So lassen sich denn auch diese Begriffe verschiedenen Richtungen der Volkswirtschaftslehre zuordnen. Wenn im folgenden diese Begriffe im Zusammenhang dargestellt werden, ist daher ein kurzer Vorgriff auf die Arbeitsmarkttheorie unvermeidlich.

Zunächst zum Begriff der *Freiwilligkeit von Arbeitslosigkeit*. Er verweist auf die Suchtheorie des Arbeitsmarktes, d.h. auf die Tatsache, daß die Entscheidung für einen Arbeitsplatz für den Arbeitnehmer eine Investitionsentscheidung darstellt. Er wird sich dann für einen Arbeitsplatz entscheiden, wenn die erwarteten Erträge der weiteren Suche die erwarteten Opportunitätskosten nicht mehr übersteigen. In dieser allgemeinen Form ist die Suchtheorie der Arbeitslosigkeit im Grundsatz anerkannt. Ihr wesentlicher Beitrag liegt darin zu zeigen, wie Lohnersatzleistungen die Opportunitätskosten der Arbeitssuchenden senken und so die Suchdauer verlängern. Empirische Analysen unter Einschluß internationaler Daten haben diesen Zusammenhang vor allem für kürzere Verweildauern bestätigt (vgl. zur Einordnung: *Rolle/van Suntum*, 1997, S. 35).

Jedoch darf von der Anerkennung der Suchtheorie der Arbeitslosigkeit nicht unmittelbar geschlossen werden, daß alle Arbeitslosigkeit letztlich freiwillig sei, da sie lediglich einen noch laufenden Optimierungsprozeß abbilde. Eine solche modelltheoretische Reduktion verstellt leicht den Zugang zu den realen Problemen des Arbeitsmarkts. Diese Kritik gilt auch dann, wenn die Institutionen des Arbeitsmarktes für die Arbeitslosigkeit verantwortlich gemacht werden. Menschen sind nicht schon deshalb freiwillig arbeitslos, wenn sie die institutionellen Rahmenbedingungen des Arbeitsmarktes akzeptieren. (*Rothschild*, 1978, S. 26).

Der Begriff der Arbeitslosigkeit ist daher nur unter Beachtung ihrer Unfreiwilligkeit sinnvoll zu definieren. Zwar ist in den letzten Jahren auch in der öffentlichen Meinung die Ansicht zunehmend verbreitet (worden), daß schließlich jeder Arbeitsuchende irgendeine Arbeit, und sei es als Tellerwäscher, annehmen könnte, dies aber aufgrund seiner eigenen Entscheidung 'freiwillig' nicht tut. Dem ist entgegenzuhalten, daß erstens bei massenhafter Nachfrage nach gering qualifizierten Arbeitsplätzen dieses Beschäftigungspotential bald mangels solcher Arbeitsplätze zum Erliegen kommen würde. Dies gilt besonders für den bundesdeutschen Arbeitsmarkt, der im internationalen Wettbewerb immer weniger gering qualifizierte Arbeitsplätze bereitstellen wird. Zweitens spricht dagegen, daß, selbst wenn alle hochqualifizierten Arbeitskräfte auf einfachen Arbeitsplätzen beschäftigt werden, sie nicht ihrem Ausbildungsstand gemäß beschäftigt sein würden. Dies wäre zum einen eine Ressourcenverschwendung, die für die rohstoffarme Bundesrepublik ein erhebliches Strukturproblem bedeuten würde. Zum anderen ist ein ausgebildeter Ingenieur, der als Kellner arbeitet, unfreiwillig nicht als Ingenieur beschäftigt. Ein als Kellner arbeitender Ingenieur ist ebenso unfreiwillig arbeitslos in seinem Beruf wie ein als Straßenkehrer arbeitender Wirtschaftsprofessor.

Ebenfalls sollte gegenüber dem Konzept der *natürlichen Rate der Arbeitslosigkeit* eine kritische Haltung eingenommen werden. Wie in der Skizze der neueren makroökonomischen Kontroverse im dritten Kapitel ausgeführt werden wird, zählt die natürliche Rate der Arbeitslosigkeit zu den Kernaussagen des Monetarismus und ist nach Ansicht etwa von *Friedman* oder *Lucas* der Schlüsselbegriff für die Zurückweisung der *Phillips*-Kurve. Unterstellt man mit den Monetaristen, daß die *Phillips*-Kurve langfristig vertikal verläuft, so nimmt man an, daß das Niveau von Produktion und Beschäftigung nur von realen, 'natürlichen' Größen determiniert ist, wie dem Realzins oder dem Reallohn. Daraus folgt, daß Geld- und Fiskalpolitik bestenfalls kurzfristig wirksam sind, langfristig jedoch ohne Erfolg.

Über den Bezug zu institutionellen Rahmenbedingungen - wie z.B. der verfügbaren Informationstechnologie und dem Niveau der sozialen Sicherung bei Arbeitslosigkeit - ist das Konzept der natürlichen Rate der Arbeitslosigkeit eng mit dem der freiwilligen Arbeitslosigkeit verbunden (*Snodow/Vane/Wynarczyk*, 1994, S. 137 ff. und 188 ff.) und daher entsprechender Kritik ausgesetzt. Sie richtet sich zum einen darauf, daß die pauschale Leugnung einer Relevanz monetärer Größen für reale Prozesse einen Rückschritt gegenüber den keynesianischen Erkenntnissen bedeutet. Zum anderen kann eine Rate der Arbeitslosigkeit kaum als natürlich bezeichnet werden, wenn die institutionellen Rahmenbedingungen selbst variabel sind. Insofern ist der Begriff einer 'natürlichen' Arbeitslosigkeit angesichts der tatsächlichen Gestaltungsoptionen der Wirtschafts- und Sozialpolitik irreführend.

Als ein Ergebnis dieser Kritik wurde dem monetaristischen Konzept der natürlichen Rate der Arbeitslosigkeit das Konzept der *inflationsstabilen Arbeitslosigkeit* (NAIRU, d.h. Non Accelerating Inflation Rate of Unemployment) gegenübergestellt, das als Versuch einer Integration klassischer und keynesianischer Ansätze interpretiert werden kann (vgl. die Ausführungen zu neueren Entwicklungen der Theorie der Arbeitslosigkeit in Abschnitt 3.4 dieses Buches sowie als Originalquelle *Layard/Nickel/Jackman*, 1994, S. 15). Die NAIRU ist jene Arbeitslosenquote, welche die Reallohnansprüche der Arbeitnehmer mit den erreichbaren Reallöhnen in Übereinstimmung bringt. Sie gibt jene Höhe der Arbeitslosigkeit an, die notwendig ist, damit die Ansprüche der Tarifparteien an das Sozialprodukt - die sich in den

Lohnforderungen der Arbeitnehmer bzw. in den Güterpreisen manifestieren - nicht die realen Restriktionen übersteigen (*Franz*, 1996, S. 362 - 375). Weicht die tatsächliche Arbeitslosenquote von der NAIRU ab, so wird vom Gleichgewicht zwischen den Verteilungsansprüchen abgerückt und es kommt aufgrund der damit einhergehenden Verteilungskonflikte zu steigenden Inflationsraten.

Letztlich würde sich nach dem Konzept der NAIRU die Arbeitslosigkeit immer auf einem Niveau einpendeln, bei dem vom Arbeitsmarkt keine inflationsbeschleunigenden Wirkungen mehr ausgehen. Insofern wäre die NAIRU auch Ausdruck des Kräftegleichgewichtes zwischen den Tarifparteien in einer Welt unvollkommenen Wettbewerbs. Indem die NAIRU die Marktrigiditäten in ihrem monetären Effekt in ihr Konzept integriert, weist sie sich als keynesianisches Konzept aus.

Eng verwandt mit der inflationsstabilen Rate der Arbeitslosigkeit ist das der *quasi-gleichgewichtigen Rate der Arbeitslosigkeit* (QERU). Auch hier gilt eine ähnliche Grundannahme, daß die Löhne durch einen Aufschlag (markup) auf die Preise und umgekehrt die Preise durch einen Aufschlag auf die Löhne gebildet werden. Während indes die QERU 'nur' die Gleichheit von Lohn- und Preissteigerungsraten - und damit einen konstanten Reallohn - beinhaltet, unterstellt die NAIRU zusätzlich noch die Konstanz beider Raten (*Franz*, 1996, S. 6 ff.). Kommt es im Zuge eines 'battle over mark-ups' zu Inflation und Arbeitslosigkeit, die wiederum der Aufschlagskalkulation Grenzen setzt, so ist das letztlich entstehende Gleichgewicht nicht markträumend, sondern eben nur quasi-gleichgewichtig. Damit hat auch die QERU strukturellen Charakter. Sie ist das Resultat aus dem Preissetzungsverhalten, der Technologie und anderen Rahmenbedingungen der Unternehmen einerseits und dem sozialen Sicherungssystem sowie den individuellen Präferenzen der Arbeitnehmer andererseits.

Ohne hier eine abschließende Auflistung möglicher Konzepte der Arbeitslosenquote geleistet zu haben, sollte doch deutlich geworden sein, daß moderne Ansätze zur Beschreibung der Arbeitslosigkeit strukturelle Aspekte betonen, die langfristig einem völligen Gleichgewicht auf dem Arbeitsmarkt entgegenstehen. Sie führen dazu, daß eine Arbeitslosenquote natürlich, inflationsstabil oder quasi-gleichgewichtig sein kann. Angesichts der zunehmenden Arbeitslosigkeit in den letzten Dekaden stellt sich daher die Frage, welche strukturellen Reformen geeignet sind, die Arbeitslosigkeit zu bekämpfen, ohne andererseits die Besonderheiten des Guts Arbeit für die Lebenslage der Menschen zu vernachlässigen. Einfache Unterstellungen einer freiwilligen Arbeitslosigkeit werden diesen Problemen schon im Ansatz nicht gerecht. Eben hier liegen die Stärken von NAIRU und QERU, die versuchen, strukturelle, mikroökonomisch bedingte Rigiditäten in ihren monetären, makroökonomischen Folgen zu modellieren.

2.3.1.3 Struktur- versus niveaubedingte Arbeitslosigkeit

Kern des Streits um die richtigen Instrumente zur Bekämpfung der Arbeitslosigkeit ist die kontroverse Diskussion um die *Ursachen der Arbeitslosigkeit*. Diese Kontroverse kann auch im Rahmen dieses Bandes nicht zu einem Abschluß gebracht werden. Es können jedoch sehr wohl die wesentlichen in der Literatur genannten Ursachen der Arbeitslosigkeit referiert und geordnet werden. Dabei lehnen wir uns an die von *Kromphardt* (1987, 1991) vorgeschlagene und ausführlich erläuterte Differenzierung der Arbeitslosigkeit in eine strukturbedingte Arbeitslosigkeit und eine niveaubedingte Arbeitslosigkeit an.

Diese Unterscheidung ist nur als erste Annäherung an die Ursachenforschung von Arbeitslosigkeit zu sehen, denn Arbeitslosigkeit ist zwar eine Eigenschaft von Personen, gleichzeitig jedoch auch eine Eigenschaft einer makroökonomischen Konstellation. Mikro- und Makroebene sind bei der Suche nach den Ursachen der Arbeitslosigkeit eng verknüpft. Einerseits reicht es nicht aus, allein die individuellen Merkmale eines Arbeitslosen als Ursache der Arbeitslosigkeit zu identifizieren, andererseits ist - wie oben gezeigt - die gesamtwirtschaftlich festzustellende Arbeitslosigkeit nach Merkmalen der Arbeitslosen strukturiert (*Brinkmann*, 1981, S. 213).

Unter die Rubrik der *strukturbedingten* Arbeitslosigkeit fallen nach *Kromphardt* alle Arten von Arbeitslosigkeit, die etwas mit der Struktur des Arbeitsangebots und der Arbeitsnachfrage zu tun haben. Dabei ist der Begriff der strukturbedingten Arbeitslosigkeit weiter gezogen als derjenige der strukturellen Arbeitslosigkeit, wie er häufig in der Literatur verwendet wird. Unter dem Begriff der strukturbedingten Arbeitslosigkeit werden die saisonale, die friktionelle und die strukturelle Arbeitslosigkeit im engeren Sinne zusammengefaßt.

Die *saisonale* Arbeitslosigkeit ergibt sich bei Personen, die zeitweise in Branchen tätig sind, deren Aktivität von der Jahreszeit abhängt, weil ihre Produktion sehr stark von den Natureinflüssen bestimmt wird oder weil sie als Dienstleistungen einer saisonalen Nachfrageballung gegenüberstehen. Ein Beispiel für Branchen mit saisonaler Arbeitslosigkeit aufgrund von Natureinflüssen sind die Landwirtschaft, die Fischerei oder das Baugewerbe, ein Beispiel für saisonale Nachfrageballung ist der Tourismus. Das Ausmaß saisonaler Arbeitslosigkeit in einer Volkswirtschaft ist von ihrer sektoralen Wirtschaftsstruktur abhängig.

Die *friktionelle* Arbeitslosigkeit ist anders gelagert. Sie ergibt sich aus den in modernen Volkswirtschaften sehr häufigen Arbeitsplatzwechseln, wenn das Ende der einen Tätigkeit nicht unmittelbar mit dem Beginn der nächsten Tätigkeit zusammenfällt. Ist dieser Zeitraum gewollt, da der Arbeitnehmer ihn zur Arbeitsplatzsuche nutzt, so kann die friktionelle Arbeitslosigkeit als ein Suchprozeß interpretiert werden. Für die weiteren Folgerungen sei hier nur auf die Ausführungen zur Dynamik des Arbeitsmarktes und zur Freiwilligkeit von Arbeitslosigkeit in den vorstehenden Abschnitten verwiesen. Vor einer Überschätzung der friktionellen Arbeitslosigkeit sei gewarnt, da der Suchprozeß nur erklären kann, weshalb die Arbeitslosen ohne Arbeit bleiben, nicht hingegen, weshalb sie überhaupt arbeitslos geworden sind. Zudem kündigen Arbeitnehmer, die einen besseren Arbeitsplatz anstreben, in der Regel erst dann, wenn es für sie die geringsten Risiken birgt, wenn sie also bereits einen neuen Arbeitsplatz gefunden haben (*Rothschild*, 1978, S. 25f.). Daher kann man die friktionell Arbeitslosen zwar zu einem Teil als Sucharbeitslose bezeichnen, die Ursache ihrer Arbeitslosigkeit ist aber nicht die Suche selbst, sondern die vorherige Entlassung.

Bei der dritten Ursache der strukturbedingten Arbeitslosigkeit, nämlich der *strukturellen Arbeitslosigkeit*, ist zunächst anzumerken, daß die Unbestimmtheit des Wortes 'Struktur' offenläßt, was die betreffende Gesamtheit, was ihre Elemente und was ihr Verhältnis untereinander und zur Gesamtheit ist (*Brinkmann*, 1981, S. 222). So ist auch hier im Detail eine Trennung zwischen den Ursachen der Arbeitslosigkeit problematisch. Indes ist das Faktum der strukturellen Arbeitslosigkeit in der Literatur weitgehend unbestritten. Strukturelle Arbeitslosigkeit liegt vor, wenn Angebot und Nachfrage auf dem Arbeitsmarkt nicht zusammenpassen, da beide Aggregate bezüglich Qualifikation, Alter, Geschlecht, Region u.a. unterschiedlich zusammengesetzt sind. Konstituierend für das Problem der strukturellen Arbeitslosigkeit ist somit die Existenz von sektoralen und/oder regionalen Teilmärkten, auf denen das Angebot und die Nachfrage auseinanderklaffen. Die Arbeitslosigkeit ist strukturiert und verschwände erst dann, wenn die Strukturdifferenz zwischen Angebot und Nachfrage - der sogenannte *mismatch* - beseitigt würde. Praktisch wird sich dieser Mismatch nie völlig beseitigen lassen, da der Strukturwandel und der technische Fortschritt immer wieder neue Anforderungen an die Qualifikation und die Mobilität der Arbeitskräfte stellen. Die Arbeitsmarktpolitik kann sich gerade bei einem beschleunigten Strukturwandel nicht darauf verlassen, daß sich irgendwann die strukturellen Ungleichgewichte auf den Teilarbeitsmärkten von selbst aufheben. Der Arbeitsmarktpolitik bleibt angesichts der strukturellen Ungleichgewichte auf den Teilarbeitsmärkten oft nur der Weg einer selektiven Intervention zugunsten von Ziel- und Problemgruppen des Arbeitsmarktes.

Über die Ursachen der nicht struktur-, sondern *niveaubedingten* Arbeitslosigkeit gehen die Ansichten von Fachökonomen weit auseinander. Niveaubedingte Arbeitslosigkeit liegt dann vor, wenn die Nachfrage nach Arbeitsplätzen das Angebot übersteigt. Offen bleibt dann die Frage, ob die niveaubedingte Arbeitslosigkeit durch das Niveau der gesamtwirtschaftlichen Güternachfrage oder durch das Lohnniveau determiniert wird (*Kromphardt*, 1992, S. 154). Der theoretische Hintergrund dieser Kontroverse wird im dritten Kapitel dieses Bandes durch den Vergleich der klassischen zur keynesianischen Makroökonomik des Arbeitsmarktes ausführlich erläutert und soll hier nur zur besseren Übersicht vorab skizziert werden.

Gemäß der *klassisch-neoklassischen* Position ist die niveaubedingte Arbeitslosigkeit letztlich immer auf ein zu hohes Lohnniveau oder unzureichende Lohnspreizung zurückzuführen. Jener Theorie liegt die Vorstellung zugrunde, daß der Arbeitsmarkt wie jeder andere Markt funktioniert, daß Kreislaufeffekte unbedeutend sind und daß sich die gesamtwirtschaftlichen analog zu den einzelwirtschaftlichen Überlegungen ableiten lassen. Ein sinkender oder stärker differenzierter Lohn hätte folglich zwei Wirkungen: Erstens würde die Nachfrage der Unternehmen nach dem Faktor Arbeit steigen und zweitens würde das Arbeitsangebot seitens der privaten Haushalte zurückgehen. Tendenziell strebt dann der Arbeitsmarkt einem Gleichgewicht zu.

Demgegenüber betont die *keynesianische* Argumentation ursächlich die mögliche Rationierung des Arbeitsmarktes über den Gütermarkt. Sie geht davon aus, daß die Unternehmer nur soviel Arbeit nachfragen werden, wie sie benötigen, um die Güternachfrage zu befriedigen. Die Nachfrage nach Arbeitskräften wird daher von der Güternachfrage rationiert. Die Lohnhöhe sollte sich somit auch danach bemessen, daß erstens den Unternehmen ein Gewinn verbleibt und zweitens das Lohnniveau eine ausreichende Güternachfrage gewährleistet. Senkungen des Lohnniveaus würden dann konsequenterweise nicht - oder nur kurzfristig - zu einer Steigerung der Gewinne führen. Vielmehr würden Lohnsenkungen sinkende Güternachfrage bedeuten und den Unternehmen keinen Anlaß geben, beschäftigungswirksame Sachinvestitionen zu betreiben.

2.3.1.4 Erste Folgerungen für die Bekämpfung der Arbeitslosigkeit

Aus der Unterscheidung zwischen struktur- und niveaubedingter Arbeitslosigkeit folgt für die folgende Darstellung der Ansätze zur Bekämpfung der Arbeitslosigkeit eine analoge Trennung zwischen *Arbeitsmarkt- und Beschäftigungspolitik* (*Kromphardt*, 1992, S. 221). Diese Unterscheidung ist nicht unproblematisch und wird in der arbeitsökonomischen Literatur nicht immer geteilt. Sie hat jedoch für die Politikberatung den Vorteil, aus unterschiedlichen Ursachen der Arbeitslosigkeit auch unterschiedliche Instrumente zu ihrer Bekämpfung abzuleiten.

In diesem Sinne sei *Arbeitsmarktpolitik* als Politik zur Verminderung *strukturbedingter* Arbeitslosigkeit definiert, d.h. als Summe der Maßnahmen, die auf eine Reduktion des saisonalen, friktionellen oder strukturellen Mismatch von Angebot und Nachfrage auf Teilmärkten des Arbeitsmarkts abzielt. Maßnahmen der Arbeitsmarktpolitik sind daher immer allein auf den Arbeitsmarkt und direkt auf seine Angebots- und Nachfrageseite gerichtet. In der Bundesrepublik Deutschland ist die *Bundesanstalt für Arbeit* der - neben Kommunen und Privaten - zentrale Träger der Arbeitsmarktpolitik.

Die *Beschäftigungspolitik* ist der Versuch, die *niveaubedingte* Arbeitslosigkeit durch Veränderung makroökonomischer Parameter zu vermindern. Ihre Träger können private und öffentliche Institutionen sein, wie es etwa im Gesetz zur Förderung von Stabilität und Wachstum konzipiert wurde. Die Beschäftigungspolitik umfaßt sowohl angebotsorientierte Maßnahmen zur Beeinflussung des Lohnniveaus als auch nachfrageorientierte Instrumente keynesianischer Wirtschaftspolitik, die am Güter- oder Geldmarkt ansetzen. Maßnahmen der Beschäftigungspolitik können auch Maßnahmen der Arbeitsmarktpolitik beinhalten (*Engelen-Kefer u.a.*, 1995, S. 61 - 68).

Folgt man dem oben entwickelten Schema, so lassen sich zunächst die Maßnahmen der Arbeitsmarktpolitik danach unterteilen, welche Form der strukturbedingten Arbeitslosigkeit sie zu bekämpfen versuchen.

Eine völlige Beseitigung der *saisonalen Arbeitslosigkeit* ist nicht möglich. Sie kann allenfalls dadurch gemindert werden, daß Übergänge in bestimmten Sektoren erleichtert werden und nach Möglichkeit saisonale Häufungen entzerrt werden. Beispiele hierfür sind die Subventionierung des Winterbaus bzw. die Entzerrung von Ferienterminen.

Auch die Verminderung *friktioneller Arbeitslosigkeit* eröffnet nur wenig Potentiale. Dies liegt zum einen daran, daß sich die technischen Bedingungen der Arbeitsvermittlung in den letzten Jahren bereits stark verbessert haben und daß hier nur noch geringe Innovationsgewinne möglich erscheinen. Daneben wäre es denkbar, durch eine Senkung der Lohnersatzleistungen einen erhöhten Zwang zur Arbeitsaufnahme auszuüben. Hier muß jedoch berücksichtigt werden, daß die Wirkung einer Verminderung der Arbeitslosenunterstützung auf die Suchdauer relativ gering ist. Entgegen der landläufigen Erwartung sind es gerade die gut vermittelbaren Arbeitslosen, die relativ hohe Leistungen aus der Arbeitslosenversicherung beziehen. Langzeitarbeitslose haben im Gegensatz dazu in der Regel Bezüge, die sich in der Nähe des Sozialhilfeniveaus bewegen und die keine weitere Absenkung zulassen. Andere Vorschläge wie z.B. die Verschärfung von Zumutbarkeitskriterien sind insofern problematisch, als sie bei intensiver Nutzung eine Abkehr vom Ziel der Sicherung des relativen sozialen Status durch die Arbeitslosenversicherung implizieren.

Im Gegensatz zur Verringerung saisonaler und friktioneller Arbeitslosigkeit kann man bei Maßnahmen zur Verringerung *struktureller Arbeitslosigkeit* auf ein breites Instrumentarium und langjährige nationale und internationale Erfahrungen zurückgreifen. Dazu zählen Maßnahmen der Qualifikation, d.h. Fortbildung und Umschulung sowie Maßnahmen zur Erhöhung der regionalen Mobilität. Das hierfür zentrale Arbeitsförderungsgesetz (heute: SBG III) wird im folgenden ausführlich dargestellt.

Maßnahmen zur Bekämpfung der niveaubedingten Arbeitslosigkeit beziehen sich auf Möglichkeiten zur Stimulierung der Arbeitsnachfrage. Sie erfordern eine eingehende theoretische Analyse der makroökonomischen Kontroverse. Diese erfolgt im dritten Kapitel dieses Bandes.

2.3.2 Das Arbeitsförderungsgesetz

Das Arbeitsförderungsgesetz (AFG) ist nicht nur die Rechtsgrundlage der Bundesanstalt für Arbeit, sondern auch zentrales Element der Arbeitsmarktprozeßpolitik. An der Entwicklung und dem heutigen Stand des AFG lassen sich daher auch Grundzüge und Akzentverschiebungen der (bundes)-deutschen Arbeitsmarkt- und Beschäftigungspolitik veranschaulichen.

2.3.2.1 Vorgeschichte, Konzept und Bilanz des AFG

Wie bereits im institutionellen Teil des ersten Kapitels dieses Buches (Abschnitt 1.2) erläutert, ist die *Bundesanstalt für Arbeit* (BA) die Behörde für die Arbeitsverwaltung der Bundesrepublik Deutschland mit Sitz in Nürnberg. Ihre heutige Rechtsgrundlage SGB III „ist historisch der fünfte Neubeginn in dem Bemühen um gesetzliche Regelungen für Arbeitslosigkeit in der Industriegesellschaft" (*Gagel*, 1998, S. IX). Zuvor gab es zwar bereits *kommunale und kirchliche Armenfürsorge* sowie *gewerkschaftliche Arbeitslosenunterstützungen auf Selbsthilfebasis*, diese waren jedoch nicht unmittelbar an den Tatbestand der Arbeitslosigkeit geknüpft bzw. nur den gewerkschaftlich organisierten Arbeitern zugänglich. Auch noch während des Deutschen Kaiserreiches beschränkten sich sozialpolitische Regelungen für den Arbeitsbereich auf die Entwicklung des Arbeitsschutzes und der Gewerbeordnung, den Ausbau der Arbeitsgerichtsbarkeit sowie die Regelungen der Arbeitsbeziehungen und Koalitionsbedingungen. Das Problem der Arbeitslosigkeit war primär konjunkturell und saisonal geprägt und generell auf einem niedrigen Niveau. Die Arbeitslosenquote schwankte bis maximal 3,5 Prozent in Rezessionsjahren, und das Problem der Arbeitslosigkeit drang nur in den wenigen Jahren an die Öffentlichkeit. Trotz einer langsam wachsenden Anerkennung der Notwendigkeit sozialer Schutzmaßnahmen gegen die Folgen der Arbeitslosigkeit kam es bis zu Beginn des ersten Weltkriegs weder zu einer gesetzlich geregelten Arbeitsvermittlung noch zu einer umfassenden staatlichen Arbeitslosenfürsorge (*Frerich/Frey*, 1993, S. 128 - 154).

Ein erster Schritt zur gesetzlichen Regelung für eine staatliche Absicherung der Arbeitslosigkeit als allgemeines Lebensrisiko wurde erst nach dem Ende des ersten Weltkriegs möglich. Diesen ersten Schritt bildete die Verordnung über die Erwerbslosenfürsorge vom 13.11.1918, die nach Ende des ersten Weltkriegs eine *reichseinheitliche Unterstützung und Vermittlung von Arbeitslosen* in kommunaler Trägerschaft brachte. Die Verordnung sowie die folgenden Gesetze waren ganz auf die Leistungen zum Lebensunterhalt und die Vermittlung konzentriert. Maßnahmen der aktiven Arbeitsmarktpolitik waren nur vereinzelt vorgesehen. Zunächst wurden die Lasten von Reich, Ländern und Gemeinden getragen, ab 1923 auch durch Beiträge von Arbeitgebern und Arbeitnehmern, wohingegen sich das Reich immer mehr aus der Finanzierung zurückzog.

In einem zweiten Schritt wurde durch das Gesetz über Arbeitsvermittlung und Arbeitslosenversicherung (AVAVG) vom 16.7.1927 die *Reichsanstalt für Arbeitsvermittlung und Arbeitslosenversicherung* gegründet, die als Vorgängerin der BA gilt. Erst in der Weimarer Republik - also ca. vierzig Jahre nach den ursprünglichen *Bismarck*schen Sozialversicherungsgesetzen - wurden Arbeitsvermittlung und Arbeitslosenversicherung in einer Sozialversicherung verknüpft und durch die Reichsanstalt institutionalisiert. Es wurden damit eine reguläre Versicherung sowie erweiterte Möglichkeiten zur aktiven Bekämpfung der Arbeitslosigkeit und zur Förderung der beruflichen Bildung geschaffen. Die Finanzierungslast wurde nun - wie auch heute, d.h. mit Ausnahme der 'Krisenunterstützung' (Vorläufer der Arbeitslosenhilfe) - in erster Linie von den Arbeitgebern und Arbeitnehmern als den Beitragszahlern getragen.

Im Zuge der *Weltwirtschaftskrise* zeigte sich, daß die Reichsanstalt, von der man sich eine Linderung des Arbeitslosigkeitsproblems erhofft hatte, gegenüber der Massenarbeitslosigkeit zu wenig ausrichten konnte und sich zunehmenden Finanzierungsproblemen gegenübersah. Zudem wurde die Reichsanstalt im *Nationalsozialismus* ein Opfer der nationalsozialistischen Gleichschaltungspolitik. Angesichts der Massenarbeitslosigkeit verschlechterte sich bereits in der Zeit bis 1933 das Verhältnis von Beiträgen und Leistungen. Die Selbstverwaltung der Reichsanstalt wurde 1938 von den Nationalsozialisten abgeschafft und die Reichsanstalt selbst in das Reichsarbeitsministerium eingegliedert. Dadurch konzentrierte sich ihre Tätigkeit nun auf den Arbeitseinsatz im Reichsarbeitsdienst.

Nach Ende des zweiten Weltkriegs erfolgte erst 1952 - unter Fortgeltung des wiederaufgelebten AVAVG - die Neugründung der Reichsanstalt unter dem Namen *Bundesanstalt für Arbeitsvermittlung und Arbeitslosenversicherung*. Das AVAVG wurde dann in einem vierten Schritt durch das Arbeitsförderungsgesetz (AFG) vom 13.5.1969 abgelöst, und die BA erhielt ihren heutigen Namen *Bundesanstalt für Arbeit*. Auch das AFG wurde, wie schon das AVAVG, als richtungsweisendes Gesetz gefeiert, was mit seiner Schwerpunktsetzung in der aktiven Arbeitsmarktpolitik begründet wurde. Zudem drängt sich eine zweite Parallele zum AVAVG auf: Auch das AFG mußte - wie unten ausführlich gezeigt wird - im Zeitverlauf seiner Geltung zahlreiche Einschränkungen und zusätzliche Belastungen hinnehmen. Diese Einschränkungen erreichten jedoch nie die Tragweite der Einschränkungen des AVAVG.

Angesichts der ambivalenten Erfahrungen mit der ambitionierten Konzeption des AFG war die Reform des AFG durch das AFRG und dessen Beschluß als *SGB III* am 24.3.1997 weitaus „nüchterner" (*Gagel*, 1998, S. X) als die vorangegangenen Reformschritte AVAVG und AFG. Aufgrund angespannter Finanzen und unter dem Eindruck fortdauernder Massenarbeitslosigkeit wurden einerseits die Ziele der Arbeitsförderung weniger ambitioniert und andererseits wurde die Übersichtlichkeit und Systematik der Vorschriften wesentlich verbessert. Schließlich wurden einige neue Instrumente eingesetzt. Es liegt auf der Hand, daß die Reformen des SGB III auch nur ein weiterer Schritt in der fortwährenden Entwicklung der Arbeitsförderung sein werden.

Das ambitionierte *Konzept des AFG* erschließt sich durch einen Blick in den zeitgeschichtlichen Kontext seiner Entstehung. Wie oben erläutert, reicht die Entstehungsgeschichte des AFG bis in die unmittelbare Nachkriegszeit zurück (*Lampert*, 1989, S. 173 ff.) und knüpft an das AVAVG an. Bekanntlich war die Arbeitsmarktsituation unmittelbar nach dem zweiten Weltkrieg zunächst desolat, so daß sich in der Bevölkerung erneut die Erfahrung von Massenarbeitslosigkeit verbreitete. Bereits in den Jahren 1948 bis 1950 setzte dann jedoch ein unerwartet kräftiges Wachstum ein, das bis 1965 zu Arbeitslosenquoten unter 3 Prozent führte. Selbst in der ersten Rezession von 1966/67 wurde das Vollbeschäftigungsziel nicht verfehlt. Ganz im Gegenteil stiegen langfristig die Beschäftigtenzahl und die Arbeitseinkommen deutlich an, was zu wachsenden Steuer- und Beitragseinnahmen des Staates bzw. der Parafisci führte.

Auf Grundlage dieses Wachstums erfolgte bereits kurz nach dem zweiten Weltkrieg eine deutliche *Expansion sozialstaatlicher Leistungen*, die unter anderem - neben z.B. der Rentenreform, der Wohnungspolitik und Maßnahmen zur Integration der Vertriebenen - auch die Bildung der Bundesanstalt für Arbeitsvermittlung und Arbeitslosenversicherung im Jahr 1952 umfaßte. Schon damals wurden der dreistufige Aufbau und eine drittelparitätische Selbstverwaltung festgelegt. Nach einer ersten Konsolidierung erfolgten dann im Gesetz über Arbeitsvermittlung und Arbeitslosenversicherung vom 23.12.1956 die heutige Rechtseinheit von Arbeitsvermittlung und Arbeitslosenversicherung, mit der auch einschlägigen internationalen Abkommen Rechnung getragen wurde.

Diese institutionellen Rahmenbedingungen waren somit bereits geschaffen, als es gelang, die erste Rezession 1966/67 mit Hilfe keynesianischer Konjunkturpolitik zu überwinden und mit dem *Gesetz zur Förderung der Stabi-*

lität und des Wachstums der Wirtschaft vom 8.6.1967 ein weitgehend konsensfähiges „Grundgesetz der Prozeßpolitik" (*Kurt Biedenkopf*) zu verabschieden. So waren die allermeisten Fachvertreter Ende der sechziger Jahre der Ansicht, das *magische Viereck* aus hohem Beschäftigungsgrad, Preisniveaustabilität, außenwirtschaftlichem Gleichgewicht und angemessenem Wirtschaftswachstum konjunkturpolitisch - d.h. kurz- bis mittelfristig - beherrschen zu können.

Langfristig gesehen blieb die Frage offen, wie das angemessene Wirtschaftswachstum des magischen Vierecks in Zeiten beschleunigten Strukturwandels gesichert werden könne. Als eine Schlüsselgröße hierfür wurde schon damals das volkswirtschaftliche *Humanvermögen* erkannt, dies um so mehr, da sich die Ausbildungsdefizite der Kriegs- und Nachkriegsgeneration als Wachstums- und Innovationshemmnis abzuzeichnen begannen und sich die Arbeitslosigkeit schon damals auf die gering qualifizierten Arbeitnehmer konzentrierte. Vor diesem Hintergrund wurden das AFG (13. 5.1969), das Berufsbildungsgesetz (14.8.1969) und das Ausbildungsförderungsgesetz (26.8.1969) verabschiedet.

Es ist daher *Lampert* (1989, S. 175) zuzustimmen, wenn er im AFG sowohl eine arbeitsmarkt- und sozialpolitische Innovation sieht und zudem dessen komplementäres Verhältnis zum Stabilitäts- und Wachstumsgesetz betont. Das Grundkonzept des AFG umfaßte sowohl *Maßnahmen zur Förderung des Strukturwandels* als auch *Maßnahmen zur Abfederung von dessen negativen Folgen.* So hieß es im § 1 AFG programmatisch: „Die Maßnahmen nach diesem Gesetz sind im Rahmen der Sozial- und Wirtschaftspolitik der Bundesregierung darauf auszurichten, daß ein hoher Beschäftigungsstand erzielt und aufrecht erhalten, die Beschäftigungsstruktur ständig verbessert und damit das Wachstum der Wirtschaft gefördert wird."

In seiner Grundkonzeption war das AFG klar auf *Prävention und Förderung des Strukturwandels* (Berufsbildung, Fortbildung, Umschulung, Mobilitätszuschüsse und besondere Förderung von Problemgruppen) orientiert, um damit langfristiges Wirtschaftswachstum zu ermöglichen. Hinter diesem Ziel stand die Absicherung im Fall von Arbeitslosigkeit zurück. Letztere wurde lediglich kurz- bis mittelfristig beobachtet und daher glaubte man, sie durch die Kombination aus flankierender Konjunktur- und Strukturpolitik nachhaltig bekämpfen zu können.

Es zeigte sich jedoch, daß sich mit dem Anstieg der Arbeitslosigkeit in Folge der ersten Ölkrise 1973 die Rahmenbedingungen für die Arbeitsmarktpolitik grundlegend verschlechtert hatten. Externe Schocks, verfehlte Lohnpolitik, beschleunigter Strukturwandel und Sättigungserscheinungen auf einigen Märkten führten zu einem Anstieg der *Sockelarbeitslosigkeit* und damit zunächst zu einer Zunahme der Ausgaben für passive Arbeitsmarktpolitik. Damit verengten sich wiederum die Finanzierungsspielräume für um so dringender notwendige Maßnahmen der aktiven Arbeitsmarktpolitik. Statt sich der Vermeidung struktureller Arbeitslosigkeit widmen zu können, wurde der Bundesanstalt für Arbeit ein wachsender Teil konjunkturpolitischer Aufgaben übertragen, die nun nicht mehr von der Finanz- und Geldpolitik übernommen wurden. Es kann nicht verwundern, daß die Bundesanstalt für Arbeit damit tendenziell überfordert war.

Im idealen Konjunkturzyklus werden den Lohnersatzleistungen im Falle von rezessionsbedingter Arbeitslosigkeit stabilisierende Wirkungen zuerkannt, da erstens in der Rezession die Sozialtransfers an Arbeitslose die Binnennachfrage stützen und zweitens im Boom die Beitragseinnahmen steigen. Man spricht hier auch von einen *eingebauten Stabilisator* (built-in-stabilizer; zur theoretischen Fundierung und kritischen Würdigung vgl. *Zerche/Gründger* 1996, S. 134 - 138) oder einem 'institutionalisierten Keynesianismus' (built-in-flexibility). Eben dieser Mechanismus konnte jedoch Anfang der siebziger Jahre aufgrund der Ausgabenpolitik der BA nicht zum Tragen kommen.

Statt aktiv zu handeln und durch Lohnersatzleistungen die Binnennachfrage stabilisieren zu können, gestaltete sich ihre Ausgabenpolitik *faktisch prozyklisch*. Auf einen sprunghaften Anstieg der arbeitslosigkeitsbedingten Lohnersatzleistungen folgten bald mit einer Zeitverzögerung (time lag) Leistungskürzungen und Beitragsanhebungen zur Sicherung des Haushaltsgleichgewichtes der Bundesanstalt für Arbeit. Langfristig haben die Liquiditätshilfen des Bundes bei der Finanzierung der Arbeitsmarktpolitik nur eine geringe kompensatorische Rolle gespielt. Sie sind allenfalls dann angestiegen, wenn in begrenztem Umfang Sonderprogramme der aktiven Arbeitsmarktpolitik finanziert wurden. Eine langfristige Planung des Arbeitskräftebedarfs, zu der im übrigen mit Beschluß des AFG eigens das *IAB* gegründet wurde, konnte auf dieser Grundlage immer weniger verwirklicht werden.

In einer ersten Bilanz nach 20 Jahren AFG konnte *Lampert* (1989, S. 183f.) feststellen, daß das AFG mit der ihm sachwidrig aufgebürdeten Beseitigung von konjunktureller und Massenarbeitslosigkeit überfordert war. Seine positiven Wirkungen hat das AFG vor allem bei der Integration von Problemgruppen des Arbeitsmarktes entfaltet, denen durch Fortbildung, Einarbeitungs- und Mobilitätszuschüsse geholfen werden konnte. Auch wenn eine generelle Qualifikationsförderung nicht stattgefunden hat, so gelang es dennoch, mehrere Millionen Menschen in den Bildungsmaßnahmen fortzubilden und damit die Beschäftigtenstruktur der Bundesrepublik gerade bei den zuvor Geringqualifizierten zu verbessern.

Darüber hinaus soll nicht unerwähnt bleiben, daß die Lohnersatzleistungen als Element des Systems der sozialen Sicherung die Lebenslage der Arbeitslosen zumindest finanziell stabilisiert haben. Auch wenn der Effekt eines eingebauten Stabilisators empirisch kaum meßbar war (dagegen spricht in gesamtwirtschaftlicher Perspektive schon das vergleichsweise geringe Volumen der Lohnersatzleistungen, das an konjunkturbedingt Arbeitslose gezahlt wird), so ermöglicht doch, in einzelwirtschaftlicher Perspektive, die materielle Absicherung bei Arbeitslosigkeit eine sorgfältigere Arbeitssuche. Letztere wiederum kann auch volkswirtschaftlich effizient sein.

Anhand des *Budgets der Bundesanstalt für Arbeit* lassen sich die Schwerpunkte ihrer Politik veranschaulichen. Dies betrifft zunächst die *Struktur ihrer Ausgaben* in Leistungen der aktiven und der passiven Arbeitsmarktpolitik.

Aus Abbildung 2.8 ist zunächst ersichtlich, daß die Leistungen der aktiven wie auch der passiven Arbeitsmarktpolitik, langfristig und absolut gesehen, deutlich *zugenommen* haben. Damit ist die Ausgabenpolitik der BA dem Trend der Arbeitsmarktentwicklung, d.h. einer Zunahme der Zahl der Erwerbstätigen (vgl. Abschnitt 1.3.1) gefolgt.

Abbildung 2.8: Aktive und passive Leistungen der BA sowie Entwicklung der Zahl der Arbeitslosen 1970 bis 1995 in Mrd. DM bzw. 10.000 Personen

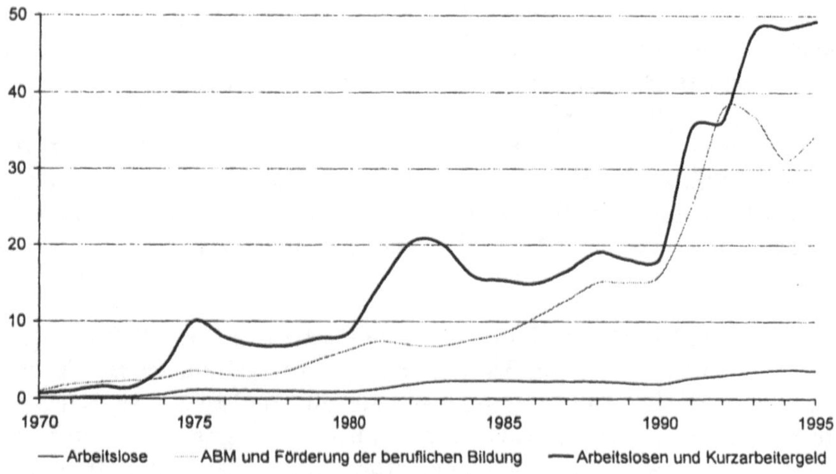

Quelle: Lampert, 1989; Deutsche Bundesbank, Monatsberichte, verschiedene Jahrgänge.

Zudem ist mit *Lampert* (1989, S. 177f.) auf *konjunkturelle Schwankungen in der Ausgabenstruktur* hinzuweisen: In Phasen steigender Arbeitslosigkeit steigen zunächst die passiven (Pflicht-)Leistungen der Bundesanstalt sprunghaft und antizyklisch an, werden dann jedoch in den Folgejahren durch eine Rückführung der Leistungsansprüche und/oder eine Überwindung der Rezession wieder vermindert. Ist zu diesem Zeitpunkt die Rezession nicht überwunden, so ist in der Rückführung von Pflichtleistungen auch dann eine prozyklische Politik zu sehen, wenn gleichzeitig die Beitragssätze sinken. Begründet ist dies darin, daß die marginale Konsumneigung von Arbeitslosen in der Regel höher ist als diejenige für die Gesamtheit der Erwerbstätigen.

Gegenüber den Lohnersatzleistungen entwickeln sich die Leistungen der *aktiven Arbeitsmarktpolitik* gleichmäßiger. Bei ihnen fällt besonders die sprunghafte Zunahme durch den massiven Einsatz der aktiven Arbeitsmarktpolitik in den neuen Bundesländern zu Anfang der neunziger Jahre auf. Hierauf wird weiter unten noch näher eingegangen.

Ergänzend zur Ausgabenstruktur der BA lohnt ein Blick auf die Balance ihres Budgets. Hier zeigt Abbildung 2.9, daß *langfristig die Einnahmen die Ausgaben* weitgehend decken konnten und daß die Finanzierungshilfen des Bundes langfristig nur einen geringen Beitrag zum Budget der BA geleistet haben. Auch hier ist ergänzend dazu eine konjunkturelle Bewegung ablesbar: In Zeiten steigender Arbeitslosigkeit entwickelt sich der Haushalt der BA defizitär, wohingegen sich in Phasen der Konsolidierung leichte Überschüsse feststellen lassen.

Abbildung 2.9: Einnahmen und Ausgaben der BA 1970 bis 1995 in Mrd. DM

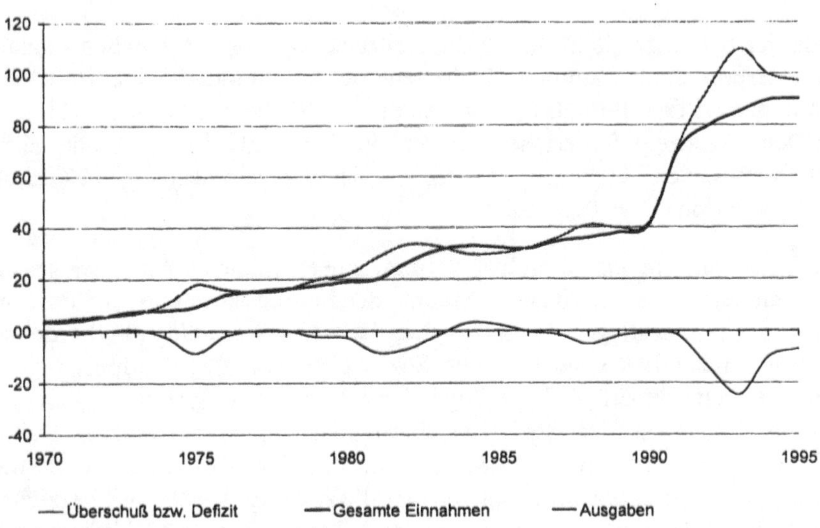

Quelle: Lampert, 1989; Deutsche Bundesbank, Monatsberichte, verschiedene Jahrgänge.

Trotz einiger Überschußjahre *überwiegen die Defizite* sowohl an Häufigkeit als auch an Volumen. Die Defizite der BA erreichten insbesondere Anfang der neunziger Jahre Rekordhöhen. Solche Defizitvolumina sind langfristig weder politisch gewollt noch ordnungspolitisch sinnvoll. Daher ist es zu begrüßen, daß sich heute der Haushalt der Bundesanstalt für Arbeit wieder konsolidiert. Angesichts der Überschüsse bzw. Defizite stellt sich die weitergehende Frage, wie diese ausgeglichen werden. Hierzu kann die BA erstens auf Liquiditätshilfen des Bundes und zweitens auf eigene Rücklagen zurückgreifen.

Die *Liquiditätshilfen des Bundes* decken den weitaus größten Teil der Defizite ab. Sie sind in Phasen des sprunghaften Anstiegs der Arbeitslosigkeit - eben als Liquiditätshilfen - von Bedeutung. Die *Veränderung der Eigenmittel* trägt nur einen geringen Teil zur Finanzierung bei. Umgekehrt betrachtet ist der weitaus größte Teil des Budgets der BA *beitragsfinanziert.* Diese Tatsachen werden in der tagespolitischen Diskussion allzu leicht übersehen, wenn Finanzprobleme der BA in einer atypischen Situation (etwa dem Beitritt der Neuen Bundesländer) pauschalisiert werden.

Andererseits ist unverkennbar, daß steigende Beitragssätze zu den Sozialversicherungen, die von den Unternehmen nicht kurzfristig überwälzt oder durch Rationalisierung kompensiert werden können, ein Beschäftigungshemmnis darstellen. Eine isolierte Betrachtung der Beitragssätze zur gesetzlichen Arbeitslosenversicherung ist dabei wenig aussagefähig. Abbildung 2.10 zeigt daher (bis auf die Beiträge zur Unfallversicherung, die aus den in Abschnitt 2.1.2 genannten Gründen eine Sonderstellung einnimmt) die Entwicklung aller Sozialversicherungsbeiträge.

Ende der neunziger Jahre haben die Beitragssätze zur gesetzlichen Sozialversicherung mit zusammen 40 Prozent des Bruttolohnes eine Höhe erreicht, die vielfach für untragbar gehalten wird. Es wird daher eine Kürzung der Beitragssätze gefordert, sei es durch eine Reduktion im Niveau der aktiven und passiven Leistungen oder sei es - damit zusammenhängend - durch eine Reduktion der Arbeitslosigkeit.

Die Botschaft, die aus Abbildung 2.10 zu ziehen ist, scheint auf den ersten Blick eindeutig: Seit 1970 ist die Summe der Beitragssätze von 26,5 Prozent auf 41 Prozent gestiegen. Dieser Anstieg ist weniger auf eine überbordende Anspruchsmentalität gegenüber den Sozialleistungen zurückzuführen, sondern vielmehr darauf, daß im Zuge der wachsenden Arbeitslosigkeit die Beitragseinnahmen der Sozialversicherungen eingebrochen sind. Daher trifft das vielfach verwendete Schlagwort von der 'Kostenexplosion' die Realität nur bedingt. Zum einen wurden die höheren Kosten als Versicherungsleistungen an die steigende Zahl der Nichterwerbstätigen (Arbeitslose, Rentner) gezahlt, zum anderen sollte z.B. in der Krankenversicherung richtiger von einer '*Einnahmenimplosion*' infolge steigender Arbeitslosigkeit gesprochen werden. Steigende Beitragssätze zur Sozialversicherung können somit zugleich Ursache und Folge steigender Arbeitslosigkeit sein.

Hinzu kommt die spezielle Situation in den neuen Bundesländern, weshalb gerade aus dem Budget der gesetzlichen Arbeitslosenversicherung massive Transfers in die neuen Bundesländer geleistet wurden. Insofern sind die gegenwärtigen Forderungen nach einem Umbau des Sozialstaats „in erster Linie ein Element des Kampfes um die Verteilung der Folgekosten der deutschen Einheit" (*Kaufmann*, 1997, S. 3). Die Transfers der BA in die neuen Bundesländer umfaßten zunächst den Aufbau der entsprechenden Infrastruktur, darüber hinaus aber auch umfassende Maßnahmen der aktiven Arbeitsmarktpolitik.

Abbildung 2.10: Beitragssätze (Arbeitnehmer und Arbeitgeberbeitrag) in der gesetzlichen Sozialversicherung im Zeitraum 1970 - 1996 in Prozent

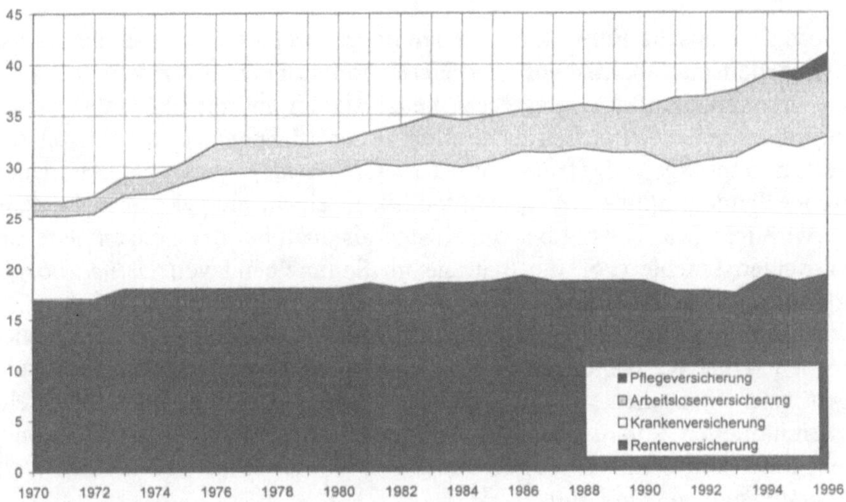

Quelle: Bundesministerium für Arbeit und Sozialordnung, 1997. Bei der Krankenversicherung als durchschnittlicher Beitragssatz; eigene Berechnungen.

Während die deutsche Einheit bislang in den alten Bundesländern vor allem als materielles Opfer in Form höherer Steuern und Sozialversicherungsbeiträge erlebt wurde, trägt die Bevölkerung in den neuen Bundesländern die immateriellen Lasten sozialer Ausgrenzung und eine besonders hohe Arbeitslosigkeit. Diese Verschiedenartigkeit der Belastungen ist steter Quell für Unzufriedenheit in Ost und West, da beide Seiten dazu tendieren, die Lasten der anderen Seite zu vernachlässigen.

Zudem bestehen nach wie vor *Lohnunterschiede* zwischen den alten und den neuen Bundesländern. Der durchschnittliche Bruttojahresverdienst der westdeutschen Industrie ist 1995 um 3,9 Prozent auf 65.548 DM gestiegen, derjenige in der ostdeutschen Industrie um 8,9 Prozent auf 44.469 DM. Dies ergibt nur eine leichte Verbesserung der Ost-West-Verdienstrelation auf 67,8 Prozent (*Heinlein*, 1996, S. 573 - 575). Begründet sind diese unterschiedlichen Lohnniveaus in der geringeren Produktivität in den neuen Bundesländern. Sie wiederum rührt erstens daher, daß die Industrie der DDR stark unter der Währungsunion litt, die eine schockartige Aufwertung um etwa das Vierfache gegenüber dem Außenwert der Mark der DDR bedeutete. Zweitens waren auch die in der Planwirtschaft vorgegebenen binnenländischen Absatzwege der ostdeutschen Unternehmen zusammengebrochen. Drittens blieben die Eigentumsverhältnisse zu lange ungeklärt und viertens nahmen westdeutsche Unternehmen einen massiven Verdrängungswettbewerb gegen die ostdeutsche Industrie auf. Erst durch das Zusammentreffen dieser vier ungünstigen Faktoren ist es zu erklären, warum die Industrie der DDR so schockartig entwertet wurde.

Diese dramatische Entwicklung in den neuen Bundesländern stellte die aktive Arbeitsmarktpolitik vor neue Herausforderungen. Zwar konnten auch hier der sprunghafte Anstieg der Arbeitslosigkeit und die eklatanten Strukturprobleme der Wirtschaft nicht allein durch Maßnahmen der aktiven Arbeitsmarktpolitik aufgefangen werden. Gleichwohl wurde in den neuen Bundesländern aktive Arbeitsmarktpolitik in einem nie gekannten Umfang verwirklicht, was sowohl bei den Kosten als auch bei den Nutzen neue Erfahrungen brachte (vgl. die Beiträge im Sammelband von *Heinelt/Bosch/Reissert*, 1994). Abbildung 2.11 illustriert die absoluten und relativen Größenordnungen. Solange es in Ostdeutschland am Aufbau einer funktionierenden Arbeitsverwaltung mangelte, konnten die westdeutschen Erfahrungen und Instrumente nicht genutzt werden. Da die infrastrukturell-institutionellen Voraussetzungen nicht kurzfristig geschaffen werden konnten, traten mit dem AFG-DDR zum 1.7.1990 vielfältige, *zeitlich befristete Sonderregelungen* in Kraft.

Hierzu zählten (vgl. *Heinen-Kammerer*, 1997, S. 7 ff.):

- die Erleichterung des Bezugs von *Kurzarbeitergeld*, die darauf abstellte, den Beschäftigungsrückgang zunächst herauszuzögern, um damit Zeit für die Konzeptionierung zielgenauer Maßnahmen zu gewinnen;
- eine großzügige *Altersübergangs- und Vorruhestandsregelung*, die langjährig Beschäftigten die Möglichkeit einräumte, zehn bzw. fünf Jahre vor dem regulären Rentenalter in den Ruhestand zu gehen;
- das Instrument der *Arbeitsbeschaffungsmaßnahmen* (ABM), das in umfassendem Maße eingesetzt wurde. Im Unterschied zu den alten Bundesländern waren die ABM in den neuen Bundesländern stärker projektori-

entiert, wurden bis zu 100 Prozent gefördert und für die Teilnahme war keine Mindestdauer der Arbeitslosigkeit erforderlich;

- Maßnahmen der *Fortbildung und Umschulung* (FuU), die oft in Verbindung mit ABM gewährt wurden;
- *pauschalisierte Lohnkostenzuschüsse*, deren Ziel es war, bei Beibehaltung des Verfahrens gegenüber den hohen Kosten der ABM durch die Reduktion auf Zuschüsse mehr Personen fördern zu können. Notwendig waren daher Kofinanziers in Ländern und Gemeinden, private Unternehmen und freie Verbände.

Erneut zeigte sich, daß die Maßnahmen der aktiven Arbeitsmarktpolitik dann erfolgreich sind, wenn sie mit den strukturpolitischen Maßnahmen vor Ort verknüpft werden und wenn zudem die gesamtwirtschaftlichen Rahmenbedingungen einer Beschäftigungsausweitung nicht nachhaltig entgegenstehen. So wie eine dauerhafte Etablierung eines zweiten, öffentlich geförderten Arbeitsmarkts als Instrument der Beschäftigungspolitik eine Überforderung der BA bedeuten würde, so kann andererseits durch den gezielten Einsatz aktiver Arbeitsmarktpolitik Arbeitnehmern eine berufliche Perspektive beim Übergang in ein anderes Beschäftigungsverhältnis gegeben werden.

Abbildung 2.11: Inanspruchnahme von Maßnahmen der Bundesanstalt für Arbeit und Arbeitslosigkeit in Ostdeutschland (in Tsd.) von 1990-1998

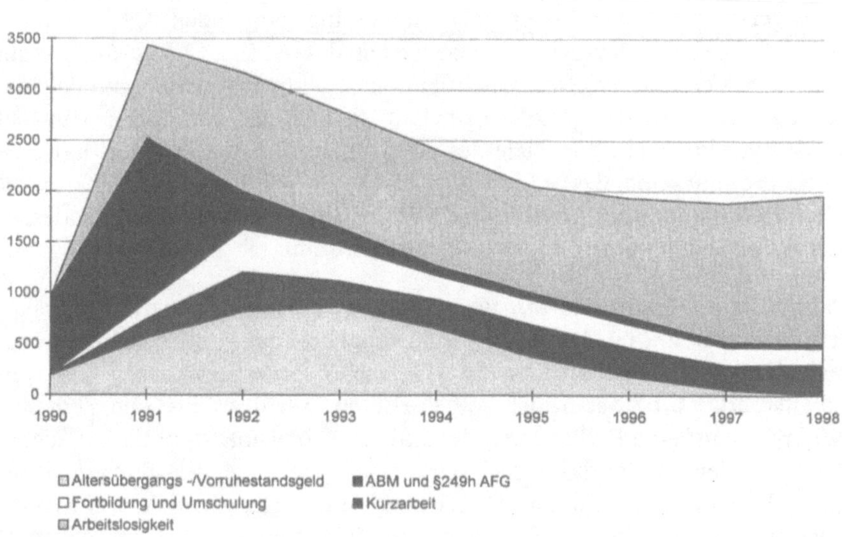

Quelle: Heinen-Kammerer, 1997, S. 8; eigene Aktualisierung.

2.3.2.3 Diskussion um eine Reform des AFG

Die Diskussion um eine Reform des AFG Mitte der neunziger Jahre zielte auf seine grundlegende Neuausrichtung ab, die den Rahmen der häufigeren Novellierungen überschreiten sollte. Von 1969 bis 1996 wurde das AFG in 11 Novellen und in 106 Gesetzen geändert. Darüber hinaus hatte der Gesetzgeber viele Anpassungen anderen Normgebern übertragen. Insgesamt war daher das Normgerüst des AFG sehr unübersichtlich, was ein weiterer Grund für die Forderung nach einer grundlegenden Reform des AFG war.

Die wichtigsten Reformentwürfe waren erstens derjenige des gewerkschaftsnahen, außerparlamentarischen „Arbeitskreises AFG-Reform" ab 1992, zweitens die daraus hervorgegangene Gesetzesvorlage eines „Arbeits- und Strukturförderungsgesetzes (ASFG) der SPD-Fraktion von 1995 und drittens der Entwurf des „Arbeitsförderungsreformgesetzes" (AFRG) der Fraktionen von CDU/CSU und F.D.P. von 1996. Ohne hier auf Detailfragen der umfangreichen Reformdiskussion eingehen zu können (vgl. *Knuth/Büttner*, 1996, *Steinke*, 1996), sollen dennoch im folgenden die *unterschiedlichen Grundpositionen* in einem Vergleich von ASFG und AFRG verdeutlicht werden.

Erste Differenzen waren bereits bei den *Zielen* der Reform festzustellen. Während das ASFG weiterhin am Ziel der Vollbeschäftigung und der Priorität aktiver Arbeitsmarktpolitik festhielt und diese mit einer gestärkten Selbstverwaltung und Zielgruppenorientierung verbunden sehen wollte, rückte das AFRG deutlich von den Zielen des AFG ab. Ziel sollte nicht mehr die Verbesserung der Qualifikationsstruktur, sondern nur noch ein Beitrag zum Arbeitsmarktgleichgewicht sein. Auch in anderer Hinsicht wurden strukturpolitische Ziele des AFG nunmehr unter Hinweis auf eine subsidiäre Funktion des AFRG zurückgestellt. AFSG und AFRG unterscheiden sich demnach grundlegend in dem Stellenwert, der der Bundesanstalt für Arbeit zukünftig zugewiesen werden sollte.

Folglich wurden auch die *Instrumente und ihre Finanzierung* heftig diskutiert. Während mittels des ASFG Arbeitsangebot und Arbeitsnachfrage insbesondere unter Hinzuziehung der - vermehrt steuerfinanzierten - aktiven Arbeitsmarktpolitik beeinflußt werden sollten, war das AFRG angebotsorientiert und auf eine Reduzierung der aktiven Arbeitsmarktpolitik hin ausgerichtet. Zudem stellte das ASFG stärker auf eine materielle Sicherung der Arbeitslosen ab, während das AFRG eine Verschärfung von Anspruchsvoraussetzungen und Zumutbarkeitskriterien als adäquate Mittel zur Bekämpfung der Arbeitslosigkeit ansah. So spiegelt das unterschiedliche Instrumentarium nicht nur divergierende Zielsetzungen, sondern auch unterschiedliche Situationsanalysen bei den vermuteten Ursachen der Massenarbeitslosigkeit wider.

Eine abschließende Bewertung beider Reformvorschläge ist von der eigenen Ansicht über das adäquate Ziel der Arbeitsmarkt- und Beschäftigungspolitik sowie von der eigenen Situationsanalyse zu Ursachen der Arbeitslosigkeit abhängig. Der letztlich im Gesetzgebungsverfahren unterlegene Entwurf des ASFG ging von einer umfassenderen Zieldefinition und Problemanalyse mit einem stärkeren Akzent auf der aktiven Arbeitsmarktpolitik aus, wohingegen sich im AFRG die Arbeitsmarktpolitik auf die Verstärkung von Anreizen und Zwängen zur Arbeitsaufnahme konzentrierte.

2.3.2.4 Arbeitsförderung im SGB III

Das Sozialgesetzbuch (SGB) III ist als AFRG am 24. 3.1997 verkündet worden und im wesentlichen am 1.1.1998 in Kraft getreten. Wie bereits oben ausgeführt, wurde damit das Arbeitsförderungsrecht des AFG in zentralen Bereichen geändert (vgl. zur Übersicht: *Marburger*, 1998, S. 33 ff.; *Gagel*, 1998, S. IX - XXXIII).

Folgende Aspekte der Aufgaben und Leistungen der Arbeitsförderung nach dem SGB III seien beispielhaft hervorgehoben:

- Generell haben nach § 2 SGB III sowohl die Arbeitnehmer als auch die Arbeitgeber einer *besondere Verantwortung* zur Vermeidung von Arbeitslosigkeit. Während sich dies jedoch bei den Arbeitgebern auf den Appell zur verantwortungsvollen Entscheidung erstreckt, äußert sich die Verantwortung der Arbeitnehmer weitaus konkreter. Die besondere Verantwortung besteht nach Abs. 3 darin, daß die Arbeitnehmer zur Vermeidung von Arbeitslosigkeit erstens jede zumutbare Möglichkeit bei der Stellensuche nutzen, zweitens ein zumutbares Beschäftigungsverhältnis nicht ohne neue Arbeitsstelle beenden und drittens jede zumutbare Tätigkeit annehmen.
- Nach § 4 Abs. 1 SGB III besteht denn auch ein *Vorrang der Arbeitsvermittlung* sowohl vor den Lohnersatzleistungen als auch vor den sonstigen Leistungen der aktiven Arbeitsmarktpolitik. Nur zur Sicherung einer dauerhaften Eingliederung wird von diesem Grundsatz abgewichen.
- Des weiteren besteht nach § 4 SGB III ein *Vorrang der aktiven Arbeitsmarktförderung*. Ihre Leistungen sind einzusetzen, um sonst erforderliche Lohnersatzleistungen „nicht nur vorübergehend" zu vermeiden.
- Weiterhin wird der Vermeidung von *Langzeitarbeitslosigkeit* in § 6 SGB III besondere Beachtung geschenkt. Demnach hat das Arbeitsamt spätestens nach sechsmonatiger Arbeitslosigkeit zusammen mit dem Arbeitslosen festzustellen, durch welche Maßnahmen und eigene Bemühungen eine drohende Langzeitarbeitslosigkeit vermieden werden kann. Sind zunächst keine Maßnahmen möglich oder erforderlich, so ist die Prüfung spätestens nach weiteren 6 Monaten zu wiederholen.

- Zur Sicherung der *Frauenförderung* in § 8 SGB III sollen Leistungen der aktiven Arbeitsmarktpolitik an Frauen entsprechend dem Anteil der Frauen an den Arbeitslosen gewährt werden. Zudem sollen die Leistungen der aktiven Arbeitsmarktpolitik die besonderen Lebensumstände von Frauen berücksichtigen.

Besonders ist hervorzuheben, daß mit dem SGB III die besondere Verantwortung der Arbeitgeber und Arbeitnehmer für letztere eine *Verschärfung der Zumutbarkeitsvorschriften* bedeutet. „Der bisherige temporäre Qualifikationsschutz ist durch einen reine Einkommensstufenregelung abgelöst worden, die dazu führt, daß nach Ablauf von sechs Monaten nun jede Beschäftigung zumutbar ist, sofern das daraus erzielbare Arbeitsentgelt mindestens die Höhe des Arbeitslosengeldes erreicht" (*Sell*, 1998, S. 532 und 545f.). Vor allem am Wegfall des befristeten Qualifikationsschutzes zeigt sich die andere 'Philosophie' des SGB III gegenüber dem AFG, die sich in einer fortschreitenden Verengung auf das Versicherungsprinzip, einer Ausdünnung des Leistungskatalogs und den oben genannten verschärften Zumutbarkeitsregelungen widerspiegelt. Damit sei hier nichts darüber gesagt, ob die verschärften Sanktionen gegenüber den Arbeitslosen angesichts des erreichten Stands der Arbeitslosigkeit nicht auch ihre Berechtigung haben können. Für eine *aktivierende Arbeitsmarktpolitik*, die aus einer Kombination von Sicherheit/Förderung und Zwang besteht, lassen sich im internationalen Vergleich eine Vielzahl erfolgreicher Beispiele anführen (vgl. Abschnitt 2.3.6) - nur basiert deren Erfolg eben auch darauf, daß in ausreichendem Umfang Förderangebote gemacht werden. Dies sollte bei der zusammenfassenden Beurteilung der Leistungen der aktiven und passiven Arbeitsmarktpolitik nach dem SGB III nicht vernachlässigt werden.

Als Arten der *Lohnersatzleistungen* (Entgeltersatzleistungen) gelten nach § 116 SGB III das Arbeitslosengeld für Arbeitslose, das Unterhaltsgeld für Teilnehmer an Maßnahmen der beruflichen Weiterbildung, das Übergangsgeld für Behinderte bei Teilnahme an Maßnahmen zur beruflichen Eingliederung, das Kurzarbeiter- und Insolvenzgeld sowie die Arbeitslosenhilfe für Arbeitslose im Anschluß an den Bezug von Arbeitslosengeld. Als bedeutendste Lohnersatzleistungen werden im folgenden das Arbeitslosengeld und die Arbeitslosenhilfe näher erläutert.

Anspruch auf *Arbeitslosengeld* (ALG) hat nach §§ 117 - 160 SGB III jeder Versicherte, der beim Arbeitsamt als arbeitslos gemeldet ist und die Anwartschaft von mindestens 12 Beitragsmonaten innerhalb der letzten 3 Jahre erfüllt. ALG ist die wichtigste Lohnersatzleistung der Arbeitslosenversicherung. Das ALG ist steuerfrei, gehört also nicht zum steuerpflichtigen Arbeitslohn. Wer Arbeitslosengeld oder Arbeitslosenhilfe bezieht, darf trotzdem einer oder sogar mehreren Nebenbeschäftigungen nachgehen oder auch eine selbständige Tätigkeit ausüben. Die Nebenbeschäftigung darf jedoch eine gewisse Stundenzahl nicht überschreiten. Gewährt wird das ALG nach

§ 127 SBG III je nach Beitragsmonaten und vollendeten Lebensjahren. Die Mindestbezugsdauer beträgt 6 Monate, die Höchstbezugsdauer 32 Monate. Das Verhältnis der Beitragsmonate zu der Zahl der Monate, für die Arbeitslosengeld gezahlt wird, beträgt 2 zu 1. Wer lediglich den Mindestanspruch durch 12 Beitragsmonate erworben hat, erhält daher auch nur 6 Monate Arbeitslosengeld. Bei älteren Arbeitnehmern gelten - entsprechend ihren verminderten Vermittlungsaussichten - längere Bezugszeiten. Die oben genannten 32 Monate maximale Bezugsdauer werden ab dem 57. Lebensjahr und einer 64 monatigen Beitragspflicht erreicht. Die Höhe des Arbeitslosengeldes beträgt nach § 129 SGB III 67 Prozent vom letzten (Regel-) Nettoeinkommen (inkl. Überstunden, jedoch ohne sonstige Gratifikationen) für Arbeitslose mit mindestens einem Kind bzw. 60 Prozent für Arbeitslose ohne Kinder.

Anspruch auf *Arbeitslosenhilfe* (ALHi) besteht nach §§ 190 - 206 SGB III für diejenigen als arbeitslos gemeldeten Arbeitnehmer, die keine Anwartschaftszeit auf Arbeitslosengeld erfüllt haben oder die besondere Anspruchsvoraussetzungen erfüllen und bedürftig sind. Im Gegensatz zur Versicherungsleistung Arbeitslosengeld wird die Arbeitslosenhilfe damit nach dem Fürsorgeprinzip gewährt. Es ist zwischen der Anschlußarbeitslosenhilfe und der originären Arbeitslosenhilfe zu unterscheiden. Die Anschlußarbeitslosenhilfe wird zeitlich unbegrenzt gezahlt, wobei allerdings jährlich die Anspruchsvoraussetzungen überprüft werden und der Anspruch generell nur bis zur Vollendung des 65. Lebensjahres gilt (§ 117 Abs. 2 SGB III). Im Gegensatz dazu ist die originäre Arbeitslosenhilfe auf ein Jahr befristet. Sie kann z.B. durch die Beschäftigung als Beamter oder Soldat, durch kurzfristige Beschäftigung oder Beschäftigungszeiten im Ausland sowie durch den vorherigen Bezug von Sozialleistungen wegen Krankheit, Berufs- oder Erwerbsunfähigkeit entstanden sein. Obwohl zeitlich unbegrenzt, wird Anschluß-ALHi jeweils längstens für ein Jahr bewilligt und muß anschließend erneut beantragt werden. Die ALHi ist steuerfrei. Wer Arbeitslosenhilfe bezieht, darf trotzdem einer oder sogar mehreren Nebenbeschäftigungen nachgehen oder auch eine selbständige Tätigkeit ausüben. Die Nebenbeschäftigung darf jedoch eine gewisse Stundenzahl nicht überschreiten. Die Höhe der Arbeitslosenhilfe beträgt nach § 195 SGB III für Arbeitslose mit Kindern 57 Prozent vom letzten Nettoeinkommen, für Arbeitslose ohne Kinder 53 Prozent. Da die Höhe der ALHi von der Bedürftigkeit abhängt (Definition in § 193 SGB III), werden eigenes Einkommen und Vermögen sowie das Einkommen und Vermögen von Unterhaltsverpflichteten (Ehegatte oder eine Person, mit der der Arbeitslose in eheähnlicher Gemeinschaft lebt) berücksichtigt. Entsprechend dem im Rahmen der Bedürftigkeitsprüfung zu berücksichtigenden Einkommen und Vermögen vermindert sich der Anspruch auf ALHi. Zum Umfang und Verfahren der zulässigen Anrechnung existieren heftige Kontroversen, die insbesondere jene betreffen, die als Langzeitarbeitslose in der Regel ergänzende Leistungen der Sozialhilfe beziehen. Deren Arbeitslosenhilfe wird aufgestockt ('Aufstocker'), da ihre Ansprüche auf ALHi unter dem sozioökonomischen Existenzminimum liegen.

Juristischer Exkurs: Entscheidungskompetenz in der Umsetzung des SGB III

Die BA untersteht der *Rechtsaufsicht des Bundesministeriums für Arbeit und Sozialordnung*. Ihre Aufgaben sind im SGB III festgelegt. Die BA ist als einheitliche Behörde organisiert, d.h. als bundesunmittelbare Körperschaft des öffentlichen Rechts mit Selbstverwaltung. Sie handelt durch eigene Organe, in denen die besonders betroffenen Gruppen an der Verwaltung mitwirken (§§ 374 ff. SGB III). Der Bund hat die gesetzgeberische Kompetenz und genehmigt zudem den jeweiligen Haushaltsplan. Er ist dafür seinerseits verpflichtet, den Haushalt bei Einnahmeeinbußen durch Zuschüsse auszugleichen.

Mit Inkrafttreten des SGB III sind die *lokalen Arbeitsämter aufgewertet* worden, die nun - unter dem Leitbild der *Dezentralisierung* - durch die Zuweisung frei disponierbarer Mittel über einen breiteren Handlungsspielraum verfügen. Das Arbeitsamt, die regional gegliederte, unterste Instanz der BA, ist durch die Zuerkennung der Budgetkompetenz im Rahmen der Eingliederungsbilanz (§ 11 SGB III) und durch Garantie eines eigenen, geschützten Freiraums (§ 371 Abs. 4 SGB III) zu einem eigenständigen Akteur der regionalen Arbeitsmarktpolitik geworden.

Zudem hat die Vielfalt der Aufgaben der BA den Gesetzgeber schon beim alten AFG veranlaßt, an vielen Stellen die Anpassung der Vorschriften des SGB III an die Bedürfnisse des Arbeitsmarktes *anderen Normgebern* zu übertragen (*Gagel*, 1998, S. XXVII ff.). Teilweise werden ein oder mehrere Bundesminister ermächtigt, Einzelheiten durch *Verordnungen* (verkündet im Bundesgesetzblatt) zu regeln, teilweise bestimmt auch der Verwaltungsrat der BA *Anordnungen* (veröffentlicht in den Amtlichen Nachrichten der BA). Im Rahmen der Verordnungen und der Anordnungen regelt schließlich der Präsident der BA die Aufgabenerfüllung durch *Erlasse und Durchführungsanweisungen*. Diese werden jedoch nur zum Teil (im Dienstblatt der BA) veröffentlicht, was dem außenstehenden Wissenschaftler den Zugang wesentlich erschwert. Gleiches gilt für die *Sonderprogramme* der Bundesregierung, deren Mittel von der BA nach Richtlinien eingesetzt werden. Zu einem umfassenden Überblick über das Geschehen wäre schließlich die Kenntnis all jener *anderen Gesetze* notwendig (z.B. allgemeiner Teil im SGB I, Gemeinsame Vorschriften zu den Sozialversicherungen im SGB IV, Sozialversicherungspflicht von Leistungsbeziehern im SGB II, V und VI sowie Verwaltungsverfahren im SGB X), die mit der Arbeitsförderung in Beziehung stehen. Dieses höchst komplizierte *Normgerüst* der Arbeitsförderung hat sich beim Übergang vom AFG zum SGB III als *weitgehend reformresistent* erwiesen.

Während auf die beiden obigen Lohnersatzleistungen (Arbeitslosengeld und Arbeitslosenhilfe) ein *Rechtsanspruch* besteht, sind andere Leistungen der BA *Ermessensleistungen* im Rahmen der aktiven Arbeitsmarktpolitik wie z.B. die Teilnahme an Fortbildung/Umschulung oder Arbeitsbeschaffungsmaßnahmen. Seitens liberaler Ökonomen wird hier vehement kritisiert, daß bei Ermessensentscheidungen objektiv gleiche Tatbestände unterschiedliche Leistungen der BA zur Folge haben können. Dem halten Vertreter der arbeitsmarktpolitischen Praxis entgegen, daß jene Entscheidungsspielräume für einen zielgruppenorientierten und situationsadäquaten Einsatz des Instrumentariums benötigt werden. Für die Gewährung von Ermessensleistungen sei von besonderer Bedeutung, daß auf Ebene der örtlichen Arbeitsämter z.B. in den ABM-Ausschüssen über die Vergabe von Mitteln für Arbeitsbeschaffungsmaßnahmen entschieden wird. Seit 1998 haben die Arbeitsämter Budgethoheit über diese und weitere Haushaltsmittel im Rahmen arbeitsmarktpolitischer Ermessensleistungen (*Eingliederungstitel*). Das Ziel der Dezentralisierung bedingt einen flexiblen Einsatz des Instrumentariums vor Ort.

Wie bereits oben erläutert, betont das SGB III die lediglich flankierende Aufgabenstellung der Arbeitsförderung und rückt deutlich von den umfassenderen Zielen des alten AFG ab. *Insbesondere wird die Vermeidung unterwertiger Beschäftigung und die Sicherung der Vollbeschäftigung nicht mehr als vorrangiges Ziel der Arbeitsmarktpolitik angesehen.* Vorrangig ist statt dessen nun, den *Ausgleich von Angebot und Nachfrage* am Arbeitsmarkt zu unterstützen. Bei den entsprechenden Instrumenten der Arbeitsvermittlung verfügt die Bundesanstalt für Arbeit über umfassende Erfahrung, gerade auch bei mittleren Qualifikationen, die von gewerblichen Personalvermittlern nicht betreut werden.

Ohne Anspruch auf Vollständigkeit seien darüber hinaus im folgenden einige weitere *Maßnahmen der aktiven Arbeitsmarktpolitik* erwähnt. Grundsätzlich sind Maßnahmen der Fortbildung, Umschulung und Arbeitsbeschaffung zu unterscheiden. Maßnahmen der Berufsfortbildung sind Bildungsmaßnahmen, die der berufsbezogenen Weiterbildung von Berufstätigen dienen. Eine Berufsfortbildung, die dazu dient, einen neuen Beruf zu erlernen, wird als berufliche Umschulung bezeichnet. 'Fortbildung und Umschulung' (FuU) wurden durch das AFG als Fachtermini definiert und sind seither in der Literatur gebräuchlich. Die beiden Begriffe wurden jedoch nicht in das SGB III übernommen. Vielmehr spricht das SGB III in den §§ 77 - 96 von 'Maßnahmen der beruflichen Weiterbildung' (FbW) und unterscheidet nicht mehr zwischen Fortbildung und Umschulung. Da jedoch nach Ansicht der Verfasser dieser Unterscheidung analytischer Wert zukommt, wird sie im folgenden trotzdem beibehalten. Fördervoraussetzung ist zunächst, daß die Weiterbildung notwendig ist, um die Arbeitnehmer bei Arbeitslosigkeit beruflich einzugliedern, eine ihnen drohende Arbeitslosigkeit abzuwenden oder ihnen überhaupt erst zu einem Berufsabschluss zu verhelfen (§ 77 Abs. 1 SGB III).

Die *Berufsfortbildung* gliedert sich in zwei Bereiche: Die Erweiterung der Kenntnisse im ursprünglich erlernten Beruf und der Erwerb von Zusatzkenntnissen zur Eröffnung neuer Beschäftigungsmöglichkeiten. Durch die technisch-wissenschaftliche Entwicklung und die fortschreitende Rationalisierung der Arbeitsabläufe in den traditionellen Industriebereichen wie Bergbau, Stahlerzeugung und Textilherstellung kommen immer weniger Erwerbstätige ein ganzes Berufsleben lang mit den Fertigkeiten aus, die sie in der Berufsausbildung erworben haben. Zudem entstehen ständig neue Tätigkeitsfelder, während alte Berufsbereiche entfallen. Während eines Berufslebens kommt es daher immer öfter zu Stellen- und Berufswechseln. Dies erfordert vom Arbeitnehmer eine ständige Weiterqualifizierung und ein Lernen auch nach der Schul- und Ausbildungszeit. Berufsfortbildungen werden zumeist von den Firmen selbst angeboten und von der BA im Rahmen einzelner Programme bezuschußt. Typische betriebliche Weiterbildungen sind die sogenannten Stufenausbildungen, in denen nach dem ersten – meist zwei- oder zweieinhalbjährigen – Ausbildungsabschnitt in ein oder zwei weiteren Ausbildungsjahren eine bessere Position erreicht werden kann; ein Beispiel ist die Fortbildung vom Speditionskaufmann zum Verkehrswirt.

Berufliche *Umschulungsmaßnahmen* sind jene Maßnahmen, die eine bereits in einem Beruf ausgebildete Person in einem *anderen* Beruf oder Berufsfeld ausbilden. Der wirtschaftliche Strukturwandel hat Umschulungen von Arbeitnehmern aus der Metallverarbeitung, Textilherstellung oder dem Bergbau, aber auch von Hochschulabsolventen erforderlich gemacht. Erst bei längerer Arbeitslosigkeit und in besonderen Fällen gewähren die Arbeitsämter einen Zuschuß oder übernehmen die kompletten Kosten der Umschulungsmaßnahme. Berufliche Umschulungen umfassen eine Vielzahl von Maßnahmen. Dazu gehören Kurzkurse zum Anlernen in beruflichen Tätigkeiten, etwa in der Industrie oder bei einfachen Dienstleistungen. Weiter gehören dazu Aufbau- oder Sonderlehrgänge etwa zur Ausbildung in den Bereichen Informatik und Betriebswirtschaft. Umschulungsmaßnahmen werden von privaten Bildungseinrichtungen, privaten Berufsakademien, öffentlichen Einrichtungen, Akademien von Verbänden – etwa der Industrie- und Handelskammer – sowie von wissenschaftlichen Hochschulen und Fachhochschulen angeboten.

Arbeitsbeschaffungsmaßnahmen (ABM) sollen nach §§ 260 - 271 SGB III dazu beitragen, arbeitslosen Personen eine Betätigung zu verschaffen und ihnen damit den (Wieder-) Einstieg in den ersten Arbeitsmarkt zu ermöglichen. Arbeitnehmer können in eine ABM vermittelt werden, wenn sie Arbeitslosengeld oder Arbeitslosenhilfe beziehen und mindestens zwölf Monate in den letzten 18 Monaten arbeitslos waren. Bevorzugt - in einem größeren zahlenmäßigen Umfang und mit einem höheren Zuschuß - gefördert werden Arbeitslose, die nur schwer auf dem Arbeitsmarkt zu vermitteln sind. Dazu gehören z. B. Langzeitarbeitslose und jüngere Arbeitslose ohne beruflichen Abschluß und Schwerbehinderte oder ältere Arbeitnehmer. Die

Dauer einer ABM beträgt in der Regel 12 Monate, in begründeten Ausnahmefällen jedoch bis zu zwei Jahren. Der Förderungsumfang beläuft sich auf 50 bis 75 Prozent des berücksichtigungsfähigen Arbeitsentgeltes. Wenn sich der Träger verpflichtet, die Stelle anschließend in einen ungeförderten Dauerarbeitsplatz umzuwandeln, kann sie mehr als zwei Jahre betragen. ABM entstehen durch Vereinbarungen zwischen dem Arbeitsamt und einem Arbeitgeber, der als Träger einer Maßnahme in Frage kommt. Besonders gefördert werden Aufgaben, durch die Arbeitslose in den ersten Arbeitsmarkt integriert werden können und die zudem den Strukturwandel fördern oder absichern sowie die soziale Infrastruktur verbessern. Nur bei Vorliegen eines öffentlichen Interesses und der Schaffung zusätzlicher Arbeitsplätze ist eine Maßnahme förderungsfähig. In Ausnahmen - bei regionaler Arbeitslosigkeit sowie Schwerstvermittelbaren - ist auch eine Förderung von 90 bis 100 Prozent möglich. Aus Sicht der Arbeitslosen ist besonders hervorzuheben, daß aufgrund der zwölfmonatigen Dauer der ABM als einem regulären Arbeitsverhältnis Anwartschaften für den erneuten Bezug von ALG und ALHi entstehen. Dies ist um so bedeutsamer, da nur ca. ein Viertel der Teilnehmer an ABM in den ersten Arbeitsmarkt übernommen werden. Erst dann, wenn Maßnahmen der aktiven Arbeitsmarktpolitik mit Fortbildung und Umschulung verbunden sind, steigt die Chance einer Eingliederung in den ersten Arbeitsmarkt. Gelingt die Eingliederung nicht - und stellt sich die Maßnahme ex post aufgrund des mangelnden Eingliederungserfolgs als 'reine' ABM heraus - so bieten sich vielfältige Ansatzpunkte zur Kritik.

Als zentrale Elemente der *aktiven Arbeitsmarktpolitik* im SGB III ist - neben den oben genannten - der *Eingliederungsvertrag* für Langzeitarbeitslose nach §§ 229 ff. SGB III zu nennen. Der Eingliederungsvertrag wird zwischen dem Arbeitgeber - mit Zustimmung des Arbeitsamtes - und dem schwer vermittelbaren Arbeitslosen geschlossen. Es handelt sich hier um ein sozialversicherungspflichtiges Beschäftigungsverhältnis, aber nicht um ein übliches Arbeitsverhältnis, da verschlechterte Arbeitsschutzstandards (Kündigungsschutz) gelten und das Arbeitsamt u.a. die Lohnfortzahlung im Krankheitsfall übernimmt.

Vom Eingliederungsvertrag ist der *Eingliederungszuschuß* oder auch *Einarbeitungszuschuß* nach §§ 218 ff. SGB III zu unterscheiden. Eingliederungszuschüsse werden für ältere und/oder langzeitarbeitslose Arbeitnehmer gewährt. Ausgezahlt werden sie an den Arbeitgeber, wobei sich Höhe und Dauer des Lohnkostenzuschusses nach dem Umfang der Minderleistung bzw. dem Aufwand des Arbeitgebers für die Eingliederung des Arbeitslosen in den Betrieb bemessen. Der degressiv ausgestaltete Zuschuß beträgt 50 Prozent zunächst als Regelsatz.

Ebenfalls zur aktiven Arbeitsmarktpolitik wird das in der Bundesrepublik seit langem bewährte *Kurzarbeitergeld* nach §§ 169 - 183 SGB III gezählt. Durch Kurzarbeitergeld sollen Entlassungen vermieden werden, die regionale Arbeitsmärkte destabilisieren könnten. Es wird an die Arbeitnehmer zum Ausgleich des Verdienstausfalls gezahlt, wenn der Arbeitsausfall im Unternehmen vorübergehend ist, die Kurzarbeit wirtschaftliche Ursachen hat (z.B. Nachfrageausfall in der Automobilindustrie) und sie dem Arbeitsamt vom Arbeitgeber angezeigt worden ist. Das Kurzarbeitergeld wird wie Arbeitslosengeld berechnet.

2.3.3 Angebots- versus nachfrageorientierte Beschäftigungspolitik

Nachdem das Arbeitsförderungsgesetz vorgestellt wurde, erfolgt nun eine Skizze der Diskussion um die angebots- versus nachfrageorientierte Beschäftigungspolitik. Gleichfalls wird der Versuch unternommen, die konkurrierenden Politikempfehlungen zu einer kombinierten Strategie zusammenzuführen. Zur Vermeidung eines ausufernden Literaturverzeichnisses wird für die folgenden Ausführungen exemplarisch auf die Beiträge in den von *Buttler/Kühl/Rahmann* (1985) sowie *Hampe* (1984) herausgegebenen Sammelbänden verwiesen. Zum tieferen Verständnis der beiden Positionen ist es notwendig, sich mit den *Grundzügen der makroökonomischen Arbeitsmarkttheorie* in Abschnitt 3.2 dieses Buches auseinandergesetzt zu haben.

2.3.3.1 Angebotsorientierte Position

Die angebotsorientierte Wirtschaftspolitik fußt auf den Überlegungen der klassischen (und mehr noch der neoklassischen) Nationalökonomen, die davon ausgehen, daß der Arbeitsmarkt sich letztlich als ein Markt wie alle anderen verhält. Er hat eine Tendenz zur Markträumung, da Preis- und Mengenflexibilität gewährleistet sind, sofern diese nicht durch staatliche Interventionen behindert werden. Dieser einfache *Analogieschluß* von Gütermärkten auf den Arbeitsmarkt und die *mikroökonomische Sichtweise* des Arbeitslosigkeitsproblems hatten in Folge der Wirtschaftskrise der 30er Jahre und der Massenarbeitslosigkeit an Plausibilität und Einfluß verloren. Im Zuge des danach aufkommenden *Keynes*ianismus wurde die angebotsorientierte Position zu einer Mindermeinung unter Ökonomen.

Umgekehrt setzte die Wiederbelebung der angebotsorientierten Wirtschaftspolitik in den frühen 60er Jahren durch die 'monetaristische Gegenrevolution' von *Friedman* ein. Die Angebotstheoretiker argumentieren auf Grundlage des Neutralitätstheorems, d.h. sie gehen davon aus, daß staatliche Aktivitäten letztlich vor den Marktkräften bestenfalls unwirksam bleiben müssen. Die These vom *totalen Crowding Out* impliziert dann, daß der Staat nicht nur keine Multiplikatoreffekte auslösen kann, sondern darüber hinaus durch verzerrte Preise irreführende Signale gibt und schließlich eine ineffiziente Allokation verursacht. Diese Argumentation wird u.a. mit Hinweis auf die Gültigkeit des *Say*schen Gesetzes begründet.

Das *Say*sche Gesetz besagt, daß sich *jedes Angebot seine eigene Nachfrage schafft*, da der einzelne Marktteilnehmer nur deshalb Marktgüter produziert, um dafür andere Marktgüter einzutauschen. Das *Say*sche Gesetz schließt damit nicht eine Verschiebung zwischen den relativen Preisen aus. Der Kern der Argumentation liegt jedoch nicht auf den temporären Ungleichgewichten zwischen Teilmärkten, sondern darin, daß sich die damit einhergehenden Preisdifferentiale langfristig ausgleichen werden.

Bezogen auf die Arbeitsmarktpolitik bedeutet die Gültigkeit des *Say*schen Gesetzes konkret, daß *Lohnsenkungen des Faktors Arbeit eine erfolgversprechende beschäftigungspolitische Strategie* sind. Da der Arbeitnehmer nur arbeitet, um Güter zu konsumieren, und da auch sein Sparen letztlich von der Planung zukünftigen Konsums bestimmt wird, steht jedem Arbeitsangebot eine Güternachfrage gegenüber. Wird in größerem Umfang gespart, dann zeigt dies lediglich eine höhere Vorliebe für Zukunftsgüter an und stellt an sich noch kein wirtschaftspolitisches Problem dar. Denn das zusätzlich gesparte Kapital bewirkt ceteris paribus eine Zinssenkung, die wiederum zusätzlich Investitionen auslöst. Es wird somit postuliert, daß - unabhängig vom erreichten Stand der Volkswirtschaft und unabhängig von der jeweiligen Nachfragesituation und Kapazitätsauslastung - stets hinreichend viele Investitionschancen existieren, um Vollbeschäftigung zu erreichen. Werden diese Investitionschancen nicht wahrgenommen, so muß die Ursache in zu hohen Löhnen und dem korrespondierenden Rentabilitätsmangel liegen. Würden nun die Löhne gesenkt, so würde auch die Beschäftigung - zumindest langfristig - steigen.

Neben dem *Say*schen Gesetz ist die *Laffer*-Kurve das zweite zentrale Theorem der angebotsorientierten Ökonomen. Sie wurde vom gleichnamigen Berater des US-Präsidenten *Reagan* in die politische und wissenschaftliche Diskussion eingeführt. Auch die *Laffer*-Kurve geht von einer recht simplen Überlegung aus, die dann zu weitreichenden Konsequenzen führt. Die Überlegung ist die, daß die Steuereinnahmen des Staates sowohl bei einem Steuersatz von Null als auch bei einem Steuersatz von 100 Prozent gleich Null sein werden. Der Staat wird *in beiden Extremfällen keine Steuern* einnehmen, da er im ersten Fall gar nicht erst Steuern erhebt und im zweiten Fall das gesamte Einkommen besteuert und damit dem einzelnen seinen materiellen Arbeitsanreiz nimmt.

Zwischen diesen beiden Extrempunkten - so *Laffer*s weitere Überlegung - muß es also einen Maximalwert der Steuereinnahmen geben, den der Staat anstreben kann und soll. Üblicherweise wird nun von angebotsorientierten Ökonomen angenommen, daß der heutige Steuersatz jenseits des Maximalwerts liegt, woraus folgt, daß eine *Senkung des Steuersatzes per Saldo für den Staat höhere Steuereinnahmen mit sich bringen* würde. Angebotsorientierte Ökonomen fordern daher eine Senkung des Steuersatzes, die in Verbindung mit einer Deregulierung des Arbeitsmarktes und anderer Märkte zu einer Sanierung der Staatsfinanzen beitragen wird.

Angesichts einer *zunehmenden internationalen Verflechtung* der Volkswirtschaften gewinnt die angebotstheoretische Argumentation aktuell an Gewicht. Ihre Vertreter verweisen darauf, daß erstens die Güternachfrage grenzüberschreitend gedeckt werden kann und daß eine Verbesserung der nationalen Angebotsbedingungen die Position im internationalen Standortwettbewerb stärkt. Beschäftigungspolitische Konsequenz kann ihrer Ansicht nach nur eine *Senkung der Produktionskosten* und insbesondere der Kosten des Faktors Arbeit sein. Um dies zu erreichen, fordern sie, daß möglichst alle Bereiche der Wirtschafts- und Sozialpolitik einer strengen *Regelbindung* und *speziellen Zielen* unterworfen werden sollen. Demnach sollte die Geldpolitik das Ziel der Geldwertstabilität (besondere Betonung im Monetarismus), die Fiskalpolitik das Ziel der allokativen Neutralität bei der Produktion öffentlicher Güter und die Lohnpolitik das Ziel der Vollbeschäftigung verfolgen (*Walter*, 1985, S. 3 - 7). Schließlich wird dann die *Lohnpolitik zum alleinigen Instrument der Beschäftigungspolitik* erhoben und umgekehrt staatliche Nachfragepolitik vehement abgelehnt. Statt selbst Nachfrage zu entwickeln, sollte er sich darauf beschränken, der Privatinitiative größeren Freiraum zu geben. Der Staat ist Objekt der Therapie und nicht Subjekt der Problemlösung.

2.3.3.2 Nachfrageorientierte Position

Die nachfrageorientierte Beschäftigungspolitik geht auf das Modell von *Keynes* zurück, das als *Theorie der Unterbeschäftigung* konzipiert wurde. *Keynes* geht davon aus, daß sich die Markträumung nicht automatisch und in einem akzeptablen Zeitraum einstellt. Statt dessen sind erhebliche Verzögerungen der Preisanpassung auf einzelnen Teilmärkten und darüber hinaus *Rationierungen* zu beobachten, die vom Gütermarkt ausgehen und auf dem Arbeitsmarkt Unterbeschäftigung erzeugen. Die Rationierungen auf Güter- und Arbeitsmärkten beruhen auf systematischen *Erwartungsirrtümern* der Marktteilnehmer und erfordern eine ihnen entgegenwirkende Politik.

Die Nachfragepolitik zielt daher auf eine *bessere Ausnutzung gegebener Produktionsmöglichkeiten* der Volkswirtschaft durch mehr staatliche und staatlich stimulierte Nachfrage nach Gütern und Diensten ab. Indem sie direkt (über staatliche Investitionsprojekte) oder indirekt (über Einkommenspolitik) zusätzliche Nachfrage bewirken will, steht sie im Gegensatz zur Angebotspolitik, die versucht, eine Stimulation ausschließlich über die Verbesserung der Produktionsbedingungen zu erreichen (*Sievert*, 1984, S. 68).

Die theoretische Grundlegung der nachfrageorientierten Beschäftigungspolitik geht davon aus, daß zwischen dem Güter- und dem Arbeitsmarkt zwar

Interdependenzen bestehen, diese jedoch nicht automatisch zu einem Marktgleichgewicht tendieren. Statt dessen sind die Verhaltensweisen der Marktteilnehmer störanfällig, was mit den Theoremen der Investitions- und Liquiditätsfalle illustriert wird. Die Existenz solcher *kumulativen, pessimistischen Erwartungsfehler* impliziert die *grundsätzliche Möglichkeit eines massiven Koordinationsversagens des Marktsystems*.

Auch in anderer Hinsicht stehen Nachfragetheoretiker allzu einfachen Lösungsmustern skeptisch gegenüber. Sie sehen grundsätzlich durch die Widerlegung des *Say*schen Gesetzes und der *Laffer*-Kurve die angebotsorientierte Position ihres theoretischen Fundaments beraubt (*Rahmann*, 1985, S. 79 - 93). Aufgrund ihrer mangelnden empirischen Evidenz und fehlenden theoretischen Stringenz - so ist der stetige Verlauf der *Laffer*-Kurve zwischen den Extrema keineswegs zwingend und die exakte Bestimmung des Status Quo unmöglich - erweisen sich ihrer Ansicht nach entsprechende Hoffnungen als trügerische Wunschträume radikaler und vorschneller Handlungsempfehlungen. Angebotsorientierte Konzepte sind daher kein tragfähiges Fundament einer erfolgreichen Beschäftigungspolitik.

Aus der theoretischen Anlage der nachfrageorientierten Position folgt für die Beschäftigungspolitik, daß eine einfache Lohn- und Kostensenkung - insbesondere die Lohnsenkung für gering qualifizierte Tätigkeiten - keineswegs automatisch zur Schaffung von Arbeitsplätzen führt. Statt dessen werden Unternehmer nur dann Arbeitsplätze schaffen, wenn sie hohe Gewinne erwarten, wenn sie also *auf dem Gütermarkt nicht rationiert sind*. Eine solche Rationierung tritt insbesondere dann auf, wenn die privaten Haushalte sparen und dies - mangels Güternachfrage - nicht zu vermehrten Investitionen, sondern zu einem sinkenden Wachstumstrend und einer *kumulativen Verschärfung der Rezession* führt.

In diesem Kontext verweisen Vertreter der nachfrageorientierten Beschäftigungspolitik auf die Interdependenz von Einkommensverteilung und gesamtwirtschaftlicher Nachfrage. Denn nach dem - empirisch hinreichend belegten - fundamentalpsychologischen Gesetz von *Keynes* nimmt die *marginale Sparneigung* bei steigendem Einkommen zu (vgl. hierzu auch Abschnitt 2.2.1). Nimmt nun im Zuge der von den Angebotsökonomen geforderten Einkommensspreizung der Anteil von Beziehern mittlerer Einkommen ab, so sinkt die gesamtwirtschaftliche Nachfrage ceteris paribus. Denn in den höheren Einkommensklassen ist die marginale Konsum*neigung* gering und in den niedrigeren Einkommensklassen sind die Konsum*möglichkeiten* per se gering.

Schließlich sei darauf hingewiesen, daß aus nachfragetheoretischer Sicht dem relevanten *Zeithorizont* eine herausragende Bedeutung zukommt. Bereits in den 30er Jahren war die konkrete Verbesserung der Lebenslage der Arbeitslosen vorrangiges Ziel der nachfrageorientierten Politik. *Keynes*' berühmte Feststellung, wonach wir 'langfristig alle tot' sein werden, wird zurecht häufig als charakteristisch für die nachfrageorientierte Position hervorgehoben. So kann die fragwürdige Aussicht eines langfristigen Abbaus der Arbeitslosigkeit durch das Wirken der Marktkräfte die Lebenslage des einzelnen Arbeitslosen nicht heben. Eine gezielte Intervention ist nach Ansicht von Nachfragetheoretikern um so mehr erforderlich, wie einzelne Teilmärkte und Personengruppen besonders von der Arbeitslosigkeit betroffen sind. Hier gilt es, die oben beschriebene Verfestigung der Langzeitarbeitslosigkeit auf Teilmärkten zu verhindern.

Eine Intervention auf *Teilmärkten* bedeutet im Sinne nachfrageorientierter Politik auch, durch die Ausrichtung staatlicher Investitionen *qualitative Wachstumsimpulse* zu setzen und das Entstehen neuer Märkte zu fördern. Nachfragetheoretiker fordern daher eine aktive Rolle des Staates bei der Formulierung von *qualitativen Wachstumszielen* und bei der selektiven Förderung von Investitionen (*Vesper*, 1985, S. 13 und S. 35f.). Solche Investitionsprogramme beziehen sich in der Regel auf Teilmärkte, in denen die private Nachfrage noch unterentwickelt ist und von denen man sich zukünftige Wachstumsimpulse erwartet. Beispiele dafür sind Investitionen im Umweltbereich, im Hochtechnologiebereich und der Infrastruktur, neuerdings auch Investitionen im Bereich der sozialen Dienste. Mit diesen Investitionen sollen über Multiplikatoreffekte die Gewinnerwartungen der Arbeitgeber gesteigert werden, was sie letztlich dazu veranlassen soll, dort neue Arbeitsplätze zu schaffen.

Schließlich ist darauf zu verweisen, daß sich auch die Vertreter der nachfrageorientierten Politik auf den fortschreitenden *Globalisierungstrend* berufen. Sie verweisen darauf, daß eine Lohnsenkung auf dem Binnenmarkt der exportorientierten Industrie zwar kurzfristig Vorteile verschaffen wird. Diesem *Export von Arbeitslosigkeit* werden die Handelspartner aber nicht tatenlos zusehen können. Sie versuchen ebenfalls, Arbeitslosigkeit durch Lohnsenkung und/oder Abwertung der heimischen Währung zu exportieren. Damit wird der Lohnkostenvorteil mittelfristig dadurch ins Gegenteil verkehrt, daß andere Volkswirtschaften ebenfalls mit Lohnsenkung zur Abwehr der Exporte reagieren (*beggar-my-neighbour-policy*). So kann ein internationaler Lohnsenkungswettlauf bald zu Senkungen der Güterpreise und damit zur Deflation führen. Spätestens dann ist eine internationale Rezession eingetreten und die Arbeitslosigkeit weiter angestiegen.

Nach dieser kurzen Skizze der angebotsorientierten und der nachfrageorientierten Wirtschaftspolitik sollen nun Stärken und Schwächen der beiden Ansätze einander gegenübergestellt und es soll versucht werden, beide in einer kombinierten Strategie zusammenzuführen.

2.3.3.3 Grundzüge einer kombinierten Strategie

Der liebe Gott hat - so wird der amerikanische Nobelpreisträger Paul A. *Samuelson* gerne zitiert - dem Ökonomen zwei Augen gegeben, eins für das Angebot und eins für die Nachfrage. Im Grundsatz gilt dieser Satz immer noch, wenn auch heute die Mehrheit der Ökonomen für eine primär angebotsorientierte Beschäftigungspolitik plädiert. Sie begründen dies damit, daß ihrer Ansicht nach die beste Nachfragepolitik letztlich in der Schaffung günstiger Investitionsbedingungen liege und die daraus folgende Schaffung von Arbeitsplätzen und Einkommen letztlich auch die Nachfrage stimuliere. Umgekehrt betonen explizit keynesianisch orientierte Ökonomen, heute eine Minderheit unter den Fachvertretern, daß zwar eine unmittelbare Stimulierung der Nachfrage als fiskalischer Impuls funktionieren kann, langfristig jedoch nur wettbewerbsfähige Arbeitsplätze einen hohen Beschäftigungsstand sichern können. So zeigt sich, daß die Ökonomen in beiden Lagern durchaus nicht blind für die Argumente der Gegenseite sind.

Die im folgenden zu entwickelnde, kombinierte Strategie der Beschäftigungspolitik ist die Konsequenz aus der Tatsache, daß die praktischen Ergebnisse sowohl der angebotsorientierten als auch der nachfrageorientierten Beschäftigungspolitik in ihrer extremen Ausprägung nicht befriedigen können. Die Kontroverse zwischen angebots- und nachfrageorientierter Beschäftigungspolitik ist insofern unentschieden (und damit entschieden), daß sich keine Ergebnisse ableiten lassen, die sowohl eindeutig als auch dauerhaft richtig wären. *Es muß keinen Gegensatz zwischen Angebots- und Nachfrageorientierung geben, da beide spezifische Aufgaben haben.* Die Angebotspolitik ist eine langfristig orientierte Wachstumspolitik, die Nachfragepolitik hingegen hat die Aufgabe, konjunkturelle Schwankungen auszugleichen. Je nach wirtschaftlicher Situation - vorwiegend struktureller bzw. konjunktureller Arbeitslosigkeit - sollte das Schwergewicht der Politik auf der einen oder der anderen Politik liegen.

Es gibt somit *typische Situationen und Problemkonstellationen*, die mehr für eine angebotsorientierte oder aber mehr für eine nachfrageorientierte Politik sprechen. Der Streit um die Adäquanz von angebots- versus nachfragepolitischen Maßnahmen ist damit zuerst ein Streit um die Situationsanalyse.

Ein Ergebnis der weiteren Überlegungen kann hier schon vorweggenommen werden: *Angebots- und Nachfragepolitik stehen in einem komplementären Verhältnis zueinander*, ein Befund, der auch von den Versuchen der Arbeitsmarkttheoretiker, ein 'Konsensmodell' der Arbeitslosigkeit zu entwickeln (vgl. Abschnitt 3.4), gestützt wird. Die Nachfragepolitik ist grundsätzlich in der Lage, die Angebotspolitik zu verbessern, ebenso wie umgekehrt die angebotsorientierte Politik die nachfrageorientierte Politik unterstützen kann. Dies gilt um so mehr, je weniger eindeutig die Situationsanalyse auf eine ausschließlich klassische oder keynesianische Arbeitslosigkeit schließen läßt.

Angesichts des Stands der Arbeitslosenquote in Gesamtdeutschland ist das Problem derart gravierend, daß vermutlich nur ein *Bündel von aufeinander abgestimmten Maßnahmen* in der Lage ist, einerseits das Beschäftigungsproblem zu entspannen, andererseits aber auch die anderen gesamtwirtschaftlichen Ziele nicht zu gefährden. Für die praktischen Herausforderungen der Politik reicht es nicht, einfach abzuwarten, ob aufgrund der kostenseitig verbesserten Angebotsbedingungen die Voraussetzungen für mehr Investitionen auch genutzt und zudem zu mehr Beschäftigung führen werden; vielmehr sollte durch eine Kombination von angebots- und nachfrageorientierten Maßnahmen dazu beigetragen werden, daß die *angebotsseitig geschaffenen Voraussetzungen nachfrageseitig flankiert* und damit tatsächlich - und zwar sehr bald - genutzt werden (*Kromphardt*, 1998, S. 226 f.).

Welche Maßnahmen im einzelnen in dem notwendigen Policymix der Beschäftigungspolitik zu berücksichtigen sind, ist letztlich nicht auf Ebene der Theorie, sondern nur mit Rückgriff auf die Empirie zu ermitteln. Denn wie *Snower* (1996, S. 16f.) feststellt, ist zu vermuten, daß realiter Arbeitslosigkeit eine *Vielzahl von Ursachen* hat, die simultan auf die Entwicklung einwirken. So ist der Glaube unvernünftig, daß irgendeine einzige Theorie jene vielfältigen empirischen Fakten zu klären in der Lage wäre, wie sie beispielsweise der Entwicklung der Arbeitslosigkeit in der OECD zugrunde liegen. Bevor also eine Handlungsempfehlung gegeben wird, müssen die Theorien darauf geprüft werden, inwieweit sie in der Lage sind, die empirischen Fakten zu erklären. Die damit zusammenhängenden Probleme sind weitreichend und können im folgenden nur angerissen werden.

Zunächst zur *Kritik der empirischen Evidenz der Prämissen angebotsorientierter Beschäftigungspolitik*: Das Problem dieser Theorie und Konzeption liegt darin, daß sie nicht in der Lage ist, die Entwicklung der Arbeitslosigkeit zu erklären, wie sie in den letzten Dekaden in den Ländern der OECD zu beobachten war. Denn infolge des Niedergangs des gewerkschaftlichen Organisationsgrades, infolge der weitgehenden Deregulierungs- und Privatisierungsmaßnahmen sowie vor allem der Liberalisierung des Arbeitsmarktes in vielen OECD-Ländern in den 80er Jahren kann nicht mehr argumentiert werden, daß die natürliche Rate der Arbeitslosigkeit in diesem Zeitraum signifikant gestiegen sei. Zudem spricht vieles dafür, daß verbesserte Informationstechnologie und gesunkene Lohnersatzleistungen sowie ein nach wie vor hoher Eigenwert der Arbeit für den sozialen Status die Transaktionskosten des Matching-Prozesses tendenziell gesenkt bzw. die Opportunitätskosten der Arbeitslosigkeit tendenziell erhöht haben. Angesichts dieser Einwände ist Vorsicht gegenüber der Behauptung geboten, daß der Beschäftigungsaufschwung in den USA und Großbritannien in der Mitte der 90er Jahre eine Spätfolge von Thatcherismus und Reagonomics gewesen sei. Die spezifischen Ausgangslagen und die Ausprägungen beider Konzeptionen sowie der kaum noch zurechenbare Zusammenhang zwischen Maßnahmen und Beschäftigungswirkung lassen höchste Vorsicht bei der Verallgemeinerung entsprechender Handlungsempfehlungen angeraten erscheinen.

Auf der anderen Seite sind auch die *Kritikpunkte an der nachfrageorientierten Beschäftigungspolitik* gravierend. Sie beziehen sich zum einen darauf, daß im Zuge zunehmender weltwirtschaftlicher Verflechtungen die nationalen Regierungen immer weniger in der Lage sind, über Investitionsprogramme nachhaltige nationale Konjunkturimpulse auszulösen. Zudem bedeuten die Globalisierungstendenzen, daß die externen Effekte einer Ausweitung der Binnennachfrage (Importsog) tendenziell zunehmen und daher die benachbarten Volkswirtschaften in steigendem Ausmaß von den nationalen Beschäftigungsprogrammen profitieren. Diese Sickerverluste der nationalen Multiplikatorwirkung sind um so problematischer, da die finanziellen Restriktionen der nationalen Finanzpolitik bei der Finanzierung solcher Programme nicht zu übersehen sind. Darüber hinaus verweist auch eine weitere empirische Beobachtung auf einen zunehmenden Erklärungsnotstand der Keynesianischen Theorie. Denn die 80er Jahre haben gezeigt, daß sich fast über den gesamten Zeitraum die europäischen Arbeits- und Gütermärkte nicht gleichgerichtet entwickelt haben. Die beobachtbare Zeitverzögerung zwischen Wirtschaftswachstum und Beschäftigungsanstieg ist kaum mit den üblichen Argumenten endogener Produktivitätssteigerungen oder Lagerhaltung zu erklären, sondern sie verweist darauf, daß Arbeits-, Güter- und insbesondere Finanzmärkte zunehmend entkoppelt sind.

Wurzelt nun im konkreten Fall - der bundesrepublikanischen Arbeitslosigkeit Ende der 90er Jahre - das Beschäftigungsproblem auf der Angebots- oder auf der Nachfrageseite? Welche Kombination beider Politikkonzepte ist zu wählen, wenn die Frage nicht eindeutig zu beantworten ist (*Sievert*, 1984, S. 71)? Führt man sich die Kritikpunkte an beiden Positionen vor Augen, so wird deutlich, daß eine Kombination von angebots- und nachfrageorientierten Politikkonzepten in der Lage sein könnte, die Stärken und Schwächen beider Extrempositionen auszugleichen.

So hat beispielsweise das *Institut für Arbeitsmarkt- und Berufsforschung* Simulationsrechnungen vorgelegt, wonach durch ein Strategiebündel aus verschiedenen Formen der *Arbeitszeitverkürzung* und *Lohnzurückhaltung* sowie selektiver *Umschichtung in der Fiskalpolitik* von 1996 bis zum Jahr 2005 ein deutlicher Beschäftigungseffekt zu erzielen sei (*IAB*, 1996). Ziel ist eine gleichzeitige Verbesserung von Kostenstruktur und Gewinnerwartung. So sind einerseits die Angebotsbedingungen selbstverständlich zu verbessern, was insbesondere einen Abbau der Abgabenbelastung, aber auch eine Flexibilisierung der Genehmigungsverfahren und Entscheidungsspielräume in der Umsetzung tarifvertraglicher Rahmenvorschriften bedeutet. Entsprechende Anstrengungen sind in den 80er und 90er Jahren weit vorangeschritten, und sie waren auch notwendig, um im tiefgreifenden Strukturwandel institutionelle Reformen zu ermöglichen. Zudem steht das Primat der Geldwertstabilität als Ziel der Geldpolitik nicht mehr zur Diskussion. Der beschäftigungspolitische Grenzertrag einer weiteren Angebotsorientierung wäre jedoch vermutlich gering.

In diesem Sinne äußerte sich auch das *Deutsche Institut für Wirtschaftsforschung* in seiner Kritik am Jahresgutachten vom Herbst 1997 des Sachverständigenrates. „Weder die ökonomische Theorie noch die Empirie sprechen dafür, daß das, was der Sachverständigenrat Angebotspolitik nennt, ausreicht, um Stockungen der Investitionstätigkeit zu beheben. Solche Maßnahmen schlagen sich in einer Erhöhung der gesamtwirtschaftlichen Produktivität nieder. Das ist erwünscht, kann damit doch das verfügbare Realeinkommen aller am gesellschaftlichen Leben beteiligten Gruppen zunehmen. Daß durch Maßnahmen zur Steigerung der Produktivität des Einsatzes aller Produktionsfaktoren die Beschäftigung steigt, ist dagegen nicht zu erwarten. Der Versuch, Dinge rationeller als zuvor herzustellen, bedeutet auch immer den Versuch der Einsparung von Arbeitskraft. Selbst wenn sich daraus nicht, wie häufig vermutet, unmittelbar ein negativer Effekt auf dem Arbeitsmarkt ergibt, weil dem - für sich genommen - negativen Produktivitätseffekt ein positiver Einkommenseffekt entgegensteht, so ist es doch nicht gerechtfertigt, aus der effizienteren Allokation unmittelbar eine Zunahme der Beschäftigung abzuleiten. *Insofern ist eine Wirtschaftspolitik, die ein großes Gewicht auf angebotsseitige Maßnahmen legt, zwar einkommenserhöhend, sie ersetzt aber keinesfalls eine Beschäftigungspolitik.* In allen Phasen und in allen Ländern, wo eine Stockung bei den Investitionen überwunden wurde, lassen sich stattdessen geldpolitische oder nachfrageseitige Anregungen eindeutig als Ursachen identifizieren.“ (Deutsches Institut für Wirtschaftsforschung, 1998, S. 2; Hervorhebungen von den Verfassern).

Spätestens dann, wenn sich die international dominierende Restriktionspolitik zu einer *Weltdepression* addieren sollte, werden die nationalen Regierungen einem solchen Vorgang nicht tatenlos zusehen. Im Fall einer Weltdepression wären international abgestimmte Maßnahmen notwendig, um einem kumulativen Nachfragerückgang und deflatorischen Tendenzen entgegenzuwirken. Zumindest wäre es leichtsinnig, die keynesianischen Methoden in Zukunft völlig auszuschließen. Das momentane Fehlen internationaler Koordination in der Beschäftigungspolitik kann nicht als Legitimation für wirtschaftspolitische Abstinenz herangezogen werden, sondern kann als Auftrag an die praktische Politik verstanden werden, auf internationaler Ebene entsprechend handlungsfähige Institutionen zu schaffen (*Heise*, 1996, S. 287).

Schließlich gilt sowohl für die angebots- als auch für die nachfrageorientierte Beschäftigungspolitik, daß ihr Erfolg zu einem großen Teil auf *psychologischen Faktoren* beruht. Eine Volkswirtschaft, die kollektiv eine pessimistische Grundeinstellung pflegt, wird kaum Arbeitslosigkeit abbauen können. Darauf haben die Protagonisten beider Politikkonzepte immer wieder hingewiesen (vgl. *Schiller*, 1984, S. 40; *Sievert*, 1984, S. 87). Ob die Schaffung günstiger Erwartungen eher durch Angebots- oder Nachfragepolitik möglich ist, kann ohne Situationsanalyse nicht postuliert werden.

2.3.4 Arbeitszeitpolitik

Wurde bis in die 70er Jahre Arbeitszeitpolitik primär unter dem Aspekt des Arbeitsschutzes (Nachtarbeitsverbot) und der Reproduktion der Arbeitskraft (Erholungsurlaub, Einführung der Fünf-Tage-Woche) betrachtet (vgl. Abschnitt 2.1.2), so kam in den 80er Jahren der beschäftigungspolitische Aspekt neu in die Diskussion. Bereits bei der einleitenden Darstellung der Arbeitsmarkttrends in Abschnitt 1.3 wurde deutlich, daß mit der langfristig steigenden Zahl der Erwerbstätigen eine Zunahme der Teilzeittätigkeiten verbunden war und ist. Auch angesichts einer wieder steigenden Beschäftigungsschwelle stellt sich die Frage, ob der wachstumsbedingte Beschäftigungseffekt überhaupt ausreichend sein wird, um zukünftig eine wachsende Zahl der Erwerbspersonen in den Arbeitsmarkt zu integrieren.

Im Verlauf der achtziger Jahre hat sich daher in den europäischen Ländern eine Diskussion um Strategien und Formen der Arbeitszeitpolitik entwikkelt. Wie nicht anders zu erwarten, liegen auch hier die Positionen weit auseinander. Während seitens der Arbeitgeber unter Arbeitszeitpolitik im wesentlichen eine *Flexibilisierung* und Deregulierung der Arbeitsmarktordnungspolitik verstanden wird, fordern Gewerkschaften je nach ihrer speziellen Situation mehr oder weniger engagiert eine Ausweitung der Tarifverhandlungen auf *Arbeitszeitverkürzung*.

2.3.4.1 Die Strategie der Arbeitszeitflexibilisierung

Die Strategie der Arbeitszeitflexibilisierung wird in der wissenschaftlichen Politikberatung in Deutschland exponiert vom *Sachverständigenrat zur Begutachtung der gesamtwirtschaftlichen Entwicklung* vertreten. Zu den Elementen der von ihm favorisierten angebotsorientierten Wirtschaftspolitik gehört auch die Forderung nach einer an den betrieblichen Interessen ausgerichteten Arbeitszeitflexibilisierung. Die Arbeitszeitflexibilisierung ist mit dem Ziel verbunden, die Kosten der Unternehmen zu senken und so deren internationale Wettbewerbsfähigkeit zu verbessern (vgl. etwa *Sachverständigenrat*, 1993, Ziffer 379). Dem *Sachverständigenrat* zufolge ermöglichen die ausgelösten Kostensenkungen niedrigere Güterpreise, die wiederum vor allem im Hinblick auf zunehmend globalisierte Absatzmärkte eine größere

Nachfrage induzieren und somit zur Sicherung und Schaffung von Arbeitsplätzen beitragen. Allerdings spielt die Arbeitszeitflexibilisierung in dem Gesamtkonzept des *Sachverständigenrat*s keine dominierende Rolle, da sie lediglich *eines von vielen Elementen angebotsorientierter Maßnahmen* ist. Einen Abbau der Arbeitslosigkeit verspricht sich der *Sachverständigenrat* mittel- bzw. langfristig von der Realisation des Gesamtbündels angebotsorientierter Maßnahmen, die die wirtschaftlichen Wachstumskräfte stärken sollen. Das vom *Sachverständigenrat* verfolgte arbeitszeitpolitische Ziel der Kostensenkung soll zum einen durch eine verstärkte Entkopplung von Arbeits- und Betriebszeiten und zum anderen durch die Einführung arbeitsanfallorientierter Arbeitszeiten realisiert werden.

Durch eine Verbesserung der tariflichen und gesetzlichen Rahmenbedingungen für eine *Entkopplung der individuellen Arbeitszeiten von den Maschinenlaufzeiten* könnten die Betriebszeiten - also die wöchentliche Nutzungszeit der betrieblichen Anlagen inklusive Vor- und Nachbereitungszeiten sowie die Ansprech- und Öffnungszeiten im Dienstleistungsbereich - ausgeweitet werden, was eine spürbare Senkung der Kapitalkosten zur Folge hätte. Eine solche Senkung der Kapitalkosten sei im Hinblick auf den sich verschärfenden internationalen Wettbewerb und die erhöhte Kapitalintensität im Fertigungsbereich dringend erforderlich. Eine verstärkte Entkopplung von Arbeits- und Betriebszeiten sei auch insofern geboten, als sie die Voraussetzung schaffe, um den Arbeitseinsatz optimal an den Produktionsrhythmus anzupassen. In einem gewissen Maße könnten von verlängerten Betriebszeiten auch unmittelbare Beschäftigungseffekte ausgehen.

Weitere Kostensenkungen im Personalbereich sollen durch eine *flexible Anpassung der Arbeitszeit* an die saisonal und konjunkturell bedingten Produktionsschwankungen erreicht werden. Im Hinblick auf die angestrebten Kostensenkungen spricht sich der *Sachverständigenrat* für Tarifverträge aus, in denen nur noch die Jahresarbeitszeit vereinbart wird. Jahresarbeitszeitregelungen hätten seiner Ansicht nach insbesondere den Vorteil, daß die individuelle Arbeitszeit optimal an den schwankenden betrieblichen Arbeitsbedarf angepaßt werden könne. Innerhalb des weiten Rahmens der Jahresarbeitszeitverträge soll die Verteilung der Jahresarbeitszeit dann dezentral auf betrieblicher Ebene erfolgen, um differenzierte, auf die jeweiligen betrieblichen Erfordernisse abgestellte Arbeitszeitregelungen zu gewährleisten. Der *Sachverständigenrat* spricht sich in diesem Zusammenhang dafür aus, daß sich möglichst viele neue Formen flexibler Arbeitszeitregelungen herausbilden sollten. Alternativ zu der Forderung nach tariflichen Jahresarbeitszeitregelungen wird eine Ausweitung tariflicher Bandbreitenregelungen vorgeschlagen. Demnach könnte von der vereinbarten tariflichen Arbeitszeit nach beiden Seiten innerhalb einer bestimmten Schwankungsbreite abgewichen werden. Die vereinbarte Arbeitszeit müßte sich dann innerhalb eines bestimmten Ausgleichszeitraums lediglich als Durchschnittswert ergeben. Zudem sollte der Ausgleichszeitraum, innerhalb dessen bei schwankender Wochenarbeitszeit ein tarifvertraglich vereinbarter Durchschnittswert erreicht werden muß, verlängert werden.

Zur Position des *Sachverständigenrat*s sei abschließend vermerkt, daß seiner Ansicht nach die Forderung nach einer an den betrieblichen Interessen ausgerichteten Arbeitszeitflexibilisierung *keineswegs im Widerspruch zu den Arbeitszeitinteressen der Arbeitnehmer* steht. Dem Interesse der Arbeitnehmer an differenzierten Arbeitszeiten komme die Arbeitszeitflexibilisierung dadurch entgegen, daß sie einen größeren Freiraum bei der Gestaltung der individuellen Arbeitszeit erlaube. Insbesondere ermöglichten flexible Arbeitszeitregeln den Zugewinn an Freizeitblöcken, eine größere Dispositionsfreiheit am Arbeitsplatz und die Anpassung der Arbeitszeit an individuelle Lebensumstände.

Gegner der Strategie der Arbeitszeitflexibilisierung - wie etwa die *Arbeitsgruppe alternative Wirtschaftspolitik* (1987, S. 206) - sind in der Bundesrepublik vor allem dem Gewerkschaftslager zuzurechnen. Ihrer Ansicht nach ist die kostenorientierte Strategie der Arbeitszeitflexibilisierung aus beschäftigungspolitischen Gründen sowie aus Sicht der Arbeitnehmerinteressen negativ einzuschätzen.

Begründet wird diese Ablehnung damit, daß erstens die Arbeitszeitflexibilisierung zu einer Steigerung der Arbeitsproduktivität und somit einem *Abbau des betrieblichen Arbeitsvolumens* führe, wenn nicht gleichzeitig die (nationale oder internationale) Güternachfrage steige. Insbesondere führe die Anpassung der Arbeitszeit an den Arbeitsanfall zu einer Senkung des betrieblichen Personalbedarfs, da beispielsweise eine Personalreserve überflüssig werde. Positive Beschäftigungseffekte könnten von einer Arbeitszeitflexibilisierung nur dann ausgehen, wenn die Dauer der Arbeitszeit, wie z.B. bei der Teilzeitarbeit, verkürzt werde.

Eine allein nach Kostenkriterien gestaltete Arbeitszeitflexibilisierung wird auch deshalb abgelehnt, weil dies einseitig *zu Lasten der Arbeitnehmerinteressen* ginge. Eine automatische Kompatibilität von betrieblichen Belangen und Arbeitnehmerinteressen kann demnach keineswegs unterstellt werden. Vielmehr seien die nach kostenoptimalen Kriterien gestalteten flexiblen Arbeitszeitsysteme mit dem Bedürfnis der Arbeitnehmer nach mehr Zeitsouveränität in der Regel unvereinbar. Eine an betrieblichen Kriterien ausgerichtete Arbeitszeitgestaltung geht ihrer Ansicht nach zwangsläufig zu Lasten des Arbeitnehmereinflusses auf Lage und Dauer der Arbeitszeit. Auch werden die mit der Erhöhung von Betriebszeiten einhergehende Ausweitung von Nacht- und Samstagsarbeit sowie kapazitätsorientierte Arbeitszeitsysteme mit einer stark schwankenden Verteilung der Arbeitszeit von der Mehrzahl der Arbeitnehmer abgelehnt. Wenn jedoch nicht die Kostengesichtspunkte, sondern die Arbeitnehmerinteressen im Mittelpunkt stehen sollen, dann empfehlen Gegner der Arbeitszeitflexibilisierung eine generelle Arbeitszeitverkürzung. Dann nämlich sei die im Rahmen einer Betriebszeitausweitung häufig eingesetzte Nacht-, Schicht- oder Wochenendarbeit eher vertretbar, da mehr Ausgleichszeit zur Verfügung steht.

Die beiden hier skizzierten, konträren Positionen von Befürwortern und Gegnern einer Arbeitszeitflexibilisierung korrespondieren offenkundig mit den oben erläuterten Positionen im Streit um eine angebots- versus nachfrageorientierte Beschäftigungspolitik (vgl. Abschnitt 2.3.3) und verweisen zudem auf die Ziele der Arbeitszeitflexibilisierung aus Sicht der Arbeitgeber und der Arbeitnehmer.

Bereits oben wurde erwähnt, daß aus Sicht der *Arbeitgeber* die Verbesserung der Position im internationalen Wettbewerb im Mittelpunkt des Interesses steht. Sie fordern eine Arbeitszeitflexibilisierung schon allein zur Kompensation der Standortnachteile durch die im internationalen Vergleich niedrigen Wochen- und Jahresarbeitszeiten sowie das hohe Lohnniveau, die jeweils den Produktivitätsdruck erhöhen. Die zunehmende Bedeutung der Arbeits- und Betriebszeitgestaltung als Faktor für die nationale und internationale Wettbewerbsfähigkeit ist auch vor dem Hintergrund neuer Produktions- und Logistik-Konzepte wie Just-in-Time-Fertigung und Lean-Management zu sehen (*Schwientek*, 1993, S. 2). Diese sowohl im industriellen als auch im Dienstleistungsbereich vordringenden Konzepte zielen auf eine flexible Massenfertigung, die eine verkürzte Wertschöpfungszeit garantiert und dadurch Produktivitätseffekte auslöst. Die Flexibilisierung des Produktionsablaufs erfordert dazu eine Synchronisation von Arbeitsanfall und Arbeitszeit, weshalb von der Unternehmensseite Arbeitszeitregelungen angestrebt werden, die hinsichtlich der Dauer und der Verteilung der Arbeitszeit ein hohes Maß an Flexibilität aufweisen.

Zwar ist auch aus Sicht der *Arbeitnehmer* der Wunsch nach flexibleren Arbeitszeiten unverkennbar und vielfach in Umfragen bestätigt. Dabei gilt jedoch, daß die Arbeitszeitpräferenzen der Arbeitnehmer heterogen sind und von ihnen die Flexibilisierung dann befürwortet wird, wenn die Arbeitnehmer selbst Lage und Umfang der Arbeitszeiten bestimmen können. Die Präferenzen der Arbeitnehmer bilden sich in Abhängigkeit von ihrem individuellen Lebensentwurf, ihrem Lebensalter sowie ihrem sozialen Umfeld. Generell und verständlicherweise werden von den Arbeitnehmern solche Arbeitszeitformen bevorzugt, die mit einem Zugewinn an individuellen Spielräumen - einem Mehr an Zeitsouveränität - verbunden sind (*Hinrichs*, 1992, S. 323). Gewünscht werden beispielsweise größere Spielräume und mehr Planungssicherheit bei Beginn und Ende der täglichen Arbeitszeit sowie mehr Autonomie bei der Wahl von Zeitpunkt und Aufteilung des Jahresurlaubs.

Der beidseitige Wunsch von Arbeitgebern und Arbeitnehmern nach mehr Zeitsouveränität kann zwar im Einvernehmen verwirklicht werden, es ist jedoch naheliegend und von der Praxis belegt, daß *in der Regel von einem Interessenkonflikt auszugehen ist*: Der Wunsch der Arbeitnehmer nach Zeitsouveränität steht im Gegensatz zur Forderung der Arbeitgeber nach einem flexiblen Abrufen der Arbeitsleistung der Arbeitnehmer. Im Gegensatz zur Ansicht des *Sachverständigenrats* scheinen hier Konflikte wahrscheinlicher als konfliktfreie, naturwüchsige Arrangements. Beide Seiten sind bestrebt, sich einen größtmöglichen Dispositionsspielraum anzueignen.

Deutlich wird der Interessenkonflikt schon dadurch, daß *Schicht-, Nacht- und Wochenendarbeit*, die in der Strategie der Arbeitszeitflexibilisierung eine prominente Rolle spielen, von der Mehrheit der Arbeitnehmer abgelehnt werden (*Bauer/Groß/Schilling*, 1996). Deren Ablehnung wäre noch stärker, wenn die Schichtarbeit oder Überstunden nicht mit Zuschlägen honoriert würden. Werden keine Zuschläge gezahlt, wie bei den arbeitsanfallabhängigen Arbeitszeiten, ist die Ablehnung seitens der Arbeitnehmer deutlich. Die Akzeptanz solcher Arbeitszeitformen scheint letztlich nur in dem Wunsch nach Sicherung des Arbeitsplatzes begründet.

Eine andere Beurteilung ist gegenüber der *Gleitzeit* angebracht, die als flexible Arbeitszeitform von der Mehrheit der Arbeitnehmer befürwortet wird. Zwar birgt auch sie für die Arbeitnehmer Nachteile (etwa im Falle unverschuldeter Verspätung auf dem Arbeitsweg), die jedoch hinter den Vorteilen der Gleitzeit zurückstehen. Auch bei der Gleitzeit ist die bessere Planbarkeit von Arbeit und Freizeit ausschlaggebend für die positive Bewertung durch die Arbeitnehmer.

Letztlich hängt somit die Antwort auf die Frage, inwieweit die Interessen der Arbeitgeber mit den Arbeitszeitpräferenzen der Arbeitnehmer übereinstimmen, entscheidend von der jeweiligen *Arbeitszeitform* ab. Deren Untersuchung erfolgt jedoch in der wissenschaftlichen Politikberatung nur selten, obwohl die Novellierung des *Arbeitszeitgesetzes* (ArbZG) vom 6. Juni 1994 das Spektrum flexibler Arbeitszeitformen wesentlich erweitert hat. Zwar gilt nach wie vor die Vorschrift des § 3 ArbZG, wonach die werktägliche Arbeitszeit der Arbeitnehmer acht Stunden nicht überschreiten darf und sie nur dann auf bis zu zehn Stunden verlängert werden kann, wenn innerhalb von sechs Kalendermonaten im Durchschnitt acht Stunden werktäglich nicht überschritten werden. Allerdings können abweichend von § 3 ArbZG in einem Tarifvertrag andere (oder keine) Ausgleichszeiträume zugelassen, Ruhepausen gekürzt und vielfältige Formen von Bereitschaftsdienst sowie Sonn- und Feiertagsbeschäftigung (§ 10 ArbZG) u.a. festgelegt werden. Im folgenden wird versucht, einen Überblick über die Formen der Arbeitszeitflexibilisierung zu geben.

Den Betrieben steht eine Vielzahl von Formen zur Entkopplung von Betriebszeiten zur Verfügung, mit denen die gewünschte Betriebs- und Arbeitszeit feindosiert realisiert werden kann. Als *Entkopplungsformen* kommen vor allem Schichtarbeit, Wochenendarbeit, Mehrfachbesetzungssysteme, Teilzeitarbeit, Gleitzeit, Überstunden und versetzte Arbeitszeiten in Betracht. Die *Häufigkeit der Anwendung von Entkopplungsformen steigt mit zunehmender Betriebsgröße*, da in größeren Betrieben in der Regel ein Großteil der genannten Arbeitszeitformen miteinander kombiniert wird (*Bosch*, 1991, S. 716).

Der größte Entkopplungseffekt kann mit *Schichtarbeit* erreicht werden, da bei der Mehrfachbesetzung eines Arbeitsplatzes, z.B. im 3-Schicht-System, die maximal mögliche wöchentliche Betriebszeit von 168 Stunden erreicht werden kann. Daneben ermöglichen aber auch Mehrfachbesetzungssysteme, Wochenendarbeit sowie Gleitzeitregelungen einen vergleichsweise großen Entkopplungseffekt. Von geringerer Bedeutung für die Ausdehnung der Betriebszeit sind hingegen die Kombination von Voll- und Teilzeitbeschäftigung, versetzte Arbeitszeiten und Überstundenarbeit.

Bei *Mehrfachbesetzungssystemen* ist die Zahl der Beschäftigten größer als die Zahl der Arbeitsplätze, ohne daß Schichtarbeit vorzuliegen braucht. Der Entkopplungseffekt wird hier durch eine Arbeitszeitaufteilung erreicht, die dafür sorgt, daß jeweils nur so viele Mitarbeiter anwesend sind, wie Arbeitsplätze zur Verfügung stehen. Mehrfachbesetzungssysteme erlauben darüber hinaus einen zu Freischichten oder Brückentagen gebündelten individuellen Freizeitausgleich, ohne daß die Betriebszeit reduziert werden muß.

Wochenendarbeit zur Ausweitung der Betriebszeit ist vor allem im produzierenden Gewerbe, insbesondere bei Großbetrieben, von Bedeutung. Im produzierenden Bereich erfolgt die Wochenendarbeit größtenteils als Schicht und Überstundenarbeit mit Zuschlägen auf das Arbeitsentgelt, zum Teil aber auch als 'normale' Arbeitszeit, d.h. ohne Zuschläge.

Die *Kombination von Vollzeit- mit Teilzeitschichten* ist eine weitere Möglichkeit zur Betriebszeitausweitung. Wird beispielsweise in einem Einschichtbetrieb eine zusätzliche vierstündige Teilzeitschicht eingeführt, kann eine Kapazitätsausweitung von 50 Prozent erreicht werden. Die Verlängerung der Betriebszeit kann in einem begrenzten Umfang auch durch den Einsatz von versetzten Arbeitszeiten realisiert werden. Der Entkopplungseffekt wird bei versetzten Arbeitszeiten durch unterschiedliche Anfangs- und Endzeiten und bei der Gleitzeitarbeit durch unterschiedliche Kernarbeitszeiten für einzelne Mitarbeiter oder Mitarbeitergruppen erreicht. Beide Arbeitszeitformen sind insbesondere dazu geeignet, die Betriebszeit im Einschichtbetrieb auszuweiten und die Ansprechzeiten in Unternehmen durch eine größere Bandbreite der Mitarbeiteranwesenheit zu erhöhen.

Da sich die Arbeitszeitgestaltung im Spannungsfeld zwischen betriebswirtschaftlichen Erwägungen und Präferenzen der Arbeitnehmer für Zeitsouveränität bewegt, wird gefordert, *den Interessenausgleich durch eine Ausweitung der Mitbestimmung auf Fragen der Arbeitszeit zu ermöglichen*. Inzwischen existieren zudem innovative Arbeitszeitmodelle, bei denen sowohl das Kriterium der Flexibilität als auch das der Sozialverträglichkeit berücksichtigt werden (*Seifert*, 1987, S. 734). Dabei hat sich gezeigt, daß die Akzeptanz solcher Modelle von einer frühen und umfassenden Information der Arbeitnehmer und der Aufstellung arbeitnehmerfreundlicher Standards (Ankündigungsfristen, Begrenzung der Schwankungsbreite) abhängt. Ferner ist die Akzeptanz flexibler Regelungen auch von der individuellen Arbeitszeitdauer abhängig: Je kürzer die individuelle Arbeitszeit, desto eher besteht die Bereitschaft, auch ungünstige Arbeitszeitlagen zu akzeptieren.

2.3.4.2 Die Strategie der Arbeitszeitverkürzung

Grundsätzlich kann die Arbeitszeit in verschiedenen Zeiträumen verkürzt werden, d.h. als Lebens-, Jahres-, Wochen- oder auch tägliche Arbeitszeit. Im folgenden werden diese Varianten nicht alle im Detail behandelt, obwohl einige, etwa die Lebensarbeitszeitverkürzung in Verbindung mit Vorruhestandsregelungen, insbesondere aufgrund ihrer Rückwirkungen auf das System der sozialen Sicherung, kontrovers diskutiert werden. Unser Interesse gilt der Verkürzung der Wochenarbeitszeit und den damit verbundenen Diskussionen um die Einführung der 35-Stunden-Woche in der Bundesrepublik. Auch in dieser Diskussion steht die Position des *Sachverständigenrats* derjenigen der *Arbeitsgruppe Alternative Wirtschaftspolitik* gegenüber.

Der *Sachverständigenrat* lehnt die Strategie einer generellen Arbeitszeitverkürzung grundsätzlich ab, wobei die im Jahresgutachten 1983 ausführlich bezogene Grundsatzposition (regelmäßig gegen ein Minderheitsvotum) bis heute in nahezu unveränderter Form beibehalten worden ist (*Sachverständigenrat*, 1983, Ziffer 432 ff.). Auf der Grundlage seiner angebotsorientierten Position argumentiert er, daß der Versuch, Beschäftigungsprobleme durch eine Politik der Arbeitszeitumverteilung lösen zu wollen, eine *Resignation vor dem strukturellen Problem der Arbeitslosigkeit* sei und insofern *kontraproduktiv* wirke. Vor allem dürfe das gesamtwirtschaftliche Arbeitsvolumen nicht als vorgegeben betrachtet werden. Daher kommt es seiner Ansicht nach darauf an, durch eine Verbesserung der Angebotsbedingungen das Wirtschaftswachstum und damit das Arbeitsvolumen zu erhöhen. In diesem Sinne sollten die Beschäftigungsprobleme nicht defensiv durch Arbeitszeitverkürzung, sondern offensiv durch Ausweitung des Arbeitsvolumens gelöst werden. Gelingt dies, so bedürfe es keiner ergänzenden Arbeitsumverteilung. Kontraproduktiv sei eine generelle Verkürzung der Wochenarbeitszeit mit vollem Lohnausgleich, da sie den Unternehmen steigende Lohnkostenbelastungen aufbürde, das Wirtschaftswachstum bremse und so am Ende das Arbeitsvolumen vermindere und die Verteilungskonflikte noch verschärfe. An dieser Einschätzung ändert sich wenig, wenn man nur einen partiellen Lohnausgleich unterstellt. Dann nämlich sei die Arbeitszeitverkürzung mit Einkommensausfällen verbunden, die gleichfalls das Wirtschaftswachstum bremsen und das Arbeitsvolumen vermindern.

Diesem vernichtenden Urteil halten die Protagonisten der Arbeitszeitverkürzung in der *Arbeitsgruppe alternative Wirtschaftspolitik* (1983, S. 306), die ebenfalls ihre Grundsatzposition beibehält, entgegen, daß sie sehr wohl positive Beschäftigungseffekte haben werde, sei es in Form zusätzlicher Arbeitsplätze oder sei es durch Vermeidung sonst vorgenommener Entlassungen. Voraussetzung eines positiven Beschäftigungseffekts sei der *volle Lohnausgleich*, d.h. zur Sicherung der Kaufkraft müßten die Stundenlöhne in dem Maße ansteigen, wie die Arbeitszeit verkürzt wird. Dieses Konzept entspricht den Hoffnungen einer *strikt nachfrageorientierten Wirtschaftspolitik*, die eine Umverteilung von den Gewinn- zu den Lohneinkommen als wachstumsfördernd einstuft, da sie die fortwährende Wachstumsschwäche als Folge einer unzureichenden Binnennachfrage interpretiert. Spätere Positionsbestimmungen der *Arbeitsgruppe alternative Wirtschaftspolitik* lesen sich indes weniger radikal und konzedieren, daß angesichts enger werdender Verteilungsspielräume und der Position im internationalen Wettbewerb eine weitere Arbeitszeitverkürzung mit vollem Lohnausgleich unrealistisch ist. Daher wird nun für eine *modifizierte Strategie* plädiert, die bei den kommenden Lohnverhandlungen das Gewicht von der Einkommenserhöhung zur Verkürzung der Wochenarbeitszeit verschiebt. Ein solcher Mittelweg zielt vor allem auf die Sicherung der Realeinkommen - und hier insbesondere der unteren Lohngruppen - ab und empfiehlt flankierende Maßnahmen einer Flexibilisierung der Arbeitszeit, die wiederum unter Mitbestimmung der Arbeitnehmer ausgestaltet werden sollten.

Führt man sich als neutraler Beobachter die Vehemenz des Streits vor Augen, so drängt sich der Eindruck einer *stark ideologisch geprägten Diskussion* auf. Es ist nicht zu leugnen, daß die industrielle Wirtschaftsgeschichte - auch und gerade nach dem zweiten Weltkrieg - von einem langfristigen Trend der Arbeitszeitverkürzung auf allen Ebenen in Verbindung mit steigenden Realeinkommen geprägt ist. Dieser langfristige Trend zur Arbeitszeitverkürzung hat das Wirtschaftswachstum keineswegs erstickt, sondern zusätzlich steigende Realeinkommen ermöglicht (vgl. Abschnitt 1.3). Diese Aspekte sprechen in the long run für die Position der *Arbeitsgruppe alternative Wirtschaftspolitik*. Andererseits wäre es abstrus, langfristig immer höhere Reallöhne bei immer kürzeren Arbeitszeiten zu extrapolieren, dies um so weniger, als sich das Produktivitätswachstum langfristig abschwächt. Am Ende wäre man bei unendlich hohen Löhnen und unendlich kurzen Arbeitszeiten angelangt - eine Perspektive, die praktisch unsinnig und auch in abgeschwächter Form kaum mit der Beobachtung einer sektoralen Tertialisierung zu vereinbaren ist. Letztere Aspekte stützen die Position des *Sachverständigenrats*.

Letztlich bleibt nicht viel anderes, als zur Beurteilung der Beschäftigungswirksamkeit von Arbeitszeitverkürzungen die Ergebnisse *empirischer Untersuchungen* heranzuziehen. Leider bieten jedoch mehrere zu Beginn der 80er Jahre durchgeführte Untersuchungen mit ökonometrischen Modellen keine befriedigenden Ergebnisse (*Stille/Zwiener*, 1988). Zwar sind ökonometrische Modelle grundsätzlich besser als andere Methoden geeignet, komplexe gesamtwirtschaftliche Interdependenzbeziehungen adäquat darzustellen, ihr entscheidender Mangel liegt jedoch darin, daß sie *Verhaltensannahmen* über die Wirkungsweisen der einbezogenen Größen erfordern. Auswirkungen der Arbeitszeitverkürzung auf die Arbeitsproduktivität können beispielsweise nicht endogen aufgezeigt werden. Die exogen vorgegebenen Größen bzw. Annahmen aber sind problematisch, da sie zwangsläufig mehr oder weniger willkürlich gesetzt werden. Unterschiede in den getroffenen Verhaltensannahmen erklären auch, weshalb verschiedene ökonometrische Modelle zum Teil erheblich differierende Größenordnungen und Richtungen quantitativer Beschäftigungseffekte der Arbeitszeitverkürzung ausweisen. Hilfreich wäre es daher, wenn man aus einer Betrachtung der bisherigen Beschäftigungseffekte einer Arbeitszeitverkürzung zukünftige Effekte quantifizieren könnte. Auch dies ist aber mit methodischen Schwierigkeiten verbunden.

Zu den Arbeitszeitverkürzungen seit 1984, vor allem im Bereich der Metallindustrie, wurde eine Reihe von empirischen Untersuchungen durchgeführt, um die Beschäftigungswirkungen abzuschätzen. Als methodische Verfahren wurden hierbei *Befragungen, statistische Komponentenrechnungen, ökonometrische Schätzungen* und *kombinierte Verfahren* verwendet (vgl. zur Übersicht: *Seifert*, 1990, S. 162). Ohne hier auf die Details näher eingehen zu können, erweisen sich die methodischen Probleme als schwerwiegendes Hemmnis für eine Politikberatung, die auf verläßliche und eindeutige Prognosen angewiesen ist. Das Hauptproblem bei einer empirischen Analyse der Beschäftigungswirkungen von Arbeitszeitverkürzungen liegt darin, den Einfluß der Arbeitszeitverkürzung auf die Nachfrage nach Arbeitskräften von anderen, für die Beschäftigungsentwicklung relevanten Einflußfaktoren zu trennen. Insbesondere bereitet es Schwierigkeiten, die konjunkturellen Einflüsse von denen der Arbeitszeitverkürzung abzugrenzen. Reagieren die Unternehmen auf eine Arbeitszeitverkürzung mit einer Ausweitung der Überstundenarbeit, so vermindern sich c.p. die Beschäftigungswirkungen der Arbeitszeitverkürzung. In diesem Fall verringert sich die effektive Arbeitszeit nicht in dem Ausmaß, wie dies tariflich vorgesehen ist. Andererseits sind für das Ausmaß geleisteter Überstunden und Kurzarbeit auch konjunkturelle Einflüsse von Bedeutung. Die an sich erforderliche exakte

Abgrenzung zwischen den konjunkturellen Einflüssen und denen der Arbeitszeitverkürzung ist empirisch kaum befriedigend zu lösen. Zudem sind die vorliegenden Untersuchungen jeweils mit spezifischen Problemen verbunden. Befragungen zu der Beschäftigungswirksamkeit der Arbeitszeitverkürzung wurden sowohl von Arbeitgeber- als auch von Gewerkschaftsseite durchgeführt. Sie sind methodisch mit dem Nachteil verbunden, daß ein gewisses Maß an *subjektiver Einschätzung der Befragten* nicht ausgeschlossen werden kann. Dies trifft um so eher zu, wenn der Gegenstand der Befragung mit einem hohen politischen Gehalt verbunden ist, wie dies bei der Arbeitszeitverkürzung offenkundig der Fall war und ist. Zudem dürfte weder für die Betriebsräte noch für die Unternehmensleitungen eindeutig zu klären gewesen sein, welcher Teil der Neueinstellungen auf konjunkturelle Einflüsse und welcher Teil auf die Einflüsse der Arbeitszeitverkürzung zurückzuführen war (*Kromphardt*, 1989, S. 261).

Läßt man diese methodischen Bedenken außer Acht, so lassen sich die vorliegenden Untersuchungen zu den Beschäftigungswirkungen der *Arbeitszeitverkürzung in der Metall-, Druck- und Holzindustrie* wie folgt zusammenfassen:

- Die Arbeitszeitverkürzung war insofern *kostenneutral*, als sich die Kapitalkosten nicht erhöhten. Im Manteltarifvertrag für die Metallindustrie wurde ausdrücklich festgehalten, daß es aufgrund einer Arbeitszeitverkürzung nicht zu einer Verkürzung der Betriebszeitendauer kommen dürfe. Faktisch wurde in den meisten Betrieben, vor allem den größeren, über *flexible Arbeitszeitformen* die Betriebszeit konstant gehalten, zum Teil sogar ausgedehnt, so daß es von dieser Seite zu keinem Kostenanstieg kam oder die Kostensteigerung zumindest teilweise abgefangen werden konnte.
- Die vorliegenden Untersuchungen kommen übereinstimmend zu dem Ergebnis, daß die Arbeitszeitverkürzung positive Beschäftigungswirkungen auslöste. Je nach Untersuchung streut der *Grad der Beschäftigungswirksamkeit zwischen 21 Prozent und 75 Prozent* des theoretischen Maximalwertes neuer Arbeitsplätze (d.h. der Summe der verminderten Arbeitsstunden dividiert durch die tarifliche Wochenarbeitszeit). Hierbei sind bereits Überstunden als beschäftigungsmindernde Reaktion der Unternehmen auf die Arbeitszeitverkürzung enthalten. Wird davon ausgegangen, daß die arbeitszeitverkürzungsbedingten Überstunden mittelfristig abgebaut werden, so schwankt der Grad der Beschäftigungswirksamkeit zwischen 35 Prozent und 80 Prozent des Maximalwertes.
- Hinzuweisen ist auch darauf, daß der Beschäftigungseffekt, selbst wenn er ausschließlich aus Neueinstellungen besteht, *nicht in gleicher Höhe zu einem Abbau der registrierten Arbeitslosigkeit führt*, da ein Teil der Neueinstellungen - insbesondere bei Frauen in Teilzeittätigkeiten - aus der stillen Reserve kommt.

- Die Spannbreite der gemessenen Beschäftigungseffekte wird von den Ergebnissen und Methoden der Arbeitgeber- bzw. der Gewerkschaftsstudie abgesteckt. Erwartungsgemäß finden sich die Ergebnisse der Arbeitgeber eher am unteren Rand, die der Gewerkschaftsseite eher am oberen Rand der festgestellten Bandbreite. Die unabhängigen Wirtschaftsforschungsinstitute (Deutsches Institut für Wirtschaftsforschung, Infratest, Institut für Arbeitsmarkt- und Berufsforschung) liegen etwa im Mittelfeld.

Aus den vorliegenden empirischen Untersuchungen kann das Fazit gezogen werden, daß die *positiven Beschäftigungswirkungen der kostenneutralen Arbeitszeitverkürzungen gut belegt* sind (*Seifert*, 1990 und 1993). Die nachgewiesenen Beschäftigungseffekte sind zwar nur für bestimmte Wirtschaftsbereiche ausgewiesen, eine tendenzielle Übertragung auf die Gesamtwirtschaft sollte jedoch zu einem ähnlichen Ergebnis führen. Auf einen Wert gebracht, bewegt sich der zu erwartende Beschäftigungseffekt einer Arbeitszeitverkürzung in einer Größenordnung von etwa *50 Prozent des rechnerisch möglichen Maximalwertes*. Dabei hängt es vor allem von der konjunkturellen Situation ab, ob der Beschäftigungseffekt geringer oder größer als dieser Durchschnittswert ausfällt.

Die Chancen und Grenzen der Arbeitszeitpolitik (Flexibilisierung und Verkürzung) lassen sich dahingehend zusammenfassen, daß sie um so mehr in Erwägung gezogen werden sollten, je weniger es allein der klassischen angebots- oder nachfrageorientierten Beschäftigungspolitik gelingt, die massive Arbeitslosigkeit abzubauen. Hinsichtlich der *Chancen* aufgrund einer Beschäftigungswirksamkeit der Arbeitszeitflexibilisierung hat die Praxis die Grundsatzfrage bereits bejaht. Zudem bewegt sich bei Kostenneutralität der Beschäftigungseffekt einer Arbeitszeitverkürzung bei etwa 50 Prozent des rechnerischen Maximalwertes. Bei der Bewertung der Beschäftigungswirksamkeit beider Strategien ist zu bedenken, daß über die neu geschaffenen Arbeitsplätze hinaus auch Arbeitsplätze gesichert werden und daß ein Teil der neuen Arbeitsplätze mit Personen aus der stillen Reserve besetzt wird. Der Beschäftigungseffekt - im Sinne einer Zunahme der Erwerbstätigkeit - muß daher nicht mit einem Sinken der Arbeitslosenquote verbunden sein.

Jedoch sollten auch die *Grenzen* der Arbeitszeitpolitik aufgezeigt werden. Arbeitszeitpolitik ist nur bedingt geeignet, das Wirtschaftswachstum und das Arbeitsvolumen zu erhöhen. Im Gegenteil: Aufgrund der induzierten Produktivitätseffekte tragen Maßnahmen der Arbeitszeitpolitik dazu bei, das Arbeitsvolumen zu verringern. Zudem droht steigende Schwarzarbeit. Die Chancen der Arbeitszeitpolitik liegen daher nicht in einer einseitigen Fixierung auf dieses Instrument, sondern in der Einbindung der Arbeitszeitpolitik in eine koordinierte, rationale Wirtschaftspolitik (*Hein*, 1998, S. 830).

2.3.5 Von der Konzertierten Aktion zum Bündnis für Arbeit

Die Tarifparteien entscheiden im Rahmen der Tarifautonomie indirekt über die Beschäftigung als eine der zentralen makroökonomischen Größen. Der Staat kann das Ergebnis als Datum akzeptieren oder aber als gesamtgesellschaftlich bzw. gesamtwirtschaftlich inakzeptabel zurückweisen. Eine direkte Einflußnahme auf laufende Tarifverhandlungen ist dem Staat aufgrund der in Deutschland in besonders weitem Umfang garantierten Tarifautonomie verwehrt. Das bedeutet indes nicht, daß sogenannte makrokorporatistische Arrangements unter Beteiligung oder gar Federführung des Staates damit ausgeschlossen sind. Sowohl die *'Konzertierte Aktion'* der 70er Jahre als auch das aktuell diskutierte *'Bündnis für Arbeit'* sind anschauliche Beispiele für das Bestreben des Staates, in mehr oder weniger institutionalisierter Form auf die Tarifparteien einzuwirken, wobei die staatliche Einflußnahme in der Regel indikativen Charakter hat.

Die durch das Stabilitätsgesetz geschaffene 'Konzertierte Aktion' stellt ein derartiges korporatistisches Arrangement unter maßgeblicher Beteiligung des Staates dar. Nachdem die Idee zur Konzertierten Aktion schon jahrelang diskutiert worden war, fand sich eine praktische Konzeption der Konzertierten Aktion im Jahresgutachten des Sachverständigenrates 1965. In das „Gesetz zur Förderung der Stabilität und des Wachstums in der Wirtschaft" vom 8. Juni 1967 wurde sie auf Anregung der SPD und der Gewerkschaften in § 3 aufgenommen (*Stern/Münch*, 1967):

„(1) Im Falle der Gefährdung eines der Ziele des § 1 (Preisniveaustabilität, hoher Beschäftigungsstand, außenwirtschaftliches Gleichgewicht bei stetigem und angemessenem Wirtschaftswachstum) stellt die Bundesregierung Orientierungsdaten für ein gleichzeitiges aufeinander abgestimmtes Verhalten der Gebietskörperschaften, Gewerkschaften und Unternehmensverbände zur Erreichung der Ziele des § 1 zur Verfügung. Diese Orientierungsdaten enthalten insbesondere eine Darstellung der gesamtwirtschaftlichen Zusammenhänge im Hinblick auf die gegebene Situation.

(2) Der Bundesminister für Wirtschaft hat die Orientierungsdaten auf Verlangen eines der Beteiligten zu erläutern".

Die Konzertierte Aktion entstand in der Rezession 1966/67 und sollte dem koordinierten Einsatz der Instrumente der Globalsteuerung und der Erweiterung durch eine Einkommenspolitik dienen. Zwar bestand kein formeller Koordinationszwang, aber man erwartete, daß der geregelte Kommunikationsprozeß zu einer stärkeren Orientierung an Sachzwängen und zu einem gesellschaftlichen Integrationsprozeß führen würde. Der Beginn der Konzertierten Aktion war von dem gruppenübergreifenden Willen getragen, die Rezession mit einem neuen Politikmodell zu überwinden. Dazu griff man auf die Erkenntnisse und das Instrumentarium der keynesianischen Wirtschaftspolitik zurück.

Das erste Spitzengespräch der Konzertierten Aktion, an dem 34 Personen aus 9 Organisationen teilnahmen, fand am 17. Februar 1967 statt. In der Folge kam es zu einer inflationären Ausweitung des Teilnehmerkreises, auch wurden die Themenfelder ständig umfassender und damit zugleich unverbindlicher (*Schroeder/Esser*, 1999, S. 4). Dieses Konzept, das vor allem von dem damaligen Bundeswirtschaftsminister Karl *Schiller* vertreten wurde, ist nicht unumstritten geblieben (*Klaus*, 1972, S. 26 ff.). Es gab prozeßpolitische Kritik, ordnungspolitische Bedenken und gesellschaftspolitisch motivierte Einwände, die weitere Diskussionen auslösten: Die Einkommen seien Ergebnisse von Marktprozessen und daher unbeeinflußbar, es sei denn durch Aufhebung des Marktmechanismus mit all ihren allokativen Folgen. Die Einkommenspolitik wurde daher als unnötig bezeichnet, wenn die anderen Instrumente der Globalsteuerung rechtzeitig und richtig eingesetzt würden. Dem wurde entgegnet, daß die Sozialpartner auch im Rahmen marktwirtschaftlicher Beziehungen trotz prozeßpolitischen Steuerns Einkommensforderungen durchsetzen könnten, die gesamtwirtschaftlich zu unerwünschten Resultaten führen.

An ordnungspolitischen Bedenken wurde vorgebracht, daß die Konzertierte Aktion die Tarifautonomie berührt, Oligopolen bei Makroentscheidungen Einfluß gewährt, zur Vergesellschaftung staatlichen Handelns führt und eine Art Nebenregierung etabliert (vgl. zu einer Erneuerung dieser Kritik *Berthold/Hank*, 1999).

Wie die praktische Entwicklung gezeigt hat, kam es zu keiner Einschränkung der Tarifautonomie durch die Konzertierte Aktion. Sie hätte massive Gesetzesänderungen zur Voraussetzung gehabt und wäre auf verfassungsrechtliche Bedenken gestoßen. Die von Regierungsseite vorgegebenen Orientierungsdaten besaßen keine bindende Wirkung für die Tarifparteien. Es ist jedoch anzunehmen, daß die Veröffentlichung der Orientierungsdaten disziplinierend gewirkt hat. Halten sich die Tarifparteien in ihren Verhandlungen nicht an die Ergebnisse der Konzertierten Aktion, d.h. weichen sie davon stark ab, dann gerät die jeweilige Tarifvertragspartei in eine schwierige Lage, was bei der Macht der öffentlichen Meinung in modernen Gesellschaften nicht ohne Bedeutung für den Verhandlungsprozeß ist.

Der zweite Einwand wird durch den Teilnehmerkreis widerlegt, der nur aus Vertretern von Wirtschaftsverbänden und nicht aus Repräsentanten von Einzelfirmen besteht. Da in der Konzertierten Aktion keine Beschlüsse mit Zwang zur Durchführung gefaßt werden konnten, lassen sich die beiden letzten Einwände schon formal leicht zurückweisen.

Die gesellschaftspolitische Diskussion entzündete sich vor allem an der Grundfrage, ob die Konzertierte Aktion zu einer Integration oder Desintegration der Gesellschaft führt, d.h. ob sie Konflikte abschwächt oder verschärft. Je nach politischem Standort sind hier die unterschiedlichsten Antworten möglich, wobei die Mehrheit der Autoren mehr in Richtung Harmonisierung tendieren dürfte (*Wolters*, 1976). Für eine Abschwächung der Tarifkonflikte spricht, daß die Konzertierte Aktion Informationen über gesamtwirtschaftliche Daten und Branchensituationen liefert und auf diese Weise den Tarifparteien eine realistischere Lagebeurteilung ermöglicht. So sind die Gewerkschaften aufgrund der zusätzlich gewonnenen Kenntnisse über die jeweilige Arbeitsmarktsituation eher in der Lage, den gegebenen Lohnspielraum auszuschöpfen, ohne Streiks zu provozieren.

Als erfolgreich kann die Konzertierte Aktion lediglich in der Frühphase vom Frühjahr 1967 bis Sommer 1969 bezeichnet werden. Die wilden Streiks vom Sommer 1969 und das Ausscheiden von *Karl Schiller* aus dem Amt markierten den Niedergang der Konzertierten Aktion. Die Bereitschaft der Teilnehmer bezüglich eines gemeinsamen Vorgehens nahm in dem Maße ab, wie sich die polit-ökonomischen Rahmenbedingungen veränderten und der keynesianische Ansatz zugleich an Bedeutung verlor. Die 1976 einsetzende Sparpolitik unter der Regierung *Schmidt* hatte anhaltende Mitgliederproteste in den Reihen der Gewerkschaften zur Folge, wodurch die Gewerkschaftsführung verstärkt unter Erfolgsdruck geriet. Die 1977 von Unternehmen und Arbeitgeberverbänden gegen das Mitbestimmungsgesetz vom 4. Mai 1976 erhobene Verfassungsbeschwerde war schließlich für die Gewerkschaften Anlaß, die Mitarbeit in der Konzertierten Aktion aufzukündigen (*Schroeder/Esser*, 1999, S. 4 f.)

Die 1977 von Unternehmen und Arbeitgeberverbänden gegen das Mitbestimmungsgesetz vom 4. Mai 1976 erhobene Verfassungsbeschwerde war für die Gewerkschaften Anlaß, die Mitarbeit in der Konzertierten Aktion aufzukündigen.

Ausdrücklich betont sei dabei, daß *Anlaß hier nicht gleich Ursache* war. Denn die gewerkschaftlichen Erfahrungen mit der Konzertierten Aktion waren vor allem deswegen negativ, da einzig von der Gewerkschaftsseite Konzessionen abverlangt wurden. Während die Bundesbank die Stabilität des Geldwerts verfolgte, der Staat finanziell wenig handlungsfähig war und die Arbeitgeber keine verbindlichen Arbeitsplatzgarantien geben konnten, wurde allgemein von den Gewerkschaften Lohnzurückhaltung verlangt. Die Ursache ihres Ausstiegs aus der Konzertierten Aktion war insofern strukturell bedingt, da sich die Gewerkschaften „permanent in die Rolle eines Sündenbocks gestellt sahen und daher ihre Mitarbeit aufkündigten" (*Knappe*, 1997, S. 520).

Danach erfolgten einige ergebnislose Versuche, die Konzertierte Aktion zu einem Gremium der Konsensbildung zu nutzen. Eine Neuauflage der Konzertierten Aktion schien erst möglich, als der Vorsitzende der IG Metall *Klaus Zwickel* auf dem 18. Gewerkschaftstag der IG Metall im November 1995 die Initiative ergriff und der Bundesregierung und den Unternehmern ein „Bündnis für Arbeit" vorschlug (*Bispinck/WSI-Tarifarchiv*, 1996, S. 163 ff.). Zwickel signalisierte gewerkschaftliche Lohnzurückhaltung, wenn die Unternehmen im Gegenzug auf betriebsbedingte Kündigungen verzichten sowie zusätzliche Ausbildungs- und Arbeitsplätze garantieren und die Bundesregierung verbindlich die Abkehr von der Politik der Leistungskürzungen für Arbeitslose und Sozialhilfeempfänger erklärt.

Die Initiative macht deutlich, daß die Gewerkschaften aufgrund der aktuellen Massenarbeitslosigkeit die Notwendigkeit erkennen, neben den originären lohn- und verteilungspolitischen Zielsetzungen (vgl. Abschnitt 2.2) in stärkerem Maße auch eigenständige beschäftigungspolitische Ziele zu verfolgen. Die Bereitschaft zum Tausch von Lohnzurückhaltung gegen Arbeitsplatzgarantien zeigt aber auch, daß die von den Gewerkschaften angestrebten verteilungspolitischen und beschäftigungspolitischen Ziele in einem konfliktären Verhältnis stehen bzw. stehen können.

Am 24. Januar 1996 kamen Vertreter der Gewerkschaften, der Arbeitgeberverbände sowie der Bundesregierung zusammen (sog. 'Kanzlerrunde') und vereinbarten ein „Bündnis für Arbeit und Standortsicherung" mit der ehrgeizigen Zielvorgabe, die Anzahl der Arbeitslosen bis zum Jahr 2000 zu halbieren. Bereits Ende Januar 1996 präzisierte die Bundesregierung ihre Vorstellungen in einem Aktionsprogramm für Investitionen und Arbeitsplätze, das u.a. deutliche Einschränkungen beim gesetzlichen Kündigungsschutz vorsah. Mit dem „Programm für mehr Wachstum und Beschäftigung" (sog. 'Bonner Sparpaket') vom Frühjahr 1996 setzte die Bundesregierung - aus Sicht der Gewerkschaften - den Sozialabbau fort, weshalb die Gewerkschaften die weitere Teilnahme an den Gesprächen mit der Bundesregierung und den Arbeitgebervertretern als sinnlos ablehnten. Auf Bundesebene war das Bündnis für Arbeit damit gescheitert.

Eine der ersten Aktivitäten der neuen sozialdemokratisch geführten Bundesregierung war der erneute Versuch, ein Bündnis für Arbeit zu etablieren. Die eigenständige Organisationsform mit einem nachgeschalteten 'Steering Committee' sowie sieben Arbeitsgruppen (Aus- und Weiterbildung, Steuerpolitik, Lebensarbeitszeit, Renten- und Arbeitslosenversicherung, Pflegeversicherung und Gesundheit, Arbeitszeitpolitik sowie Aufbau Ost) macht deutlich, daß die Bundesregierung ihren makroökonomisch orientierten Politikansatz umfassender versteht und in verstetigter Form verfolgen möchte. In den Spitzengesprächen, die etwa viermal jährlich stattfinden und an denen sechs Minister, die vier Präsidenten der Spitzenverbände der deutschen Wirtschaft und fünf Gewerkschaftsvorsitzende teilnehmen, wird vor allem über die Prioritäten und die Vernetzung der verschiedenen Politikfelder entschieden.

Die Tarifparteien und die Bundesregierung kamen in einem ersten Bündnisgespräch am 7. Dezember 1998 u.a. überein, eine Tarifpolitik zu verfolgen, die den Beschäftigungsaufbau unterstützt. Als kontrovers erwies sich dabei nach wie vor die Frage, ob sich eine solche Tarifpolitik auch, wie von Arbeitgeberseite vorgeschlagen, in entsprechenden Lohnleitlinien oder Tarifkorridoren niederschlagen soll.

Bündnis für Arbeit, Ausbildung und Wettbewerbsfähigkeit vom 7. Dezember 1998

Die angestrebten Ziele des Bündnisses für Arbeit sind:

1. dauerhafte Senkung der Lohnnebenkosten, strukturelle Reform der Sozialversicherung;
2. beschäftigungsfördernde Arbeitszeitverteilung und flexible Arbeitszeiten, Arbeitszeitkonten zum Abbau von Überstunden und Förderung der Teilzeitarbeit;
3. Unternehmenssteuerreform zum 1.1.2000 insbesondere zur Entlastung des Mittelstands;
4. Verbesserung der Wettbewerbsfähigkeit der deutschen Unternehmen;
5. mehr Möglichkeiten für das vorzeitige Ausscheiden im Rahmen der bestehenden gesetzlichen Altersgrenzen;
6. Tarifpolitik, die den Beschäftigungsaufbau unterstützt;
7. besserer Zugang von kleinen und mittleren Unternehmen zu Chancenkapital;
8. bessere Möglichkeiten für Vermögensbildung und Gewinnbeteiligung für Arbeitnehmer;
9. Dialoge für Beschäftigung, Innovation und Wettbewerbsfähigkeit;
10. Abbau struktureller Hemmnisse für Gründung und Wachstum von Unternehmen;
11. Erschließung neuer Beschäftigungsfelder und Ausbildungsmöglichkeiten für gering qualifizierte Arbeitnehmer;
12. Bekämpfung von Jugendarbeitslosigkeit und Langzeitarbeitslosigkeit, insbesondere durch Verbesserung von Aus- und Weiterbildungsmöglichkeiten sowie verstärkte Anreize zur Arbeitsaufnahme.

Abstrahiert man von diesen Einzelfällen, so erscheint es generell als fraglich, ob und wie solche Vereinbarungen unter den heutigen Bedingungen erfolgreich umgesetzt werden können. Die Arbeitgeberverbände sind weder befugt, verbindliche Erklärungen zur Schaffung und Erhaltung von Arbeitsplätzen abzugeben, noch in der Lage, diese Beschlüsse auf Unternehmensebene dann auch durchzusetzen. Wenn derartige Maßnahmen aber nur zwischen einzelnen Arbeitgebern und Belegschaftsvertretern vereinbart werden können, würde damit eine Verbetrieblichung der Arbeitsbeziehungen eingeleitet, womit zugleich das Ziel jeder korporatistischen Politik, nämlich Einfluß auf makroökonomische Größen zu nehmen, konterkariert wäre.

Tabelle 2.6: Vergleich zwischen Konzertierter Aktion und Bündnis für Arbeit

	Konzertierte Aktion	**Bündnis für Arbeit**
Rahmenbedingungen	nationalstaatliche Perspektive, geringe Arbeitslosigkeit, Inflationsproblematik, stabile Sozialversicherungssysteme	globalisierte Perspektive, Dauer-Massenarbeitslosigkeit, Diskussion über Umbau des Sozialstaates
Wirtschafts- und Sozialpolitische Leitideen	keynesianische Steuerungsvorstellung, durch koordinierte Einkommenspolitik Inflationsdruck abbauen	Angebotspolitik, differenzierte Lohnpolitik
Handlungsfähigkeit des Staates/ Handlungsfähigkeit der Verbände	Staat als Steuerungsinstanz anerkannt, intakte Verbände	Staat als Moderator, Verpflichtungsfähigkeit der Verbände angeschlagen
Teilnehmerkreis	großer Teilnehmerkreis	kleiner Teilnehmerkreis
Politikfelder	Einkommenspolitik	Themenvielfalt, direkt und indirekt auf die Arbeitsmarktpolitik rückwirkend

Quelle: Darstellung in Anlehnung an *Schroeder/Esser*, 1999, S. 11.

Die unübersehbare Entwicklung hin zu einem stärker dezentralisierten Tarifverhandlungssystem mindert die Erfolgschancen makro-korporatistischer Pakte und begünstigt zugleich mikro-korporatistische Arrangements (*Keller*, 1997, S. 75 ff.). Die Forderung des DGB-Vorsitzenden *Schulte* nach „1000 Bündnissen, im Bund, in den Ländern, in den Regionen und in den Betrieben" wird denn auch in der Hauptsache auf betrieblicher Ebene umgesetzt. Der 1993 abgeschlossene Firmentarifvertrag der Volkswagen AG zur Beschäftigungssicherung kann hier gewissermaßen als Pilotabschluß gelten, dem inzwischen weitere 'kleine Bündnisse für Arbeit' gefolgt sind (*Lorenz/ Clasen*, 1996). Mehr und mehr setzt sich eine individualisierte Variante durch, die der Sachverständigenrat wie folgt beschreibt: „Die Tarifvertragsparteien könnten prüfen, ob ein Flächentarifvertrag die Option enthalten kann, auf der Unternehmensebene eine Festlegung sowohl über die Lohnhöhe und zugleich auch über die Beschäftigung vorzunehmen" (*Sachverständigenrat*, 1995, Tz. 387). Mit der ursprünglichen Konzeption der Konzertierten Aktion, die noch von einer tiefen Skepsis gegenüber dem unbeeinflußten Wirken der Marktkräfte getragen war, haben derartige Überlegungen indes kaum noch etwas gemein (vgl. Tabelle 2.6).

2.3.6 Internationale Erfahrungen

In der öffentlichen Debatte über Strategien zur Bekämpfung der Arbeitslosigkeit hat sich mehr und mehr das Ritual eingebürgert, auf Beispiele (vermeintlich) beschäftigungspolitisch erfolgreicher Länder zu verweisen, um in einem nächsten Schritt die Adaption des entsprechenden Beschäftigungsmodells zu fordern. Augenfällig sind dabei solche euphorischen Bezeichnungen wie 'Beschäftigungswunder' oder 'Jobwunder'.

Derartige mystifizierenden Begriffe sind in zweierlei Hinsicht unangemessen: Zum einen haben beschäftigungspolitische 'Erfolge' kaum etwas Geheimnisvolles an sich; sie lassen sich hinsichtlich ihrer Voraussetzungen und Wirkungen durchaus mit wissenschaftlichen Methoden analysieren und erklären. Um die Erfahrungen anderer Länder für die deutsche Beschäftigungspolitik fruchtbar zu machen, bedarf es einer gründlichen Entzauberung derartiger Mythen. Zum anderen muß kritisch gefragt werden, mit welchen (fiskalischen wie gesellschaftlichen) Kosten der beschäftigungspolitische 'Erfolg' jeweils erkauft wurde. Da der gesellschaftspolitische Zielekatalog neben dem Ziel der Vollbeschäftigung eine Reihe weiterer Ziele enthält, greift eine eindimensionale Betrachtung und Bewertung eindeutig zu kurz. Inwiefern die ausländischen 'Erfolgsmodelle' auch in einer mehrdimensionalen Sichtweise noch als Vorbilder taugen, soll im folgenden geklärt werden.

Nach gängiger Auffassung wird dann von einem beschäftigungspolitischen Erfolg gesprochen, wenn die Arbeitslosigkeit nachhaltig sinkt oder bereits niedrig ist und wenn die Beschäftigung kontinuierlich ansteigt oder die Beschäftigungsquote schon ein hohes Niveau erreicht hat (vgl. *Werner*, 1998, S. 12). Eine solche Definition läßt allerdings eine Reihe von Fragen unbeantwortet: Stellt die gegebene Arbeitslosenquote unter Hochkonjunkturbedingungen bereits die Vollbeschäftigungsquote dar? Handelt es sich um konjunkturelle oder um (beschäftigungspolitisch schwieriger zu bekämpfende) strukturelle Arbeitslosigkeit (vgl. hierzu auch Abschnitt 2.3.1.3)? Ist überhaupt eine möglichst hohe Erwerbsquote anzustreben? Handelt es sich um Vollzeit- oder Teilzeitbeschäftigungen, dauerhaft oder befristet? Kann man von dem Arbeitseinkommen seinen Lebensunterhalt bestreiten oder besteht die Gefahr der Armut bei Arbeit (*working poor*)?

Eine Reihe dieser Aspekte soll hier (soweit sie nicht bereits an anderer Stelle thematisiert worden sind) angesprochen werden.

Als beschäftigungspolitisch erfolgreich gelten derzeit insbesondere die Länder *USA*, *Großbritannien*, *Niederlande* sowie *Dänemark*. In allen vier Ländern ist die registrierte Arbeitslosigkeit in den letzten Jahren nachhaltig gesunken (vgl. Abbildung 2.12). Der Vergleich der standardisierten Arbeitslosenquoten zeigt, daß die Bundesrepublik Deutschland bis 1991 in beschäftigungspolitischer Hinsicht zum Teil deutlich besser abschneidet als die anderen Länder, danach jedoch hinter diese abfällt. Daher liegt die Vermutung nahe, daß dies auf die jeweilige Beschäftigungspolitik zurückzuführen ist. Die gesonderte Ausweisung der standardisierten Arbeitslosenquote für Gesamtdeutschland ab 1991 soll dazu dienen, den Sondereinfluß der Vereinigung der beiden deutschen Staaten auf die hiesige Arbeitsmarktlage zu verdeutlichen.

Abbildung 2.12: Vergleich der Arbeitslosenquoten (auf Basis des OECD-Konzepts)

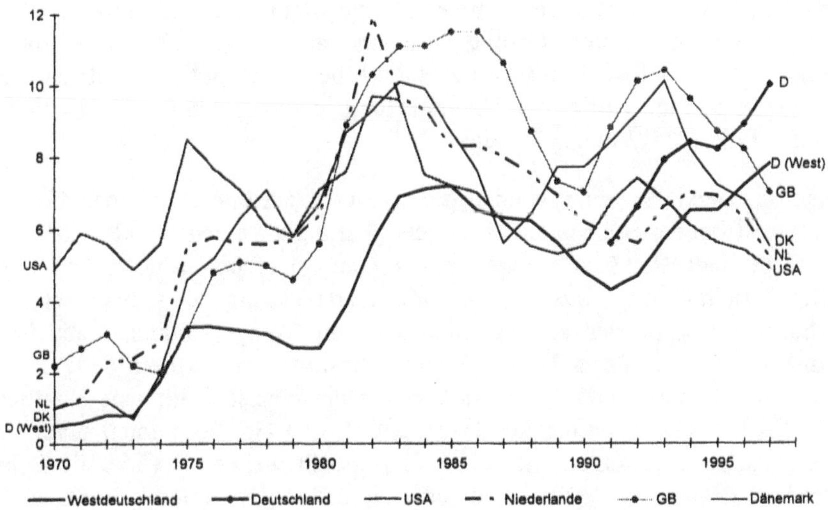

Quelle: Eurostat, International Labour Organisation und OECD.

Bei den hier betrachteten vier Ländern stehen sich zwei Grundkonzeptionen gegenüber:

- auf der einen Seite die neoliberale, auf weitgehende Flexibilisierung und Deregulierung ausgerichtete, rein marktwirtschaftliche Orientierung der angelsächsischen Länder USA und Großbritannien;

- auf der anderen Seite das korporatistische, auf Konsens ausgerichtete und sozialstaatlich unterfütterte Modell der kontinentaleuropäischen Staaten Niederlande und Dänemark.

Die beiden Ländergruppen unterscheiden sich insbesondere hinsichtlich ihrer sozialstaatlichen Auffassung: Während Sozialpolitik in den kontinentaleuropäischen Ländern als Teil der Beschäftigungspolitik verstanden wird, hängt die Politik in den angelsächsischen Ländern der Vorstellung an, es bestehe ein Gegensatz zwischen Sozialstaat und Vollbeschäftigung (*Zinn*, 1999, S. 8).

2.3.6.1 Die USA und Großbritannien: Flexibilisierung ohne sozialstaatliche Absicherung

In den angelsächsischen Staaten dominieren *Arbeitsmarktflexibilisierungsstrategien*. Gewerkschaften spielen traditionell eine untergeordnete Rolle bei der Lohnfindung. So waren 1994 lediglich 16 Prozent aller Arbeitnehmer in den *USA* gewerkschaftlich organisiert, lediglich 18 Prozent arbeiteten unter gewerkschaftlich ausgehandelten Tarifverträgen. Diese wenigen Tarifverträge werden zudem primär auf der betrieblichen Ebene ausgehandelt. Die Mehrzahl der Arbeitsverträge beruht auf individuellen Vereinbarungen, die Lohnspreizung ist entsprechend hoch. Der Kündigungsschutz ist nur schwach ausgeprägt. Die Arbeitsmarktpolitik spielt traditionell eine geringe Rolle. Die Unterstützungsleistungen bei Arbeitslosigkeit sind auf max. 26 Wochen begrenzt.

Auch in *Großbritannien* werden die Tarifverträge immer seltener auf kollektiver Ebene ausgehandelt. Tarifvereinbarungen, die mehr als einen Arbeitgeber betreffen (multi-employer-contracts), machen nur noch ein Viertel aller Arbeitsverträge aus. Im Zuge der Entmachtung der Gewerkschaften schaffte die konservative Regierung auch die 'Wage Councils' ab, deren Funktion darin bestand, Mindestlöhne in bestimmten Sektoren festzulegen. Der Wegfall tariflicher Mindestlöhne und der Verzicht auf eine staatliche Mindestlohngesetzgebung hat dazu geführt, daß Großbritannien unter den europäischen Staaten die höchste und zugleich weiter zunehmende Lohnspreizung aufweist. Die Arbeitslosenunterstützung ('Jobseeker's Allowance') wird in Form einer gleichbleibenden Pauschalsumme (ca. 600 DM) für maximal 6 Monate gezahlt. Die Ausgaben für arbeitsmarktpolitische Maßnahmen wurden weiter zurückgefahren und auf angebotsorientierte Programme (Bildungsmaßnahmen, Förderung der Suchaktivitäten der Arbeitslosen) konzentriert.

Die Flexibilisierung und Spreizung der Löhne, wie sie in den USA und in Großbritannien praktiziert werden und die als Erfolgsrezept der Beschäftigungszunahme in diesen Ländern gelten, entsprechen völlig der Logik der neoklassischen Beschäftigungstheorie. Sie folgen dem Glaubenssatz: Ein entlassener Arbeiter findet zu einem genügend niedrigen Lohnsatz immer sofort eine neue Stellung. Die zeitlich wie materiell knapp bemessenen Versicherungsleistungen und die strengen Anspruchsvoraussetzungen sollen auf der einen Seite die Arbeitslosen dazu zwingen, möglichst schnell eine (wenn auch schlechter bezahlte) Stelle anzunehmen. Der schwach ausgeprägte Kündigungsschutz soll den Unternehmen auf der anderen Seite eine rasche Anpassung an die Geschäftsentwicklung ermöglichen.

Worauf beruht nun der 'Erfolg' des angelsächsischen Beschäftigungsmodells? Hinter diesem vermeintlichen 'Beschäftigungswunder' steckt im Grunde genommen eine schlichte Banalität: eine zu knapp gewordene Menge an Arbeit wird lediglich anders verteilt als es in den meisten EU-Staaten und auch in Deutschland bislang der Fall ist. Zwar nehmen mehr Menschen an der vorhandenen Arbeit teil, aber eben auch an dem (ungefähr gleichen) Gesamtlohn.

Die Kehrseite des angelsächsischen 'Beschäftigungswunders' ist, daß die Qualität der geschaffenen Arbeitsplätze tendenziell abnimmt. Bereits jetzt arbeitet etwa ein Drittel der Beschäftigten in den *USA* in einem 'irregular job', in dem es meist weder Altersvorsorge noch Krankenversicherung noch regelmäßigen Urlaub gibt. Diese Entwicklung wird durch den wirtschaftlichen Strukturwandel noch verstärkt. Die gutbezahlten Arbeitsplätze der sich restrukturierenden Industrie werden zum Teil durch schlechtbezahlte Jobs im Dienstleistungssektor ersetzt (Mc-Jobs), weshalb auch der Durchschnittslohn stagniert. Während die Durchschnittslöhne in sieben der zehn schrumpfenden Sektoren über dem allgemeinen Durchschnitt von 428 US-Dollar liegen, befinden sich die wöchentlichen Durchschnittslöhne in sechs der zehn wachsenden Sektoren unterhalb des Durchschnittslohnes (*Auer*, 1995, S. 22).

Von staatlicher Seite aus wird dieser Entwicklung nichts entgegengesetzt - ganz im Gegenteil: Der staatliche Mindestlohn lag 1993 inflationsbereinigt um 30 Prozent unter dem Wert von 1968. Dabei reicht der staatliche Mindestlohn von 5,15 Dollar in der Stunde nicht aus, eine vierköpfige Familie über die Armutsgrenze zu heben. Infolgedessen müssen immer mehr Menschen zu den beschäftigten Armen (*working poor*) gezählt werden. Nach Angaben des amerikanischen Arbeitsministeriums arbeiten rd. 18 Prozent aller Vollzeitbeschäftigten für einen Lohn, der unterhalb der Armutsschwelle für einen Vier-Personen-Haushalt liegt.

Es sollte jedoch nicht verschwiegen werden, daß die amerikanische 'Job-Maschine' auf der anderen Seite auch Stellen in Berufskategorien mit deutlich höheren Durchschnittslöhnen (sog. professionals) schafft. Das ist auch einer der Gründe für das deutliche Auseinanderdriften der Löhne. Im obersten Lohndezil stiegen die Löhne von 1980 bis 1995 um 11 Prozent, während die Löhne im untersten Lohndezil gleichzeitig um 4 Prozent sanken.

Im Zeitraum von 1983 bis 1992 gingen 99 Prozent aller neu entstandenen Vermögen an das obere Fünftel, während die unteren Einkommensbezieher Einbußen von 24 Prozent hinnehmen mußten (*Werner*, 1997, S. 591).

Die starke *Einkommensspreizung* hat im übrigen nicht dazu geführt, daß die Arbeitslosigkeit bei den gering qualifizierten Arbeitskräften vergleichsweise niedriger liegt. In den USA waren 1992 rund 13 Prozent der gering Qualifizierten arbeitslos, während es in Deutschland 9 Prozent waren. Das häufig vorgebrachte Argument, eine stärkere Lohnspreizung würde die Beschäftigungsprobleme der gering qualifizierten Arbeitskräfte lösen, trägt offensichtlich nicht sehr weit (*Trabold*, 1997, S. 5). Der neoliberalen Argumentation zufolge müßte es in Ländern mit individualisierten Lohnverhandlungen und fehlendem Kündigungsschutz eher gelingen, Problemgruppen in den Arbeitsmarkt zu integrieren. Die Realität zeichnet ein anderes Bild: Sowohl in den USA als auch in Großbritannien konzentriert sich die Arbeitslosigkeit auf niedrig Qualifizierte, Jugendliche und ethnische Minderheiten und zwar in einem stärkeren Ausmaße als in Deutschland (*Leutenecker*, 1998, S. 4).

Das Beschäftigungswachstum in den beiden angelsächsischen Staaten ist aufgrund der sich verstärkenden Ungleichheiten zwischen den oberen und unteren Lohnkategorien und den Reallohnrückgängen in den niedrigeren Lohnkategorien extrem widersprüchlich und läßt die zunehmende Polarisierung der Gesellschaft erahnen. Daß die Entwicklung hin zu einer solchen „Dienstbotengesellschaft“ nicht zwangsläufig ist, zeigen die Beispiele von Dänemark und den Niederlanden.

2.3.6.2 Niederlande und Dänemark - Die Verbindung von Flexibilität und Sicherheit

Das Beschäftigungsmodell der beiden Länder Dänemark und Niederlande läßt sich als korporatistisch und konsensual charakterisieren, die Nähe zum deutschen Beschäftigungsmodell ist somit augenfällig. Beide Länder sind gekennzeichnet durch einen hohen Organisationsgrad der Gewerkschaften (in Dänemark ca. 80 Prozent), eine relativ geringe Lohnspreizung und hohe Ausgaben für arbeitsmarktpolitische Maßnahmen, die sich auch in hohen Lohnersatzleistungen niederschlagen. Dennoch erreichen beide Länder ein hohes Maß an Flexibilität: die Niederlande über die weite Verbreitung der Teilzeitarbeit (37,3 Prozent der Beschäftigten haben eine Teilzeitstelle), Dänemark aufgrund des geringen Kündigungsschutzes und der Möglichkeit, auf Arbeitslose auch Druck auszuüben, eine Beschäftigung aufzunehmen oder an einer Bildungsmaßnahme teilzunehmen. Gesellschaftlich akzeptiert wird dieser Zwang zur Flexibilisierung, weil die Lohnersatzleistungen nach wie vor vergleichsweise hoch sind. Für diese Verbindung von *Flexibilität und Sicherheit* hat sich inzwischen der Begriff der 'flexicurity' eingebürgert.

Eine wichtige Voraussetzung für den beschäftigungspolitischen Erfolg war und ist der umfassende, gesamtwirtschaftliche Ansatz. Beide Länder setzen auf ein konzertiertes Vorgehen, d.h. die Koordination von Arbeitsmarkt-, Fiskal- und Sozialpolitik. In den Niederlanden wurden schon sehr früh bi- bzw. tripartistische Institutionen ins Leben gerufen, die beratend tätig wurden (1945: Stichting van de Arbeit; 1950: Sociaal-Ekonomische Raad). Von einem Konzertierten Vorgehen kann man spätestens seit dem *Abkommen von Wassenaar* über „Allgemeinverbindliche Empfehlungen zu Fragen der Beschäftigungspolitik" sprechen. Im November 1982 hatten sich Regierung, Arbeitgeber und Gewerkschaften an einen Tisch gesetzt und auf eine weitgehende Koordination der Lohnpolitik (Erarbeitung von Lohnleitlinien) geeinigt. Das Wassenaarer Abkommen, gemeinhin als „historischer Wendepunkt in der Tarif- und Sozialpolitik" bezeichnet, legte eine Strategie zur Verringerung der Arbeitslosigkeit durch Lohnzurückhaltung und kostenneutrale Arbeitszeitverkürzung fest. Die Regierung beteiligte sich an dem Programm, indem sie 1983 die Beamtengehälter und Pensionen um 3 Prozent kürzte und Sozialleistungen senkte. Der gesetzliche Mindestlohn sank bis 1995 um etwa 15 Prozentpunkte gegenüber dem Durchschnittlohn (*Visser/Hemerijck*, 1998, S. 184).

Derartige schriftlich fixierte Bündnisse für Arbeit wie in den Niederlanden gab und gibt es in Dänemark nicht. Viele der Arbeitsmarktregelungen in Dänemark weisen indes die Merkmale eines stillschweigenden und ungeschriebenen Sozialpaktes auf. Die tripartistische Zusammenarbeit wurde nach dem Zweiten Weltkrieg, basierend auf der *Keynes*'schen Makroökonomie, weiter ausgebaut. Vor dem Beginn einer Verhandlungsrunde verkündet die Regierung ihre Empfehlungen zu den makroökonomischen Daten. Forderungen der Tarifparteien, die deutlich von diesen Empfehlungen abweichen, werden in der Öffentlichkeit als 'unverantwortlich' angesehen und sind daher auch nicht üblich (*Lind*, 1998, S. 669 ff.).

In beiden Ländern wird eine kombinierte nachfrage- und angebotsorientierte Politik betrieben, um einen günstigeren Rahmen für Investitionen und Verbrauch zu schaffen, so z.B. durch eine vorübergehende defizitäre Fiskalpolitik und eine expansive Geldpolitik. So verfolgt Dänemark seit 1993 zur Bekämpfung der konjunkturellen Arbeitslosigkeit eine antizyklische Politik (zunächst Nachfragestimulation über öffentliche Investitionen und Steuerentlastungen, abgelöst von einer Phase konsequenter Haushaltskonsolidierung). Auf der Angebotsseite machen sich zusätzlich die relativ moderate Lohnpolitik und im Falle Dänemarks insbesondere die niedrigen Lohnnebenkosten (da die Sozialleistungen weitgehend steuerfinanziert sind) bemerkbar.

In beiden Staaten wurde das Arbeitsangebot durch Vorruhestandsregelungen - in den Niederlanden erhalten zudem 12,4 Prozent (Deutschland: 5,4 Prozent) der Erwerbspersonen Leistungen der Erwerbsunfähigkeitsversicherung - und Freistellungsangebote (Sabbat-Urlaub etc.) deutlich reduziert, in den Niederlanden zusätzlich durch Arbeitszeitverkürzungen (die Niederländer arbeiten im Durchschnitt nur noch 32 Wochenstunden). Eine solche Entlastung des Arbeitsmarktes ist nur aufgrund des hohen Sicherungsniveaus (ca. 70 Prozent des letzten Einkommens) gesellschaftlich akzeptiert.

Gleichzeitig wird eine Doppelstrategie einer stärkeren Lohndifferenzierung und der Anpassung der Qualifikationstruktur an die immer noch vergleichsweise geringe Lohnspreizung verfolgt. Die Teilnahme an aktiven Bildungsmaßnahmen ist für Arbeitslose Pflicht. Flankiert werden derartige Aktivierungsprogramme durch verschärfte Anspruchsvoraussetzungen beim Bezug von Arbeitslosengeld ('Zuckerbrot und Peitsche'). Die Ausgaben für aktive arbeitsmarktpolitische Maßnahmen sind entsprechend hoch.

2.3.6.3 Vorbilder für die deutsche Beschäftigungspolitik?

Können die vorgestellten Beschäftigungsmodelle Vorbildcharakter für die bundesdeutsche Politik haben? Die beschäftigungspolitische Strategiewahl ist immer auch der Ausdruck eines gesellschaftlichen Werturteils über die Frage der Verteilungsgerechtigkeit. Die Übertragbarkeit derartiger beschäftigungspolitischer Strategien setzt folglich zuallererst voraus, daß die gewählte Strategie auch mit den gesellschaftlichen Verteilungszielen kompatibel ist (*Birk/Gries*, 1997, S. 106).

Das angelsächsische Modell wäre demnach schon deshalb nicht übertragbar, weil es in fundamentaler Weise gegen die deutsche Wohlfahrtskultur und die Vorstellung einer *Sozialen Marktwirtschaft* verstößt. Eine Annäherung an das angelsächsische Modell wäre aber nicht nur in verteilungspolitischer Hinsicht indiskutabel, sondern darüber hinaus auch in beschäftigungspolitischer Hinsicht wenig sachgemäß. Deutschland und die USA setzen nicht grundlos auf höchst unterschiedliche Arbeitsmarktstrategien: Während die USA eine *Lohnanpassungsstrategie* verfolgen, d.h. einen Arbeitsmarktausgleich per Reallohnanpassung an die (in den USA deutlich niedrigere) Arbeitsproduktivität vornehmen, sind die Deutschen bislang den umgekehrten Weg gegangen. Die deutsche *Produktivitätsanpassungsstrategie* zielt auf einen Arbeitsmarktausgleich über die Anpassung der Produktivität an die (gegenüber den USA nach wie vor höheren) Reallöhne. Es gibt wenige Länder, die eine so hohe Arbeitsproduktivität vorweisen können wie Deutschland, weshalb in der Literatur mitunter auch vom deutschen Produktivitätswunder gesprochen wird (*Birk/Gries*, 1997, S. 99ff.).

Das Problem einer solchen Strategie ist, daß die Beschäftigungsschwelle (in Deutschland derzeit etwa bei 1,5 Prozent) entsprechend hoch ist, weil der arbeitssparende Effekt der Produktivitätssteigerung den beschäftigungsexpansiven Effekt zu einem guten Teil wieder auffrißt (vgl. *Hof*, 1995, S. 74 sowie Abschnitt 1.3.2). Der bundesdeutsche Arbeitsmarkt benötigt mit anderen Worten mehr Wirtschaftswachstum als der amerikanische, um einen vergleichbaren Beschäftigungseffekt zu erreichen. Dennoch ist von einem Wechsel der Arbeitsmarktstrategie abzuraten: Es ist für ein technologisch hochentwickeltes Land wie Deutschland nicht sinnvoll, seinen Platz an der Spitze der Lohnskala zu räumen und zu versuchen, durch Lohnsenkung den Wettbewerbsdruck zu vermindern. Deutschland würde dann mit einem niedrigeren Lohnniveau auf anderen Produktmärkten konkurrieren, der Wettbewerb wäre aber nicht weniger scharf. Die qualitative Wettbewerbsfähigkeit würde dadurch jedoch verschlechtert, ohne daß gleichzeitig die preisliche Wettbewerbsfähigkeit dauerhaft verbessert würde (*Werner*, 1998, S. 12). Niedriglöhne helfen in dieser Situation nicht weiter, dafür mehr Investitionen in die Ausbildung, in die Forschung und Entwicklung sowie in die Infrastruktur. Das angelsächsische Modell stellt insofern keine adäquate Lösung für die spezifischen Arbeitsmarktprobleme Deutschlands dar.

Ist stattdessen eine Übertragung der niederländischen bzw. dänischen Beschäftigungsmodelle auf Deutschland möglich und empfehlenswert?

Auch das *holländische* Polder-Modell ist nur begrenzt auf die deutschen Verhältnisse übertragbar. Der Verarbeitende Sektor spielt in den Niederlanden mit 23 Prozent Beschäftigtenanteil eine wesentlich geringere Rolle als in Deutschland. Auch steht die von den Niederlanden verfolgte Strategie, über Lohnzurückhaltung den realen Außenwert ihrer Währung zu senken und so Marktanteile zu gewinnen, einem Land mit der Wirtschaftskraft Deutschlands nicht zur Verfügung. Sie hätte lediglich einen realen Abwertungswettlauf bzw. eine Konjunkturabschwächung in den 'Verliererländern' zur Folge, die aufgrund der hohen außenwirtschaftlichen Verflechtung automatisch auch binnenwirtschaftlich kontraktive Wirkungen entfalten müßte (*Pohl/Volz*, 1997). Der Lohnverzicht wirkt im übrigen innovationsfeindlich und dürfte auf Dauer eine veraltete Wirtschaftsstruktur zur Folge haben. In den Niederlanden sind zudem kaum neue Arbeitsplätze entstanden, sondern die vorhandenen lediglich umverteilt worden. Werden alle Formen der Ausgliederung aus dem ersten Arbeitsmarkt berücksichtigt, so schneiden die Niederlande im übrigen nicht so günstig ab, wie auch der Vergleich der erweiterten Arbeitslosenquote deutlich macht. Rechnet man die extrem hohe Erwerbsunfähigkeitsquote, Vorruhestandsregelungen und subventionierte Beschäftigungsformen hinzu, so kommt man auf der Basis vollzeitäquivalenter Beschäftigung für die Niederlande auf eine Arbeitslosenquote von 27,1 Prozent, d.h. eine Größenordnung, die etwa den Dimensionen der Arbeitslosigkeit in den neuen Bundesländern entspricht (*Schmid*,

1996, S. 14). Eine solch massive Entlastung des Arbeitsmarktes auf der Angebotsseite, wie sie in den Niederlanden durch die Gewährung von Erwerbsunfähigkeitsrenten angestrebt wurde, stieße in Deutschland sehr schnell an finanzielle Grenzen und würde aufgrund der Beitragsfinanzierung zu einem (unerwünschten) Anstieg der Lohnnebenkosten führen.

Dänemark ist ein kleines Land mit relativ homogenen Strukturen, was die Konsensfindung erheblich vereinfacht. Auch ist z.B. die Qualifikationsstruktur der Arbeitslosen nahezu identisch mit der Struktur der Beschäftigten. Dänemark führt mit einer Erwerbsquote von 81 Prozent die EU-Länder an, eine weitere Zunahme der Erwerbsneigung steht daher nicht zu erwarten. Der Verarbeitende Sektor spielt mit 26 Prozent Beschäftigungsanteil eine deutlich geringere Rolle als in Deutschland (35 Prozent), die Arbeitsproduktivität ist aufgrund des höheren Dienstleistungsanteiles entsprechend niedriger. Diese Bedingungen sind in Deutschland nicht gegeben. In Teilbereichen taugt der dänische Weg dennoch als Vorbild. So sieht auch ein vom IAB vorgeschlagenes Strategiebündel einen vergleichbaren, auf die deutschen Spezifika zugeschnittenen Policy-Mix aus nachfrage- und angebotsorientierten Maßnahmen vor (*Klauder/Schnur/Zika*, 1996, *IAB*, 1998).

Zusammenfassend läßt sich zu den internationalen Erfahrungen der letzten Jahre bei der Bekämpfung der Arbeitslosigkeit feststellen, daß es keine Modelländer und Patentrezepte gibt, die sich einfach kopieren lassen. Generell muß man vor der kritiklosen Adaption ausländischer Modelle warnen, da diese immer nur im historischen Kontext zu verstehen sind (Pfadabhängigkeit) und sich ihre Attraktivität oft von nur begrenzter Dauer erweist. Zudem lassen die unterschiedlichen gesellschaftspolitischen Leitbilder eine Übernahme ausländischer Modelle in vielen Fällen nicht zu. Das heißt indes nicht, daß man aus den Erfahrungen anderer Staaten bei der Bekämpfung der Arbeitslosigkeit keine Lehren ziehen könnte. Bei genauerer Betrachtung lassen sich eine Reihe von Gemeinsamkeiten in der Arbeitsmarkt- und Beschäftigungspolitik jener Länder erkennen, denen in den letzten Jahren eine deutliche Reduktion der Arbeitslosigkeit gelungen ist. Diese Gemeinsamkeiten können in folgenden Kernaussagen zusammengefaßt werden (*Werner*, 1998a, S. 606ff.; Eichhorst, 1999, S. 536ff.):

- Als bedeutsam für den beschäftigungspolitischen Erfolg erweist sich zunächst ein *umfassender, gesamtwirtschaftlicher Ansatz*. Reformen zwischen den Politikbereichen müssen koordiniert werden. Sonst besteht die Gefahr, mit isolierten Teilreformen auf einzelnen Teilmärkten des Arbeitsmarktes lediglich neue Probleme in anderen Teilmärkten zu erzeugen (Mitnahme- und Verdrängungseffekte) und Finanzierungslasten zu verschieben. Eine Koordination von beschäftigungs-, fiskal- und sozialpolitischen Maßnahmen könnte etwa im Rahmen eines 'Bündnisses für Arbeit' erfolgen.

- Nachhaltige beschäftigungspolitische Erfolge lassen sich nur erzielen, wenn alle Erscheinungsformen von Arbeitslosigkeit, strukturelle wie konjunkturelle angegangen werden. Ein umfassender, gesamtwirtschaftlicher Ansatz, der alle makroökonomischen Größen im Auge behält, greift daher gleichermaßen auf angebots- wie nachfrageorientierte Instrumente zurück (vgl. auch die Abschnitte 2.3.3.3 und 3.4).
- Bei der Berücksichtigung *nachfrageorientierter Instrumente* geht es nicht um einen 'hydraulischen Vulgär-Keynesianismus', sondern darum, daß die Geld- und Fiskalpolitik zum günstigen Rahmen für Investitionen und Verbrauch beitragen kann. In fast allen beschäftigungspolitsch erfolgreichen Ländern stand ein fiskalpolitischer Impuls am Anfang des Umschwungs, z.B. dadurch, daß die direkten Steuern ohne direkte Gegenfinanzierung gesenkt wurden. Zumindest ist die in den neunziger Jahren in der Bundesrepublik zu beobachtende 'Parallelpolitik' in Form rigider öffentlicher Sparprogramme dem Umschwung am Arbeitsmarkt nicht förderlich.
- Aufgrund der zunehmenden Bedeutung der strukturellen Arbeitslosigkeit beinhaltet eine erfolgreiche Politik zum Abbau von Arbeitslosigkeit auch eine Reihe *angebotsorientierter Instrumente*. Unter anderem wären hier zu nennen: Moderate Lohnsteigerungen, niedrige Lohnnebenkosten und ein gewisses Maß an Lohnspreizung und Flexibilisierung der Arbeitszeit. In welchem Ausmaß und auf welche Weise die dadurch entstehende Lohnstruktur staatlicherseits in einem nächsten Schritt nivelliert werden sollte, ist eine Frage der Basiswertungen zur sozialen Sicherheit, über die in einem weiten Spektrum zwischen steuerfinanzierter Grundsicherung, gleitenden Transfers und beitragsorientierter Sozialversicherung entschieden werden kann. Als eine Gemeinsamkeit der Arbeitsmarkt- und Beschäftigungspolitik der 'Modelländer' fällt ins Auge, daß die gewährten Sozialtransfers im Fall von Arbeitslosigkeit jeweils mit einem stärkeren Druck zur Arbeitsaufnahme verbunden werden, wie es auch in Deutschland zunehmend praktiziert wird (vgl. die Ausführungen im Abschnitt 2.3.2.4 zur Reform der Arbeitsförderung im SGB III). Die Kombination aus sozialer Absicherung und einem Druck zur Aufnahme einer Beschäftigung oder Qualifizierungsmaßnahme erleichtert die Akzeptanz der angebotsorientierten Instrumente.
- Den *Tarifparteien* kommt schließlich ein bedeutender Teil der Verantwortung für den Abbau der Arbeitslosigkeit zu. In beschäftigungspolitisch erfolgreichen Ländern hat die Meso-Ebene an Bedeutung verloren, während umgekehrt die gesamtwirtschaftliche Ebene und die betriebliche Ebene an Bedeutung gewonnen haben. Auch in der Bundesrepublik zeichnet sich ein Dualismus aus einem nationalen Bündnis für Arbeit und stärker dezentralisierten, flexibilisierten Tarifverhandlungen ab. Das Potential der gesamtwirtschaftlichen Ebene liegt in der Durchsetzungsmöglichkeit eines umfassenden, gesamtwirtschaftlichen Ansatzes unter Einbindung der Tarifparteien, das Potential der dezentralen Tarifverhandlung liegt in der Nutzung von Flexibilisierungspielräumen.

Es stimmt hoffnungsvoll, daß in der Bundesrepublik bereits einige Fortschritte in dieser Richtung zu verzeichnen sind. Ein statistisch meßbarer Erfolg wird sich indes erst dann einstellen, wenn der geforderte umfassende, gesamtwirtschaftliche Ansatz über einen längeren Zeitraum praktiziert wird. Wer beim gegenwärtigen Stand der Arbeitslosigkeit schnelle Erfolge fordert, erzeugt leicht Aktionismus und Unsicherheit, die der Schaffung von Arbeitsplätzen nachhaltig entgegenwirken.

2.4 Ausblick: Die Zukunft der Arbeit

Eine häufig vorgebrachte These ist, daß der Anstieg der Arbeitslosigkeit das erste Anzeichen für das 'Ende der Arbeit' sei. Hat die 'Arbeit' also keine Zukunft? Der Versuch einer Antwort auf die Frage nach der Zukunft der Arbeit wirft zunächst die Frage auf: Von welcher Arbeit ist die Rede? Im Abschnitt 1.1 wurde unter Arbeit diejenige körperliche oder geistige Tätigkeit von Personen verstanden, die auf ein wirtschaftliches Ziel gerichtet ist. Im ökonomischen Sinne ist die Arbeit eine Dienstleistung, die begehrt und ökonomisch knapp ist, daher einen Ertrag oder Preis erzielt. Diese Definition streicht den *erwerbswirtschaftlichen Zweck* der Arbeit besonders heraus.

Die krisenhafte Entwicklung auf dem Arbeitsmarkt sowie die Zunahme der mit der Erwerbsarbeit verbundenen Entfremdungsphänomene haben in jüngerer Zeit allerdings vermehrt die Forderung nach einer *Erweiterung des Arbeitsbegriffes* laut werden lassen. Ernst F. *Schumacher*, ein prominenter Vertreter des *dualwirtschaftlichen Modells*, schreibt der Arbeit drei grundlegende Aufgaben zu: „Sie gibt dem Menschen die Möglichkeit, seine Fähigkeiten zu nutzen und zu entwickeln. Sie hilft ihm, aus seiner Ichbezogenheit herauszutreten, indem sie ihn mit anderen Menschen in einer gemeinsamen Aufgabe verbindet, und sie erzeugt die Güter und Dienstleistungen, die für ein menschenwürdiges Dasein erforderlich sind" (*Schumacher*, 1985, S. 49). Der Erwerbszweck der Arbeit taucht in diesem Zitat schon nicht mehr auf. So wird im dualwirtschaftlichen Ansatz folgerichtig die Rolle der sogenannten *Eigenarbeit* (zum Begriff vgl. *Weizsäcker/Weizsäcker*, 1979, S. 221 - 234) stark betont, während der erwerbswirtschaftliche Charakter der Arbeit in diesem Ansatz in den Hintergrund tritt. In der neueren Diskussion wird zusätzlich auf die Bedeutung ehrenamtlicher Arbeit für die Gestaltung und Erhaltung zivilgesellschaftlicher Strukturen hingewiesen (vgl. *Priller/Zimmer/Anheier*, 1999, S. 12 - 21), so daß man quasi von einer *Triade der Arbeit* in einer Neuen Arbeitsgesellschaft sprechen könnte (vgl. Abbildung 2.13). Die verschiedenen Begriffsbestimmungen sind insofern von Interesse, als sie die Antwort auf die Frage nach der Zukunft der Arbeit beeinflussen, ja präjudizieren können.

Geht unserer Gesellschaft die Arbeit aus? Legt man den *herkömmlichen Arbeitsbegriff* zugrunde, so liegt die Krise der Arbeitsgesellschaft darin begründet, daß die Schere zwischen den Erwerbspersonen und den Erwerbsbeteiligten immer weiter auseinandergeht. Der normative Aspekt der Frage ist damit noch nicht beantwortet. Suchen zu viele Menschen Arbeit? Oder finden zu wenige Menschen Arbeit?

Empirische Untersuchungen lassen erkennen, daß die Erwerbsarbeit in normativer Hinsicht nicht an Bedeutung verloren hat. Trotz der hohen Arbeitslosigkeit wirkt die Erwerbsarbeit in sozialstruktureller Hinsicht nach wie vor prägend. Die Gesellschaft produziert gleichzeitig Arbeitslosigkeit und eine soziale Norm zur Erwerbsarbeit (im Sinne der protestantischen Arbeitsethik) und erzeugt damit ein Dilemma, dem sie mit sozialstaatlichen Mitteln immer weniger zu entkommen vermag.

Abbildung 2.13: Triade der Arbeit

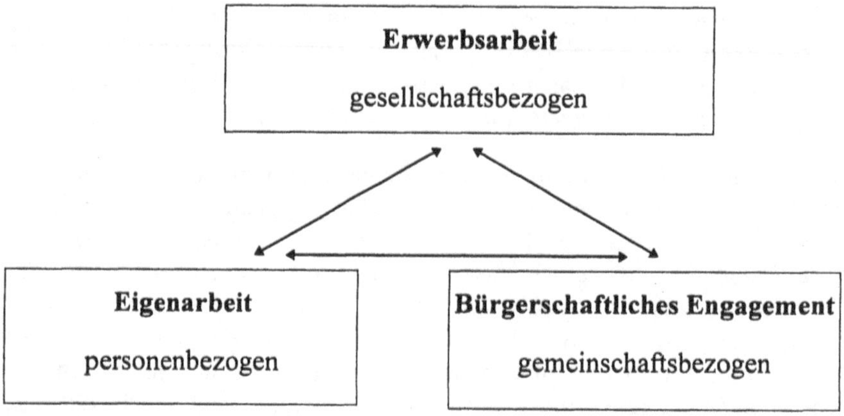

Quelle: Mutz, 1999, S. 6.

Aus *Sicht dualwirtschaftlicher Ansätze* ist ein Ende der Arbeitsgesellschaft nicht abzusehen; dafür ist die Palette gesellschaftlich sinnvoller bzw. notwendiger Arbeit zu umfangreich. In dualwirtschaftlichen Ansätzen wird daher folgerichtig nicht das Ende der Erwerbsarbeit an sich als Krise aufgefaßt, sondern in erster Linie das Noch-nicht-Vorhandensein einer neuen Arbeit, die die herkömmliche Erwerbsarbeit ersetzen könnte (vgl. *Werlhof*, 1985, S. 168).

Es dürfte auf der Hand liegen, daß die unterschiedlichen Auffassungen über 'Arbeit' eine ebensolche Vielzahl an Vorstellungen über die Zukunft der Arbeit zur Folge haben. Die Zukunft ist, wie der Wissenschaftsphilosoph Karl R. *Popper* betont hat, grundsätzlich offen, und weil sie offen ist, kann sie sich uns nicht offenbaren. Daher sagen Zukunftsvorstellungen in erster Linie etwas über die Gegenwart aus, nicht über die Zukunft. Als soziale, von vielen geteilte gegenwärtige Vorstellungen weisen sie auf Handlungsmöglichkeiten und deren Grenzen hin. Für jede Zukunftsvorstellung gilt, daß ihr sozialer Wirklichkeitscharakter um so größer ist, je mehr Menschen diese Vorstellung teilen. Welche Zukunft sich letztendlich realisieren wird, hängt folglich nicht zuletzt davon ab, an welche Zukunft wir glauben. Die moderne, pluralistische Gesellschaft ist durch eine Vielzahl denkbarer

Zukünfte gekennzeichnet. Trotz dieser Meinungsvielfalt läßt sich in der Frage 'Welche Zukunft hat die Arbeit?' eine Häufung bzw. Verdichtung der Positionen um zwei gegensätzliche Pole erkennen, die man als *'Zukunftsskepsis'* auf der einen Seite und *'Zukunftseuphorie'* auf der anderen Seite bezeichnen könnte.

In der öffentlichen Diskussion wird zunehmend eine *zukunftsskeptische* Sicht vertreten, wobei die bundesdeutsche Debatte viele Impulse aus den USA und auch aus Frankreich erhält. Als prominente Vertreter dieser Sichtweise gelten u.a. der amerikanische Wissenschaftsjournalist Jeremy *Rifkin*, die französische Publizistin Viviane *Forrester* und in Deutschland vor allem Horst *Afheldt* sowie das Autorengespann Hans-Peter *Martin und* Harald *Schumann* (vgl. *Rifkin*, 1995; *Forrester*, 1997; *Afheldt*, 1994; *Martin/Schumann*, 1996). Alle diese Publikationen sind von einer tiefsitzenden Skepsis getragen, was die sozialen und ökonomischen Folgen der Globalisierung anbelangt.

So wird die Globalisierung (bzw. der sogenannte 'Turbo-' oder auch 'Kasinokapitalismus') von *Martin/Schumann* als gesellschaftlicher Kollisionskurs beschrieben, an dessen Endpunkt die 20-80-Gesellschaft steht: Nur 20 Prozent der Menschen würden in der rationalisierten Wirtschaft noch gebraucht. Die anderen 80 Prozent müßten hingegen amüsiert bzw. ruhiggestellt werden. Ähnlich düstere Töne schlägt auch Jeremy *Rifkin* an: Die Automation und Computerisierung der 'Dritten Industriellen Revolution' setze mehr menschliche Arbeit frei, als durch wirtschaftliches Wachstum an anderer Stelle an Arbeitsplätzen entstehen könne. Der Dienstleistungsbereich werde die freigesetzten Arbeitskräfte nicht mehr wie bisher aufnehmen können, da auch hier aufgrund der forcierten Automation zukünftig mit sinkendem Arbeitskräftebedarf zu rechnen sei. Die zunehmende Arbeitslosigkeit führe zur sozialen Verelendung ganzer Bevölkerungsgruppen und schließlich zu einem dramatischen Anstieg der Kriminalität, die das Ende unserer Zivilisation bedeuten könne (vgl. *Rifkin*, 1995, S. 17 ff.; *Afheldt*, 1994, S. 100 ff.).

Die These, der globale Kapitalismus schaffe die Arbeit ab und schaufele sich damit sein eigenes Grab, ist nicht unwidersprochen geblieben. Das Lager der *Zukunftseuphoriker* will die Globalisierung im krassen Gegensatz zur soeben dargestellten Position als die größte Chance, seit es die internationale Arbeitsteilung gibt, verstanden wissen. Die Weltwirtschaft sei vom angeblichen Ende der Arbeit weit entfernt. Als Beweis für die segensreichen Wirkungen des weltumspannenden Kapitalismus wird auf die weltweite Zunahme der Beschäftigung innerhalb der letzten 25 Jahre verwiesen, womit die These des jobless growth widerlegt sei. Die These vom Ende der Arbeit reduziere sich bei genauerem Hinsehen auf eine gegenüber den USA „vergleichsweise schwache Beschäftigungs-Performance der großen europäischen Volkswirtschaften" (*o.V.*, 1997, S. 4 f.). Die Globalisierungskritik sei sachlich falsch und lenke zudem ab von der „Verantwortung für träge Institutionen, rigide Regulierungen des Arbeitsmarktes, fehlende Anreizsysteme für Arbeitsangebot und -nachfrage und erstarrte unternehmerische Risikobereitschaft“ (*Hank*, 1997).

So unterschiedlich die Diagnosen ausfallen, so verschieden sind naturgemäß auch die empfohlenen Therapien. Die Zauberformel der Zukunftseuphoriker - 'Mehr Arbeitsplätze durch Wachstum' - wird indes kaum aufgehen können, weil das Wirtschaftswachstum immer häufiger unter der Beschäftigungsschwelle liegt. Die Wachstumsstrategie ist auch aufgrund der *quantitativen Dimension* des Problems höchst illusorisch. Um allein die derzeit rund vier Millionen registrierten Arbeitslosen unter den gegenwärtigen Produktionsbedingungen beschäftigen zu können, müßte das Sozialprodukt dauerhaft, von heute auf morgen, um rund 17 Prozent (ca. 450 Milliarden DM) erhöht werden. Eine solche Strategie ist weder wünschenswert noch machbar. Zum einen würde ein derart hohes Wirtschaftswachstum eine unvertretbar *steigende Umweltbelastung* mit sich bringen, zum anderen muß aus heutiger Sicht bereits die Verhinderung weiter abnehmender Wachstumsraten als Erfolg gewertet werden (*Reuter*, 1997, S. 8).

Auch die zweite Rezeptur der Zukunftseuphoriker, die Forcierung des wirtschaftlichen Strukturwandels in Richtung auf die Informationsgesellschaft, könnte sich als zweischneidiges Schwert erweisen. Es ist nämlich damit zu rechnen, daß der rapide zunehmende Einsatz von Informations- und Kommunikationstechnologien einen weiteren Produktivitätssprung zur Folge haben wird. Es sei hier nochmals an die Argumentation von *Rifkin* erinnert. Es ist fraglich, ob die Schaffung von Arbeitsplätzen in den High-Tech-Branchen den Arbeitsplatzabbau in anderen Sektoren kompensieren kann. Eine Studie der Universität Würzburg kommt zu dem Ergebnis, daß im Dienstleistungsbereich per Saldo keine neuen Arbeitsplätze entstehen, sondern im Gegenteil in den nächsten Jahrzehnten bis zu 6,7 Millionen Arbeitsplätze wegfallen. Diese Entwicklung wird u.a. damit begründet, daß viele Arbeitsplätze im Dienstleistungsbereich mit der landwirtschaftlichen und industriellen Produktion verknüpft sind und daher der Gefahr unterliegen, infolge des Strukturwandels ihre ökonomische Basis zu verlieren.

Wird sich unsere Gesellschaft folglich mit der Massenarbeitslosigkeit abfinden müssen? Die *Zukunftsskeptiker* beantworten die Frage mit einem deutlichen Nein. Die meisten Publikationen, die diese zukunftsskeptische Sichtweise einnehmen, bieten ihren Lesern zugleich eine *Zukunftsvision* an, die sich deutlich gegenüber den eigenen düsteren Szenarien abhebt. Die Botschaft lautet: Die Politik muß nicht nur regulierend eingreifen, will sie die menschliche Zukunft nicht verspielen, sondern sie hat auch die Möglichkeiten dazu in ihrer Hand. Die Bedeutung von Katastrophenszenarien wie etwa der 20-80-Gesellschaft liegt in ihrer katalytischen Wirkung und erst in diesem Kontext werden diese Szenarien überhaupt verständlich.

Die angebotenen Gegenstrategien sind dabei recht unterschiedlich. *Martin/Schumann* setzen etwa auf die Karte einer demokratisierten handlungsfähigen Europäischen Union, auf die Stärkung und Europäisierung der Bürgergesellschaft. Ihrer Ansicht nach wird die vornehmste Aufgabe demokratischer Politik an der Schwelle zum nächsten Jahrhundert die Instandsetzung des Staates und die Wiederherstellung des Primats der Politik über die Wirtschaft sein. Konkret schlagen sie die Eindämmung kurzfristiger Devisenspekulationen mittels einer sog. *Tobin*-Steuer vor, um auf diese Weise die Attraktivität von arbeitsplatzschaffenden Realinvestitionen zu erhöhen.

Afheldt fordert die Schaffung eines Sozialstaatenraumes auf europäischer Ebene, d.h. einer politischen Union als geeigneter Norminstanz, um den Einfluß der Wirtschaft zurückzudrängen und soziale Mindeststandards zu gewährleisten ('neuer Protektionismus') (*Afheldt*, 1994, S. 210). Diese Strategie kann allerdings nur dann beschäftigungswirksam werden, wenn die nationalen Regierungen die Beschäftigungspolitik als Gemeinschaftsaufgabe definieren.

Während diese Vorschläge auf die Schaffung eines Gegengewichtes in Form eines politischen Großraumes setzen, plädiert *Rifkin* für eine Lösung jenseits von Markt und Staat, d.h. für den weltweiten Ausbau eines gemeinwohlorientierten 'Dritten Sektors'. Angesichts der derzeitigen Beschäftigungssituation hält Rifkin den „Übergang von einer Gesellschaft, deren Basis die Massenbeschäftigung in der Privatwirtschaft ist, zu einer Gesellschaft, deren Strukturen nicht um den Markt zentriert sind" (*Rifkin*, 1995, S. 176.), für zwingend erforderlich. Der gemeinwohlorientierte 'Dritte Sektor' soll gewissermaßen als 'Zufluchtsort für die Opfer der Dritten Industriellen Revolution', als 'Auffangbecken für all die vom Marktbereich freigesetzten Menschen' bzw. als 'Puffer gegen die unpersönlichen Kräfte des Weltmarkts und gegen das Unvermögen des Regierungsapparates' dienen.

Als 'Dritten Sektor' bezeichnet *Rifkin* reichlich vage einen „Bereich (..), der unabhängig von Markt und Staat funktioniert" bzw. einen „Bereich der sozialen Verantwortung". An einer Stelle verweist er auf den französischen Begriff der 'Economie Sociale' (*Rifkin*, 1995, S. 180 ff.; vgl. hierzu auch *Zerche/Schmale/Blome-Drees*, 1998, S. 106 ff.). In der wissenschaftlichen Literatur werden alle Organisationen, die weder erwerbswirtschaftliche Firmen noch öffentliche Behörden der unmittelbaren Staats- und Kommunalverwaltung sind, zum Dritten Sektor gezählt. Im einzelnen werden unter diesen Begriff Genossenschaften, Wohlfahrtsverbände, öffentliche und gemeinnützige Unternehmen, die Sozialversicherungen, gemeinnützige Vereine, Selbsthilfeinitiativen etc. subsumiert.

Rifkin sieht die Gesellschaft vor die Entscheidung gestellt, entweder mehr Geld für die Gewährleistung der inneren Sicherheit ausgeben zu müssen, oder mehr Geld für den 'Dritten Sektor'. Zur Finanzierung des 'Dritten Sektors' fordert *Rifkin* zum einen, daß ein möglichst großer Anteil des Produktivitätszuwachses vom marktwirtschaftlichen Sektor in den Dritten Sektor übertragen wird. Zum anderen soll der Staat den 'Dritten Sektor' zumindest während des Übergangs zum postmarktwirtschaftlichen Zeitalter unterstützen, so etwa durch Steuererleichterungen bzw. durch Koppelung eines staatlich garantierten Mindesteinkommens an gemeinnützige Arbeit. Auf diese Weise könne der Staat dem sozialen Bereich durch geeignete Anreize eine Richtung vorgeben (*Rifkin*, 1995, S. 190ff.).

Die Erfolgsaussichten dieser Lösungsstrategie können an dieser Stelle nicht detailliert behandelt werden (vgl. hierzu etwa *Zerche,* 1997, S. 319 ff.). Es sei abschließend nur darauf hingewiesen, daß der Anteil des Dritten Sektors an der Gesamtbeschäftigung noch zu gering ist, um eine bedeutsame Rolle bei der Beschäftigungssicherung spielen zu können. In Deutschland beträgt dieser Anteil lediglich 3,7 Prozent, unter Einbezug der unbezahlten Arbeit 6,1 Prozent (vgl. *Salamon/Anheier,* 1997, S. 15).

Eine mehr als bescheidene Existenz wird daher auch in Zukunft nur über Erwerbsarbeit zu erreichen sein. Die Bedeutung von Eigenarbeit und bürgerschaftlichem Engagement wird dadurch keineswegs gemindert. Der Dritte Sektor schafft die Rahmenbedingungen für Partizipation und bürgerschaftliches Engagement und sichert damit jene sozialen Ressourcen (den 'sozialen Kitt'), von denen Markt wie Staat zehren, ohne sie aber erzeugen zu können. *Der Dritte Sektor eignet sich indes nicht als 'Lückenbüßer' für die mangelnde Fähigkeit von Markt und Staat, eine ausreichende Zahl an Arbeitsplätzen bereitzustellen*, dies schon alleine deshalb nicht, weil sich das 'Private' nicht beliebig instrumentalisieren läßt (vgl. *Bosch*, 1998, S. 268).

Der erweiterte Arbeitsbegriff erweist sich letzten Endes als der verzweifelte Versuch, einen 'Schlüssel gesellschaftlicher Vergütung' (vgl. *Heinrichs*, 1999, S. 280) zu definieren, der sich für die Zukunft als tragfähig und nachhaltig erweisen könnte. Die Gesellschaft muß eine Antwort auf die Frage finden, wie sie die aus den enormen Produktivitätszuwächsen resultierende 'Freisetzung' von Arbeitskraft (anders ausgedrückt: die Schaffung von 'disposable time') gesellschaftlich verarbeiten will. Wie soll die Teilhabe am gesellschaftlichen Wohlstand konkret geregelt werden, wenn nicht durch Erwerbsarbeit?

Jedenfalls sollte die Aussicht, daß wir alle in Zukunft weniger arbeiten müssen, damit die verbleibende (Erwerbs-)Arbeit gerecht verteilt werden kann, mehr Anlaß zur Freude als zur Trauer sein. Damit soll keineswegs schon der neoklassischen Prämisse beigepflichtet werden, mit Arbeit erzeuge man nicht nur Güter, sondern eben auch Leid. *Marx* sah es als ein erstrebenswertes gesellschaftliches Ziel an, das Moment der Notwendigkeit in der materiellen Produktion zugunsten des freiwilligen Moments von Selbsttätigkeit immer weiter zurückzudrängen. Im 'Reich der Notwendigkeit' bleibt die durch die Entwicklung der Produktivkräfte veränderte Arbeit ein immer neu zu lösendes Verteilungsproblem; alle sollen an der weiterhin notwendigen Arbeit partizipieren. Im 'Reich der Freiheit', als dem Bereich von unmittelbar materieller Notwendigkeit freier Zeit, geht es hingegen um Tätigkeiten, in denen sich die Individuen als Selbstzweck gelten (*Haug*, 1996, Sp. 411).

Die Antwort auf die Frage nach der Zukunft der Arbeit lautet: 'Arbeit' als eine von allen Gesellschaftsformen unabhängige Existenzbedingung des Menschen wird solange eine Zukunft haben, wie auch die Menschheit eine Zukunft hat. Es bleibt zu hoffen, daß diese Arbeit auch eine menschenwürdige sein wird.

3. Arbeitsmarkttheorie

3.1 Mikroökonomische Theorie

3.1.1 Das Grundmodell und seine Modifikationen

In einem ersten Hauptgebiet der Arbeitsmarkttheorie - der Lohntheorie - befassen wir uns mit der Bestimmung der Lohnhöhe und der Beschäftigungsmenge. Die Analyse bezieht sich zunächst auf den individuellen Anbieter und Nachfrager und gehört zur mikroökonomischen Theorie (Preistheorie). Die verschiedenen Lehrbücher zur allgemeinen mikroökonomischen Theorie berücksichtigen mehr oder weniger ausführlich auch Aspekte der speziellen Mikroökonomie des Arbeitsmarktes. Für den deutschsprachigen Raum sei exemplarisch auf die Darstellungen in *Schumann* (1987, S. 78 - 86, 99 - 175, 331 - 352), *Luckenbach* (1994, S. 47 - 113) und Wagner/Jahn (1997, S. 10-38) verwiesen. Beide Lehrbücher sind gut verständlich verfaßt und enthalten eine Fülle weiterer Literaturhinweise. Besonders hervorzuheben ist die ausführliche Abhandlung in *Brinkmann* (1981, S. 39 - 163), die eine Fülle von Anregungen zur weiteren Vertiefung gibt. Unter den englischsprachigen Lehrbüchern zur Arbeitsökonomik sei hier nur auf den Beitrag von *Smith* (1994, S. 5 - 60) hingewiesen.

Dogmengeschichtlicher Exkurs: Einkommenstheorie

Die in diesem Lehrbuch ausführlich dargestellte Arbeitsmarkttheorie ist die der *neoklassischen Ökonomie*. Sie ist heute im Selbstverständnis der allermeisten Ökonomen der unbestrittene Kernbestandteil ihrer Lehrmeinung und verdient daher auch im vorliegenden Lehrbuch eine prominente Stellung.

Darüber sollte jedoch nicht übersehen werden, daß Fragen der Einkommensentstehung und Einkommensverteilung bereits die Philosophen der *Antike* (so unterschied *Aristoteles* die weise Haushaltskunst von der verwerflichen Bereicherungskunst) und Moraltheologen des *Mittelalters* (*Thomas von Aquin* forderte 'gerechte' Preise) intensiv beschäftigten.

Die ersten im heutigen Sinne ökonomischen Beiträge zur Lohntheorie als einer Arbeitsmarkttheorie wurden dann von den *Merkantilisten* William *Petty* (1623 - 1687), Dudley *North* (1641 - 1691) und vor allem Bernard *Mandeville* (1670 - 1733) geleistet. Sie wollten als Beamte absolutistischer Herrscher primär das Staatsvermögen maximieren und stellten fest, daß dazu Protektionismus und liberale Kapitalmärkte nicht ausreichen würden. Vor allem sei der Aufbau von Manufakturen notwendig, in denen möglichst viel Arbeit geleistet werden sollte, da die Arbeit Quelle des Reichtums sei. *Mandeville* betonte in seiner sehr populären 'Bienenfabel', daß der Mensch von Natur aus faul sei und nur durch niedrigen Lohn - einen Sporn der Not - eine günstige Vermehrung des Volkswohlstandes erreicht werden könne.

In der nachfolgenden Periode der ökonomischen Einkommenstheorie argumentieren die *Physiokraten* erstmals systematisch und primär makroökonomisch. Die Kreislaufdarstellung und ihre Quantifizierung im Tableau Economique von *Quesnay* (1694 - 1774) gilt als wichtigste Leistung der Physiokratie und ist gleichzeitig ein enormer Fortschritt der Arbeitsmarkttheorie. Erstmals wurden die Pächter als 'produktive Klasse' erkannt und ihr Beitrag zum Sozialprodukt hervorgehoben. Schon bei *Anne Robert Jacques Turgot* (1727 - 1781) führte dies zur Forderung nach mehr politischem Einfluß der Landbevölkerung.

Die *klassische Theorie* legte dann ihren Schwerpunkt auf die Erforschung von Naturgesetzen des Wirtschaftslebens, die sich auf dem Arbeitsmarkt im Theorem des 'natürlichen Lohnes' niederschlug. Der natürliche Lohn werde langfristig dem Existenzminimum entsprechen, nur vorübergehend könne der Marktlohn darüber oder darunter liegen. Für wichtige Vertreter der Klassik, *Adam Smith* (1723 - 1790), *David Ricardo* (1772 - 1823) und *Robert Malthus* (1766 - 1834), stand zudem außer Frage, daß der Macht bei der Bestimmung des Marktlohns eine herausragende Bedeutung zukommt (vgl. den Exkurs zu 'Lohnkonflikt und Machtverteilung' bei *Adam Smith* in Abschnitt 3.3.1).

Die *Sozialisten* zogen dann abweichende Folgerungen aus den klassischen Theoremen und formulierten revolutionäre Programme zur Verhinderung einer dauerhaften Verelendung und Entfremdung der besitzlosen Arbeiter. Zu nennen sind hier neben *Karl Marx* (1818 - 1883) auch *Thomas Spence* (1750 - 1814) und *Ferdinand Lassalle* (1825 - 1864). Letzterer hat mit seinem 'ehernen Lohngesetz' der deutschen Arbeiterbewegung einen Schlüsselbegriff formuliert.

Wir werden die Marginalanalyse auf den Faktor Arbeit so anwenden, wie sie allgemein für alle Produktionsfaktoren in der Preistheorie verwandt wird. In Deutschland war die Grenzproduktivitätstheorie im Prinzip von *v. Thünen* entwickelt worden. Ähnlich wurde sie auch von *Jevons*, *Walras* und *Menger* vertreten. Auch die führenden angloamerikanischen Fachvertreter wie *Edgeworth*, *Marshall* und *Hicks* hatten sie akzeptiert und weiterentwickelt. In Österreich zählten *Wieser* und *Böhm-Bawerk* zu ihren Vertretern, in der Schweiz *Pareto*. Da der Faktor Arbeit gegenüber anderen Produktionsfaktoren aber einige entscheidende Besonderheiten aufweist, kam es bald zu Sonderentwicklungen bei der Beschreibung der Arbeitsmärkte, die Modifikationen des neoklassischen Grundmodells forderten und umsetzten.

Wir beginnen die arbeitsmarkttheoretische Analyse mit starken Vereinfachungen und Abstraktionen von der Wirklichkeit. So operieren wir am Anfang mit einem Modell wettbewerblicher Lohnbildung, in dem machtmäßige Beeinflussungen der Ergebnisse durch Zusammenschlüsse der Marktparteien ausgeschlossen werden. Das einzelne Wirtschaftssubjekt als Anbieter von Arbeitsleistungen soll nur Arbeitseinkommen beziehen (also kein Sozialeinkommen oder Kapitaleinkommen). Es besitzt also zum Einkommenserwerb nur seine Arbeitskraft. Hinsichtlich des Ausmaßes der von ihm angebotenen täglichen Arbeitszeit ist es in seiner Entscheidung frei (keine

Mindestarbeitszeit durch den Betrieb oder gesetzliche Arbeitszeitregelung). Für den einzelnen Unternehmer als Nachfrager nach Arbeitsleistungen wird zuerst angenommen, daß er auf einem vollkommenen Arbeits- und Gütermarkt tätig wird. Er soll sich als Gewinnmaximierer verhalten und seine Produktionsfunktion sei durch das Gesetz abnehmender Ertragszuwächse (Ertragsgesetz) charakterisiert. Die Analyse ist statischer Natur.

Um die Lohnhöhe für Arbeitsleistungen im Rahmen der Preistheorie zu erklären, müssen wir Angebots- und Nachfragefunktionen für Arbeitsleistungen ableiten. Für den ursprünglichen Produktionsfaktor Arbeit kann die Ableitung nicht mittels einer Grenzkostenkurve erfolgen, da beim Anbieten der Arbeitsleistungen keine nennenswerten monetären Grenzkosten entstehen.

Bei der Angebotskurve der Haushalte gehen wir daher von den Nutzenvergleichen zwischen Einkommen und Freizeit aus. Die Nachfrage nach Arbeitsleistungen läßt sich als abgeleitete Nachfrage auf der Grundlage der Werte des Grenzprodukts im Rahmen der allgemeinen Grenzproduktivitätstheorie behandeln.

3.1.1.1 Die individuelle Arbeitsangebotskurve

Zur Ableitung der individuellen Arbeitsangebotskurve verwenden wir die Indifferenzkurvenanalyse. Bestimmte Einkommen (y) pro Tag kombiniert mit einer bestimmten Stundenzahl an Freizeit (f) geben dem Individuum eine bestimmte Nutzenbefriedigung. Eine Indifferenzkurve gibt dann den geometrischen Ort aller Punkte gleichen Nutzenniveaus wieder.

Hier wird angenommen, daß die Freizeit kein inferiores Gut darstellt. Darüber hinaus schneiden die Indifferenzkurven keine Achse, da eine Entscheidung, bei der die Freizeit bzw. das Einkommen den Wert Null erreicht, für ein Individuum, das über keine anderen Einkommensquellen verfügt, nicht möglich ist. Im übrigen gelten die üblichen Annahmen für die Indifferenzkurven, sie verlaufen immer von links oben nach rechts unten, sie sind konvex zum Ursprung und können sich definitionsgemäß nicht schneiden (*Stonier/Hague*, 1972, S. 52ff.).

Die herkömmliche Theorie begrenzt das Arbeitsangebot durch die nichtgeldlichen Kosten der Arbeitszeit - nämlich entgangene Freizeit (Opportunitätskostenprinzip). Die Arbeitszeit wird dann als geopferte Freizeit zur Erzielung von Einkommen betrachtet. Das Wirtschaftssubjekt soll aus dem Einkommen einen abgeleiteten Nutzen erfahren. Wir nehmen an, daß es hierfür verschiedene Güter in einem bestimmten, festen Verhältnis zu konstanten Preisen erwirbt. Die hier deutlich dichotomische Behandlung der Arbeits- und Freizeit ist in neueren Veröffentlichungen modifiziert worden (*Perlamm*, 1969).

Wir tragen das Einkommen pro Tag auf der y-Achse (Ordinate) und die Freizeit pro Tag auf der x-Achse (Abszisse) ab. Mit zunehmender Entfernung vom Ursprung geben die unterschiedlichen Indifferenzkurven höhere Nutzenniveaus an (vgl. Abbildung 3.1).

Die Wahlfläche des Haushalts ist durch eine Budgetgerade und die Achsenabschnitte begrenzt.

Es seien	y	-	das Einkommen pro Tag,
	f	-	die Freizeit in Stunden pro Tag,
	W	-	die tatsächlich aufgewandte Arbeitszeit pro Tag,
	T	-	die verfügbare Gesamtzeit pro Tag,
	l	-	der Lohn je Stunde (= Lohnsatz).

Die Freizeit (t) ist somit definiert als:

$$f = T - W$$

Die Budgetbeschränkung lautet:

$$y = W \cdot l = (T - f) \cdot l$$

Sie ist in Abbildung 3.1 graphisch dargestellt.

Bei gegebener Präferenzstruktur läßt sich somit ein funktionaler Zusammenhang zwischen Lohnsatz und nachgefragter Freizeit ableiten. Wir wollen dies graphisch veranschaulichen und nehmen dabei eine bestimmte maximale Freizeitnachfrage (16 Std. bei gegebener verfügbarer Gesamtzeit (T)) für unsere Budgetbeschränkung an. Es wird also eine minimale Schlaf- bzw. Ruhezeit von 8 Stunden unterstellt.

Wir erhalten daraus die Lohnfreizeitkurve (L-F-Kurve) aus Abbildung 3.2, aus der wir drei Wertepaare aus Abbildung 3.1 eintragen können.

Abbildung 3.1: Einkommens-Freizeit-Diagramm

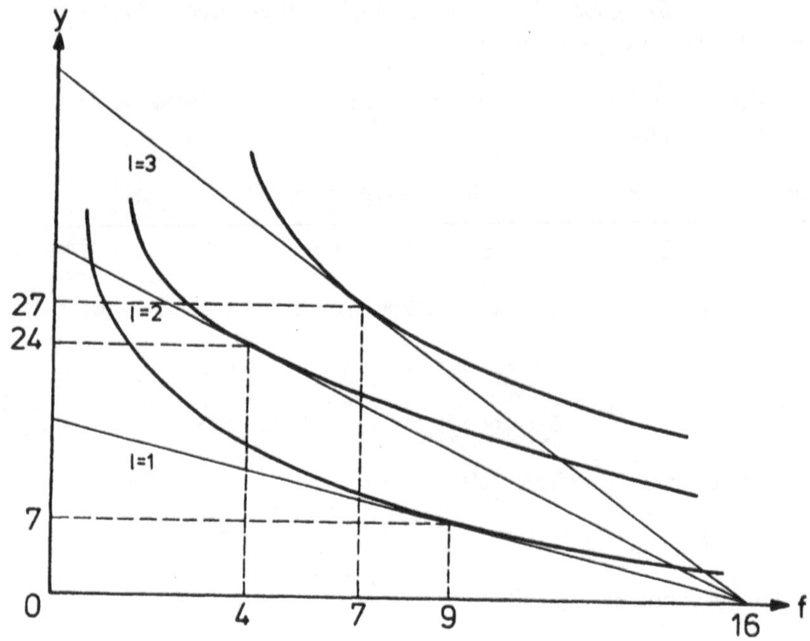

Abbildung 3.2: Lohnfreizeitkurve

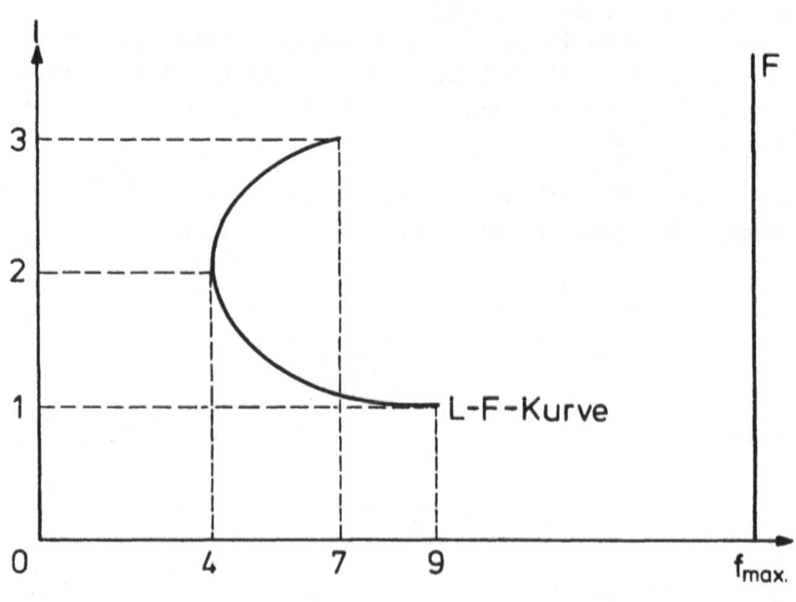

Die Arbeitsangebotskurve erhalten wir nun aus der L-F-Kurve durch Bestimmung des horizontalen Abstands zwischen der Ordinate und der Senkrechten f max. F bei den jeweiligen Lohnsätzen (vgl. Abbildung 3.3).

Abbildung 3.3: Arbeitsangebotskurve

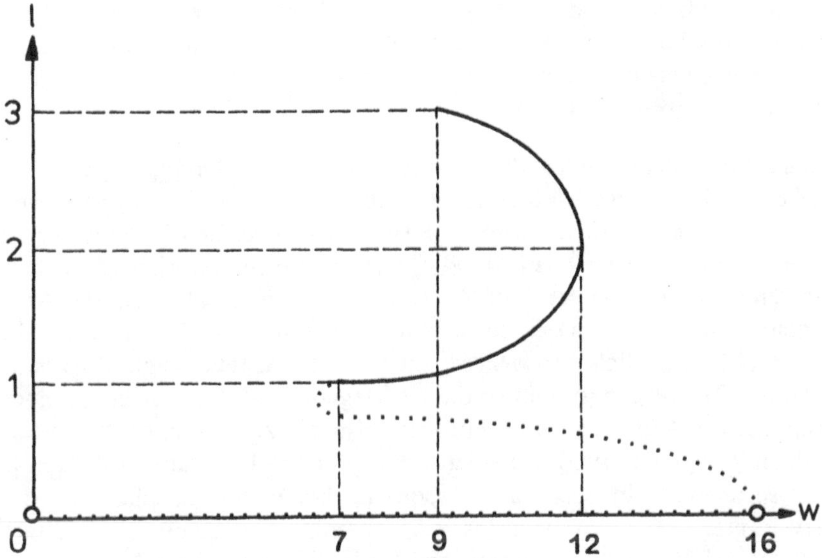

Betrachtet man zunächst die *durchgezogene Linie*, die aus den individuellen Indifferenzkurven abgeleitet wurde, so zeigt diese einen *atypischen* Verlauf der Arbeitsangebotskurve. Sie ist im Vergleich mit Angebotskurven auf Gütermärkten in ihrem oberen, rückwärtsgebogenen Teil - und damit insgesamt - atypisch. Im oberen Teil folgt auf eine Steigerung des Lohnsatzes eine Reduktion des Arbeitsangebotes. Umgekehrt ist der Kurvenverlauf im unteren, nach rechts oben weisenden Teil typisch, da hier auf eine Lohnsteigerung eine Ausweitung des Arbeitsangebots folgt. Dabei muß betont werden, daß der Verlauf der Arbeitsangebotskurve stets von den jeweiligen speziellen Präferenzen der Anbieter (von Arbeitsleistungen) bzw. der Arbeitnehmerhaushalte zwischen Einkommen und Freizeit abhängt. Ausgehend von einem niedrigen Lohnsatz nimmt das Arbeitsangebot mit steigendem Lohnsatz zu, bis dieser den Wert 2 erreicht (vgl. Abbildung 3.3); mit weiteren Lohnsatzsteigerungen verringert sich sodann das Arbeitsangebot.

Die Parallelen zwischen der atypischen Arbeitsangebotsfunktion und der *mikroökonomischen Konsumtheorie* sind offenkundig und schon deshalb naheliegend, da nach neoklassischer Ansicht die Individuen nur zum Zwekke des Güterkonsums ihre Arbeitsleistung anbieten. Daher ist die neoklassische Theorie des Arbeitsangebots auch als „straightforward extension of the consumers' allocation problem" bezeichnet worden (*Smith*, 1994, S. 7). Allgemein formuliert dominiert bei einer Lohnsteigerung von 1 auf 2 der *Substitutionseffekt*, d.h. es wird Freizeit durch zusätzliche Arbeitsstunden 'substituiert'. Umgekehrt dominiert bei einer Steigerung von 2 auf 3 der *Einkommenseffekt*, d.h. andere Güter - wie auch Freizeit - gewinnen wieder an Attraktivität. Die Dominanz des Substitutionseffekts führt somit zu einem höheren Arbeitsangebot, diejenige des Einkommenseffekts hingegen zu einem höheren Freizeitkonsum.

Ergänzend zu dem durch Indifferenzkurven belegten, durchgezogenen Verlauf der Arbeitsangebotskurve ist in Abbildung 3.3 noch eine *gepunktete Linie* eingetragen. Mit ihr wird eine Hypothese über den Verlauf der Arbeitsangebotskurve in jenem Bereich vorgenommen, der sich nicht durch Indifferenzkurven ableiten läßt. Ein solches Vorgehen entspricht der Argumentation der klassischen, vor-neoklassischen Ökonomie, eröffnet aber gleichwohl den Blick für weitere, interessante Aspekte (vgl. *Schumann*, 1987, S. 80). Ausgangspunkt ist die Überlegung, daß eine Person zu einem Lohnsatz von Null nicht arbeiten wird, also die Arbeitsangebotskurve im Nullpunkt beginnen muß. Zu einem sehr geringen Lohnsatz wird dann jedoch sprunghaft ein maximales Arbeitsangebot einsetzen, d.h. unter dem Verwertungszwang vermögensloser Arbeitsanbieter wird nun bei völligem Verzicht auf Freizeit 16 Stunden am Tag gearbeitet. Diese Arbeitsmenge kann als absolute Grenze der langfristigen Leistungsfähigkeit vermutet werden. Mit weiter steigendem Einkommen wird dann das Arbeitsangebot auf ein erträgliches Maß zurückgeführt, d.h. hier verläuft die Arbeitsangebotskurve - wie schon im oberen Bereich - ein zweites Mal atypisch. Erst bei weiter ansteigendem Lohnsatz mag es dann attraktiv sein, das Arbeitsangebot auszuweiten. Das Individuum befindet sich nun wieder auf der durchgezogenen Linie und im Bereich des typischen Verlaufs der Arbeitsangebotskurve.

Der vermutete Verlauf der gepunkteten Linie hat gravierende Konsequenzen: Werden in einer Volkswirtschaft - z.B. in einem Entwicklungsland oder auf Teilarbeitsmärkten - sehr geringe Löhne gezahlt und existiert zudem keine alternative Einkommensquelle (Vermögen oder Anspruch auf Lohnersatzleistungen), so besteht die Gefahr eines *Unterbietungswettbewerbs*. Dieser setzt dann ein, wenn ein Gleichgewichtslohn im unteren, atypischen Verlauf der Arbeitsangebotskurve existiert, dann aber durch externe Schocks (Rezession, Eintritt zusätzlicher Anbieter) der Marktlohn sinkt. Auf dieses Sinken des Marktlohns reagieren die Arbeitsanbieter im atypischen Bereich der Kurve mit einer Ausweitung des Angebots, was wiederum zu einer weiteren Lohnsenkung führt. Solcherlei Unterbietungswettbewerb zu verhindern, war einer der ersten Gründe für staatliche Intervention auf dem Arbeitsmarkt (vgl. Abschnitt 2.1).

Vor dem Hintergrund des komplizierten Verlaufs der Arbeitsangebotskurve ist *keine allgemeingültige Aussage über den Gesamteffekt einer Lohnsatzerhöhung auf das Arbeitsangebot* möglich. Dies unbestimmte Ergebnis ist jedoch nur auf den ersten Blick unbefriedigend. Bei näherer Analyse eröffnet es die Perspektive auf die im einzelnen unterschiedlichen Kalküle und Verhaltensweisen der Wirtschaftssubjekte, z.B. für eine Differenzierung zwischen dem Arbeitsangebot von verheirateten, kinderlosen Frauen versus demjenigen der alleinverdienenden Familienväter sowie für eine Differenzierung nach Alter und bislang erreichtem Lebensstandard. Welcher Bereich der Arbeitsangebotskurve relevant ist, hängt vom Verlauf der Präferenzkurven ab und dieser wiederum allgemein vom Entwicklungsstand der Wirtschaft. Je höher dieser Entwicklungsstand, desto höher der Lohnsatz und desto geringer ist erstens die Gefahr eines Unterbietungswettbewerbs und desto höher wird zweitens tendenziell der Konsum von Freizeit geschätzt. Bei einem hohen bislang erreichten Konsumniveau steigt somit - sieht man vom Fall des 'workaholics' ab - die Wahrscheinlichkeit eines atypischen Verlaufs der Arbeitsangebotskurve (*Schumann*, 1987, S. 80).

Aufgrund der Komplexität der Situation ist nur empirisch-ökonometrisch zu schätzen, wie die Arbeitsangebotskurve konkret verläuft und welche Reaktionen der Arbeitsanbieter auf eine Lohnsenkung bzw. eine Lohnsteigerung in einer spezifischen Situation zu erwarten sind. Entsprechende Berechnungen der Lohnelastizitäten sind vielfach und insbesondere für einzelne Personengruppen unternommen worden. Leider sind die Studien aus methodischen Gründen nicht immer vergleichbar. Hinreichend belegt werden konnte, daß sich in entwickelten Volkswirtschaften das Arbeitsangebot *eher im typischen Bereich* bewegt, daß also auf eine gesamtwirtschaftliche Lohnsatzsteigerung im Durchschnitt eine Ausweitung des Arbeitsangebots folgt (vgl. den Überblick zu empirischen Resultaten des Arbeitsangeotsverhaltens in *Franz*, 1996). Ursächlich dafür sind neben dem höheren Lohnniveau auch die größere Verbreitung von Vermögensbesitz sowie die Ansprüche auf Lohnersatzleistungen.

Hingegen ist der Anteil von Personen, die sich im *'postmodernen', oberen Bereich der Angebotsfunktion* befinden, auch heute noch eher gering. Ausnahmen bestätigen jedoch die Regel, etwa dann, wenn ein Systemprogrammierer oder ein berühmter Schauspieler mit der Arbeit an wenigen Projekten ein weit überdurchschnittliches Einkommen erzielt. Mit im Zeitverlauf steigendem Durchschnittseinkommen wird der Anteil dieser Bevölkerungsgruppe tendenziell zunehmen. Zudem ist bei Personen, für die Erwerbstätigkeit ein Wert an sich ist, die aus ihr Selbstbestätigung und sozialen Status ziehen, die Lohnhöhe nur eine der Determinanten für ihr Arbeitsangebot.

Das Arbeitsangebot eines Wirtschaftssubjekts im Rahmen der Nutzentheorie kann auch allgemeiner in algebraischer Form abgeleitet werden (*Henderson/Quandt*, 1971, S. 29 f.).

Unter der Verwendung der Symbole

U = Nutzen

f = Freizeit

l = Lohnsatz

y = Einkommen

sei die zu maximierende Nutzenfunktion definiert als:

(1) $$U = g(f, y)$$

Die tatsächlich aufgewandte Arbeitszeit sei W und die verfügbare Gesamtzeit T. Dann ergibt sich für die Freizeit f

(2) $$f = T - W.$$

Die Budgetbeschränkung ist dann

(3) $$y = l \cdot W.$$

Durch Substitution von (2) und (3) in (1) erhält man dann den neuen Ausdruck für die Nutzenfunktion mit

(4) $$U = g\,[(T-W),\, l \cdot W].$$

Bei einem Nutzenmaximum muß die 1. Ableitung der Gleichung (4) nach W gleich 0 gesetzt werden:

(5) $$\frac{dU}{dW} = -g_1 + g_2 \cdot l = 0$$

und daher ist

$$-\frac{dy}{df} = \frac{g_1}{g_2} = l\,.$$

Dies besagt, daß die Grenzrate der Substitution des Einkommens zur Freizeit gleich dem Lohnsatz ist. Gleichung (5) ergibt sich aus dem individuellen Optimierungsverhalten des Wirtschaftssubjektes. Sie gibt eine Beziehung der Gleichungsglieder W und l an und ist somit die Arbeitsangebotsfunktion des Individuums, die ausdrückt, wieviele Stunden es täglich zu verschiedenen Lohnsätzen arbeiten will.

Zugleich gibt Gleichung (5) indirekt auch die Nachfrage des Wirtschaftssubjekts nach Einkommen wieder.

Beispielhaft wollen wir folgende Form der Nutzenfunktion annehmen:

$$U = f \cdot y.$$

Dann gilt $U = (T\text{-}W)\cdot(W\cdot l)$. Setzen wir die 1. Ableitung nach W gleich 0, erhalten wir:

$$\frac{dU}{dW} = T \cdot l - 2W \cdot l = 0 \text{ und}$$

$$W = \frac{T}{2}$$

Dies bedeutet, daß aufgrund der unterstellten Nutzenfunktion das Wirtschaftssubjekt bei Maximierung der zugrundegelegten Nutzenfunktion unabhängig von der Lohnhöhe 8 Stunden pro Tag arbeiten wird.

3.1.1.2 Die Arbeitsnachfrage bei vollkommener Konkurrenz

Wir wollen nun die Nachfragekurve einer einzelnen Firma nach Arbeitszeitleistungen bestimmen, die nur ein Produkt herstellen soll. Für die Firma werden eine Reihe von vereinfachenden Annahmen gemacht. Die erste besteht darin, daß die Firma die Erzielung des größtmöglichen Gewinns anstrebt.

Zweitens sei unterstellt, daß die Firma einen festen Betrag an Kapital einsetzt und dieses mit variablen Arbeitsmengen kombiniert. Dabei wird drittens die Gültigkeit des Gesetzes abnehmender physischer Grenzprodukte unterstellt (Ertragsgesetz). Für diese Produktionsfunktion gilt in statischer, d. h. Zeitpunktbetrachtung, die Konstanz der Faktorqualität (Homogenität) und die beliebige Teilbarkeit der Produktionsfaktoren.

Für den Güter- und Faktormarkt wird vollkommene Konkurrenz unterstellt, damit ist auch der Preis und der Lohnsatz als Datum für den Unternehmer gegeben.

Der Unternehmer fragt Arbeitsleistungen (v) nicht nach, um damit unmittelbar persönliche Bedürfnisse zu decken. Für ihn sind Arbeitskräfte interessant, weil er mit ihrer Hilfe Produkte erzeugen kann, die er nach unserer obigen Annahme (1) mit größtmöglicher Gewinnerzielung veräußern will. Seine Nachfrage nach Arbeitskräften ist also eine „abgeleitete" Nachfrage.

Der Einsatz einer zusätzlichen Faktoreinheit (Arbeitsstunde bzw. Arbeiter) wird davon abhängig gemacht, ob dieser Faktoreinsatz zur Gewinnerhöhung beiträgt. Unterstellt man einen vollkommenen Beschaffungs- und Absatzmarkt, so läßt sich diese Überlegung folgendermaßen konkretisieren: Die mit einer zusätzlichen Faktoreinheit produzierte Gütermenge, das Grenzprodukt, ist mit dem erzielbaren Produktpreis zu bewerten. Das so ermittelte Grenzwertprodukt wird in seiner Höhe der zusätzlichen Ausgabe, d. h. dem Lohnsatz, der für die zusätzliche Arbeitsstunde zu zahlen ist, gegenübergestellt. Die Bedingung für das Gewinnmaximum lautet: Grenzwertprodukt (= Grenzprodukt · Produktpreis) = Faktorpreis (= Lohnsatz). Hierin ist die bekannte Gewinnmaximierungsbedingung auf dem Absatzmarkt, Grenzkosten gleich Produktpreis, enthalten.

Wir wollen unsere Überlegungen an einem einfachen Beispiel demonstrieren. Dabei unterstellen wir nun, daß die wöchentliche Arbeitszeit je Arbeiter festgesetzt sei. Dies bedeutet, daß die Arbeitsmenge durch die Zahl der Arbeitskräfte bestimmt ist und zusätzliche Arbeitsleistungen nur durch mehr Arbeiter erbracht werden.

Da wir nur mittelbar am physischen Grenzprodukt interessiert sind und der Unternehmer nach unseren Annahmen abwägt, was ein zusätzlicher Arbeiter zum Gesamterlös des Unternehmens beisteuern kann, bewerten wir die physischen Grenzprodukte mit dem Preis des erzeugten Gutes. Dies soll anhand von Tabelle 3.1 verdeutlicht werden.

Tabelle 3.1: Übersicht über das Grenzwertprodukt in einer Firma

Zahl der Arbeiter	Gesamtprodukt	physisches Grenzprodukt (=Grenzertrag)	Grenzwertprodukt (bei einem Preis von 0,50 DM je Einheit)
1	6	6	3,00
2	13	7	3,50
3	25	12	6,00
4	45	20	10,00
5	70	25	12,50
6	100	30	15,00
7	127	27	13,50
8	152	25	12,50
9	170	18	9,00
10	180	10	5,00

Bedeutsam an Tabelle 3.1 ist, daß mit dem Einsatz des 6. Arbeiters das Grenzprodukt ein Maximum erreicht. Werden weitere Arbeiter eingestellt, so sinkt das Grenzprodukt (Gültigkeit des Ertragsgesetzes). Für den Unternehmer bedeutet dies, daß ab einer bestimmten Beschäftigungsmenge (v) jeder zusätzliche Arbeiter mehr kostet als dem Betrag seines Grenzwertproduktes entspricht (Lohnsatz ist größer als das Grenzwertprodukt). Wenn wir gemäß unserer Annahme nur einen variablen Faktor - den Faktor Arbeit - untersuchen und die übrigen als konstant ansehen, kann nur eine Änderung des variablen Faktors eine Ertragsänderung der Firma bewirken. (Zur Analyse bei zwei und mehr variablen Faktoren vgl. *Stonier/Hague*, 1972, S. 368ff.).

Nehmen wir kontinuierliche Mengenvariationen des Faktors Arbeit an, so erhalten wir folgende Graphik:

Abbildung 3.4: Grenzwertproduktkurve bei Variation des Faktors Arbeit

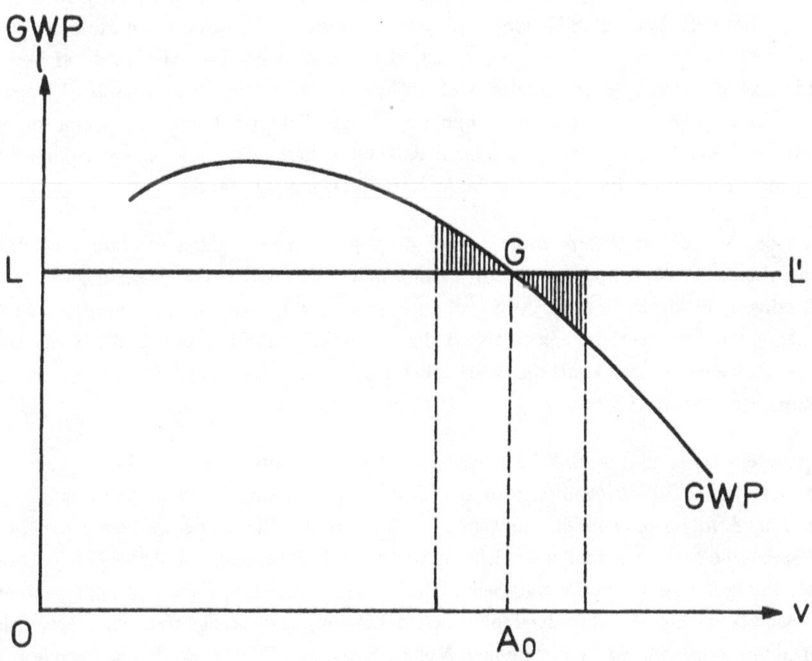

Da die einzelne Firma zusätzliche Arbeiter einstellt, wenn sich dadurch der Gewinn vergrößert, wird dies solange der Fall sein, bis die Lohnkosten LL' die Größe des Grenzwertprodukts für Arbeit erreichen. Der absteigende Teil der Grenzwertproduktkurve gibt somit auch die Arbeits*nachfrage* der Firma wieder.

Bei gegebenem Lohnsatz OL, der bei vollkommener Konkurrenz als Datum für die Firma gilt, bedeutet die LL'-Kurve die Durchschnitts- und Grenzausgaben.

Das Imputationsproblem

Bei der Ableitung der Grenzwertproduktkurve für den Faktor Arbeit wurden die Ausgaben bzw. Grenzausgaben für andere Faktoren unberücksichtigt gelassen. Dies ist insofern problematisch, da der Ausstoß einer Firma nicht allein einem einzigen Faktor zugerechnet werden kann. Je komplexer der Wertschöpfungsprozeß, desto schwieriger die Zurechnung einzelner Grenzproduktivitäten der Produktionsfaktoren.

Die *Unmöglichkeit einer eindeutigen theoretischen Zurechnung der Grenzproduktivität* wurde in der älteren ökonomischen Literatur unter dem Stichwort des Imputationsproblems diskutiert (*Arndt*, 1953) und wird heute - trotz ihrer verteilungspolitischen Brisanz - kaum noch thematisiert. Das Imputationsproblem legt es nahe, das Ideal einer leistungsgerechten Einkommensverteilung kritisch zu hinterfragen.

Das Problem der Leistung als Verteilungsmaßstab liegt in der Frage seiner Messung. *Menger* hat dazu bereits 1871 vorgeschlagen, das Zurechnungsproblem mittels des *Verlustabzugsprinzips* zu lösen. Zur Ermittlung des Wertes einer Leistung wird der betreffende Faktor aus dem Produktionsprozeß entfernt und der Verlust gemessen. Wird nun bei limitationalen Produktionsfunktionen ein einziger Faktor entfernt, so kommt die gesamte Produktion zum Erliegen, d.h. jeder einzelne Faktor müßte mit dem gesamten Produkt entlohnt werden. Es würde also mehr verteilt, als erzeugt wurde.

Auch der Vorschlag *Böhm-Bawerks* vom Anfang des zwanzigsten Jahrhunderts, nach dem Prinzip der *Substitution und der zweitbesten Verwendung* vorzugehen, kann nicht befriedigen. Wird nämlich der Abzug eines Faktors durch einen anderen vergleichbaren ausgeglichen und werden anschließend die Zusatzkosten als Maßstab der Grenzproduktivität gemessen, so kann der Wert eines Faktors nur relativ zu dem eines anderen Faktors gemessen werden.

Vor diesem Hintergrund muß die Zurechnungsfrage theoretisch als ungelöst gelten, was den Sozialethiker *Nell-Breuning* zu der Feststellung brachte, einen *wirkursächlichen Anteil am Erfolg gibt es nicht*, „so wenig wie den Teil des Lichts, der einerseits der Lampe, andererseits dem Strom zuzurechnen wäre" (*Nell-Breuning*, 1970, S. 78ff.). Diese Feststellung gilt auch dann, wenn - wie liberale Ökonomen vorschlagen - pragmatisch auf den Marktlohn als Maßstab der individuellen Leistung zurückgegriffen wird. Denn der Marktlohn zeigt nur bei vollständiger Konkurrenz auf allen Märkten die individuelle Leistung, nicht jedoch bei der realiter vermachteten Marktstruktur und ungleichen Vermögensverteilung.

Die Firma ist im Gleichgewicht - d. h. sie erreicht ihr Gewinnmaximum - wenn das Grenzwertprodukt der Arbeit gleich ist den Grenzausgaben für den Faktor Arbeit, d.h. hier dem Lohnsatz. In unserer Graphik ist der Gleichgewichtspunkt in G erreicht. Das Grenzwertprodukt beträgt hier A_0G

und die Grenzausgaben betragen OL. Die Beschäftigungsmenge beträgt im Gleichgewicht OA_0 Arbeitsstunden bzw. Arbeiter. Wenn die Beschäftigtenzahl links vom Optimum liegt, könnte die Firma ihren Gewinn durch die Einstellung zusätzlicher Arbeiter steigern, denn die zusätzlichen Kosten (= Lohnkosten) wären niedriger als die Erlössteigerung. Bei einer Beschäftigung größer als OA_0 würde die Firma für zusätzliche Arbeitskräfte mehr zahlen als diese ihren Erlösen zufügten. Daher erzielt die Firma mit der Beschäftigungsmenge OA_0 ihren höchsten Gewinn.

Die Gleichgewichtsbedingung der Firma unter der Voraussetzung vollkommener Konkurrenz lautet also allgemein:

Grenzwertprodukt der Arbeit = Lohnsatz.

Der fallende Ast der Grenzwertproduktkurve ist als Nachfragefunktion v (l) für den Faktor Arbeit zu interpretieren; sie gibt an, welche Faktormengen bei alternativen Lohnsätzen nachgefragt werden.

Im Sinne der hier abgeleiteten Arbeitsnachfragefunktion entscheidet der Unternehmer, welche Zahl von Arbeitern er beschäftigen wird, wobei seine Grenzwertproduktkurve für Arbeit bekannt und der Lohnsatz für ihn ein Datum ist. In unserem Beispiel stellt er OA_0 Arbeiter ein.

Wir wollen nun eine Partialanalyse für den Arbeitsmarkt eines Wirtschaftszweiges vornehmen. Dabei gehen wir von den Angebots- und Nachfragefunktionen der Arbeit aus und fragen, wie sich der Gleichgewichtslohnsatz bestimmt.

3.1.1.3 Lohnhöhe auf einem partiellen Arbeitsmarkt

Im vorhergehenden Abschnitt haben wir gezeigt, wie das Arbeitsangebot eines Wirtschaftssubjektes (i) unter bestimmten Annahmen in Abhängigkeit vom Lohnsatz abgeleitet werden kann:

$$v_i = v_i\,(l)$$

Das Arbeitsangebot aller n Individuen (i = 1, . . ., n), die ihre Arbeitsleistungen auf diesem partiellen Arbeitsmarkt (dieses Wirtschaftszweigs) anbieten, gewinnen wir durch Aggregation aller individuellen Angebotsfunktionen:

$$A = \sum_{i=1}^{n} v_i(l) = A(l)$$

Die Gesamtnachfragefunktion eines Wirtschaftszweigs erhalten wir, wenn wir die Grenzwertproduktkurven der verschiedenen Firmen addieren. Wenn wir die gleichen Annahmen, die wir oben für eine Firma machten, für alle Firmen des Wirtschaftszweigs aufrechterhalten, ergibt sich eine nach unten geneigte Gesamtnachfragekurve (DD' vgl. Abbildung 3.5).

Für die einzelnen Firmen gingen wir davon aus, daß die Nachfrage nach ihrem Produkt unendlich elastisch ist, m. a. W., daß eine Mehrproduktion den Preis des erzeugten Gutes nicht beeinflußt. Für die ganze Industrie können wir diese Annahme nicht aufrecht erhalten. Bleibt die monetäre Gesamtnachfrage nach diesem Gut unverändert, muß der Preis des erzeugten Gutes sinken. Dies verstärkt nur die Abwärtsneigung der Nachfragefunktion DD', da sich diese als Grenzwertprodukt der Arbeit aus der Multiplikation des physischen Grenzprodukts und dem Preis des Produktes ergibt.

Setzen wir in unserem Wirtschaftszweig die Zahl der Unternehmer bzw. der Unternehmensleistungen, die mit dem Faktor Arbeit kombiniert werden, konstant, so ist die Abnahme der Grenzwertproduktkurve auf die Gültigkeit des Gesetzes abnehmender Ertragszuwächse in der gesamten Branche zurückzuführen. Um die Abhängigkeit der Lohnhöhe vom Verlauf der Gesamtnachfragefunktion zu verdeutlichen, wollen wir noch bestimmte Annahmen für die Gesamtarbeitsangebotskurve machen.

Zur Vereinfachung nehmen wir an, das Gesamtarbeitsangebot sei mit OM gegeben (vgl. Abbildung 3.5), unabhängig von der Lohnhöhe. Dies heißt mit anderen Worten, die *Angebotselastizität der Arbeit ist Null*, und in graphischer Darstellung erhalten wir eine Senkrechte MS als Arbeitsangebotskurve. Bezogen auf die Arbeiter impliziert dies, daß die Zahl der Arbeit Anbietenden unabhängig vom Lohnsatz feststeht. Ihre Arbeit ist *„branchenspezifisch"*, d.h. sie können nicht in andere Branchen wechseln, auch wenn dort höhere Löhne geboten werden. Mobilität zwischen Wirtschaftszweigen scheidet also aus. Weiterhin wird mit der senkrechten Arbeitsangebotskurve angenommen, daß das Angebot eines Arbeiters sich z. B. auf eine volle Arbeitswoche bezieht und Überstunden nicht geleistet werden.

Wir erhalten dann folgende Angebots- und Nachfragekurven in diesem Wirtschaftszweig:

Die Steigung der Arbeitsnachfragekurve DD' eines Wirtschaftszweigs wird durch die Elastizität der Arbeitsnachfrage charakterisiert, die die Nachfragebedingungen der Grenzwertproduktkurven der einzelnen Unternehmungen widerspiegelt. Die Angebotsfunktion ist nach unseren Annahmen durch MS bestimmt. Der Schnittpunkt beider Kurven G bestimmt den Gleichgewichtslohnsatz in dem betrachteten Wirtschaftszweig, hier also OW.

Wenn wir unter sonst gleichbleibenden Bedingungen das Arbeitsangebot auf OM_1 erhöhen, muß der Gleichgewichtslohnsatz auf W_1 sinken (siehe

Abbildung 3.5). Andererseits würde ein geringeres Arbeitsangebot M_3 den Lohnsatz auf W_3 erhöhen.

Abbildung 3.5: Angebots- und Nachfragekurven in einem Wirtschaftszweig

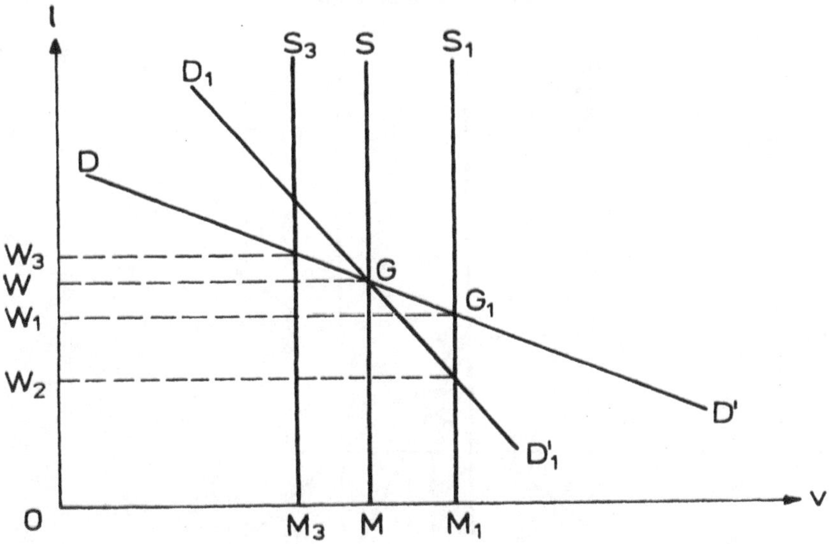

Nehmen wir nun für den Wirtschaftszweig an, die Grenzwertproduktkurve der Arbeit würde bei steigender Beschäftigung stärker sinken und der Preis des Produkts bei steigendem Ausstoß stärker fallen, so verläuft auch die Nachfragekurve nach Arbeit D_1D_1' steiler, d.h. weniger elastisch. Für den Gleichgewichtslohnsatz bedeutet dies, daß er bei Erhöhung des Arbeitsangebots von M auf M_1 noch unter W_1, d. h. auf W_2 sinken müßte.

3.1.1.4 Quasimonopol

In dieser Partialanalyse wollen wir nun unsere Annahme über das vollständig unelastische Arbeitsangebot modifizieren. Wir nehmen eine *elastische Arbeitsangebotskurve* SS' an (vgl. Abbildung 3.6).

Bei gegebener Nachfragekurve DD' und fester Angebotsfunktion MS betrug im Gleichgewicht die Beschäftigungsmenge OM beim Gleichgewichtslohnsatz OW. Zu diesem Lohnsatz würde entsprechend unserer elastischen Angebotskurve SS' die Beschäftigungsmenge OM_1 angeboten. Bei einer Erhöhung des unelastischen Angebots auf OM_1 würde dagegen der Lohn auf W_1 fallen.

Bei der unterstellten elastischen Angebotsfunktion SS' ergibt sich der höhere Gleichgewichtslohnsatz W', allerdings ist dann auch die Beschäftigungsmenge geringer, nämlich OM'.

Abbildung 3.6: Arbeitsangebots- und Nachfragekurven in einem Quasimonopol

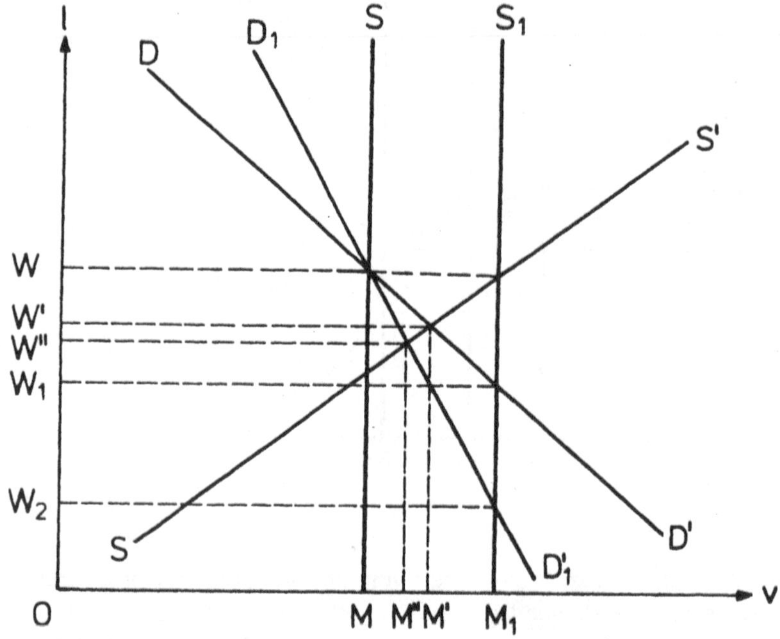

Noch deutlicher wird der Unterschied bei einer relativ unelastischen Nachfragefunktion nach Arbeit D_1D_1'. Bei unelastischem Arbeitsangebot M_1S_1 würde der Lohnsatz W_2 betragen, bei elastischer Angebotsfunktion SS' beträgt er dagegen W". Damit verbunden ist allerdings der geringere Anstieg der Beschäftigungsmenge auf OM".

Allgemein läßt sich feststellen, daß im Rahmen unserer Analyse bei dem unterstellten Verlauf der Angebots- und Nachfragefunktionen *das elastische Arbeitsangebot zu höheren Lohnsätzen führt*, obwohl dabei auch die Beschäftigungsmenge absinkt.

Wenn man davon ausgeht, daß die Arbeiter ohne eigenes Produktivvermögen und ohne Ansprüche auf Sozialleistungen nur auf ihr Arbeitseinkommen angewiesen sind und kurzfristig immer anbieten müssen („Der besitzlose Arbeiter muß arbeiten"), so bildet die unelastische Angebotsfunktion diese Situation entsprechend ab. Erich *Preiser* hat in diesem Zusammenhang von einem *Quasimonopol* der Produktionsmitteleigentümer gesprochen, da diese bei unelastischem Arbeitsangebot niedrigere Löhne für Arbeitsleistungen zahlen als bei elastischem Angebot. Dieses Quasimonopol würde nicht existieren, wenn das Eigentum gleich verteilt wäre bzw. die Lohnempfänger auf Einkommen aus anderen Quellen als aus Arbeit zurückgreifen könnten.

Heute dürfte das Quasimonopol allerdings in den entwickelten Volkswirtschaften der Wirklichkeit nicht mehr entsprechen, da das Arbeitsangebot nicht völlig unelastisch ist. Teilweise können Arbeitnehmer auf Ersparnisse bzw. Vermögen zurückgreifen. Darüber hinaus dient das in der Regel bei Arbeitslosigkeit gewährte Sozialeinkommen (Renten, Arbeitslosenunterstützung, Sozialhilfe) als eine Art Eigentumsersatz. Zumindest Bereiche der Angebotsfunktion sind dadurch elastischer geworden.

3.1.1.5 Gleichgewichtsbedingungen auf dem partiellen Arbeitsmarkt

Wir wollen nun die allgemeinen Gleichgewichtsbedingungen für Lohnhöhe und Beschäftigung auf dem partiellen Arbeitsmarkt aufstellen. Die Gleichgewichtsanalyse ist insofern von Bedeutung, als bei Ungleichgewichtszuständen unter bestimmten Bedingungen eine Bewegung der Löhne und Beschäftigungsmenge auf den Gleichgewichtszustand hin erwartet werden kann. Die folgende Abbildung 3.7 zeigt idealtypisch ein *stabiles* und ein *labiles* Gleichgewicht. Die Angebotsfunktion ist mit SS' und die Nachfragefunktion mit DD' benannt.

Abbildung 3.7: Stabiles und labiles Gleichgewicht auf dem Arbeitsmarkt

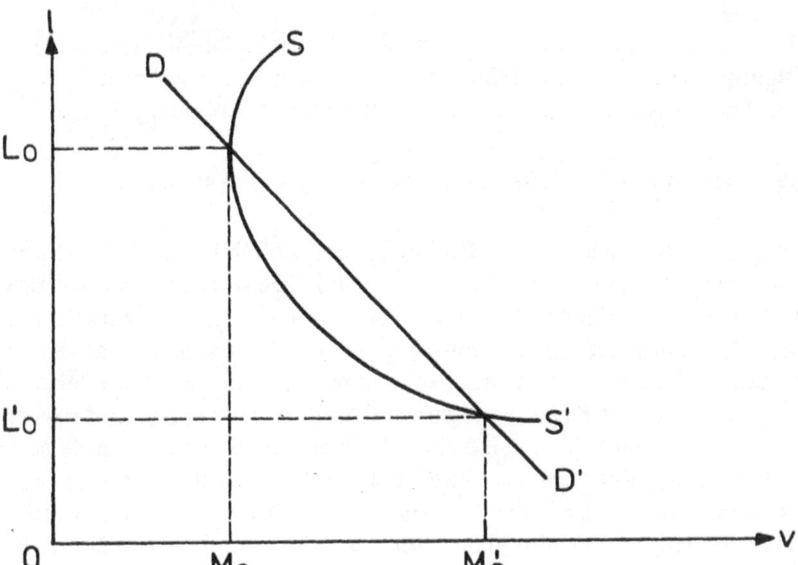

Bei Annahme flexibler Lohnsätze muß bei einem stabilen Gleichgewicht eine Abweichung des Lohnsatzes von L_0 zu einer Bewegung zurück auf L_0 führen. Das ist z. B. immer dann gegeben, wenn im Bereich L größer L_0 ein Arbeitsangebotsüberschuß mit der Wirkung einer Lohnsenkung besteht.

Geometrisch heißt das, daß für $L > L_0$ die Nachfragekurve nach Arbeit links der Angebotskurve verläuft. In analytischem Ausdruck läßt sich die Lohnelastizität des Arbeitsangebots und der Arbeitsnachfrage verwenden. Nehmen wir als Symbol für die Elastizitäten e, so sind beide wie folgt definiert:

Lohnelastizität des Arbeitsangebots:

$$e_{v,l}^{S} = \frac{dv^{S}}{dl} \cdot \frac{1}{{}_{v}A}$$

Lohnelastizität der Arbeitsnachfrage:

$$e_{v,l}^{D} = \frac{dv^{D}}{dl} \cdot \frac{1}{{}_{v}N}$$

Die Stabilitätsbedingung bei stabilem Gleichgewicht lautet dann:

$$e_{v,l}^{S} > e_{v,l}^{D}$$

Die Lohnelastizität des Angebots muß größer als die der Nachfrage sein. Für einen labilen Gleichgewichtszustand gilt entsprechend:

$$e_{v,l}^{S} < e_{v,l}^{D}$$

Für das *stabile* Gleichgewicht ergeben sich die Lohnhöhe L_0 und die Beschäftigungsmenge M_0; beim *labilen* Gleichgewicht ist der Lohnsatz mit L_0' und die Beschäftigungsmenge mit M_0' bestimmt (vgl. Abbildung 3.7).

3.1.1.6 Grenzen und Modifikationen der bisherigen Analyse

Bisher wurde die Analyse zur Erklärung der Lohnhöhe und Beschäftigungsmengen mit Hilfe der Preistheorie und Grenzproduktivitätstheorie unter starken Vereinfachungen und Abstraktionen von der Wirklichkeit durchgeführt. Dies hat der theoretischen Arbeitsökonomik heftige Kritik von Seiten der institutionellen Arbeitsökonomen und auch aus marxistischer Sicht eingebracht. Die Kritik ist dann berechtigt, wenn aus den einfachsten Modellannahmen wirtschaftspolitische oder hier arbeits- und lohnpolitische Empfehlungen abgeleitet werden. Die Kritik schießt aber dann über das Ziel hinaus, wenn grundsätzlich die verwandten Instrumente abgelehnt werden oder aber der Hinweis erfolgt, die Realität sei viel komplizierter. Mit Hilfe der oben vorgeführten Instrumente können wir viele andere bisher nicht untersuchte Fragen zu beantworten suchen und unsere einfachen Modelle Schritt für Schritt modifizieren. Theorien, die die gesamte komplexe Wirklichkeit beschreiben sollen, sind so kompliziert (falls überhaupt aufstellbar), daß man sich ihrer Entwicklung auch nur schrittweise nähern kann.

Wir wollen uns einmal erinnern, in welchen Bereichen wir Annahmen getroffen haben, die zu modifizieren sind. Für den *Haushalt* gingen wir von einigen unrealistischen Prämissen aus. Dazu gehörte die freie Entscheidung über die tägliche Arbeitszeit, die Annahme, es existiere nur Arbeitseinkommen sowie das Nichtberücksichtigen der Besteuerung des Einkommens.

Die letzte Prämisse zeigt, daß wir bisher den *Staat* mit seinen Aktivitäten in diesem Kapitel vernachlässigt haben.

Bei den Prämissen für das *Unternehmen* sind wir von nur einem variablen Faktor ausgegangen, wobei das Fehlen technischen Fortschritts unterstellt wird und die klassische Produktionsfunktion angenommen wird. Die Preise wurden als Daten betrachtet und Erwartungsgrößen spielten keine Rolle. Die Annahme vollkommener Konkurrenz für Güter- und Faktormärkte müßte durch die Untersuchung anderer Marktformen ergänzt werden. Bei Annahme eines anderen Produktionsfunktionstyps müßten die Ableitungen überprüft werden (*Leontief*-Produktionsfunktionen) (*Schleicher*, 1967, S. 23ff.).

Eine wichtige Einschränkung ergibt sich auch durch die gewandelten Arbeitsmarktverhältnisse. Am Arbeitsmarkt stehen sich meist nicht mehr der individuelle Anbieter und die einzelne Firma gegenüber. Auf dem *„institutionellen Arbeitsmarkt"* stehen sich große Verbände gegenüber (Gewerkschaften und Arbeitgeberverbände), die zumindest über einen Mindestlohn entscheiden, der sich auch durch einen Einsatz von *Macht*mitteln ergibt.

Beim Übergang von der Einzelfirma zu einem ganzen Wirtschaftszweig waren vereinfachende Annahmen über die Preisentwicklung des Produktes notwendig. Einflüsse der Lohnhöhe auf Güterpreise und auf die Präferenzstruktur wurden nicht berücksichtigt. Hier bedarf es jenseits der Partialanalyse einer *gesamtwirtschaftlichen Betrachtung*, um die Veränderungen der Angebots- und Nachfragefunktionen selbst zu berücksichtigen.

In diesem Abschnitt wollen wir an bestimmten Annahmen Modifikationen durchführen, ohne damit das Spektrum der Modifikationen in der Literatur auszuschöpfen. Fragen des institutionellen Arbeitsmarktes und der kollektiven Lohnfindung werden im Abschnitt 3.3 im Detail erläutert, Transferwirkungen auf dem Arbeitsmarkt im Abschnitt 3.1.2.

Die wichtigsten Modifikation sind bei den Unternehmen notwendig. Bei ihrem Kalkül spielt der Zeithorizont eine besondere Rolle. Kurzfristig ist es wahrscheinlich, daß der Betrieb an der Kapazitätsgrenze *unstetige Grenz-*

wertproduktkurven (in Form von Treppenfunktionen) aufweist. Dies bedeutet, daß hier keine eindeutige Beziehung zwischen Lohnsatz und Beschäftigungsmenge besteht. Es sind hier mehrere Lohnsätze möglich, ohne daß sich die Beschäftigung ändern muß. Modifikationen unserer Ergebnisse zeigen sich auch, *wenn Lohnerhöhungen die Grenzwertproduktkurve positiv beeinflussen*. Lohnerhöhungen führen bei gegebener Grenzwertproduktkurve zu Beschäftigungsrückgängen. Wird aber die Leistungsfähigkeit des Faktors Arbeit - wie die *Effizienzlohntheorie* unterstellt (vgl. Abschnitt 3.1.3) durch höhere Löhne verbessert, so verlagert sich die Nachfragefunktion wegen des gestiegenen Grenzwertproduktes. Dann ist es möglich, daß Lohnerhöhungen nicht zu verringerter Nachfrage nach Arbeitskräften führen (*Rothschild*, 1963, S. 30ff.). In der Literatur ist zudem bestritten worden, daß der Unternehmer Gewinnmaximierung betreibe und die Grenzproduktkurve der Arbeit überhaupt kenne. Nach einer Umfrage unter Geschäftsleuten kam *Lester* zu dem Ergebnis, daß die Unternehmer sich hinsichtlich ihrer Beschäftigungsentscheidungen an der „Marktnachfrage" orientierten, wobei die Lohnhöhe als Nebenbedingung fungiert (*Lester*, 1946). So führt das praktische Handeln zu gleichen Ergebnissen wie die theoretischen Deduktionen (*Machlup*, 1946).

Empirischer Exkurs: Lohnhöhe und Beschäftigungsniveau

Den *grundsätzlichen Erkenntniswert der neoklassischen Ableitungen* belegt die ökonometrische Forschung, die Schätzwerte der Arbeitsnachfragefunktion für verschiedene Volkswirtschaften ermittelt hat. Entgegen dem vielfach geäußerten Zweifel, ob realiter eine fallende Arbeitsnachfragekurve unterstellt werden könne, weisen heute die meisten Untersuchungen darauf hin, daß dieser Zusammenhang tatsächlich besteht.

Allerdings nimmt im internationalen Vergleich und in verschiedenen Zeiträumen die Preiselastizität der Nachfrage auf dem Arbeitsmarkt unterschiedliche Werte an. Eine Studie von *Symons* und *Layard* (1984) ermittelte für den Zeitraum von 1955 bis 1980 Werte von - 0,3 für Frankreich, - 0,6 für die USA, - 1,8 für Deutschland, - 2,4 für Japan und -2,6 für Canada, wobei diese Werte die Schätzungen anderer Studien recht gut abdecken (*Smith*, 1994, S. 41). Daher wird heute allgemein angenommen, daß zwischen der Lohnhöhe und der Arbeitsnachfrage ein negativer Zusammenhang besteht und daß insofern eine zentrale Annahme der neoklassischen Arbeitsmarkttheorie zutreffend ist.

Dies schließt nicht aus, daß Gleichgewichtslösungen auf unterschiedlichem Lohnniveau, d.h. bei unterschiedlicher Grenzproduktivität der Arbeit möglich sind. Vielmehr können diese unterschiedlichen Niveaus von Gleichgewichten im internationalen Vergleich nachgewiesen werden.

Wir wollen nun die Wirkungen unterschiedlicher Marktformen auf den Güter- und Faktormärkten untersuchen (vgl. Tabelle 3.2). Bis in die 30er Jahre blieb die Grenzproduktivitätstheorie mit den Annahmen vollkommener Konkurrenz beherrschend für die Lohntheorie. Dann führten insbesondere die Arbeiten von *Robinson* über unvollkommenen Wettbewerb auf Güter- und Faktormärkten zu einer notwendigen Anpassung der Theorie (*Robinson*, 1933). Eine besondere Systematik über den Zusammenhang zwischen unterschiedlichen Marktformen und der vorfindbaren Lohnarten stammt von dem amerikanischen Ökonomen *Dunlop* (1950; S. 91; vgl. zur deutschen Rezeption *Liefmann-Keil*, 1961, S. 278).

Tabelle 3.2: Lohnsatz und Marktformen

Marktform auf dem Arbeitsmarkt	Marktform auf dem Gütermarkt	Ranking vom höchsten zum geringsten Lohnsatz
Monopol	vollst. Konkurrenz	1
Monopol	Monopson	2
Monopol	Monopol	3
Monopol	bilat. Monopol	4
vollst. Konkurrenz	vollst. Konkurrenz	5
bilat. Monopol	vollst. Konkurrenz	6
vollst. Konkurrenz	Monopson	7
vollst. Konkurrenz	bilat. Monopol	8
vollst. Konkurrenz	Monopol	9
Monopson	vollst. Konkurrenz	10
Monopson	Monopson	11
Monopson	Monopol	12

Zunächst sei der extreme Fall unterstellt, eine Unternehmung sei der einzige Nachfrager nach Arbeitsleistungen (= Monopsonist). In einem zweiten Schritt wollen wir annehmen, daß sie für die erzeugten Produkte als Monopolist auf dem Gütermarkt auftrete. Was ändert sich zunächst bezüglich der Arbeitsangebotskurve?

Bei vollkommenem Wettbewerb war die Arbeitsangebotskurve als horizontal verlaufende Gerade für die Firma gegeben (Datum). Für den Monopsonisten steigen (fallen) aber die Löhne, wenn er mehr (weniger) Arbeiter nachfragt, denn die Einzelnachfrage des Monopsonisten ist ex definitione gleich der Gesamtnachfrage. Bei vollkommener Konkurrenz fielen Durchschnittslöhne und Grenzlöhne zusammen, beim Monopsonisten fallen sie auseinander. Die folgende Abbildung 3.8 möge dies verdeutlichen.

Abbildung 3.8: Grenzausgaben- und Lohnkurve

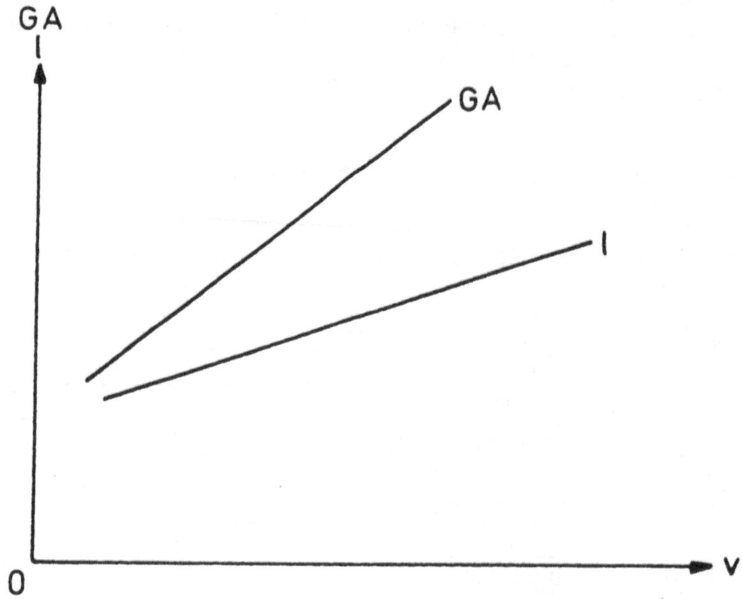

Die Grenzausgabenkurve (GA) zeigt, wie die Lohnaufwendungen bei Einsatz eines zusätzlichen Arbeiters (genauer bei einer infinitesimal kleinen Beschäftigungsänderung) steigen. Ein zusätzlicher Arbeiter bedeutet hier einen höheren Lohnsatz für alle Arbeiter. Allgemein erhalten wir die Grenzausgabe für den Faktor Arbeit unter Verwendung der *Amoroso-Robinson*-Relation. Wir bezeichnen mit $e_{v,l}$ die Preiselastizität der Nachfrage nach Arbeit in bezug auf Lohnänderungen und erhalten für die Grenzausgabe (GA_v) :

$$GA_v = l(1 + \frac{1}{e_{v,l}}).$$

Der Term $\frac{1}{e_{v,l}}$ kann auch als Faktorpreisflexibilität interpretiert werden. Er gibt Antwort auf die Frage: Wie verändert sich der Faktorpreis (= Lohnsatz), wenn sich die Nachfrage nach diesem Faktor ändert?

Setzt das Unternehmen das Gut als Monopolist ab, so können steigende Mengen nur zu fallenden Preisen verkauft werden. Das Grenzwertprodukt ist also in diesem Fall nicht wie bei vollkommener Konkurrenz aus dem Grenzprodukt und dem festen Güterpreis zu errechnen, sondern es ist gleich dem Produkt aus Grenzprodukt und Grenzerlös und wird als Grenzerlösprodukt bezeichnet.

Der Grenzerlös ergibt sich nach der *Amoroso-Robinson*-Relation als

$$GE_q = p(1 - \frac{1}{e_{q,p}}),$$

so daß das Grenzerlösprodukt dann lautet:

$$GP_v \cdot p(1 - \frac{1}{e_{q,p}}).$$

Die allgemeine Gleichgewichtsbedingung bei Zielsetzung Gewinnmaximierung für den Monopolisten/Monopsonisten ist dann: Grenzerlösprodukt = Grenzausgabe:

$$GP_v \cdot p(1 - \frac{1}{e_{q,p}}) = l(1 + \frac{1}{e_{v,l}}).$$

Wir können das Gleichgewicht auch graphisch als Schnittpunkt zwischen Grenzerlösproduktkurve und Grenzausgabenkurve erhalten (vgl. Abbildung 3.9).

Abbildung 3.9: Lohnbildung im Monopson/Monopol

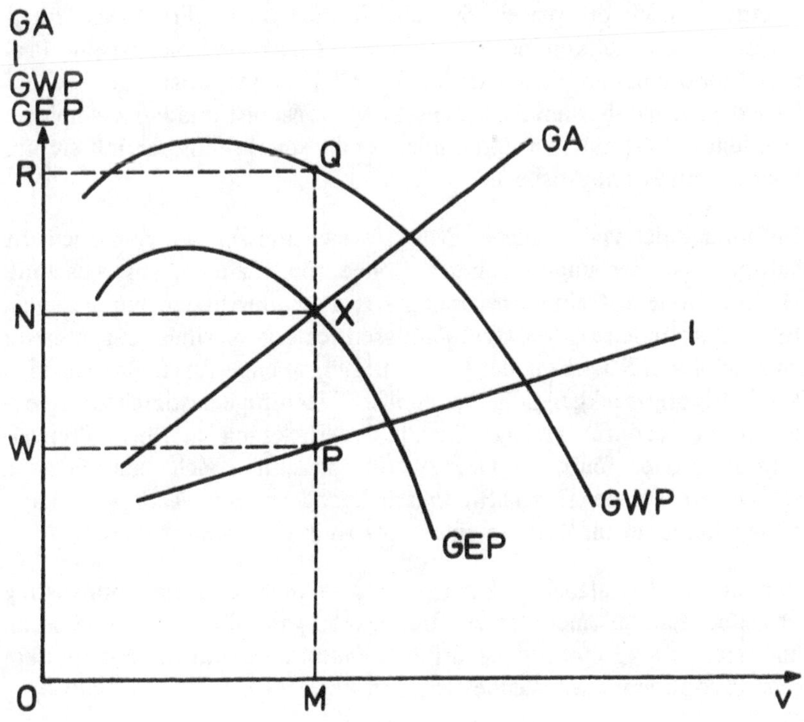

Nach unserer allgemeinen Gleichgewichtsbedingung (Gewinnmaximum des Unternehmens) liegt der Gleichgewichtspunkt in X, dem Schnittpunkt der Grenzausgabenkurve und der Grenzerlösproduktkurve. Bei diesem Gleichgewicht beschäftigt das Unternehmen OM Arbeiter und der Lohnsatz beträgt OW. Die Marktmacht findet hier auch ihren graphischen Ausdruck. So kennzeichnet die Differenz XQ den Umfang der 'monopolistischen Ausbeutung' der Nachfrager am Gütermarkt, die Differenz XP entsprechend die 'monopsonistische Ausbeutung' der Anbieter am Arbeitsmarkt. Andere Autoren, wie z. B. *Cartter*, sprechen in diesem Zusammenhang vom Vorteil des Unternehmens (advantage), da der Unternehmer auch den allgemeinen Marktpreis für Arbeit zahlen würde und daher keine aktive Ausbeutung vorliege.

Gegenüber der Gleichgewichtssituation bei vollkommener Konkurrenz besteht folgender Unterschied: Die Beschäftigungsmenge ist beim Monopsonisten/Monopolisten geringer, da die Grenzerlösproduktkurve steiler verläuft und die Grenzausgabenkurve des Lohnes stärker ansteigt als die Grenzwertprodukt- bzw. Faktorpreiskurve. Durch Rücknahme der Produktion und Beschäftigung kann die Firma auch höhere Preise für ihre Produkte erzielen. Sie gewinnt also durch die Zahlung niedrigerer Löhne und die Erzielung höherer Preise doppelt.

Nachdem wir den Unternehmer als Monopsonisten/Monopolisten betrachtet haben, ergeben sich die beiden Zwischenformen leicht. Fragt das Unternehmen auf einem vollkommenen Faktormarkt nach und bietet seine Produkte als Monopolist an, dann existiert lediglich 'monopolistische Ausbeutung'. Ist die Firma aber am Arbeitsmarkt Monopsonist und beim Anbieten ihrer Produktion auf einem vollkommenen Gütermarkt tätig, erzielt sie nur eine 'monopsonistische Ausbeute'.

Bei Einführung der verschiedenen Marktformen müssen wir nun auch die Beschäftigungsauswirkungen höherer Löhne modifizieren. Im Abschnitt 3.1.1.3 (Lohnhöhe auf einem partiellen Arbeitsmarkt) hatten wir gesehen, daß bei vollkommenen Marktverhältnissen ceteris paribus ein höherer Lohnsatz zu einem Rückgang der Beschäftigungsmenge führt. Das Ausmaß des Beschäftigungsrückgangs hängt von der Nachfrageelastizität nach Arbeit ab. Ob der dadurch bedingte Produktionsrückgang zu einem Preisanstieg des Produktes führt, die Grenzwertproduktkurve sich dadurch nach rechts verlagert und der Beschäftigungsrückgang abgeschwächt wird, kann zufriedenstellend nur im Rahmen einer Totalanalyse behandelt werden.

Im Rahmen der Partialanalyse kann gezeigt werden, daß ein Lohnanstieg nicht in jedem Fall zu einem Beschäftigungsrückgang führt. Dies gilt, wenn der Unternehmer als Monopsonist auf dem Faktormarkt auftritt und auf dem Gütermarkt vollkommener Wettbewerb herrscht.

Abbildung 3.10: Monopson auf dem Arbeitsmarkt und vollständige Konkurrenz auf dem Gütermarkt

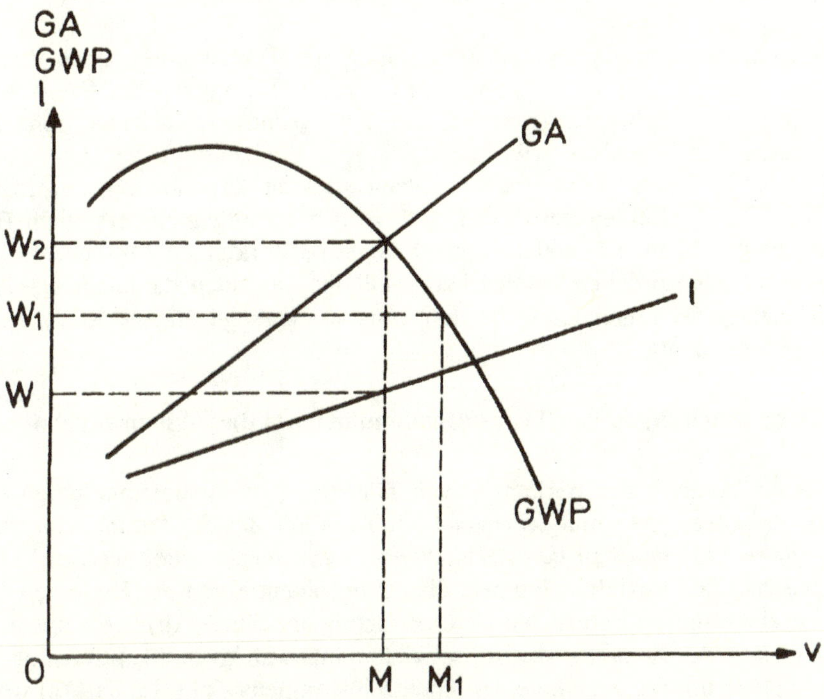

Der Monopsonist maximiert seinen Gewinn beim Lohnsatz OW und der Beschäftigungsmenge OM. Wir unterstellen gedanklich, daß z. B. durch gewerkschaftliche Lohnpolitik der Lohnsatz auf W_1 angehoben wird, und dieser Lohnsatz für den Monopsonisten ein Datum ist (womit im strengen Sinne das Modell verlassen wird). In diesem Fall werden trotz höherer Lohnsätze die Beschäftigungsmengen von OM auf OM_1 steigen. Erst bei einem Lohnsatz größer W_2 wird die Beschäftigungsmenge eingeschränkt (vgl. Abbildung 3.10).

Liegt auf dem Arbeitsmarkt ein Monopson und auf dem Gütermarkt ein Monopol vor, dann sind die Beschäftigungswirkungen höherer Löhne unterschiedlich. Die Beschäftigung steigt, wenn der neue Lohnsatz (= Durchschnittslohn) niedriger liegt als der Lohnsatz bei der ursprünglichen Beschäftigungshöhe. Ist der neue Lohnsatz größer als der ursprüngliche, so geht die Beschäftigung zurück.

Liegt vollkommene Konkurrenz auf dem Faktormarkt und eine Monopolstellung auf dem Gütermarkt vor, dann sind die Ergebnisse denen bei vollkommenem Wettbewerb auf beiden Märkten ähnlich. Bei steigenden Lohnsätzen geht die Beschäftigung ceteris paribus zurück.

3.1.2 Transferwirkungen auf dem Arbeitsmarkt

Sowohl Besteuerung als auch die Zahlung von Transfereinkommen verringern in der Tendenz das Arbeitsangebot, zumindest kurzfristig. Diese Aussage muß jedoch spezifiziert werden, denn grundsätzlich haben zunächst Steuern und Transfer- bzw. Sozialeinkommen gegensätzlichen Charakter. Für den Haushalt ist das eine mit Entzugseffekten, das andere mit positiven Einkommenseffekten verbunden. Daß jedoch im allgemeinen sowohl Besteuerung als auch Sozialeinkommen negative Wirkungen auf das Arbeitsangebot zugesprochen werden kann, soll im folgenden dargelegt werden. Grundlage der folgenden Darstellungen ist die vorangegangene Analyse des Arbeitsangebots.

3.1.2.1 Wirkungen von Transfereinkommen auf das Arbeitsangebot

Bei der Analyse der Wirkungen von Transfer- bzw. Sozialeinkommen auf das Arbeitsangebot muß in erster Linie *nach der Art der Sozialeinkommen in ihrer Beziehung zu den Arbeitseinkommen* unterschieden werden, d. h. zwischen den Sozialeinkommen, die (a) unabhängig von der Höhe des Arbeitseinkommens immer den gleichen Betrag annehmen, (b) deren absolute Höhe mit der Zunahme des Arbeitseinkommens steigt und (c) deren absolute Höhe mit der Zunahme des Arbeitseinkommens sinkt. Im Fall (c) wäre noch danach zu unterscheiden, ob Einkommenssteigerungen durch Sozialeinkommensreduktionen vollständig oder nur teilweise kompensiert werden. Die Analyse all dieser Fälle ist in diesem Rahmen nicht möglich, verläuft jedoch für jeden Fall analog der folgenden Darstellung (*Liefmann-Keil*, 1961, S. 200; *Pfähler*, 1972/73), die sich darauf beschränkt, daß mit einem fixen Betrag Sozialeinkommen unabhängig vom Arbeitseinkommen seitens des Haushalts gerechnet werden kann.

Abbildung 3.11 stimmt weitgehend mit Abbildung 3.1 überein. Die *Budgetlinie* in Abbildung 3.11 verschiebt sich mit dem Sozialeinkommen nach oben; auch wenn kein Arbeitseinkommen bezogen wird, ist ein Einkommensbetrag vorhanden. Ein Beispiel hierfür bildet das Kindergeld. Allerdings gilt die Analogie nur mit Einschränkungen, da Kinder auch Kosten verursachen, die meist höher als das Sozialeinkommen „Kindergeld“ sind. Insofern hat diese Analyse den Mangel, daß sie die Konsumstruktur des Haushalts nicht berücksichtigt. Das Opfer an Freizeit, das der Erwerb von Arbeitseinkommen erfordert, wird wegen der Existenz von Sozialeinkommen weniger dringlich. Die Wahl zwischen Freizeit und Arbeit wird durch die Wirkungen des veränderten Einkommens bestimmt. Die Budgetlinie wird um den Betrag des Sozialeinkommens nach oben verschoben, der

Lohnsatz verändert sich nicht. In diesem Sinne wirkt das Sozialeinkommen wie eine negative Kopfsteuer. Jedoch ist dieser von *Liefmann-Keil* verwendete Begriff sehr unpräzise (*Green*, 1967, S. 51 ff.; *OECD*, 1974, S. 19ff.).

Abbildung 3.11:Arbeitsangebot und monetärer Sozialtransfer

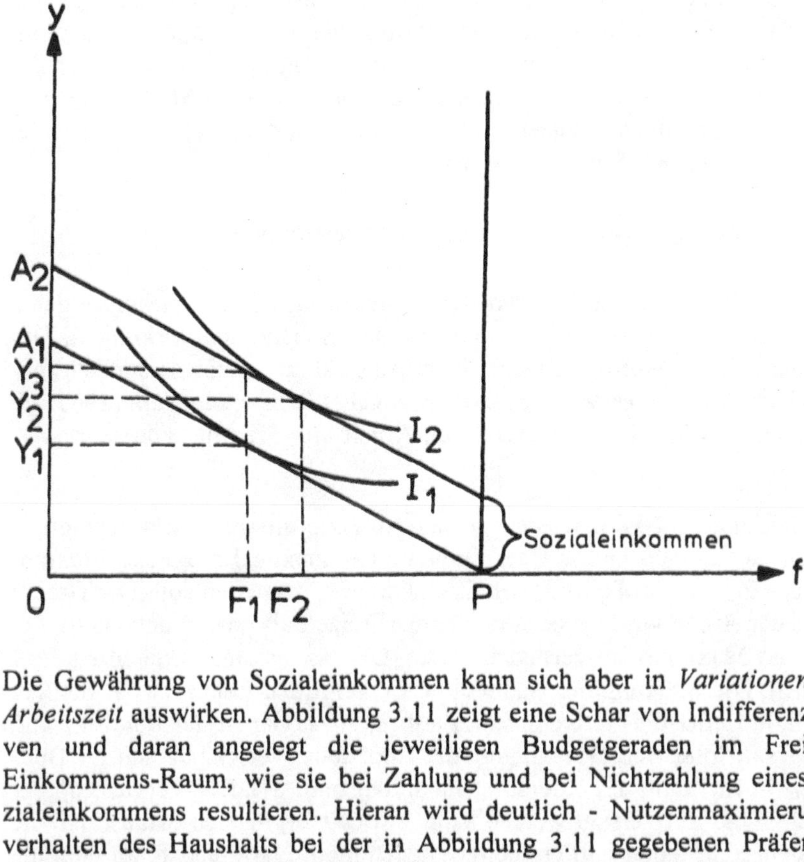

Die Gewährung von Sozialeinkommen kann sich aber in *Variationen der Arbeitszeit* auswirken. Abbildung 3.11 zeigt eine Schar von Indifferenzkurven und daran angelegt die jeweiligen Budgetgeraden im Freizeit-Einkommens-Raum, wie sie bei Zahlung und bei Nichtzahlung eines Sozialeinkommens resultieren. Hieran wird deutlich - Nutzenmaximierungsverhalten des Haushalts bei der in Abbildung 3.11 gegebenen Präferenzstruktur unterstellt -, daß die am Markt angebotene Arbeitsleistung sinkt. Wird hingegen die ursprüngliche Arbeitszeit beibehalten, ergibt sich ein um den Betrag des Transfers Y_3-Y_1 höheres Einkommen.

Der Bereich OP auf der Abszisse gibt die gesamte alternativ als Arbeitszeit oder Freizeit zur Verfügung stehende Zeit an. Die Indifferenzkurven I_1, I_2 spiegeln die Präferenzen des Haushalts bezüglich Einkommen und Freizeit. Das Individuum wählt im Fall der Indifferenzkurve I_1 (ohne Sozialeinkommen) den Punkt mit dem Einkommen Y_1 und der Freizeit F_1 und der Arbeitszeit OP - OF_1. Wird Sozialeinkommen gezahlt, so gilt die Indifferenzkurve I_2; für die Budgetlinie ergibt sich eine Parallelverschiebung nach Nordost.

Das *Gesamteinkommen* liegt nun bei Y_2, die Relation Arbeitszeit/Freizeit verschiebt sich zugunsten der Freizeit, d. h. die Freizeit ergibt sich aus OF_2 und die Arbeitszeit $OP\text{-}OF_2$. Das Gesagte gilt jedoch nur, wenn die Freizeit ein normales Gut darstellt. Die angebotene Arbeitsleistung könnte jedoch steigen, wenn die Freizeit als inferiores Gut betrachtet wird. Dieser Fall gilt jedoch nur unter der Bedingung, daß die am Markt angebotene Arbeitsleistung zu einem unveränderten Lohnsatz aufgenommen wird, eine Annahme, die bei „normalen" Arbeitsmarktverhältnissen zumindest unrealistisch ist. Die Aussage, daß ein gezahltes Sozialeinkommen die am Markt angebotenen Arbeitsleistungen reduziert, gilt also nur, wenn die Freizeit als normales oder auch superiores Gut bewertet wird.

3.1.2.2 Wirkungen von Steuern auf das Arbeitsangebot

Bei der Analyse der Wirkungen der Besteuerung auf das Arbeitsangebot geht es wiederum um die Einkommens- und Substitutionswirkungen. Das Problem soll hier vertieft werden. Nach einer kurzen Analyse der Wirkungen einer *Kopfsteuer* auf das Arbeitsangebot (*Liefmann-Keil*, 1961, S. 168f.) soll das Wahlproblem zwischen Arbeit und Freizeit untersucht werden.

In Abbildung 3.12 wird wieder auf der Abszisse die insgesamt verfügbare Zeit OP abgetragen und auf der Ordinate das maximal mögliche Einkommen, das in unserem Fall nur Arbeitseinkommen darstellen soll. Der Grenznutzen der Arbeit wird als negativ, der der Freizeit als positiv unterstellt. OP bildet das Maximum an verfügbarer Zeit, OE das maximal erreichbare Einkommen. Die Steigung der Budgetlinie EP zeigt den Lohnsatz vor Steuern an, d.h. je steiler die Budgetlinie verläuft, desto höher ist der Lohnsatz und vice versa. Unter Berücksichtigung der Kopfsteuer verschiebt sich die Budgetlinie in Richtung des Koordinatenursprungs auf SQ. Die Verkürzung der Zeit, über die frei verfügt werden kann, auf OQ, ergibt sich daraus, daß die Kopfsteuer auf jeden Fall erarbeitet werden muß. Der Punkt F, an dem die Budgetlinie QS die Indifferenzkurve I_1 tangiert, zeigt die Wahl zwischen Freizeit und Arbeitszeit bzw. Einkommen nach Abzug der Kopfsteuer. F" zeigt in diesem Fall den „Bruttolohn" an. Die Freizeit stellte sich vor Erhebung der Steuer auf OG' und nach Erhebung der Steuer auf OF'. Die Einkommenswirkung der Steuer hat in diesem Fall, d.h. bei der unterstellten Präferenzstruktur, zu einer Erhöhung der Arbeitszeit Anlaß gegeben.

Die Zusammenhänge zwischen Besteuerung und Arbeitsangebot sind jedoch weniger einfach, als es die obige Analyse erscheinen läßt. Zwar wird an keiner Stelle der Literatur im strengen Sinne verneint, daß es ein solches

Problem gibt, einige Autoren kommen jedoch zu einer nahezu entgegengesetzten Ansicht (*Blazek*, 1970, S. 52f.). Die eine Position verneint die Möglichkeit, zu allgemeinen Schlußfolgerungen über die Steuerwirkungen zu kommen. „Selbst Wahrscheinlichkeitsurteile abzugeben", sei aussichtslos, „da man über eine von wirtschaftlichen Machtverhältnissen abhängige Erscheinung nichts Bestimmtes wissen könne" (*Recktenwald*, 1958, S. 20).

Abbildung 3.12: Arbeitsangebot und Kopfsteuer

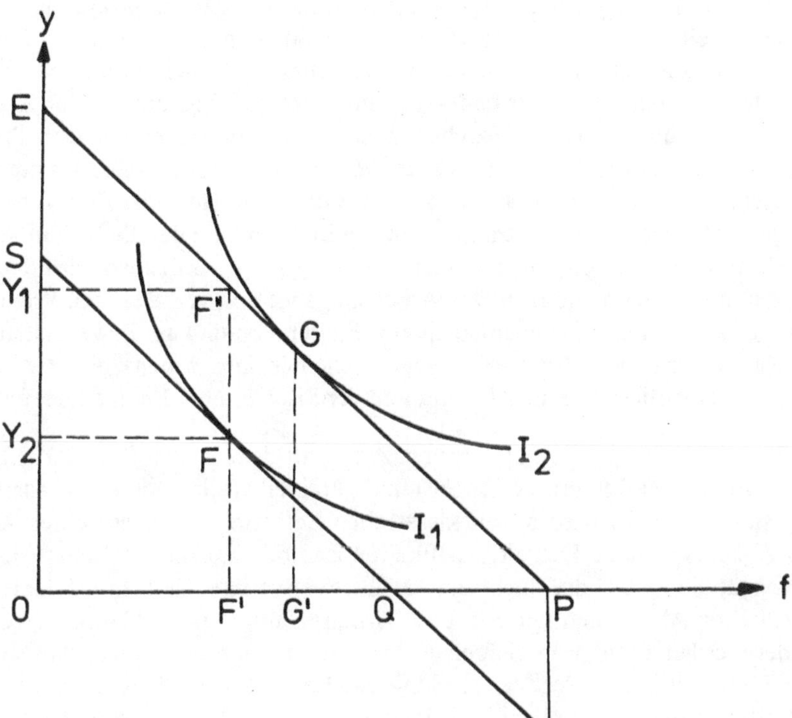

Die andere Ansicht, die sog. *Diffusionstheorie*, behauptet, daß es mehr oder weniger gleichgültig sei, wem eine Steuer auferlegt werde, da sie sich allmählich nach der Leistungsfähigkeit verteilen müsse. Hierfür steht die Meinung von *Lorenz von Stein* (1878): „Die Lehre von der Überwälzung der Steuern ist eine der wunderlichsten Begriffsverwirrungen, die es je in der Wissenschaft gegeben hat ... Das große Resultat ist, daß jede Steuer von jedem auf jeden überwälzt wird" (*Blazek*, 1970, S. 52). Diese Ansicht ist im Lichte moderner Forschung nicht mehr haltbar, besonders dann, wenn die Ergebnisse experimenteller Forschung mit einbezogen werden. Das Hauptproblem dieser Theorien besteht jedoch darin, *„daß sie ... zu finanz- und*

steuerpolitischem Nihilismus verführen, d. h. zu einer Abstumpfung gegenüber Problemen der zweckmäßigen und gerechten Besteuerung, und daß sie der wissenschaftlich begründeten Steuerpolitik gegenüber die Vorfragen nach der wohl wichtigsten Steuerwirkung unbeantwortet lassen" (*Recktenwald*, 1958, S. 20 f.; Hervorhebungen von den Verfassern).

In unserem Rahmen soll das grundsätzliche Problem der Wahl der Individuen zwischen Arbeit bzw. Arbeitseinkommen und Freizeit etwas näher beleuchtet werden. Im folgenden Modell der Wahl zwischen Arbeit und Freizeit wird angenommen, daß die Individuen ihre Entscheidungen mit dem Ziel treffen, ihren Familien unter den gegebenen Umständen größtmögliche Zufriedenheit zu verschaffen. Zufriedenheit mißt sich dabei nach den Indikatoren Einkommen und Freizeit. Aus Einfachheitsgründen wird angenommen, daß nur der Ehemann und seine Frau arbeitsfähig und in der Lage sind, Arbeitseinkommen zu beziehen. *Mann* und *Frau* stehen vor dem Problem der Allokation ihrer Zeit (*Meinhold*, 1964), wobei es selbstverständlich viele Möglichkeiten gibt, wie die zur Verfügung stehende Zeit verteilt und genutzt werden kann. Bedenkt man die Entwicklung der Teilzeitquoten verheirateter Frauen, die im ersten Kapitel dargestellt wurden, so wird deutlich, daß sich auch heute noch das Arbeitsangebot von verheirateten Frauen nicht nur am Lohnsatz, sondern auch am Einkommen und am Erwerbsstatus des Mannes orientiert. Männer hingegen scheinen ihre Arbeitszeitentscheidung stärker isoliert, d.h. unabhängig von der Situation der Frau, zu treffen.

Die Klassifikation der Zeit als „Arbeitszeit" (mit dem Verkauf von Arbeitsleistungen am Markt verbrachte Zeit) und „Freizeit" (alle andere zur Verfügung stehende Zeit) wird in den klassischen Begriffen der Theorie des Arbeitsangebots benutzt. Diese Klassifikation ist einfach, aber möglicherweise mißverständlich, da die nicht am Markt verwertete Zeit in so unterschiedlichen Aktivitäten wie Fahrt zur Arbeit, Hausarbeit und Hobbies verwendet werden kann. Von einigen Autoren wird jedoch bestritten, daß sich diese Unterschiede in der Verwendung der Freizeit auswirken, da die Opportunitätskosten der Freizeit die jeweiligen Lohnsätze bildeten (*Ashenfelter/Heckman*, 1974, S. 74).

Die Arbeit-Freizeit-Wahltheorie ist ähnlich der statischen einperiodigen Nachfragetheorie aufgebaut. Die Nachfrage nach Freizeit hängt ab von den Preisen der verfügbaren Güter und Dienste, dem Preis der Freizeit (gemessen am Lohnsatz nach Besteuerung) und dem für den Haushalt verfügbaren Niveau an Einkommen, das nicht Arbeitseinkommen ist. Das Wahlproblem besteht dann darin, das Vergnügen der Freizeit des Mannes und der Frau gegen das Vergnügen aus dem Konsum an Gütern und Diensten auszuwählen, die für die in der Arbeitszeit erzielten Lohnzahlungen gekauft werden können. Der Haushalt hat über die Menge Arbeit zu entscheiden, die eingesetzt wird, um die Bedürfnisbefriedigung aus drei Arten von Gütern zu maximieren: (1) Freizeit des Mannes und (2) der Frau und (3) gekaufte Güter und Dienste.

Ausgehend von einer gegebenen Kombination der Lohnsätze für die Arbeitsleistungen des Mannes und der Frau wird ihr Arbeitsangebot bestimmt durch ihr Einkommen, das sie bei Nichtbeschäftigung erzielen, ihre Präferenzen und andere relevante Faktoren. Die angebotenen (und nachgefragten) Arbeitsleistungen werden umgekehrt das Niveau des durch den Haushalt verdienten Arbeitseinkommens bestimmen.

Die Arbeitsangebotsbeziehung gibt das Angebot an Arbeitsleistungen für spezifizierte Werte von Löhnen, Preisen und Nichtbeschäftigungs-Einkommen wieder. Für eine empirisch gehaltvolle Analyse müssen jedoch auch andere Faktoren einbezogen werden, die das Arbeitsangebot mitbestimmen können, so z. B. die durch Arbeit erlangte psychische Befriedigung und nicht monetäres Einkommen aus der beruflichen Tätigkeit.

Es ist nun notwendig, die Veränderungen im Arbeitsangebot zu betrachten, die sich aus Variationen seiner Determinanten ergeben können. Zuerst wird angenommen, daß das Nichtarbeitseinkommen ansteigt. Mann und Frau werden damit in der Lage sein, ein höheres Konsumniveau aller drei anderen Güter zu erreichen. Die Annahme scheint berechtigt, daß Freizeit ein normales Gut (*Stackelberg*, 1951, S. 281) ist, d. h. der Konsum an Freizeit wird ceteris paribus ansteigen, wenn das Einkommen steigt, so daß das Arbeitsangebot des Mannes und der Frau absinkt.

Die Effekte einer Veränderung einer der beiden Lohnsätze sind nicht so klar ersichtlich. Bei der Betrachtung der Folgen eines Anstiegs des Lohnsatzes des Mannes auf dessen Arbeitsangebot dürften die Kosten seiner Freizeit im Vergleich zu seinem früheren Einkommen ansteigen. Der Anstieg der Kosten seiner Freizeit wird den Mann dazu veranlassen, Freizeit gegen Arbeit zu substituieren; und dieser Effekt ist als *Substitutionseffekt* bekannt.

Der Substitutionseffekt ist positiv, weil er Veränderungen im Arbeitsangebot in der gleichen Richtung hervorruft wie die Veränderung des Lohnsatzes. Eine Veränderung des Lohnsatzes ruft aber noch eine zweite Art von Effekten hervor, die darin besteht, das Arbeitsangebot zu verringern, wenn die Löhne steigen. Wenn das Arbeitsangebot des Mannes sich bei Steigerung des Lohnsatzes nicht verändern würde, erhöhte sich das Haushaltseinkommen. Oben wurde argumentiert, daß Einkommenssteigerungen tendenziell eine Reduzierung des Arbeitseinsatzes bewirken, so daß der *Einkommenseffekt* einer Lohnsteigerung negativ ist. Eine Steigerung der Lohnsätze hat darum einen positiven Substitutionseffekt und einen negativen Einkommenseffekt, und von der Theorie her ist es nicht möglich zu deduzieren, welcher Effekt jeweils dominieren wird. Anzumerken ist hier noch, daß der Arbeitseinsatz von Mann und Frau nicht unabhängig voneinander ist, sondern der Lohnsatz des Mannes eine Determinante für das Arbeitsangebot der Frau darstellt. Daneben gibt es Kreuz-Substitutionseffekte, die in Betracht gezogen werden müssen.

Da eine Veränderung der Steuersätze durch das Individuum als Veränderung seines Lohnsatzes interpretiert werden kann, folgt daraus, daß die Theorie - jedenfalls innerhalb bestimmter Grenzen - daraus keine eindeutige Aussage über die Steuerwirkungen auf das Arbeitsangebot treffen kann. *Musgrave* folgert aus seiner Analyse: „Die formale Argumentation liefert somit das Ergebnis, daß es a priori keinen Grund für die Erwartung gibt, eine Einkommensteuer werde die Arbeitsleistung entweder erhöhen oder senken. Das Ergebnis hängt vielmehr von der Form des Präferenzsystems im relevanten Bereich ab. Sie festzustellen, ist Aufgabe der empirischen Forschung" (*Musgrave*, 1974, S. 190).

Zusammenfassend fällt auf, *daß bei den Wirkungen von Steuern auf das Arbeitsangebot teils widersprüchliche, teils auch für die Praxis irrelevante Ergebnisse geliefert werden* und daß daraus politische Konsequenzen nicht einfach hergeleitet werden sollten. Zuviel hängt in diesem Bereich vom Präferenzsystem des Individuums und den Beeinflussungen dieses Präferenzsystems durch externe Effekte ab, z. B. durch Einflüsse der Familienmitglieder, Verwandten, Freunde, Lebensverhältnisse, erfüllte oder zu erfüllende Wünsche hinsichtlich größerer dauerhafter Konsumgüter, Konsum anderer Personen etc. Daneben ist in der Praxis immer zu berücksichtigen, daß in den seltensten Fällen tatsächlich freie Wahl zwischen Arbeits- und Freizeit besteht (*Küng*, 1971). Es ist daher zu begrüßen, daß sich die *neuere empirische Forschung* umfassend mit dem Problem befaßt hat. Meist richtet sich deren Untersuchung auf besondere Fragen der Systeme der sozialen Sicherung, die durch ein Nebeneinander von Sozialeinkommen und Steuern charakterisiert sind (vgl. die Beiträge in *Addison/Welfens*, 1998).

3.1.3 Neuere Entwicklungen der mikroökonomischen Arbeitsmarkttheorie

Die bisherigen Ausführungen zu mikroökonomischen Aspekten der Arbeitsmarkttheorie konzentrierten sich auf das neoklassische Grundmodell des Arbeitsmarktes sowie auf dessen Modifikationen hinsichtlich der Marktformen- und Inzidenzanalyse. Daraus konnten Aussagen abgeleitet werden, die einen ersten und wichtigen Schritt hin zu einer möglichst realistischen Abbildung des Arbeitsmarktgeschehens durch die Arbeitsmarkttheorie darstellen.

Das Bestreben, den Realitätsgehalt und Erkenntniswert der Arbeitsmarkttheorie zu steigern, gewann in den siebziger Jahren dadurch an Gewicht, daß *weitere Modifikationen* formuliert wurden. Mit ihnen wird versucht, stärker auf die Besonderheiten des Gutes Arbeit einzugehen und insbesondere Determinanten der Lohnbildung und Lohnrigidität herauszustellen.

Zwischenzeitlich wurde in der ökonomischen Literatur eine Vielzahl von Ansätzen entworfen und weiter ausgearbeitet, so daß im folgenden nur ein sehr grober Überblick über die wichtigsten Entwicklungen gegeben werden kann. Für den deutschen Sprachraum sei zur Vertiefung auf Überblicksdarstellungen verwiesen (*Franz*, 1996; *Sesselmeier/Blauermel*, 1997; *Keller*, 1997; Wagner/Jahn, 1997). Sie unterscheiden - wenn auch mit unterschiedlichem Akzent und Erkenntnisinteresse - einerseits *neuere neoklassische Modifikationen* der mikroökonomischen Arbeitsmarkttheorie und andererseits *institutionalistische Segmentationsansätze*, wobei letztere eine grundsätzlich alternative Methodik der Arbeitsmarkttheorie repräsentieren.

Das Spektrum der *neueren neoklassischen Modifikationen* der mikroökonomischen Arbeitsmarkttheorie läßt sich daran systematisieren, daß die verschiedenen Ansätze eine oder mehrere Annahmen des mikroökonomischen Grundmodells aufheben und durch weniger einfache, dafür jedoch realitätsnähere Annahmen ersetzen. Dies bedeutet weiterhin, daß in der Regel der Fokus auf den jeweils interessierenden Aspekt beschränkt bleibt und für andere Aspekte nach wie vor die Annahmen des Grundmodells (ceteris paribus) aufrecht erhalten werden. So stehen im Ergebnis aus methodischen Gründen die einzelnen Modelle analytisch weitgehend unverbunden nebeneinander. Andererseits sind jedoch auch - wie für die neoklassische Theorie charakteristisch - einige Parallelen und Analogien zwischen den Modifikationen nicht zu übersehen.

Die zentrale Modifikation betrifft die Einführung des Humankapitals, für die exemplarisch die Arbeiten von *Schultz*, *Becker*, *Mincer* und *Oi* genannt sein sollen. Sie besagt, daß sich die Produktivität des Faktors Arbeit nicht nur durch die Arbeitsbedingungen bestimmt, sondern auch durch die individuelle Leistungsfähigkeit des einzelnen, die wiederum ein Resultat aus *Grundeigenschaften* (persönliche Veranlagung, soziale Kompetenz und Allgemeinbildung) sowie *spezifischen Qualifikationen* für den betreffenden Arbeitsplatz ist. Da das Humankapital die Produktivität steigert, erzielt der Arbeitsanbieter c.p. einen höheren Lohn, der dann teilweise als Verzinsung auf das eingebrachte Humankapital interpretiert werden muß. Damit wird jeder Arbeitnehmer - wie bereits *Max Weber* formulierte - gleichsam zu 'seinem eigenen Betriebsleiter', d.h. zum Produzent und Verkäufer seiner spezifischen Arbeitsleistung.

Dabei hat sich das Zusammenspiel aus Grundeigenschaften (schooling in der Terminologie *Becker*s) und berufsspezifischen Qualifikationen (training on the job) als Schlüssel zum Verständnis gegenseitiger Abhängigkeit von Arbeitgebern und Arbeitnehmern erwiesen. Nimmt man an, daß - wie im ersten Kapitel gezeigt - im Zuge des technischen Fortschritts und des sektoralen Strukturwandels Humankapitalaspekte eine zunehmende Bedeutung erlangen, so läßt sich folgern, daß die Qualifikationsfähigkeit und Qualifikationsbereitschaft die Produktivität und die Lohnhöhe in hohem Maße beeinflussen. Daraus ergibt sich eine Strukturierung des Arbeitsmarktes in *Teilarbeitsmärkte für verschiedene Qualifikationen.* Ist der Faktor Arbeit aufgrund der gegenseitigen Bindung auch für den Arbeitgeber ein quasifixer Faktor, dann entsteht ein *interner Arbeitsmarkt* mit eigenen Lohnbildungsregeln. Auf ihm entspricht nicht immer (und vor allem nicht kurzfristig) der tatsächliche Lohn dem Wertgrenzprodukt und auf ihm wird das Kündigungsrisiko der Arbeitnehmer (aufgrund konjunktureller Schwankungen) durch selektive Entlassungsstrategien der Arbeitgeber bestimmt und damit ungleich verteilt.

Weitere neoklassische Modifikationen der mikroökonomischen Arbeitsmarkttheorie basieren durchweg auf der in der Humankapitaltheorie eingeführten Heterogenität der Arbeitskräfte und ergänzen diese durch die Einführung von *Transaktionskosten.* Diese entstehen als Kosten der Vertragsverhandlung und Vertragskontrolle, die auf dem Arbeitsmarkt eine besondere Rolle spielen, da der Arbeitsvertrag typischerweise unvollständig ist. Denn der Arbeitnehmer verkauft meist nicht seine konkrete Arbeitskraft, sondern er handelt ex ante einen Lohn für sein Leistungsversprechen aus. Es liegt auf der Hand, daß die Arbeitgeber zunächst versuchen, durch geeignete *Lohnsysteme* (z.B. Stücklohn) ihr Risiko zu minimieren. Gelingt dies aufgrund von Besonderheiten der Tätigkeit (z.B. in der Verwaltung) nicht, dann wird der Arbeitgeber versuchen, durch geeignete *Kontrolltechniken* (etwa Videoüberwachung) der vermuteten Neigung der Arbeitnehmer zu Bummelei Einhalt zu gebieten. Ist auch dies nicht möglich, so bleibt dem Arbeitgeber nichts anderes als das Setzen von *Leistungsanreizen* über die Lohnhöhe und Lohnstruktur. In jedem Fall folgt durch die Einführung der Transaktionskosten in die Modelle, daß ein gewinnmaximierender Arbeitgeber die zusätzlichen Kosten der Vertragsformulierung und -kontrolle mit den erwarteten Zusatzerträgen aus verminderter Bummelei abwiegen wird.

Werden Transaktionskosten berücksichtigt und versuchen die Arbeitgeber, diese mittels Anreizsystemen zu minimieren, so erzeugen sie im Ergebnis Lohnrigiditäten, da nun der Marktausgleich friktional behindert ist (Such- und Signallingtheorie) und zudem Anreize geschaffen werden müssen, damit nach Vertragsschluß keine der beiden Marktseiten die langfristigen Arbeitsverträge bricht (Kontrakt- und Effizienzlohntheorie). In den letzten Jahren haben hier die Effizienzlohntheorien eine besondere Beachtung und Ausarbeitung erlangt, so daß sie heute als zentrales Element 'moderner' neoklassischer Arbeitsmarkttheorie angesehen werden können.

Grundgedanke der *Effizienzlohntheorien* nach *Shapiro*, *Stiglitz*, *Lazear* und *Akerlof* ist die Idee, daß Arbeitgeber die *Lohnhöhe als Anreizinstrument* einsetzen, um besonders leistungsfähige Arbeitnehmer zu akquirieren (Adverse Selection) und/oder jene durch Extraprämien vom Bummeln (Shirking) oder von der Kündigung (Labor-Turnover-Ansatz) abzuhalten. Insbesondere dann, wenn eine unmittelbare Kontrolle des Arbeitsergebnisses entweder teuer oder technisch unmöglich ist, kann es für den Arbeitgeber kostengünstiger sein, eine zusätzliche Prämie auf den Lohn zu zahlen, die das Kündigungsrisiko für den Arbeitnehmer erhöht. Der letztlich gezahlte Effizienzlohn entspricht dann der *No-Shirking-Condition*, d.h. er ist gerade so hoch, daß beispielsweise die Arbeitnehmer nicht bummeln. Ihr zusätzliches Arbeitsleid intensiverer Arbeit entspricht dann dem Risiko, gekündigt zu werden und sich auf dem freien Arbeitsmarkt einen Arbeitsplatz ohne Effizienzlohn suchen zu müssen. Liegt der Effizienzlohn hingegen unter der No-Shirking-Condition, so werden die Arbeitnehmer weiter bummeln, liegt er darüber, so zahlt der Arbeitgeber eine zu hohe Prämie.

In der Praxis lassen sich, angesichts der sinkenden Bedeutung industrieller Massenproduktion, *vielfältige Formen von Effizienzlöhnen* beobachten, wie z.B. die weitverbreiteten Senioritätslöhne (Lohn steigt mit der Betriebszugehörigkeit an), übertarifliche Bezahlung in Großunternehmen oder auch einmalige Prämien. Allerdings stoßen Versuche der empirischen Ermittlung von Effizienzlöhnen auf vielfältige methodische Probleme. Sie liegen darin, daß mit der Entwicklung der Lohndrift oder der Fluktuation nur Hilfsgrößen gemessen werden können. Zudem haben neuere Formen der betrieblichen Organisation (Gruppenarbeit, Lean-Production, Outsourcing) auch *neue Formen der sozialen Kontrolle* mit sich gebracht. Durch jene läßt sich daher auch ohne Effizienzlöhne ein *'kostenloser' Anreizeffekt* erzielen. Nicht zuletzt sei betont, daß bei einem hohen Stand an *Arbeitslosigkeit* das Kündigungsrisiko so hoch ist, daß der Arbeitnehmer auch ohne Effizienzlohn einen hinreichenden Arbeitsanreiz hat. Insofern hat ein hoher Stand an Arbeitslosigkeit den für die Arbeitgeber günstigen Nebeneffekt, daß sich eine Zahlung von Effizienzlöhnen erübrigt. Diese Vermutung scheint der empirische Befund zu bestätigen.

Wie bereits oben erwähnt, stellen *institutionalistische Segmentationstheorien* eine grundsätzlich alternative Methodik der Arbeitsmarkttheorie dar. In der *englischsprachigen Literatur* haben die Segmentationstheorien eine *weitere Verbreitung und Akzeptanz* gefunden, als dies für den deutschen Sprachraum konstatiert werden kann (*Smith*, 1994, S. 96 - 117, *Ehrenberg/Smith*, 1994, *Layard/Nickel/Jackman*, 1994, S. 63f.). Ein Hauptgrund liegt darin, daß die Arbeitsmärkte der USA und Großbritanniens stärker nach industriellen und ethnischen Merkmalen strukturiert sind als etwa der bundesdeutsche Arbeitsmarkt. Die Segmentationen in einen primären und sekundären Sektor, aber auch die damit verbundene Segmentation nach ethnischer Abstammung und Geschlecht ist dort ein Hauptgegenstand der arbeitsökonomischen Forschung. In Deutschland hingegen scheinen der Flächentarifvertrag, die Qualifikationsstruktur sowie die Gewerkschaftsforderung nach einer Nivellierung der Lohnstruktur einer Segmentations- und Diskriminierungsstruktur auf dem Arbeitsmarkt tendenziell entgegengewirkt zu haben. Gleichwohl und verstärkt angesichts des Strukturwandels und einer Verbetrieblichung der Tarifpolitik zeigen sich auch hier zunehmende Segmentationstendenzen als Strukturen sozialer Ungleichheit.

Das zentrale Interesse der Segmentationsansätze gilt den *Determinanten der Arbeitsmarktstrukturierung*, d.h. den *Arbeitsplätzen*, wohingegen die Arbeitnehmer in den Hintergrund treten. Sie widersprechen damit dem Ansatz der neoklassischen Analyse, einen einheitlichen Arbeitsmarkt wenn auch nicht als gegeben, so doch als Referenzpunkt der Arbeitsmarkttheorie anzusehen. Aufgrund der vielfältigen Determinanten der Arbeitsmarktstrukturierung werden Segmentationsansätze häufig als sozialwissenschaftliche Ansätze bezeichnet, was insofern richtig ist, als sowohl Ursachen als auch Wirkungen der Segmentation nicht mehr hinreichend mit der neoklassischen Analyse erfaßt werden können. Damit zählen die Segmentationstheorien zu *institutionalistischen Ansätzen* und damit zu jenen der nicht-neoklassischen Ökonomik. Ein heutiges Lehrbuch zur Arbeitsökonomik ist unvollständig, wenn nicht auch die segmentationstheoretische Diskussion zumindest grob skizziert wird.

Segmentation bezeichnet eine spezifische und auf Dauer angelegte Strukturierung des Gesamtarbeitsmarktes in mehrere *Teilmärkte*. Jene Teilmärkte sind tendenziell durch unterschiedliche Lohnbildungsmechanismen voneinander abgeschottet, so daß sie zumindest kurzfristig gegen Marktkräfte resistent sind. Hauptursache für die Segmentation ist nicht die Heterogenität der Arbeitskräfte (wie in der Neoklassik), sondern die Heterogenität der Arbeitsplätze, die eine Unterscheidung zwischen mehr oder weniger produktiven Tätigkeiten hervorbringt. Obwohl bereits in der ökonomischen Klassik von *Mill* formuliert und von Institutionalisten wie *Veblen* u.a. fortgeführt, hat die neuere Segmentationstheorie erst in den sechziger Jahren durch die Arbeiten von *Doeringer*, *Piore* und *Averitt* in den USA ihren Anfang genommen. Sie wurde in den achtziger Jahren durch *Lutz*, *Sengenberger* u.a. auf die Bundesrepublik übertragen. Eine solche Übertragung ist insofern charakteristisch für den institutionalistischen Ansatz, da jener die *realen Institutionen des Arbeitsmarktes in ihren nationalen Spezifika* unterscheidet und deren Analyse somit immer kontextbezogen erfolgt.

In ihrem ursprünglichen Ansatz unterscheiden *Doeringer/Piore* vier Arbeitsmarktsegmente danach, ob es sich - nach der Theorie dualer Arbeitsmärkte - in *vertikaler Hinsicht* um Arbeitsplätze in dem stabilen Kern der volkswirtschaftlichen Produktion (große Industrie- und Dienstleistungsunternehmen sowie öffentlicher Dienst) oder um eine Tätigkeit in den von einer stärker schwankenden Nachfrage betroffenen Sektoren (Gastronomie und andere Dienstleistungen) handelt. Überlagert werden diese beiden

Teilmärkte von der *horizontalen* Unterscheidung zwischen Tätigkeiten, die auf den internen Arbeitsmärkten innerhalb der Unternehmen erbracht werden (Kernfunktionen der Unternehmen) und jenen, die als Zulieferleistung auf externen Arbeitsmärkten eingekauft werden (outsourcing und Scheinselbständigkeit). Zusammengefaßt ergibt diese Differenzierung eine Matrix aus vier Feldern, in denen sich hochqualifizierte Tätigkeiten in Großunternehmen mit absehbaren Karriere- und Verdienstchancen (*Good Jobs*) und einfache Tätigkeiten in peripheren Dienstleistungen (*Bad Jobs*) als Pole gegenüberstehen.

Jeder dieser Sektoren ist durch *unterschiedliche Lohnbildungs- und Rekrutierungsmechanismen* gekennzeichnet. Während bei den Good Jobs die Lohnhöhe nach der betrieblichen Hierarchie und langfristigen Senioritätsregeln bestimmt wird, bildet sich der Lohn für die Bad Jobs (und nur dieser) in etwa nach dem neoklassischen Grundmodell. Zwischen den Polen der Arbeitsmarktstrukturierung sind zwar grundsätzlich Übergänge möglich und definiert (Ports of Entry, Ports of Exit), jedoch erweist sich praktisch der Wechsel in die begehrten internen Arbeitsmärkte als schwierig. So haben Großunternehmen aufwendige Rekrutierungsverfahren entwickelt, da der Wettbewerb um die good jobs hart ist. Die umkämpften Arbeitsplätze (an die Einkommen und soziale Statuszuweisungen geknüpft sind) werden an die Erwerbstätigen nicht nur nach persönlicher Fähigkeit, sondern auch nach Herkunft, sozialen Beziehungen, Geschlecht und ethnischer Zugehörigkeit verteilt.

Empirischer Exkurs: Lohndrift, Arbeitslosigkeit und interne Arbeitsmärkte

Bereits bei der Darstellung von Tarifautonomie und Flächentarifverträgen wurde auf Fragen der Allgemeinverbindlichkeitserklärung verwiesen. Bei einer Allgemeinverbindlichkeitserklärung kann der tatsächlich gezahlte Lohn, d.h. der Effektivlohn (Vertragstreue vorausgesetzt) nicht unter den tarifvertraglich vereinbarten (Tariflohn) sinken. Tatsächlich liegt er in der Regel darüber. Die Differenz zwischen dem Tariflohn- und dem Effektivlohnniveau, die im Schnitt zwischen 10 und 20 Prozent des Tariflohnes ausmacht (*Franz*, 1995, S. 258ff.), wird als *Lohnspanne* oder auch als *Lohndrift* (Wage Drift) bezeichnet. In der Regel erhöht sie sich mit der wachsenden Nachfrage nach Arbeitskräften im Konjunkturaufschwung und vermindert sich entsprechend bei hoher *Arbeitslosigkeit* in der Rezessionsphase. Die Annahme ist plausibel, daß der in der Bundesrepublik zu beobachtende Trend langfristig fallender Wachstumsraten der Lohndrift - sie nahm in den sechziger Jahren noch durchgehend positive Werte an, schwankte in den siebziger und achtziger Jahren um den Wert Null und zeigt Ende der neunziger Jahre ein deutliches Abschmelzen - wesentlich durch die hohe Arbeitslosigkeit möglich wurde. Zudem nutzen die Unternehmen die Variation der Lohndrift als Reaktion auf ihrer Ansicht nach überhöhte tarifvertragliche Lohnsteigerungen.

Eine andere Reaktion auf den hohen Stand der Arbeitslosigkeit ist die Abschottung *interner Arbeitsmärkte* mittels *betrieblicher Beschäftigungssicherungsverträge*. Diese Vereinbarungen zwischen Arbeitgeber und Betriebsrat zielen auf eine Nutzung der Öffnungsklauseln ab, die der Tarifpolitik einen Freiraum für betriebsspezifische Lösungen geben. Nach allgemeiner Ansicht gewinnt diese Handlungsebene - im Sinne einer 'Verbetrieblichung der Tarifpolitik' - an Bedeutung. Dies ist für die mikroökonomische Arbeitsmarkttheorie insofern von Bedeutung, als Beschäftigungssicherungsverträge interne Arbeitsmärkte abschotten und damit den Voraussagen der neueren theoretischen Entwicklungen entsprechen. Aufgrund einer Betriebs- und Personalrätebefragung 1997/98 liegen heute Daten vor, wonach ein knappes Viertel der Betriebe mit Betriebsrat und 12 Prozent der Betriebe mit Personalrat entsprechende Vereinbarungen zur Arbeitszeit und zum Einkommen geschlossen haben (*Seifert*, 1999, S. 159). In der überwiegenden Mehrheit sind diese Verträge *erst mit dem Konjunktureinbruch von 1993* geschlossen worden und vorrangig eine Angelegenheit *größerer Betriebe* (mit über 500 Beschäftigten), insbesondere der Telekommunikation, Versicherung und Automobilindustrie. Waren Beschäftigungssicherungsverträge zunächst eine Reaktion auf akut drohenden Personalabbau, so werden sie heute zunehmend *auch im Kontext langfristiger Strategien, betrieblicher Umstrukturierungen und Standortentscheidungen* praktiziert.

Dieses Grundmodell der Arbeitsmarktstrukturierung wurde von *Lutz/Sengenberger* auf die Bundesrepublik Deutschland übertragen. Hierbei mußten die anders gearteten wirtschaftlichen und gesellschaftlichen Rahmenbedingungen berücksichtigt werden. Wichtigste Spezifikation war dabei das Konzept des *berufsfachlichen Arbeitsmarktes*, der eine Sonderstellung zwischen dem betriebsinternen und dem neoklassischen Jedermannsarbeitsmarkt einnimmt. Der berufsfachliche Arbeitsmarkt ist im stabilen primären Sektor der Volkswirtschaft angesiedelt und durch leichte Übergänge zwischen den internen und externen Arbeitsmärkten charakterisiert. Er wird durch das deutsche System der dualen Berufsausbildung konstituiert, da durch die anerkannten Zertifikate (Gesellen- bzw. Kaufmannsgehilfenbrief bei der Industrie- und Handelskammer) ein Wechsel zwischen den internen Arbeitsmärkten erleichtert wird.

Durch diese *Fluktuationsmöglichkeit* (Exit Option) vermindert sich nicht nur die Abhängigkeit der Arbeitnehmer von einem Arbeitgeber, sondern der Arbeitsplatzwechsel bedeutet gesamtwirtschaftlich, daß sich betriebliche Innovationen schneller verbreiten. Damit gehen von der berufsfachlichen Ausbildung in Deutschland sowohl für den einzelnen Arbeitnehmer als auch für die Gesamtwirtschaft positive Wirkungen aus. Vor diesem Hintergrund wird verständlich, daß das deutsche System der dualen Berufsausbildung in seiner Grundstruktur international vielfach für vorbildlich gehalten wird.

3.2 Makroökonomische Theorie

Bislang wurde im arbeitsmarkttheoretischen Kapitel vornehmlich die Untersuchungstechnik der Mikroanalyse angewendet. Sie hatte das Verhalten und die Entscheidungen einzelner Wirtschaftssubjekte und Gruppen zum Gegenstand und konnte zeigen, wie diese Entscheidungen auf Märkten zusammenwirken und über den Marktmechanismus gesteuert werden. Die Mikroanalyse kann jedoch nur ganz bestimmten Fragestellungen gerecht werden. Sie ist überfordert, wenn es um gesamtwirtschaftliche Probleme geht, also etwa um die Beantwortung der Frage nach der Höhe des Volkseinkommens, der gesamtwirtschaftlichen Beschäftigung und dem Preisniveaus, nach den Ursachen von Arbeitslosigkeit und Inflation und schließlich der Einbettung dieser Fragen in die Problemkreise Wachstum, Konjunktur und Verteilung. Die adäquate Untersuchungstechnik für diese Probleme ist die Makroanalyse, die sich mit *gesamtwirtschaftlichen Größen* befaßt. Da diese Größen jedoch letztlich Aggregate einzelwirtschaftlicher Komponenten sind, ist im Rahmen jeder Makroanalyse die Frage nach der mikroökonomischen Fundierung zu stellen.

Zur Erfassung der Beziehungen zwischen den gesamtwirtschaftlichen Größen werden Makrorelationen verwendet. Die Makroanalyse ist vor allem eine Totalanalyse, d.h. im Rahmen eines makroökonomischen Modells wird versucht, alle relevanten Fragen zu erörtern. In mikroökonomischen Modellen werden hingegen bewußt und explizit nur Teilaspekte untersucht (Partialanalyse) - wenn man von mikroökonomischen Totalmodellen des *Walras*-Typs einmal absieht. In der makroökonomischen Analyse rückt daher der Aspekt der *allgemeinen Interdependenz*, der wechselseitigen Abhängigkeit aller Größen voneinander, weit stärker in den Vordergrund als in mikroökonomischen Modellen. Es liegt allerdings auf der Hand, daß auch makroökonomische Modelle überfordert sind, wenn es darum geht, alle Wechselwirkungen bzw. Wirkungszusammenhänge simultan zu erfassen. Die einzelnen Modelle - wie sie im folgenden dargestellt werden - unterscheiden sich folglich voneinander vor allem dadurch, daß sie jeweils ganz bestimmte Zusammenhänge in den Vordergrund rücken und anderen eine untergeordnete Rolle zuweisen. Die darin zum Ausdruck kommende Gewichtung ist nicht zuletzt vor dem Hintergrund der wirtschaftshistorischen Situation zu sehen, in der diese Modelle konzipiert wurden. Daraus resultiert zwangsläufig eine Relativierung der einzelnen Ansätze als Erklärungsmodelle und damit letztlich auch als Entscheidungsgrundlage für wirtschaftspolitische Maßnahmen.

Aus der Vielzahl der makroökonomischen Lehrbücher zur Arbeitsmarkttheorie werden im folgenden nur zwei hervorgehoben, die im deutschen Sprachraum besondere Beachtung gefunden haben. Maßgebend für die Auswahl der Bände von *Felderer/Homburg* (1989, S. 51 - 155), *Dornbusch/Fischer* (1987, S. 1 - 106) und *Kromphardt* (1998, S. 61 - 138) ist zudem, daß beide das klassische und das keynesianische Modell weitgehend gleichberechtigt darstellen und daß sie weiterhin ausführlich die *Phillips*-Kurve diskutieren. Zusätzlich sei auf die arbeitsmarktspezifischen Ausführungen in *Brinkmann* (1981, S. 165 - 181) verwiesen. Die Entwicklung und die praktischen Erfolge beider Modelle waren bzw. sind von der jeweiligen - 'klassischen' oder 'keynesianischen' - Situation geprägt. Makroökonomische Aspekte der Beschäftigung können nur dann umfassend und adäquat dargestellt werden, wenn ausgewogen sowohl das eine als auch das andere Modell referiert wird.

3.2.1 Das Modell der Klassiker

Der Begriff 'Klassiker' ist zu verstehen als eine Personifizierung der ökonomischen Analysekonzeption und der Sicht der Wirkungszusammenhänge, wie sie in der Zeit von *David Ricardo* (1772-1823) bis ungefähr 1930 üblich war. Das Modell der Klassiker kann folglich nicht den Schriften eines bestimmten Ökonomen dieser Zeitperiode entnommen werden, noch waren alle Klassiker auf ein und dasselbe Modell fixiert. Historisch gesehen ist es daher unrichtig, von *der* klassischen Theorie oder *dem* Modell der Klassiker zu sprechen. Dennoch ist es unter dem analytischen Aspekt angebracht, den gemeinsamen Nenner in den wirtschaftswissenschaftlichen Denkansätzen dieser Zeit herauszuarbeiten und zu einem weitgehend geschlossenen Konzept zusammenzufassen, um so zu einer Kontrastierung des von *Keynes* entwickelten Alternativkonzeptes zu gelangen.

Die Klassiker waren von der Existenz eines *immanenten Gleichgewichts* der Volkswirtschaft bei Vollbeschäftigung überzeugt (Stabilität des privaten Sektors). Diese Ansicht basierte auf der Annahme vollkommen flexibler Löhne und Preise sowie der Gültigkeit des *Say*schen Theorems. Die These des französischen Ökonomen *Jean-Baptiste Say* (1767-1832): „Das Angebot schafft sich seine eigene Nachfrage" impliziert, daß es keine generelle Ungleichgewichtssituation auf den Gütermärkten geben kann. Jedem Überschußangebot auf einem Markt steht eine entsprechende Überschußnachfrage auf der Gesamtheit aller übrigen Gütermärkte gegenüber. Preis- und Mengenanpassungen führen zu einer Gleichheit von gesamtwirtschaftlichem Angebot und gesamtwirtschaftlicher Nachfrage. Die Gültigkeit des *Say*schen Theorems für eine Tauschwirtschaft liegt auf der Hand: Jedes Wirtschaftssubjekt produziert, um mit dem erstellten Produkt Güter im selben Wert einzutauschen. Es kann also lediglich gewünschte Arbeitslosigkeit, nicht aber unfreiwillige Arbeitslosigkeit geben. In einer Geldwirtschaft hingegen gilt das nur, wenn Geld alleine die Funktion eines Tauschmittels hat. Nur dann resultiert ein Gleichgewicht auf dem Geldmarkt, wie es von der neoklassischen Geldtheorie - insbesondere von der Quantitätstheorie - unterstellt wird. Das *Say*sche Theorem und die Quantitätstheorie sind komplementäre und kompatible, d. h. miteinander vereinbare Konzepte.

Im Mittelpunkt des gesamtwirtschaftlichen Modells der Klassiker steht der Arbeitsmarkt. Analog der Indikations- und Lenkungsfunktion des Preises auf dem Gütermarkt sorgt hier der Lohn - genauer der Lohnsatz - für eine quantitative Gleichheit von Angebot und Nachfrage. Dabei werden die vom Gütermarkt her bekannten - 'normalen' - Funktionsverläufe unterstellt. Mit steigendem Lohnsatz (L) erhöht sich also das Angebot des Produktionsfaktors Arbeit, die Nachfrage nach Arbeit sinkt; entsprechendes gilt bei sinkendem Lohnsatz. Die Nachfragekurve stellt die aggregierten einzelbetrieblichen Grenzwertproduktkurven dar, d. h. ihr Verlauf bestimmt sich aus der Grenzproduktivität der Arbeit und damit der Gestalt der Produktionsfunktion. Es wird also Gewinnmaximierung unterstellt. Die Flexibilität des Lohnsatzes, verbunden mit der Annahme vollkommener Konkurrenz auf dem Arbeitsmarkt, bietet die Gewähr dafür, daß ein Gleichgewicht bei Vollbeschäftigung (B_0) realisiert wird. Der Lohnsatz pendelt sich so ein, daß alle, die zum jeweiligen Lohnsatz bereit sind zu arbeiten, tatsächlich beschäftigt werden (vgl. Abbildung 3.13).

Abbildung 3.13: Klassisches Gleichgewicht bei Vollbeschäftigung

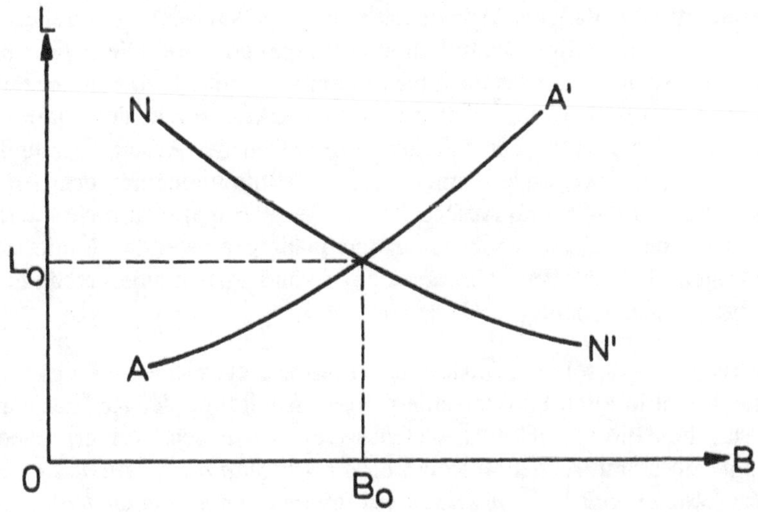

Es sei betont, daß ein *Gleichgewicht bei Vollbeschäftigung* im Sinne des obigen Modells also keineswegs impliziert, daß alle Erwerbsfähigen tatsächlich in Arbeit stehen. Das Marktmodell in der vorgestellten Version ist statisch. Die Rückwirkung von Löhnen bzw. Einkommen auf das Bevölkerungswachstum - wie etwa bei *Ricardo* - wird damit ausgeklammert, ebenso der Verlauf des Anpassungsprozesses in der Zeit. Es gilt langfristig, behauptet also eine immanente Tendenz zu einem Vollbeschäftigungsgleichgewicht auf lange Sicht. Kurzfristige Ungleichgewichtssituationen mit Arbeitslosigkeit sind nicht ausgeschlossen. Sie können z. B. die Folge von Verschiebungen in der Nachfrage- oder Produktionsstruktur bzw. der Produktionsfunktion sein. Es handelt sich dabei jedoch um vorübergehende oder freiwillige Arbeitslosigkeit.

Diese hier skizzierte gesamtwirtschaftliche Markttheorie ist, zumal wenn sie als realistische Analyse des gesamtwirtschaftlichen Arbeitsmarktes gelten soll, zahlreichen Einwänden ausgesetzt.

Die graphische Darstellung (Abbildung 3.13) zeigt, daß der Faktor Arbeit *als homogen und unbeschränkt teilbar unterstellt* wird. Im Rahmen der Marktbetrachtung kann die Teilbarkeitsannahme auch dann noch weitgehend aufrechterhalten werden, wenn der einzelne seine Arbeitszeit nicht bzw. nur in sehr engen Grenzen bestimmen kann. In diesem Fall sind Erhöhungen bzw. Verringerungen des Angebots auf Markteintritte bzw. Marktaustritte zurückzuführen.

In der Realität ist der Faktor Arbeit indes - wie die obige Darstellung der Humankapitaltheorie gezeigt hat - durch ein breites Spektrum ganz unterschiedlicher *Qualifikationen* in unterschiedlicher *räumlicher Verteilung* gekennzeichnet, so daß der Arbeitsmarkt in eine Vielzahl räumlicher Teilmärkte für die jeweilige Qualifikation aufzuspalten wäre. Die Effizienz des Lohnes als Steuerungsinstrument hängt damit wesentlich ab von der räumlichen und beruflichen Mobilität der Arbeitskräfte sowie der Markttransparenz und dem Fehlen persönlicher Präferenzen der Arbeitgeber und Arbeitnehmer. Ein weiteres Element der Unvollkommenheit des Arbeitsmarktes kommt darin zum Ausdruck, daß die Marktparteien nicht - wie unterstellt - eine Vielzahl voneinander unabhängig agierender Anbieter und Nachfrager sind, sondern Gewerkschaften und Arbeitgeberverbände einander gegenüberstehen.

Es wäre jedoch falsch, ein Modell deswegen zu verwerfen, weil dessen Annahmen nicht in allen Punkten eine getreue Abbildung der Realität darstellen. Entscheidend ist vielmehr, welches Gewicht diesen 'Verzerrungen der Realität' zukommt. Es geht also um die Frage: *Sind die im Modell erfaßten Einflußfaktoren und Wirkungszusammenhänge die entscheidenden?* Es liegt auf der Hand, daß diese Frage für ein Modell nicht ein für allemal beantwortet werden kann. Der Erklärungswert eines Modells kann also je nach der Situation, auf die man es anwendet, ganz unterschiedlich sein.

Das Modell der Klassiker beschränkt sich keineswegs auf eine Analyse des Arbeitsmarktes. Neben dem Arbeitsmarkt werden Güter-, Geld- und Wertpapiermarkt in das makroökonomische Modell einbezogen, wobei dem Gütermarkt eine untergeordnete Bedeutung zukommt. Das Angebot auf dem Gütermarkt ist bei gegebenem Kapitalstock nach Maßgabe der Produktionsfunktion von der Menge des Faktors Arbeit abhängig. Die Nachfrage nach Konsum- und Investitionsgütern ist zinsabhängig. Der Preismechanismus sorgt für ein Gleichgewicht auf diesem Markt (Angebot = Nachfrage). Auf dem Wertpapiermarkt werden über den Zinsmechanismus Investitions- und Sparpläne koordiniert. Dabei hängen Investitions- und Spartätigkeit vom Zins ab.

Das Modell der Klassiker ist in Abbildung 3.14 dargestellt, wobei der Wertpapiermarkt ausgeklammert wurde (*Ackley*, 1961; eine verwandte Darstellung findet sich in *Felderer/Homburg*, 1989, S. 86ff.). Im Mittelpunkt steht der Arbeitsmarkt, der die Bedingungen eines vollkommenen Marktes erfüllt (vgl. Abbildung 3.14 A). Hier pendelt sich der Lohn so ein, daß Vollbeschäftigung (B_o) gewährleistet ist. Die Aspekte dieses Teils des Modells wurden bereits erörtert, allerdings wird hier auf den Reallohn abgestellt, d.h. auf den durch den Preisniveaufaktor P deflationierten Nominallohn, der die tatsächliche Kaufkraft des Lohnes ausdrückt. Läge der Reallohn über dem gleichgewichtigen Reallohn $(\frac{L}{P})_o$, so entstünde ein Angebotsüberschuß an Arbeit; läge er unter diesem, so resultierte ein Nachfrageüberschuß. In beiden Fällen führt der unterstellte Wettbewerb auf dem Arbeitsmarkt über eine Veränderung der Geldlöhne (L) dazu, daß das Gleichgewicht mit dem Reallohn $(\frac{L}{P})_o$ wieder erreicht wird.

In Abbildung 3.14 B ist die gesamtwirtschaftliche Produktionsfunktion dargestellt, wobei sinkende Grenzerträge bei Konstanz des Kapitalstocks angenommen werden. Bei einer Inputmenge des Produktionsfaktors Arbeit in Höhe von B wird ein Output (= reales Sozialprodukt (Y_r)) von Y_{ro} ausgebracht.

In einem weiteren Schritt (vgl. Abbildung 3.14 C) wird nunmehr das Preisniveau und damit die Höhe des nominalen Sozialprodukts (Y) auf Grund der gegebenen Geldmenge (M_0) bestimmt. Die eingezeichnete Funktion resultiert aus der hier unterstellten Quantitätsgleichung: $Y = Y_r \cdot P = \frac{1}{k} M$ bzw. $k \cdot Y = M$. Der Kassenhaltungskoeffizient k wird als Konstante betrachtet, so daß sich bei gegebener Geldmenge M_o und bei einem (aus Abbildung 3.14 B abzuleitenden) realen Sozialprodukt in Höhe von Y_o das Preisniveau und damit auch das nominale Sozialprodukt ($Y = Y_r \cdot P$) eindeutig ermitteln lassen. Dieser Wert des nominalen Sozialprodukts (Y_o) ist auf der Ordinate abgetragen.

Die Gerade in Abbildung 3.14 D stellt den geometrischen Ort aller Relationen $(\frac{L}{P})$ von Lohnsatz (L) und Preisniveau (P) dar, die gleich $(\frac{L}{P})_o$, also gleich dem Tangens dieser Funktion sind. Die Steigung dieser Geraden, die

Relation $(\frac{L}{P})_o$, wurde aus Abbildung 3.14 A übertragen. Da das gleichgewichtige Preisniveau (P_o) aus Abbildung 3.14 C bekannt ist, läßt sich der dazugehörige gleichgewichtige Geldlohnsatz (L_o) aus Abbildung 3.14 D ablesen.

Abbildung 3.14: Das klassische Gesamtmodell

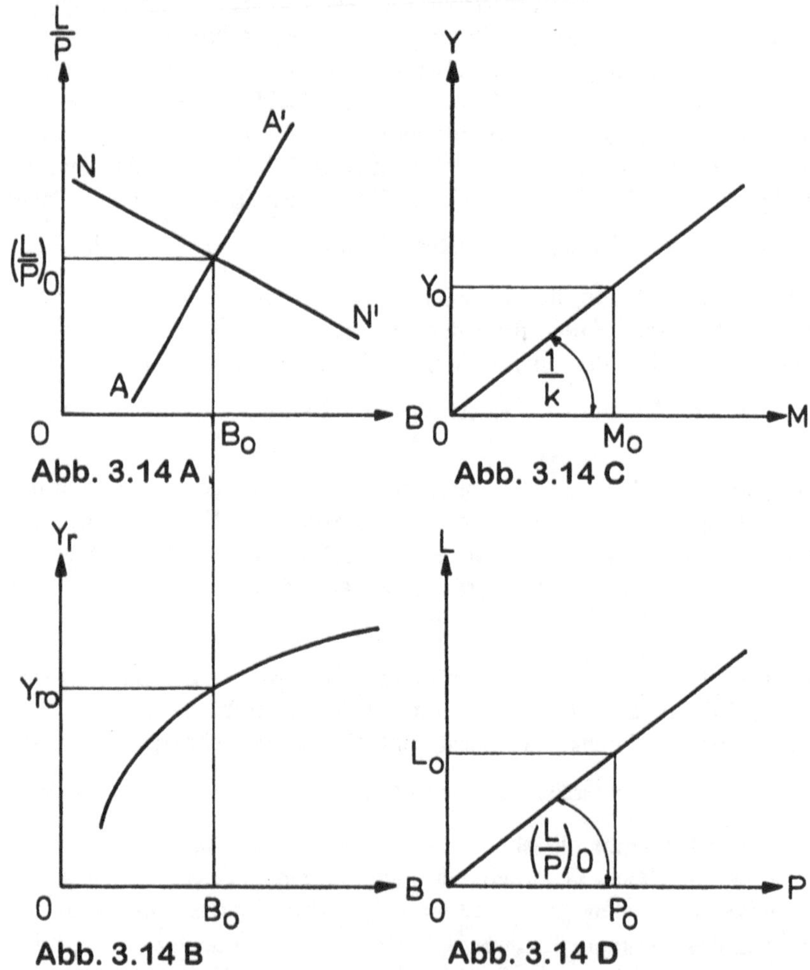

Anhand von Abbildung 3.14 lassen sich nun die Wirkungen von Parameteränderungen auf die Gleichgewichtswerte des Modells leicht ablesen. So führt z. B. eine Erhöhung des Arbeitsangebots (d.h. eine Verschiebung der Angebotsfunktion AA' nach rechts) zu einer Verringerung des Reallohns

$(\frac{L}{P})$, einer Erhöhung von Beschäftigung und realem Sozialprodukt sowie - bei gegebener Geldmenge - zu einer Senkung des Preisniveaus und des Geldlohnsatzes. Bei derartigen Parametervariationen ist zu beachten, daß die Produktionsfunktion $Y_r(B)$ und die Nachfragefunktion $\frac{L}{P}(B)$ nicht voneinander unabhängig sind. Die Nachfragefunktion stellt die aus der Produktionsfunktion abzuleitende Grenzproduktivitätsfunktion des Faktors Arbeit dar. In Abschnitt 3.1.1.2 wurde die Nachfragefunktion nach Arbeit als Grenzwertproduktkurve abgeleitet. Sie impliziert die Gewinnmaximierungsbedingung: Grenzwertprodukt = Lohnsatz.

Die Nachfrage nach Arbeit kann zum einen als abhängige Variable des Geldlohnsatzes (L), zum anderen des Reallohnsatzes $(\frac{L}{P})$ gesehen werden. Die erste Beziehung wurde in Abschnitt 3.1.1.2 verwendet. Für die zweite Beziehung gelten folgende Zusammenhänge: Das Grenzwertprodukt ist definiert als $\frac{\delta\ Y_r}{\delta\ B} \cdot P$. Um die gewünschte Beziehung $\frac{L}{P}(B)$ zu erhalten, ist der Term für das Grenzwertprodukt durch den Güterpreis (P) zu dividieren, so daß die resultierende Nachfragefunktion nunmehr als Grenzproduktivität der Arbeit $\frac{\delta\ Y_r}{\delta\ B}$ interpretiert werden muß. Die Funktion NN' (vgl. Abbildung 3.14 A) stellt also die erste Ableitung der Produktionsfunktion (vgl. Abbildung 3.14 B) dar. Veränderungen in der Produktionsfunktion müssen so zwangsläufig zu Verschiebungen der Nachfragefunktion auf dem Arbeitsmarkt führen, es sei denn, die Steigung bliebe auf jedem Punkt der Produktionsfunktion unverändert.

Probleme des Arbeitsmarktes und der Beschäftigung stellen für die Klassiker auf Grund der Annahme flexibler Löhne und der generellen Gültigkeit des *Say*schen Theorems kein zentrales volkswirtschaftliches Problem dar. Der Wettbewerb auf dem Arbeitsmarkt und die Flexibilität des Reallohns gewährleisten eine Vollbeschäftigung der Arbeitswilligen. Eine Erhöhung der Beschäftigung führt zu einer Erhöhung der Nachfrage in einem Umfang, der gewährleistet, daß die - via Produktionsfunktion - erhöhte Ausbringungsmenge (das Angebot auf dem Gütermarkt) auch tatsächlich abgesetzt werden kann (*Say*sches Theorem). Die Klassiker sahen sehr wohl, daß die Struktur des Angebots nicht zwangsläufig der Struktur der Nachfrage entsprechen muß. Die Übereinstimmung von Gesamtangebot und Gesamtnachfrage bleibt jedoch davon unberührt. Darüber hinaus sorgt nach Ansicht der Klassiker der Marktmechanismus letztlich für eine gegenseitige Anpassung in der Struktur von Angebot und Nachfrage. *Für die Klassiker stellt somit die Sicherung der Vollbeschäftigung kein vorrangiges Ziel der Wirtschaftspolitik dar. Ihr zentrales volkswirtschaftliches Problem liegt vielmehr in der*

Steuerung des Preisniveaus. Dabei erscheint ihnen - wie gezeigt wurde - ausgehend von der Quantitätstheorie die Geldmenge als geeigneter Aktionsparameter.

3.2.2 Das Modell von *Keynes*

Das makroökonomische Konzept von *John Maynard Keynes* (1883-1946) und die mit seinem Werk „The General Theory of Employment, Interest and Money" (1936) ausgelöste '*Keynes*ian Revolution' muß vor dem Hintergrund der *Weltwirtschaftskrise* (1929-1936) gesehen werden. Arbeitslosenzahlen (bzw. Arbeitslosenquoten) von 12,8 Mio. (24,9 Prozent) in den USA, 5,9 Mio. (31,0 Prozent) in Deutschland und 2,5 Mio. (19,5 Prozent) in Großbritannien im Jahre 1933 begründeten Zweifel an der von den Klassikern behaupteten immanenten Tendenz zum Vollbeschäftigungsgleichgewicht und der Funktionsfähigkeit des Lohnsatzes als Steuerungsmechanismus.

Die Kritik konzentrierte sich dabei auf die Gültigkeit des *Say*schen Theorems, das bereits von *Marx* und *Hobson* in Frage gestellt worden war. Arbeitslosigkeit konnte - aus der damaligen Situation heraus - offenkundig nicht mehr lediglich als saisonale oder konjunkturelle Friktionserscheinung gesehen werden. Für *Keynes* war nicht das Preisniveau bzw. das Inflationsproblem wie bei den Klassikern, sondern *das Beschäftigungsproblem, die Vollauslastung der Ressourcen, die zentrale Frage*. Das *Say*sche Theorem (Angebot schafft sich seine Nachfrage) kehrt sich in der Sicht von *Keynes* und der *Keynes*ianer um; sie behaupten eine Dominanz der Nachfrage.

- Ungenügende effektive Nachfrage - so *Keynes* - erzeugt Arbeitslosigkeit. Gerade zusätzliche Nachfrage nach Kapitalgütern führt zu überproportionalen Steigerungen des Volkseinkommens und damit zu Beschäftigungserhöhungen (Multiplikatoranalyse).

- Entgegen der Ansicht der Klassiker ist der Zinsmechanismus kein geeignetes Instrument der Koordination von Spar- und Investitionsplänen. Zusätzliche Ersparnis führt nicht zwangsläufig zu zusätzlicher Investitionsgüternachfrage. Konsum und Ersparnis sind nicht zins-, sondern einkommensabhängig.

- Geld wird nicht lediglich für Transaktionszwecke, wie die Klassiker behaupten, nachgefragt, sondern auch für Spekulationszwecke.

- Löhne sind nach unten weitgehend rigide. Sie erfüllen keine Selbststeuerungsfunktion auf dem Arbeitsmarkt.

- Quantität und Qualität des vorhandenen Kapitalstocks und der verfügbaren Arbeitskräfte sowie die Produktionstechnik sind als gegeben und konstant zu unterstellen. Es geht um eine kurzfristige Betrachtung, denn - so argumentierte *Keynes* pointiert - „in the long run we all are dead".

Bevor das *Keynes*sche System in seiner Gesamtheit dargestellt wird, soll der Beschäftigungsaspekt vertieft werden. Das Ausmaß der gesamtwirtschaftlichen Beschäftigung wird nach *Keynes* durch den Unternehmenssektor bestimmt. Als Verhaltensweise wird Gewinnmaximierung unterstellt, die Produktionsfunktion Y (B) weist sinkende Grenzerträge auf. Die Beschäftigungshöhe hängt über die Produktionsfunktion wesentlich von der gesamtwirtschaftlichen Nachfrage ab. Der Umfang der gesamtwirtschaftlichen Nachfrage seinerseits wird bestimmt durch die Höhe des Volkseinkommens; dieses wird - und hier schließt sich der Kreis - durch die Beschäftigung über die Produktionsfunktion determiniert. Die Tatsache, daß sinkende Löhne tendenziell die Beschäftigung erhöhen, die aufgrund verringerter Einkommen zurückgehende Nachfrage wiederum die Beschäftigung reduziert, wird durchaus gesehen. Damit stellt sich die Frage nach dem Gleichgewicht zwischen diesen interdependenten Größen. Diese komplexen Zusammenhänge werden aus den folgenden graphischen Darstellungen einsichtig. Dabei ist von folgenden Beziehungen auszugehen:

(1) $Y = C + I$ Einkommensentstehungsgleichung

(2) $Y = C + S$ Verwendungsgleichung

(3) $I = S$ Gleichgewichtsbedingung

Das Volkseinkommen (Y) entsteht aus der Produktion von Gütern für den Konsum (C) und die Nettoinvestition (I); letztere wird hier als autonom unterstellt. Das Volkseinkommen wird für Konsumausgaben (C) und Ersparnis (S) verwendet. Konsum und Ersparnis sind einkommensabhängig, das Gleichgewicht ist durch eine Gleichheit geplanter Investitionen und geplanter Ersparnisse gekennzeichnet (Ex-ante-Gleichgewicht). Die Ex-post-Gleichheit von gesamtwirtschaftlicher Nettoinvestition (I) und Ersparnis (S) ergibt sich zwangsläufig aus dem Kreislaufzusammenhang in einer geschlossenen Volkswirtschaft ohne staatliche Aktivität. Ungeplante Ersparnis schließt die mögliche Lücke zwischen geplanter Ersparnis und exogener Nettoinvestition. In Abbildung 3.15 ist die Situation eines Ex-ante-Gleichgewichts bei einem Volkseinkommen in Höhe von Y_0 gegeben. Die geplante Ersparnis (= Reinvermögensbildung) entspricht der gegebenen Nettoinvestition (= Sachvermögensbildung). Dieser Zusammenhang wird besonders klar aus Abbildung 3.15.

Die Komponenten der effektiven Nachfrage - Konsum und Nettoinvestition - schöpfen das Volkseinkommen gerade voll aus. Es gibt jedoch keine Gewähr dafür, daß dieser Wert des Volkseinkommens dem Vollbeschäftigungseinkommen entspricht. Ist das Vollbeschäftigungseinkommen mit Y_v gegeben, so stellt die Situation in Abbildung 3.15 ein Gleichgewicht bei Unterbeschäftigung dar. Die effektive Nachfrage reicht nicht aus, um den Gleichgewichtswert des Volkseinkommens auf das Vollbeschäftigungseinkommen zu fixieren. Das System besitzt im Gegensatz zum Modell der Klassiker keinen Steuerungsmechanismus, der ein Gleichgewicht bei Vollbeschäftigung garantieren würde.

Abbildung 3.15: Konsum, Ersparnis und Investition in Beziehung zum Einkommen

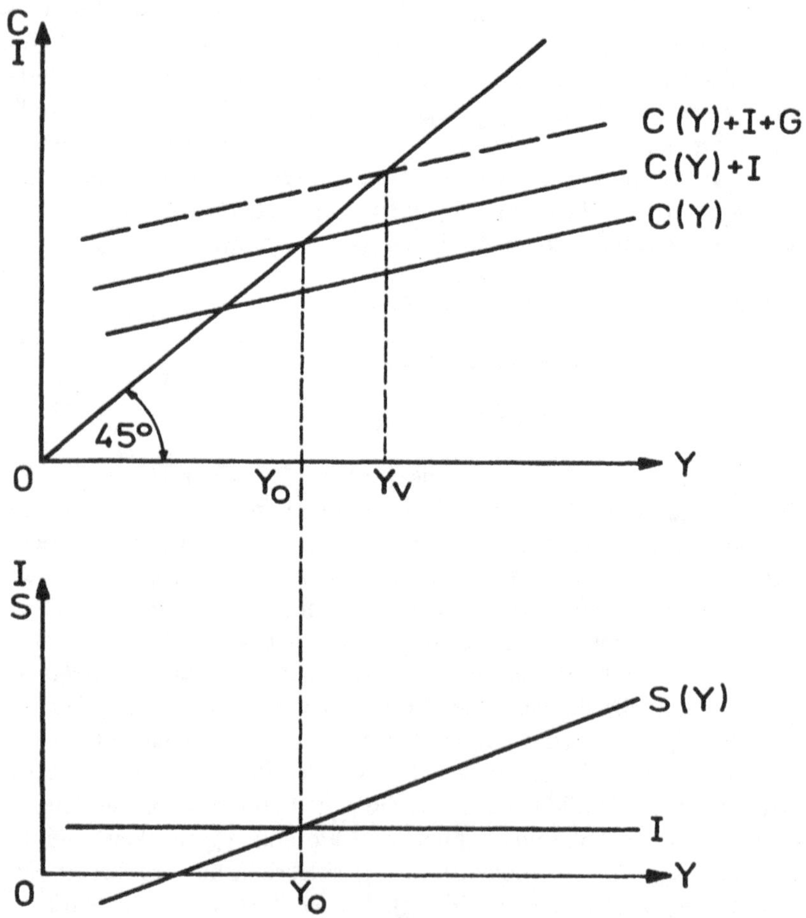

Eine *Erhöhung der effektiven Nachfrage* durch wirtschaftspolitische Maßnahmen - etwa im Rahmen der Fiskalpolitik - erscheint daher angezeigt, wenn das Ziel des Gleichgewichts bei Vollbeschäftigung realisiert werden soll. Durch Staatsausgaben (G) kann dieser Zustand erreicht werden, wie dies durch die erweiterte Einkommensentstehungsfunktion Y = C (Y) + I + G in Abbildung 3.15 deutlich wird.

Wie in Abbildung 3.16 dargestellt, könnte das aber generell auch durch eine Erhöhung der Nettoinvestition im Umfang von ΔI geschehen, wobei wir unterstellen, daß die Nettoinvestition auch in weiteren Perioden auf dem erhöhten Niveau bleibt. Das Vollbeschäftigungseinkommen Y_v wird nunmehr durch die effektive Nachfrage voll ausgeschöpft. Wie wird dieses neue Gleichgewicht erreicht? Welche Prozesse laufen ab?

Abbildung 3.16: Vollbeschäftigungseinkommen bei erhöhten Investitionen

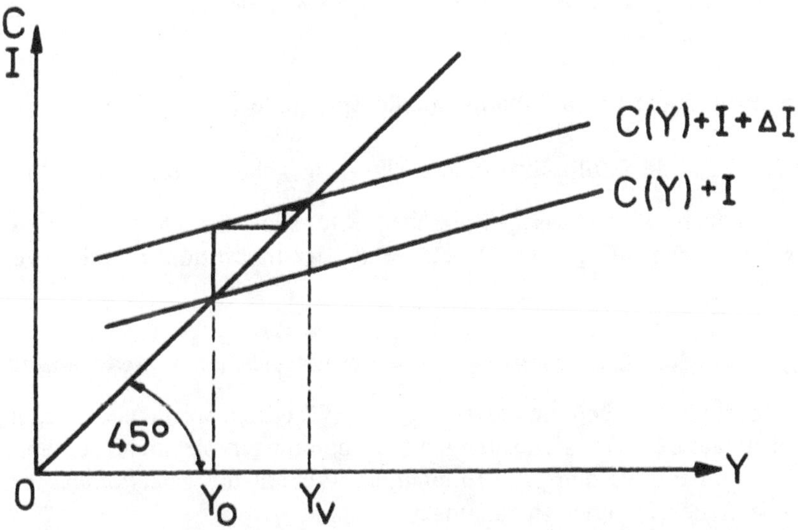

Steigt die Investitionsnachfrage, d.h. wird erhöhte Sachvermögensbildung angestrebt, so erhöhen die Produzenten im Investitionsgüterbereich ihre Ausbringungsmenge, wobei freie Kapazitäten unterstellt werden müssen. Die Beschäftigung nimmt zu. *Das Einkommen steigt in dem gleichen Umfang, um den die effektive Nachfrage zugenommen hat.* Diese Einkommenserhöhung führt nun aufgrund der Einkommensabhängigkeit der Konsumausgaben zu erhöhter Nachfrage im Konsumbereich. Wie groß diese Erhöhung ist, hängt von der *marginalen Konsumquote* ($\frac{dC}{dY}$) ab. Daraus resultiert eine erneute Einkommenserhöhung und damit eine weitere Ausweitung der Konsumnachfrage, allerdings wird diese (via marginale Konsumquote) geringer ausfallen, als die Erhöhung in der ersten Periode. Dieser Verlauf des Annäherungsprozesses an das neue Gleichgewicht im Zeitablauf ist graphisch in Abbildung 3.16 dargestellt.

Analytisch kann dieser Multiplikatorprozeß folgendermaßen beschrieben werden.

(4) $$Y = C(Y) + I = \frac{dC}{dY}Y + I$$

(5) $$\Delta Y = \frac{dC}{dY}\Delta Y + \Delta I$$

(6) $$\Delta Y = \frac{1}{1-\frac{dC}{dY}}\Delta I$$

Der Term $\left(\frac{1}{1-\frac{dC}{dY}}\right)$ wird als *Multiplikator* bezeichnet. Da sich die marginale Konsumquote (c) und die marginale Sparquote ($\frac{dS}{dY} = s$) zum Wert 1 ergänzen, kann der Multiplikator auch als $\frac{1}{s}$ angegeben werden. Der Multiplikator erlaubt also Aussagen darüber, wie sich das gleichgewichtige Volkseinkommen infolge einer Veränderung der Investitionsausgaben verändert.

Der gleiche Multiplikatorwert ($\frac{1}{1-c} = \frac{1}{s}$) ergibt sich auch, wenn anstelle der Investitionsausgaben die *Staatsausgaben* (G) erhöht werden. Im Gegensatz zu monetären Transferzahlungen (Tr) unterliegen sie nicht der Spar- bzw. Konsumentscheidung der Empfänger. Werden die Transferausgaben erhöht, so gelten folgende Bedingungen:

(7) $$Y = c \cdot Y + c \cdot Tr$$

(8) $$\Delta Y = c\Delta Y + c\Delta Tr$$

(9) $$\Delta Y = \frac{c}{1-c}\Delta Tr$$

Der Wert des *Transfermultiplikators* ($\frac{c}{1-c}$) ist niedriger als der des *Staatsausgaben- bzw. Investitionsmultiplikators* ($\frac{1}{1-c}$), da die marginale Konsumquote (c) kleiner als 1 ist. Das erklärt sich aus der Tatsache, daß Transferzahlungen im Gegensatz zu Investitions- und Staatsausgaben bereits in der ersten 'Runde' durch das Sparverhalten der Haushalte in ihrer Höhe 'gekappt' werden. Der Steuermultiplikator, der angibt, wie sich das Gleichgewichtseinkommen infolge einer permanenten Steuererhöhung verändert, hat denselben Wert wie der Transfermultiplikator; allerdings zeigt er ein negatives Vorzeichen.

Damit kann die Frage beantwortet werden, welcher Multiplikatorwert sich ergibt, wenn zusätzlich Staatsausgaben (G) durch zusätzliche Steuern (St) finanziert werden. Die Analyse dieser Fragestellung geht auf Trygve *Haavelmo* zurück (*Haavelmo*-Theorem oder balanced-budget-Theorem). Es wird also Wertgleichheit von Staatsausgaben und Steuereinnahmen bzw. deren Veränderungen (vgl. (10)) unterstellt.

(10) $\Delta G = \Delta St$

Es gilt:

(11) $\Delta Y = \frac{1}{1-c}\Delta G - \frac{c}{1-c}\Delta St$

und wegen (10):

(12) $\Delta Y = 1 \cdot \Delta G$.

Eine Erhöhung der steuerfinanzierten Staatsausgaben führt also zu einer Erhöhung des gleichgewichtigen Volkseinkommens in gleichem Umfang. Die *Rigidität der Annahmen*, insbesondere hinsichtlich der Konstanz der Verhaltensparameter, sowie die ausgesprochene Nachfrageorientierung des vorgestellten Konzeptes mahnen zur Vorsicht, wenn es um seine wirtschaftspolitische Umsetzung geht. Um weitere Wirkungszusammenhänge berücksichtigen zu können, wird nunmehr das *Keynes*sche System in seiner Gesamtheit analysiert.

Das *Keynes*sche System ist in Abbildung 3.17 dargestellt (*Ackley*, 1961; *Richter/Schlieper/Friedmann*, 1981; *Rose*, 1967). Anhand dieser Graphik soll zum einen die Funktionsweise dieses Makromodells erläutert werden, zum anderen dient es dem Nachweis, daß ein Gleichgewicht auf dem Güter- und Wertpapiermarkt mit einem Ungleichgewicht auf dem Arbeitsmarkt (Gleichgewicht bei Unterbeschäftigung) möglich ist. Zu diesem Zweck wurde in Abbildung 3.17 D - der Logik des argumentum a fortiori folgend - ein 'klassischer' Arbeitsmarkt eingeführt. Die Interdependenz aller Variablen erlaubt es, bei der Interpretation des Modells an beliebiger Stelle zu beginnen. Die durchgezogenen Linien in Abbildung 3.17 beschreiben eine Gleichgewichtssituation auf allen Märkten, die gestrichelten Linien hingegen eine Situation, in der der Arbeitsmarkt im Ungleichgewicht ist. Beginnen wir mit Abbildung 3.17 A, also der Investitionsfunktion (I(i)).

Abbildung 3.17: Das Makromodell nach Keynes

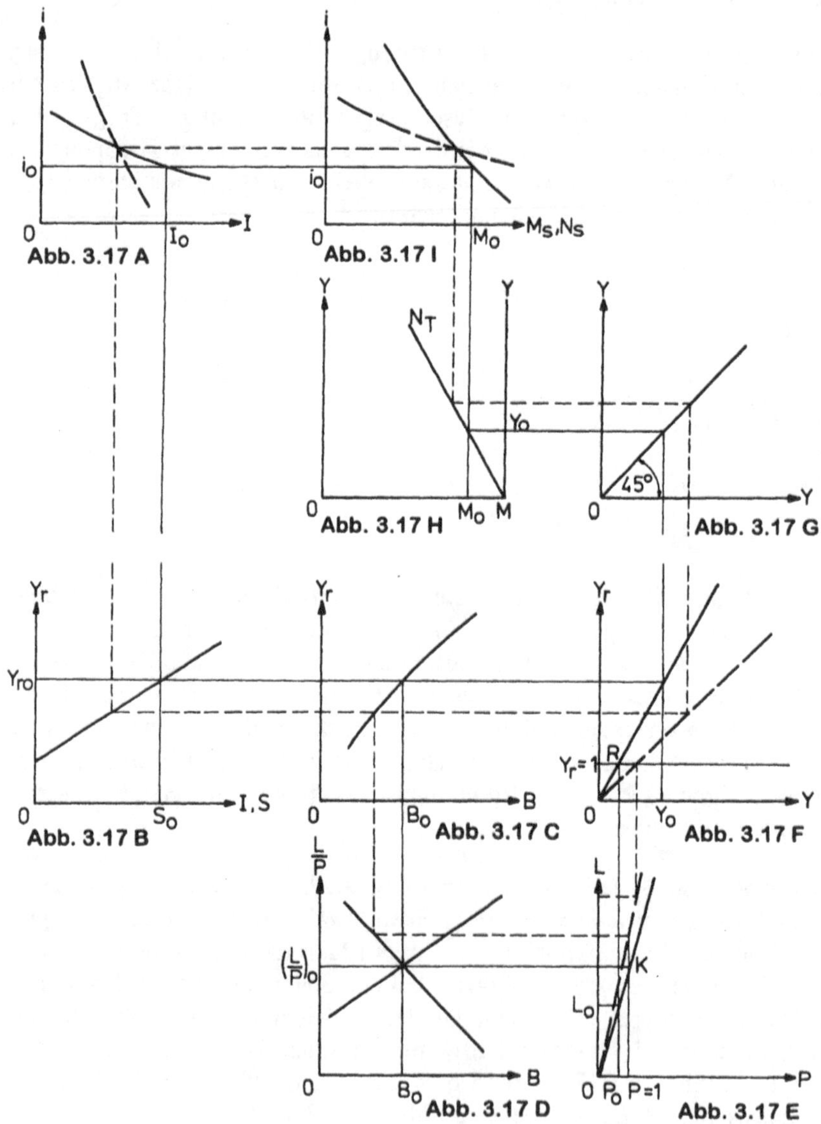

Die *Investitionsfunktion* gibt eine Antwort auf die Frage, welche Einflußfaktoren die Nachfrage nach Investitionsgütern - hier verstanden als Veränderung des Nettoanlagevermögens und des Vorratsvermögens - bestimmen und welcher Wirkungszusammenhang zwischen der abhängigen Variablen und den unabhängigen Variablen besteht. Ein sich rational verhaltender Unternehmer wird immer dann investieren, wenn die Summe der auf die Gegenwart abgezinsten Einnahmen größer ist als die Summe der auf die

Gegenwart abgezinsten Ausgaben. Nur in diesem Fall erscheint ein Investitionsprojekt gewinnbringend. Diese Entscheidungsmaxime kann noch genauer formuliert werden. Dabei geht man von folgender Fragestellung aus: Bei welchem Zinssatz ist die Summe der mit ihm diskontierten Nettoeinnahmen (Einnahmen abzüglich Ausgaben) gleich Null ? Dieser Zinssatz wird als '*interner Zinssatz*' oder '*Grenzleistungsfähigkeit des Kapitals*' (*Keynes*) bezeichnet.

Offensichtlich sind nur solche Investitionsprojekte gewinnversprechend, deren interner Zinssatz (r) über dem Marktzinssatz (i) liegt. Andernfalls würde eine Anlage der Investitionssumme auf dem Kapitalmarkt einen größeren Gewinn erbringen. Da dieser interne Zinssatz für unterschiedliche Investitionsprojekte sicherlich verschieden ist, erscheinen mit sinkendem Marktzins zusätzliche - bislang unrentable Investitionen - gewinnversprechend, so daß sich der in Abbildung 3.17 A dargestellte Verlauf der Investitionsfunktion ergibt. Dieser gilt unter der Annahme einer gegebenen Grenzleistungsfähigkeit des Kapitals. *Veränderungen in den Erwartungen* bezüglich zukünftiger Einnahmen und Ausgaben sowie den (gegenwärtigen) Ausgaben für ein Investitionsprojekt (Anschaffungskosten) *führen zu einer veränderten Grenzleistungsfähigkeit des Kapitals* und damit zu einer Veränderung der Investitionsfunktion.

Bei einem gegebenen Marktzinssatz (i_0) resultiert auf Grund der zugrundegelegten Gestalt dieser Funktion eine Nettoinvestition in Höhe von I_0. Bei Gültigkeit der Gleichgewichtsbedingungen (I = S) auf dem Gütermarkt erhält man auf Grund der in Abbildung 3.17 B dargestellten Sparfunktion (S(Y)) das dem güterwirtschaftlichen Gleichgewicht entsprechende Realeinkommen (Y_{r0}). Zur Produktion eines Output in Höhe von (Y_{r0}) ist entsprechend der in Abbildung 3.17 C dargestellten Produktionsfunktion eine Einsatzmenge von B_0 des Faktors Arbeit erforderlich.

In Abbildung 3.17 C wird unterstellt, daß das Realeinkommen, der Output, lediglich von der Einsatzmenge des Faktors Arbeit abhängt. Im Rahmen einer kurzfristigen Betrachtung werden die Einsatzmengen der übrigen Faktoren konstant gesetzt; die Produktionstechnik bleibt unverändert, technischer Fortschritt wird ausgeschlossen, ebenso der Kapazitätseffekt von Nettoinvestitionen. Im *gekrümmten Verlauf der Produktionsfunktion* kommt zum Ausdruck, daß das Grenz- und Durchschnittsprodukt der Arbeit mit zunehmender Beschäftigung sinkt. Die Grenzproduktivitätstheorie unterstellt nun, daß der Faktor Arbeit bei Gewinnmaximierung mit dem Grenzwertprodukt entlohnt wird; dabei seien aufgrund vollkommener Konkurrenz auf den Arbeitsmärkten die Produktpreise als Datum zu betrachten. Folglich gibt die Steigung der Funktion Y_r (B) am Punkt B_0 den Reallohn $(\frac{L}{P})_0$ an.

Die Abbildung 3.17 D zeigt, daß dieser Reallohn und auch die Inputmenge B_0 mit einem Gleichgewicht auf dem Arbeitsmarkt kompatibel sind. Der gleichgewichtige Reallohn beträgt $(\frac{L}{P})_0$. Die graphische Übertragung der Relation $(\frac{L}{P})_0$ in das L-P-Diagramm ist unmittelbar möglich, wenn P = 1 gesetzt wird (Parallele zur Ordinate in Abbildung 3.17 E). Der Fahrstrahl vom Ursprung durch den Punkt K stellt den geometrischen Ort aller Verhältnisse von L und P dar, die der Bedingung $\frac{L}{P} = (\frac{L}{P})_0$ genügen. Bei gegebenem Geldlohn in Höhe von L_0 läßt sich aus Abbildung 3.17 E das dazugehörige Preisniveau P_0 ablesen.

Mit Hilfe des gleichen Übertragungsalgorithmus kann nunmehr der Preis aus Abbildung 3.17 E in Abbildung 3.17 F übertragen werden. Folgende Beziehung gilt: $Y_r \cdot P = Y$. Wird $Y_r = 1$ gesetzt, so kann diese Übertragung unmittelbar auf die Abszisse (Y) vorgenommen werden. Der Fahrstrahl OR mit der Steigung $(\frac{1}{P_0})_0$ kann nunmehr dazu dienen, das aus Abbildung 3.17 C abzulesende reale Sozialprodukt mit dem Preisniveau zu bewerten und in das nominale Sozialprodukt zu überführen.

Abbildung 3.17 G dient lediglich der Übertragung des nominalen Sozialprodukts aus Abbildung 3.17 F in Abbildung 3.17 H. In dieser Abbildung ist auf der Abszisse die gesamte gegebene Geldmenge in Höhe von OM abgetragen, die in der *Transaktionskasse* gehaltene Geldmenge wird vom Punkt M nach links abgetragen. Die Funktion N_T (Y) gibt die Nachfrage nach Geld für Transaktionszwecke in Abhängigkeit vom nominalen Sozialprodukt wieder; beträgt dieses Y_0, so wird der Teil MM_0 der gesamten Geldmenge MO als Transaktionskasse, der Teil M_0O als *Spekulationskasse* gehalten. In Abbildung 3.17 I ist die Nachfrage nach Spekulationskasse $N_S(i)$ in Abhängigkeit vom Zinssatz dargestellt. Überträgt man die Nachfrage nach Spekulationskasse in Höhe von OM_0 in dieses Diagramm, so zeigt die Funktion, daß diese mit dem Zinssatz i_0 kompatibel ist. Dieser muß wiederum, da es in diesem makroökonomischen System nur einen Zinssatz geben kann, gleich dem für die Investitionsnachfrage zugrunde gelegten Zinssatz in Abbildung 3.17 A sein. Da das in unserer Abbildung der Fall ist, befindet sich das Gesamtsystem im Gleichgewicht.

Eine andere Situation wird durch die gestrichelte Verbindungslinie der einzelnen Abbildungen beschrieben. Hierbei befinden sich der Güter- und Wertpapiermarkt, nicht aber der Arbeitsmarkt im Gleichgewicht. Aus Abbildung 3.17 D ist ersichtlich, daß dort ein Angebotsüberschuß, also Unterbeschäftigung besteht. Die Graphik zeigt nun zweierlei: Zum einen liefert sie den Nachweis dafür, daß eine Situation des 'Gleichgewichts (des Güter-

und Wertpapiermarktes) bei Unterbeschäftigung' möglich ist, es sei denn, eine Senkung des Reallohns auf $(\frac{L}{P})_0$ tritt ein. Die Vollbeschäftigung wird jedoch auch dann nicht realisiert, wenn die N_S-Funktion sehr flach bzw. die Investitionsfunktion sehr steil verläuft (vgl. gepunktete Funktionsverläufe in Abbildung 3.17 I und Abbildung 3.17 A). In diesem Fall - der sogenannten 'Liquiditätsfalle' - kann der Zinssatz niemals auf den Wert i_0 absinken, der eine Vollbeschäftigung gewährleistet. Flexible Löhne erscheinen somit als ein problematischer Steuerungsmechanismus zur Sicherung der Vollbeschäftigung.

Zusammenfassend sei festgehalten: Da alle Variablen in diesem System interdependent sind, werden sie simultan bestimmt. Der Zins bildet sich als Gleichgewichtspreis auf dem Geldmarkt aus dem Zusammentreffen von realer Kassenhaltungsnachfrage und realem Geldangebot. Er bestimmt wiederum die Investitionsnachfrage, die zusammen mit der Konsumnachfrage als Komponenten der effektiven Nachfrage das Gleichgewichtseinkommen determiniert. Dieses bestimmt über die Produktionsfunktion die Höhe der Nachfrage nach Arbeit und via Reallohn (bei fixem Geldlohn nach unten) das Preisniveau. Das Preisniveau steht schließlich über das Geldangebot und die Geldnachfrage mit dem Zins in Verbindung. *Im Gegensatz zu den Klassikern betrachten die Keynesianer den Lohnsatz nicht als geeignetes Selbststeuerungsinstrument zur Sicherung der Vollbeschäftigung.* Ihnen erscheint vielmehr eine Steuerung der Nachfrage (etwa im Rahmen der Fiskalpolitik) als effizientes Instrument der Beschäftigungspolitik (income-expenditure approach). Der *Keynes*sche Ansatz ist vornehmlich als *Theorie der Unterbeschäftigung* konzipiert, das Modell der Klassiker ist in erster Linie eine *Theorie der Inflation.* Damit ist die Frage nach der Beziehung zwischen Inflation und Unterbeschäftigung, d.h. Arbeitslosigkeit gestellt. Sie stellt die zentrale Problemstellung des Konzepts der *Phillips*-Kurve dar.

3.2.3 Die Diskussion um die *Phillips*-Kurve

Der Begriff der *Phillips*-Kurve wird zur Beschreibung unterschiedlicher funktionaler Zusammenhänge verwendet, nämlich zwischen (*Woll*, 1975; *Maneval*, 1973):

(1) der Änderungsrate der Nominallöhne und der Arbeitslosenrate (*ursprüngliche Phillips*-Kurve),

(2) der Änderungsrate des Preisniveaus und der Arbeitslosenquote (*modifizierte Phillips*-Kurve in *statischer* Sicht),

(3) der Änderungsrate der Preisniveauänderung und der Arbeitslosenquote (*modifizierte Phillips*-Kurve in *dynamischer* Sicht oder Akzelerationstheorie).

Die *Phillips*-Kurve ist zu verstehen als graphische Darstellung des Funktionsverlaufs dieser drei Beziehungen. Sie ist jeweils das Ergebnis einer Zeitreihenanalyse. Dabei stellt die Arbeitslosenrate die unabhängige Variable dar.

Die von *A. W. Phillips* 1958 vorgelegte empirische Untersuchung überprüfte für den Zeitraum 1861-1957 die Hypothese, daß zwischen der Änderungsrate der Nominallöhne L(i) und der Arbeitslosenquote L(A) Großbritanniens ein signifikanter Zusammenhang besteht (vgl. Abbildung 3.18). Als Schätzgleichung wurde verwendet:

$$\frac{\Delta L}{L}\cdot 100 + e = a(A \cdot 100)^{b},$$

wobei L das Nominallohnniveau, e die Irrtumsgröße, a und b Schätzparameter und A die Arbeitslosenquote darstellen. Der aufgrund von Regressionsgleichungen gefundene Funktionszusammenhang legt folgende Interpretation nahe: Je geringer die Arbeitslosenquote, d.h. je stärker der Nachfragesog auf dem Arbeitsmarkt im beobachteten Zeitraum war, desto größere Lohnsteigerungen ließen sich realisieren. Der Durchgang durch die Abszisse besagt, daß es - ex post betrachtet - eine bestimmte Höhe der Arbeitslosenquote (wieder für den Beobachtungszeitraum) gab, bei der keine Nominallohnerhöhungen auftreten.

Abbildung 3.18: Die Phillips-Kurve

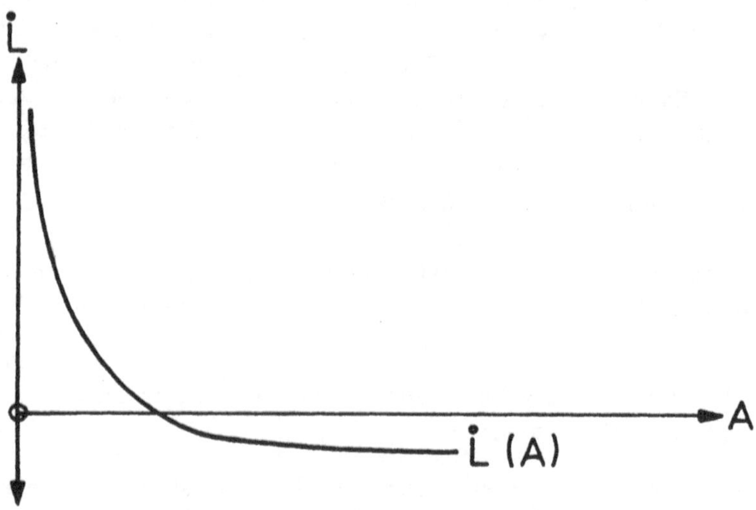

Damit sind die *zentralen Merkmale der Phillips-Kurve* ihre negative Steigung, ihre hyperbolische Form und der Abszissenabschnitt bei ca. 6 Prozent Arbeitslosenquote (*Felderer/Homburg*, 1989, S. 263ff.). Stabile Nominallöhne werden sich - die historischen Daten vorausgesetzt und in einem kausalen Zusammenhang interpretiert - somit bei einer Arbeitslosenquote von ca. 6 Prozent einstellen. Bei geringerer Arbeitslosigkeit (unabhängige Variable) steigen die Nominallöhne, bei höherer Arbeitslosigkeit sinken sie. Indem man nun zwischen Nominallohnsteigerung und Arbeitslosenquote unmittelbar einen funktionalen, kausalen Zusammenhang vermutet, schien es, daß geringere Nominallohnerhöhungen mit höheren Arbeitslosenquoten *'erkauft'* wurden. Zwischen beiden Größen wurde daher ein *trade-off* konstatiert.

Im Rahmen einer theoretischen Fundierung wird die originäre *Phillips*-Kurve als Ausdruck der Funktionsweise des Arbeitsmarktes verstanden. Als Begründungen für die Gestalt der originären *Phillips*-Kurve werden genannt: Überschußnachfragetheorien unter der Annahme unvollkommener, aber auch vollkommener Konkurrenz, unter Einbeziehung friktioneller Arbeitslosigkeit, Bargaining-Theorien bzw. gewerkschaftliche Lohnpolitik und mikroökonomische Theorien.

Der langfristig stabile Zusammenhang der originären *Phillips*-Kurve hätte an sich wenig Beachtung gefunden, wenn nicht *Samuelson* und *Solow* im Jahr 1960 die Änderungsrate der Nominallöhne durch die Änderungsrate des Preisniveaus ersetzt hätten. Auch die solchermaßen *modifizierte Phillips-Kurve in statischer Sicht* ergab ein ähnliches Bild, d.h. einen hyperbolischen Verlauf mit einem Abszissenabschnitt bei 5,5 Prozent Arbeitslosenquote.

Die modifizierte *Phillips*-Kurve verwendet somit die Änderungsrate des Preisniveaus als abhängige Variable. Die Änderungsrate der Nominallöhne ist mit der Änderungsrate des Preisniveaus über die mark-up-Hypothese verbunden, d. h. die Preise stellen ein konstantes Vielfaches der um die Arbeitsproduktivität bereinigten Lohnkosten dar. Somit ist eine Transformation der einen in die andere Funktion möglich, wobei als theoretische Fundierung der Mechanismus einer Kostendruckinflation zugrunde gelegt wird.

Die modifizierte *Phillips*-Kurve liefert *wirtschaftspolitisch höchst interessante Aussagen* darüber, welche Wertekombinationen der grundsätzlich konkurrierenden Zielsetzungen Preisniveaustabilität und Vollbeschäftigung realisierbar sind bzw. im Untersuchungszeitraum realisierbar waren. Das für die Wirtschaftspolitik entscheidende Problem liegt darin, ob die *Phillips*-Kurve im Zeitablauf stabil ist; nur dann kann sie als Entscheidungsgrundlage dienen. *Ist sie stabil, dann können die Träger der Wirtschaftspolitik 'wählen', welche Kombination von Inflation und Arbeitslosigkeit ihren Zielen am besten entspricht*, ob sie also im Zweifel ein Mehr an Inflation oder aber ein Mehr an Arbeitslosigkeit hinzunehmen bereit sind. Die Wahl zwischen beiden ähnelt einem wirtschaftspolitischen Nullsummenspiel.

Akzeptiert man die Kausalität der mark-up-pricing-Hypothese im Zusammenhang mit der modifizierten *Phillips*-Kurve, so ergeben sich zudem zwei Ansatzpunkte für eine Antiinflationspolitik: zum einen das Aufschlagskalkulationsverhalten der Unternehmer, zum anderen die Lohnverhandlungen der Tarifparteien. Lohnerhöhungen dürften nicht über die Höhe des Produktivitätsfortschritts hinausgehen. Die Tarifparteien trügen im wesentlichen die Verantwortung für Inflation bzw. Arbeitslosigkeit.

Die *modifizierte Phillips-Kurve in dynamischer Sicht* bezieht schließlich den Einfluß von *Inflationserwartungen* ein. Auf der Ordinate steht die Änderungsrate der Preisniveauänderung, auf der Abszisse die Arbeitslosenquote. Die Einbeziehung von Erwartungen stellt einerseits ein destabilisierendes Element für die *Phillips*-Kurve dar, liefert andererseits aber bessere Ergebnisse bei empirischen Überprüfungen. Unter diesem Aspekt stellt die *Beeinflussung von Erwartungen*, soweit eine solche möglich ist, ein weiteres wirtschaftspolitisches Instrument dar. Das grundlegende Problem bleibt jedoch die Frage, inwieweit die Lage und Gestalt der *Phillips*-Kurve verändert werden kann. Damit ist die Frage nach den Bestimmungsfaktoren der Form dieser Kurve erneut gestellt.

Es ist zu beachten, daß hinter der *Phillips*-Kurve eine *Vielzahl komplexer gesamtwirtschaftlicher Wirkungsmechanismen* steht. Inflation und Arbeitslosigkeit sind Phänomene, die in gleicher Weise den Geld-, Güter- und Arbeitsmarkt tangieren. Die *Phillips*-Kurve (als Ergebnis einer Zeitreihenanalyse) stellt lediglich als eine Sequenz von Momentaufnahmen jeweils auftretende Werte für Inflation und Arbeitslosigkeit einander gegenüber. Die Verwendung der *Phillips*-Kurve für wirtschaftspolitische Entscheidungen und die Bestrebungen, diese Kurve zu verändern, kommen an einer Berücksichtigung der gesamtwirtschaftlichen Wirkungszusammenhänge nicht vorbei.

Insbesondere stellt sich die bereits oben angesprochene Frage, ob es sich bei der *Phillips*-Kurve um eine stabile Beziehung handelt, d.h. ob der unterstellte Zielkonflikt in jeder wirtschaftspolitischen Entscheidungssituation tatsächlich und notwendigerweise in gleichem Umfang gegeben ist. Abbildung 3.19 läßt Zweifel an der Allgemeingültigkeit des Zusammenhangs aufkommen. Sie zeigt die *Phillips*-Kurve für die Bundesrepublik Deutschland seit Mitte der sechziger Jahre. Ihr Verlauf deckt sich im wesentlichen mit der Kurve für alle Mitgliedsländer der EU, unterscheidet sich jedoch deutlich von der Entwicklung etwa in den USA und Schweden (*Lindbeck*, 1993, S. 139ff.; *Kromphardt*, 1998, S. 188ff.).

Spätestens in den siebziger Jahren war das empirische Faktum der *Stagflation* nicht mehr von der Hand zu weisen. Das gleichzeitige Auftreten von Inflation und Arbeitslosigkeit widerspricht der Annahme einer Stabilität der *Phillips*-Kurve. Stattdessen ist nun eine *Rechtsverschiebung* der Phillipskurve anzunehmen. Eine derart langfristig instabile *Phillips*-Kurve ist offenkundig wirtschaftspolitisch gehaltlos, wie *Friedman*, *Phelps* u.a. betonen. Da der Zusammenhang nur kurzfristig relevant ist, gibt es keinen dauerhaften trade-off zwischen Inflation und Arbeitslosigkeit und die langfristige *Phillips*-Kurve verläuft realiter *senkrecht*.

Abbildung 3.19: Rechtsverschiebung der Phillips-Kurve für die Bundesrepublik Deutschland 1965 bis 1997

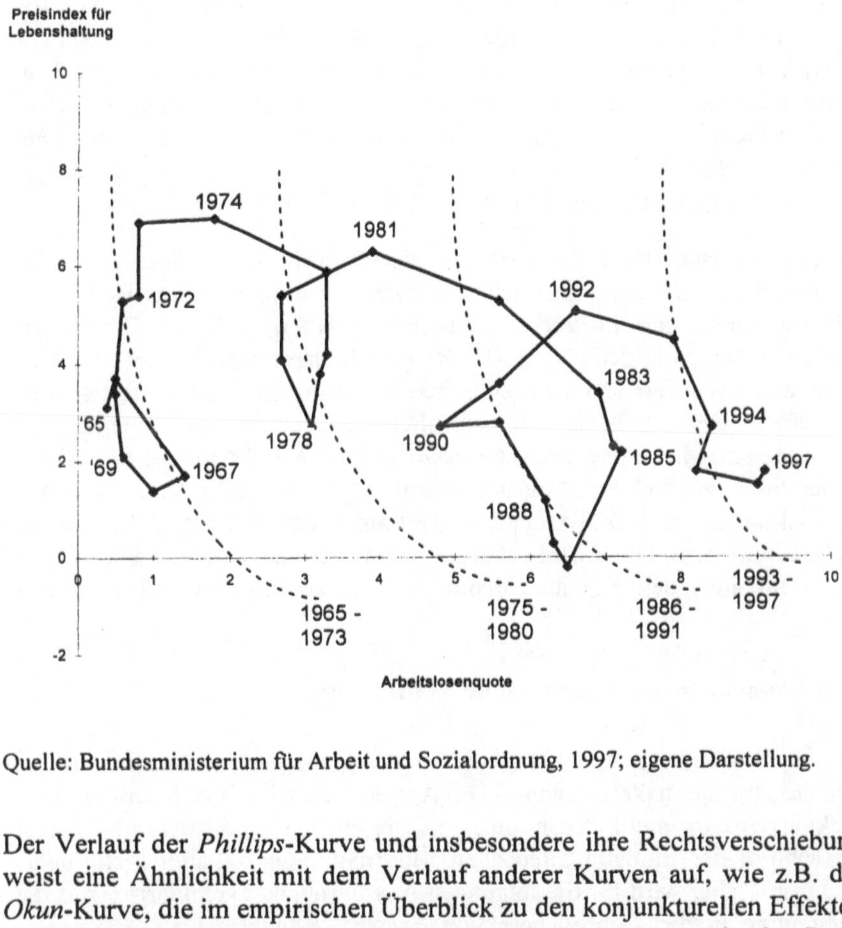

Quelle: Bundesministerium für Arbeit und Sozialordnung, 1997; eigene Darstellung.

Der Verlauf der *Phillips*-Kurve und insbesondere ihre Rechtsverschiebung weist eine Ähnlichkeit mit dem Verlauf anderer Kurven auf, wie z.B. der *Okun*-Kurve, die im empirischen Überblick zu den konjunkturellen Effekten auf dem Arbeitsmarkt erläutert wurde (Abschnitt 1.3.2), sowie der *Beveridge*-Kurve, die Auskunft über das Verhältnis von Arbeitslosenquote und offenen Stellen gibt (Abschnitt 2.3.1.1). Diese Ähnlichkeit erklärt sich dadurch, daß bei allen Kurven die Arbeitslosenquote als unabhängige Variable abgetragen wird und daß seit Anfang der sechziger Jahre in der Bundesrepublik ein stufenweises Ansteigen der Arbeitslosenquote zu beobachten ist.

Auch die *Phillips*-Kurve zieht somit 'Schleifen', was ihre Anschaulichkeit erheblich vermindert. Erst wenn man näherungsweise für die einzelnen Niveaus der Arbeitslosigkeit verschiedene, rechtsverschobene *Phillips*-Kurven einzeichnet, kann man jeweils für einen Zeitraum von etwa sechs Jahren den Zusammenhang zwischen Arbeitslosenquote und Inflationsrate recht gut abbilden. recht gut abbilden. Die '*Phillips*-Schleifen' sind Folge eines typischen Verlaufs von Preis- und Mengenreaktionen, die von einer restriktiven Politik ausgelöst werden (*Kromphardt*, 1998, S. 190). Je nach Länge und Stärke der Reaktionen kann eine Schleife wieder auf den Ausgangspunkt zurückführen oder aber ihren Endpunkt bei einer anderen Kombination von Arbeitslosenquote und Inflationsrate finden. Zur theoretischen Rekonstruktion der Schleifen wurden umfangreiche und verläßliche Modelle entwickelt, die heute eine ökonometrisch erhärtete Interpretation der Vorgänge erlauben (*Landmann/Jerger*, 1999, S. 88 - 115). Sie zeigen für die Bundesrepublik, daß die NAIRU angestiegen ist, die im Konzept der *Phillips*-Kurve eigentlich nur die Rolle einer nicht weiter hinterfragten exogenen Variable spielt (vgl. Abschnitte 2.3.1.2 und 3.4).

Für die praktische Politik läßt sich aus der Empirie der *Phillips*-Kurve das Fazit ziehen, daß kein einheitlicher, stabiler Zusammenhang zwischen Arbeitslosenquote und Inflationsrate besteht, sondern daß die Gefahr der Rechtsverschiebung der *Phillips*-Kurve gerade dann droht, wenn man versucht, auf einem ihrer Niveaus zwischen Arbeitslosigkeit und Inflationsrate zu wählen. Der durch sie veranschaulichte Zusammenhang scheint zwar grundsätzlich - im Sinne einer *wirtschaftspolitisch unberührten Situation* - zu bestehen, was sich im übrigen auch mit den Ergebnissen der empirischen Konjunkturtheorie deckt (Arbeitslosigkeit als Präsenzindikator, Preisniveau als Spätindikator). Die *Phillips*-Kurve scheint sich jedoch dann zu verschieben, wenn man den Zusammenhang politisch zu instrumentalisieren versucht.

3.2.4 Die neue makroökonomische Kontroverse

Wie bereits für den mikroökonomischen Teil praktiziert, werden im folgenden auch für die makroökonomischen Aspekte die wichtigsten neueren Entwicklungen dargestellt. Auch hierzu ist die einschlägige Literatur - zumal hinsichtlich der modelltheoretischen Modifikationen - kaum mehr überschaubar. Daher wird für die folgenden Ausführungen exemplarisch auf die Darstellung in den Lehrbüchern von *Felderer/Homburg* (1989), *Samuelson/Nordhaus* (1987), *Kromphardt* (1998) sowie auf Beiträge in dem Sammelband von *Buttler/Kühl/Rahmann* (1985) verwiesen. Für einen kurzen Überblick zur intensive diskutierten Frage der Konvergenz neoklassischer und keynesianischer Theorieelemente ist zudem die Darstellung von *Landmann/Jerger* (1999) sowie der Aufsatz von *Bohnet/Schratzenstaller* (1998) weiterführend.

In der englischsprachigen Literatur finden sich in den letzten Jahren wieder häufiger Darstellungen, in denen die makroökonomische Kontroverse als Streit zwischen zwei grundsätzlich gleichberechtigten Schulen zur Erklärung von Arbeitslosigkeit dargestellt wird (vgl. etwa das Lehrbuch von *Snodow/Vane/Wynarczyk*, 1994). Im Kern handelt die neue makroökonomische Kontroverse vom Streit zur besseren Theorie der Arbeitslosigkeit (*Smith*, 1994, S. 200 - 232), d.h. es konkurrieren auch heute zwei Schulen um ihre abschließende Erklärung.

In der neuen makroökonomischen Kontroverse stehen sich die *neue klassische Makroökonomik* auf der einen Seite und der *modifiziert keynesianische Ansatz* auf der anderen Seite gegenüber. Die beiden rivalisierenden Schulen lassen sich durch ihre Kombination von Hypothesen zu einigen zentralen Aspekten charakterisieren. Im Mittelpunkt des arbeitsökonomischen Interesses steht die Frage, ob eine Stabilisierung von konjunkturellen Lagen insbesondere auf dem Arbeitsmarkt nach Ansicht der beiden Schulen möglich und wünschenswert ist.

Verständlicherweise drängt die Öffentlichkeit darauf, daß die Wirtschaftswissenschaft in dieser Frage möglichst eindeutige Wege zur Überwindung der Arbeitslosigkeit aufweist. Angesichts der drückenden Probleme wird der Schulenstreit in der makroökonomischen Kontroverse als kontraproduktiv empfunden. Diese Befrachtung der theoretischen Diskussion mit Fragen der Politikrelevanz hat die Heftigkeit der Auseinandersetzung und die Lagerbildung innerhalb der Wissenschaft verstärkt. Denn es macht einen fundamentalen Unterschied, ob man theoretisch annimmt, daß langfristig ein generelles Gleichgewicht durch flexible Güter- und Faktorpreise eintritt oder ob man unterstellt, daß persistente Mengenbeschränkungen auftreten können, die ihrerseits multiplikative Spillover-Effekte zwischen den Märkten auslösen. Im ersten Fall lautet die Politikempfehlung, die Märkte weitgehend zu deregulieren, im zweiten Fall hingegen, die Märkte durch staatliche Intervention in ihrer Wirkungsweise zu unterstützen.

Die Darstellung der neuen makroökonomischen Kontroverse folgt am besten ihrer *historischen Entwicklung*, die - grob skizziert - davon gekennzeichnet ist, daß zunächst das Grundmodell der neoklassischen Synthese durch die Vertreter des Monetarismus und der neuen klassischen Makroökonomik in Frage gestellt wurde. Darauf wiederum reagierten die keynesianisch orientierten Ökonomen mit der Entwicklung der neuen keynesianischen Makroökonomik. Im Zuge dieser Fortentwicklungen hat sich ein *breites Spektrum an Positionen* herausgebildet, in dem sich in einigen Fragen eine Annäherung abzeichnet, in anderen hingegen eine Polarisierung der Positionen vorherrscht. Da sich beide Schulen in raschen Schritten über die einfachen Grundmodelle hinaus entwickelt haben, können im folgenden nur einige Schlaglichter auf die neue makroökonomische Kontroverse geworfen werden.

Die *neoklassische Synthese* kann als Ausgangspunkt der neuen makroökonomischen Kontroverse herausgestellt werden. Sie ist als Versuch der Integration klassischer und keynesianischer Ansätze in die ökonomische Literatur eingegangen. Grundgedanke der neoklassischen Synthese ist die Weiterentwicklung von *Keynes'* 'General Theory', wie sie durch *Hansen, Haavelmo, Hicks, Klein, Modigliani, Patinkin, Pigout, Samuelson, Tobin* und andere betrieben wurde und in den fünfziger und sechziger Jahren vorherrschende Theorie der Makroökonomik war. In ihrem Mittelpunkt stehen die Konzepte der effektiven Nachfrage nach Konsum- und Investitionsgütern, der Multiplikator- und Akzeleratoreffekt sowie der Ablauf von Anpassungsprozessen bei monetären Störungen durch den Realkassen- und Portfolioeffekt. Das Zusammenwirken dieser Effekte wird als Grundlage für die Theorie einer Volkswirtschaft gesehen, deren Märkte zwar grundsätzlich zu einem Gleichgewicht tendieren, in der es indes immer auch die Gefahr von nicht markträumenden Konstellationen gibt. Letztere können grundsätzlich durch fiskalpolitische Interventionen überwunden werden. In der praktischen Umsetzung trat die Geldwertstabilität in den Hintergrund des Interesses. Das Ziel der Geldpolitik wurde auf die Gewährleistung niedriger Zinsen reduziert, wovon man sich eine Verminderung der Staatsschulden und eine Stimulierung der Investitionsnachfrage versprach.

Als eigentlicher Startpunkt der neuen makroökonomischen Kontroverse wird dann meist die Formulierung der *neuen klassischen Makroökonomik* angesehen, die wiederum mit dem Monetarismus - und seinem Hauptvertreter *Friedman* - begann. Mit dem *Monetarismus* wurde die wohl bedeutsamste Gegenposition zur neoklassischen Synthese und der Vernachlässigung der Geldwertstabilität formuliert. Im deutlichen, programmatischen Gegensatz zur neoklassischen Synthese stellen die Monetaristen die Bekämpfung der Inflation in den Mittelpunkt ihrer Überlegungen.

Die Kritik der Monetaristen entzündet sich an der in den sechziger Jahren empirisch zu beobachtenden Preis-Lohn-Dynamik, mit der ein Ansteigen der Arbeitslosigkeit einherging. Deutlich sichtbar setzte eine *Rechtsverschiebung* der *Phillips*-Kurve ein (vgl. Abschnitt 3.2.3), was ihre praktische Relevanz für die Politikberatung entscheidend schwächte. Es wird nun mehrheitlich vermutet, daß der *Phillips*-Kurven-Zusammenhang nur ex post gilt, nicht jedoch ex ante als Instrument zur Bekämpfung der Arbeitslosigkeit eingesetzt werden kann. Versucht man dies doch, dann löst sich der obige Zusammenhang auf und es kommt zur Rechtsverschiebung der Kurve, d.h. jeder Arbeitslosenquote steht nun eine höhere Inflationsrate gegenüber.

Der langfristig gescheiterten Hoffnung auf die *Phillips*-Kurve setzen die Monetaristen die Behauptung entgegen, daß es unter den gegebenen institutionellen und strukturellen Bedingungen eine *'natürliche' Rate der Arbeitslosigkeit* gibt. Langfristig ist die Arbeitslosenquote unabhängig von der Inflationsrate und verläuft daher *senkrecht*. Die vormals als keynesianischer Geniestreich gefeierte kreditfinanzierte Fiskalpolitik bewirkt nach Ansicht der Monetaristen nicht mehr als ein totales Crowding-Out. Aus der Behauptung, daß geld- und fiskalpolitische Maßnahmen allenfalls kurzfristig zur Überwindung externer Schocks wirksam sein können, folgt die Empfehlung an die Politik, sich auf die Gewährleistung von Preisniveaustabilität, geringen Lohnsteigerungen und flexibler Lohn- und Preisbildung zu konzentrieren.

Diese Position der Monetaristen wurde von Vertretern der neuen klassischen Makroökonomik im engeren Sinne - wie *Lucas* und *Sargent* - radikalisiert und theoretisch weiter ausgearbeitet. Die neue klassische Makroökonomik läßt sich auf zwei Grundthesen zurückführen, erstens die *These ständiger Räumung aller Märkte* und zweitens das *Theorem der rationalen Erwartungen*. Demnach tendieren die Märkte generell zur Überwindung von Rationierungskonstellationen, d.h. zur Markträumung im Gleichgewicht. Wenn dennoch das gleichgewichtige gesamtwirtschaftliche Aktivitätsniveau in einer speziellen konjunkturellen Situation verfehlt wird, so ist dies darin begründet, daß die Märkte nicht sofort und kostenlos alle erwartungsrelevanten Informationen liefern. Es können somit Erwartungsirrtümer auftreten. Rationale Akteure werden auch ihre Erwartungen rational bilden und nur solange in die Informationsbeschaffung investieren, wie daraus ein Netto-Nutzenzuwachs resultiert.

Tritt nun eine Störung der gesamtwirtschaftlichen Situation ein, so besteht kurzfristig Unklarheit darüber, ob diese Störung eine systematische, permanente Datenänderung reflektiert oder ob diese Störung nur einen transitorischen Effekt hat. Im ersten Fall werden die Wirtschaftssubjekte zu einer adaptiven Korrektur ihrer rationalen Erwartungen übergehen und ihre Pläne korrigieren, im zweiten Fall hingegen werden sie ihre Pläne unverändert lassen. Nach einer transitorischen Störung wird sich daher bald das alte Gleichgewicht wieder einstellen. Da die Wirtschaftssubjekte lernfähig sind, ist es äußerst unwahrscheinlich, daß Erwartungsirrtümer dauerhaft und systematisch auftreten.

Nur dann, wenn der Staat einen Informations- und Reaktionsvorsprung gegenüber den Marktkräften hätte, könnten Stabilisierungseffekte durch staatliche Interventionen erzielt werden. Daher sind nach Ansicht von Vertretern der neuen klassischen Makroökonomik die Handlungsmöglichkeiten des Staates gemäß des Theorems der rationalen Erwartungen sehr begrenzt. *Jede systematische, regelgebundene oder diskretionäre Wirtschaftspolitik wird antizipiert und bleibt wirkungslos*. Diese Grundaussage der neuen klassischen Makroökonomik wurde bereits im Monetarismus betont, jedoch erst durch das Theorem der rationalen Erwartungen auf einem höheren theoretischen Niveau begründet.

Der *modifiziert keynesianische Ansatz* hält der neuen klassischen Makroökonomik entgegen, daß sich die Volkswirtschaften in der Regel außerhalb des markträumenden Gleichgewichts befinden. Grundlegende Arbeiten zu dieser Schule haben schon *Hicks* und *Patinkin*, vor allem aber *Barro*, *Benassy*, *Clower*, *Drèze*, *Grandmont*, *Grossman*, *Leijonhufvud* und *Malinvaud* geleistet. Da der modifiziert keynesianische Ansatz eine Ungleichgewichtstheorie begründet, liegt sein Akzent auf der Beobachtung, daß die *Märkte normalerweise nicht geräumt* sind. Dies wiederum ist darauf zurückzuführen, daß auf den wenigsten Märkten hochgradig flexible Preise vorherrschen, die eine Feinabstimmung zwischen Angebot und Nachfrage ermöglichen würden. Statt einer Gleichgewichtssituation gehen die Modelle des modifiziert keynesianischen Ansatzes davon aus, daß sich die Preise auf den meisten Gütermärkten - aus einer Vielzahl von Gründen - nur mit Verzögerung und auch nur unvollständig anpassen.

Von besonderer Bedeutung ist dabei, daß die Unternehmen auf einen Aufschwung und einen Abschwung *asymmetrisch reagieren*. Im Abschwung liegt die erste Reaktion auf eine sinkende Nachfrage in einer Quantitätsanpassung. Nachlassende Nachfrage führt zunächst nicht zu einer Preissenkung, sondern zur Lageraufstockung und zu einem Produktionsrückgang, der dann Wechselwirkungen in anderen Märkten erzeugt. Solche vielfach beobachtbaren Mengenreaktionen sind der typische Anpassungsmechanismus in der Rezession, da Löhne und Güterpreise lange Zeit unbeeinflußt bleiben. Erst bei einem langfristigen Nachfrageeinbruch ist eine Preissenkung zu erwarten. Hat sie allgemeinen Charakter, dann kommt es zur Deflation, die wiederum als deutlichstes Zeichen dafür gilt, daß die Volkswirtschaft in eine tiefe Rezession geraten ist. Umgekehrt betrachtet bleiben im Aufschwung die angebotenen Gütermengen zunächst - produktionstechnisch bedingt - konstant. Damit bleibt im Aufschwung ein Spielraum für Preiserhöhungen, der erst mit zunehmender Produktion wieder abschmilzt.

Schon hier wird deutlich, daß die modifiziert keynesianischen Ansätze von *komplizierten Verhaltensannahmen* im Marktprozeß ausgehen. Diese Komplikationen des realen Marktprozesses - die asymmetrische Reaktion der Märkte auf Abschwungs- und Erholungsphasen - war schon *Keynes* auf dem Arbeitsmarkt bekannt und wurde durch *Leijonhufvud* für die modifiziert keynesianischen Ansätze generalisiert. In der Ausarbeitung von *Mengenrationierungskonstellationen* liegt daher auch der zentrale Beitrag dieser Ansätze für die makroökonomische Kontroverse. Aus Sicht des einzelnen Haushalts hat *Clower* mit der dualen Entscheidungshypothese wichtige Ergänzungen geleistet. Demnach plant der Haushalt zunächst nach Maßgabe der Preissignale, korrigiert diese Pläne jedoch, wenn er sich selbst auf einem Markt beschränkt sieht. Insgesamt reagiert er somit nicht nur auf Preis-, sondern auch auf Mengensignale, was wiederum ein im Kern keynesianischer Gedanke ist.

Faßt man die Aussagen der modifiziert keynesianischen Ansätze aus Sicht der praktischen Politik zusammen, dann kann nur sehr langfristig von einem Marktausgleich ausgegangen werden. Zudem besteht die Gefahr, daß sich Mengenrationierungen auf einzelnen Märkten rasch auf andere Märkte übertragen und so die Gesamtwirtschaft destabilisieren. Diese Prozesse geben der Politik *Anlaß und Gelegenheit, auf einzelnen Märkten oder in der Gesamtwirtschaft mittels der Fiskalpolitik zu intervenieren.*

Allerdings betonen die Vertreter des modifiziert keynesianischen Ansatzes, daß sich eine Stabilisierungspolitik nicht in Handlungsanweisungen für eine bloße Ablaufpolitik erschöpft. Sie *warnen vor einem 'hydraulischen' Keynesianismus* und empfehlen statt dessen, den tieferliegenden Destabilisierungstendenzen des Marktes entgegenzuwirken. So sollte sich die Wirtschaftspolitik nicht auf das Nachfragemanagement, sondern auf die Verteilungskonflikte konzentrieren, wodurch die divergierenden Pläne durch einen institutionalisierten sozialen Konsens kanalisiert werden könnten. Wird dies erfolgreich umgesetzt, so kann damit ein Beitrag zur Preisniveaustabilität geleistet und der Spielraum für antizyklische Finanzpolitik abgesteckt werden.

Zu den praktischen Chancen und Risiken eines solchen institutionalisierten sozialen Konsenses wurde bereits im Rahmen dieses Lehrbuchs kritisch angemerkt, daß sich entsprechende Vorschläge einer 'Konzertierten Aktion' oder eines 'Bündnisses für Arbeit' zunehmenden Problemen ihrer Akzeptanz und praktischen Leistungsfähigkeit gegenübersehen (vgl. Abschnitt 2.3.5). Ihr Bedeutungsverlust in der praktischen Politik schränkt daher auch die aktuelle Politikrelevanz des modifiziert keynesianischen Ansatzes empfindlich ein. Andererseits wird sich im folgenden - bei der Diskussion beschäftigungspolitischer Alternativen - zeigen, daß auch rein neoklassisch orientierte beschäftigungspolitische Strategien nicht die erhofften Beschäftigungserfolge erbracht haben.

Auf der Ebene der Politikrelevanz kann daher die neue makroökonomische Kontroverse nicht entschieden werden. Schon gar nicht läßt sich eine solche abschließende Beurteilung durch den Vergleich der Hypothesensysteme oder deren empirische Falsifikation durchführen. So bleibt wenig mehr als die Feststellung, daß auch die neue makroökonomische Kontroverse für die Arbeitsökonomik letztlich *nicht zu eindeutigen und dauerhaften Ergebnissen geführt hat.* Die jeweils in der Literatur mehrheitlich vertretene - in diesem Sinne zeitweilig obsiegende - Konzeption verdankt ihren momentanen Erfolg eher den von ihr aufgedeckten Schwachstellen der Gegenseite als der dauerhaften Überzeugungskraft der eigenen Argumente (*Rahmann*, 1985, S. 68).

3.3 Theorie der Tarifverhandlungen

Die Regelungen bezüglich der Arbeitsentgelte wurden im Rahmen der Tarifautonomie den Arbeitsmarktverbänden ganz oder teilweise selbst überlassen. Das Erstarken der Verbände auf beiden Marktseiten sowie die institutionellen Regelungen führten dazu, daß man den organisierten oder 'vermachteten' Arbeitsmarkt mit dem Modell des *bilateralen Monopols* zu beschreiben versuchte.

Ein solches Modell hat zur Voraussetzung, daß alle Unternehmen das gleiche Produkt erstellen und in einem Arbeitgeberverband zusammengeschlossen sind. Auf der Marktgegenseite bieten alle Arbeitnehmer homogene Arbeitsleistungen über ihre Gewerkschaft an. Dabei wird der Arbeitgeberverband als Nachfrager von Arbeitsleistungen, die Gewerkschaft als Anbieter verstanden. (Bezüglich der graphischen Darstellung der Marktform des bilateralen Monopols wird auf die einschlägigen Veröffentlichungen verwiesen (*Ott*, 1991, S.204ff.; *Kromphardt*, 1964, S.491f.; *Stackelberg*, 1951, S.197f.; *Fellner*, 1965, S.252ff.)).

Das wesentliche Ergebnis einer derartigen Modellanalyse ist darin zu sehen, daß auf dem als bilaterales Monopol beschriebenen Arbeitsmarkt keine Lohnsätze bzw. Beschäftigungsmengen eindeutig determiniert sind. Ein derartiger *Unbestimmtheitsbereich* resultiert auch in dem Verhandlungsmodell von *Edgeworth* (*Edgeworth*, 1881).

An der Verwendung des Modells des bilateralen Monopols für den Arbeitsmarkt ist oft und zu Recht Kritik geübt worden. *Streng genommen sind die Verbände keine Monopolisten*. Die Drohung mit Streik und Aussperrung ist nicht identisch mit der eines Optionsfixierers, und die erzielten Lohnsätze bei Verhandlungen sind nur Mindestlöhne, von denen die Effektivlöhne nach oben abweichen (vgl. die Anmerkungen zu Lohndrift in Abschnitt 3.1.3). Auch die Arbeitsmenge wird nicht von den Verbänden kontrolliert, womit die zentrale Anforderung an einen Monopolisten verletzt wird. Die Arbeitsmenge ist nicht als Erwartungsparameter zu sehen, sondern „sozusagen selbst aktiv“ (*Liefmann-Keil*, 1961, S. 35; *Nell-Breuning*, 1960, S. 119).

Obwohl also die Verbände keine Monopolisten sind, da sie weder den *exakten Marktpreis noch die Menge kontrollieren* können, hat die Verwendung des Modells des bilateralen Monopols doch zwei Einsichten gebracht. Erstens zeigt diese Übertragung, daß selbst das preistheoretische Modell, welches dem organisierten Arbeitsmarkt noch am nächsten kommt, für die zutreffende Beschreibung schwerwiegende Mängel aufweist. Zweitens wird deutlich, daß die Einigungspunkte sich nicht automatisch nach Preisgesetzen regeln, sondern daß die Verhandelnden durch ihre Entscheidungen die

Einigungspunkte entscheidend beeinflussen. Dies hat wichtige Konsequenzen für die Theorie. Wir benötigen nun eine bessere Charakterisierung des Arbeitsmarktes und eine genaue Analyse des Verhandlungsprozesses.

Pen hat diesen Wandel zutreffend bezeichnet: „When individuals can influence price-making the question arises as to the course which must be followed by the agent who dominates the situation. In that case the price is no longer a magnitude which comes into being from the market, independently of the will of the agent, but is regarded as the object of a decision. It is not the 'behavior' of the price, but the decision, price policy, which becomes the object of study" (*Pen*, 1959, S. 7).

3.3.1 Zur Entwicklung der Theorie der Tarifverhandlungen

Die herkömmliche Preistheorie bedarf somit bei der Erklärung der Lohnhöhe auf dem 'vermachteten' Arbeitsmarkt einer Erweiterung. In den Tarifverhandlungen zwischen den Arbeitsmarktverbänden spielen politische und machtmäßige Elemente eine entscheidende Rolle. Dies heißt nun aber nicht, daß wir die ökonomischen Lohntheorien gegen politische Lohntheorien austauschen müßten. Schon die *älteren Machttheorien* versuchten zwar die politischen Vorgänge bei Lohnfindungen zu erklären, gelangten aber nicht zu definitiven Ergebnissen. Hier seien beispielhaft *Brentano* (1872), *Rodbertus-Jagetzow* (1899), *Simonde de Sismondi* (1902), *Tugan-Baranowsky* (1913) und *Diehl und Momberg* (1919) genannt.

In den 30er Jahren wurde verstärkt von Wirtschaftswissenschaftlern der Versuch unternommen, die Preistheorie weiterzuentwickeln, um die Verhaltensweisen bei Tarifverhandlungen unter Einbeziehung der Stärke der Verhandlungsparteien (bargaining-power) theoretisch erklären zu können (*Zeuthen*, 1930; *Hicks*, 1963) und die bestehende Theorielücke auszufüllen. In der angelsächsischen Literatur bürgerte sich hierfür der Begriff Collective-Bargaining-Theorien ein. Die theoretische Behandlung des Collective-Bargaining setzte im deutschen Sprachraum relativ spät ein. Sieht man von *A. Bilimovics* Aufsatz (1943) ab, so erschien die erste Monographie über Kollektivverhandlungen in den USA 1959 von *Wack* (1959). *Külp* konzentrierte sich dann 1965 auf die umfassende Berücksichtigung der politischen Faktoren bei der Lohnbildung (*Külp*, 1965). *Zerche* behandelte insbesondere das neuere lohntheoretische Instrumentarium unter Einschluß der spieltheoretischen Lösungsansätze (*Zerche*, 1970).

In den 70er und frühen 80er Jahren erschienen dann eine ganze Reihe von Monographien zu diesem Problemfeld, von denen hier *Keller* (1974), *Wolters* (1976), *Brinkmann* (1984) und *Bredemeyer* (1976), der empirische Ergebnisse aus der Bundesrepublik Deutschland mit den lohntheoretischen Erkenntnissen konfrontiert, beispielhaft genannt seien.

Dogmenhistorischer Exkurs: Lohnkonflikt und Machtverteilung bei Smith

Mit seiner scharfen Beobachtungsgabe erschlossen sich bereits dem Ahnvater der modernen Nationalökonomie - Adam *Smith* - die der Lohnfindung zugrunde liegenden Konflikte. In seinem berühmten Werk zum 'Wohlstand der Nationen' (*Smith*, 1993 (1789), S. 58f.) stellt er fest, daß die Interessen von Unternehmern und Arbeitern „keineswegs die gleichen sind. Der Arbeiter möchte soviel wie möglich bekommen, der Unternehmer so wenig wie möglich geben. Die Arbeiter neigen dazu, sich zusammenzuschließen, um einen Lohn durchzusetzen, die Unternehmer, um ihn zu drücken.

Es läßt sich indes leicht vorhersehen, welche der beiden Parteien unter normalen Umständen einen Vorteil in diesem Konflikt haben muß und die andere zur Einwilligung in ihre Bedingungen zwingen wird. Die Unternehmer, der Zahl nach weniger, können sich viel leichter zusammenschließen. ... In allen Lohnkonflikten können zudem die Unternehmer viel länger durchhalten. Ein Grundbesitzer, ein Pächter, ein Fabrikant oder ein Kaufmann, ein jeder von ihnen könnte, selbst wenn er keinen einzigen Arbeiter beschäftigt, ohne weiteres ein oder zwei Jahre von dem ersparten Vermögen leben. Dagegen können viele Arbeiter ohne Beschäftigung nicht einmal eine Woche, wenige einen Monat und kaum einer ein ganzes Jahr durchhalten. Für längere Zeit mag zwar der Unternehmer genauso auf den Arbeiter angewiesen sein wie umgekehrt dieser auf ihn, für kurze Zeit ist er es aber nicht.

Nur selten, so wurde behauptet, war von Zusammenschlüssen der Unternehmer, häufig dagegen von solchen der Arbeiter zu hören. Wer daraus den Schluß zieht, Unternehmer würden selten untereinander etwas absprechen, kennt weder die Welt, noch versteht er etwas von den Dingen, um die es hier geht. ... Tatsächlich hören wir selten etwas von solchen Absprachen, ganz einfach deshalb, weil sie zu den üblichen, ja sozusagen natürlichen Dingen des Lebens gehören, über die man nicht spricht. ... Doch häufig widersetzen sich die Arbeiter solchen Abreden, indem sie ihrerseits zur Gegenwehr Absprachen treffen. ... Mögen ihre (der Arbeiter, d. Verf.) Zusammenschlüsse nun offensiven oder defensiven Charakter haben, sie werden immer weithin bekannt, denn die Arbeiter machen stets ein großes Geschrei darum, schrecken auch gelegentlich vor roher Gewalt und Beleidigung nicht zurück, um möglichst rasch eine Entscheidung über ihre Forderung zu erzwingen."

Obwohl sich in der Praxis seither eine Vielfalt unterschiedlichster Formen der Tarifverhandlungen herausgebildet hat (vgl. Abschnitte 2.1.4 und 2.2), flaute das Forschungsinteresse an einer Theorie der Tarifverhandlungen in der Folge wieder ab. So spart die Monographie von *Holler* über eine Ökonomische Theorie der Verhandlungen (1992) bezeichnenderweise das Problemfeld der Arbeitsmarktbeziehungen völlig aus. Auch das Lehrbuch von *Franz* (1996) behandelt Collective-Bargaining-Theorien lediglich kursorisch und faßt diese unter 'traditionelle Ansätze zur Erklärung des Lohnbildungsprozesses'.

Die wenigen neueren Arbeiten lassen darauf schließen, daß sich überdies die *Fragestellung im Zeitablauf gewandelt* hat. Das Interesse gilt heute weniger dem realen Verhandlungs*prozeß* ('Wie wird verhandelt?') als vielmehr dem Verhandlungs*gegenstand* ('Worüber sollte unter Effizienzgesichtspunkten verhandelt werden?') (vgl. *McDonald/Solow*, 1981). Machtaspekte spielen bei einer solchen Fragestellung naturgemäß eine untergeordnete Rolle.

Hier soll aus der Fülle der Beiträge eine übersichtliche Einführung der Collective-Bargaining-Theorien gegeben werden. In Anlehnung an *Rothschild* (*Rothschild*, 1957) kann man eine Gruppe als *institutionelle Bargaining-Theorien* und eine andere als *psychologische Bargaining-Theorien* bezeichnen. Die erste wird durch die Institutionalisten repräsentiert, die sich hauptsächlich der empirischen Beschreibung der Arbeitsmärkte und ihrer Institutionen zuwenden. Als wichtige Vertreter seien *Bronfenbrenner*, *Slichter*, *Shister*, *Ross*, *Lester* und *Reynolds* genannt.

Die zweite Gruppe versucht - meist von der Marktformlehre ausgehend - den eigentlichen Handlungsprozeß durch Einbeziehung von Fragen der Strategie, der Ungewißheit, des Bluffs usw. zu erklären. Politische und psychologische Elemente und das Moment der Unsicherheit spielen eine besondere Rolle (*Pen*, 1959, S. IX): „But it is a wage theory in terms of 'psychological' factors." Einige Vertreter verwenden besondere Instrumente wie zum Beispiel die Spieltheorie. Als wichtige Autoren wären hier *Zeuthen*, *Pen*, *Shackle*, *Neumann/Morgenstern* und *Nash* zu nennen.

Bei dieser Zweiteilung kann es sich nur um eine grobe Klassifizierung handeln. Wenn man nur die zweite Gruppe betrachtet und besonderen Wert auf die Darstellung des spieltheoretischen Instrumentariums legt, gelangt man zu einer Aufteilung: Collective-Bargaining-Theorien *ohne* Verwendung des spieltheoretischen Instrumentariums und Theorien *mit* Verwendung spieltheoretischer Instrumente.

Wenn man einen dogmengeschichtlichen Überblick anstrebt, ändert sich daran im Prinzip nichts. So behandelt *Külp* nach monopolistischen Marktformen die Theorie von *Hicks* und *Chamberlain*, die Verhandlungsmodelle von *Zeuthen*, *Pen* und *Shackle*, anschließend die spieltheoretischen Beiträge. Diese werden dann um dynamische Theorien und ein Konfliktmodell von *Stevens* ergänzt (*Külp*, 1973).

Im Prinzip gliedert auch *Wolters* (*Wolters*, 1976, S. 10ff.) so, wenn er in drei Ansätzen die Machtansätze, zusätzliche Risikofaktoren und die politischen Faktoren besonders betont sieht (bei *Hicks*, *Chamberlain*, *Zeuthen*, *Pen*, *Shackle*, *Külp*, *Walton* und *McKersie*). Davon hebt er dann besonders die spieltheoretischen Lösungsversuche ab. Als weitere Ansätze nennt er noch die Theorien in Anlehnung an die Sozialpsychologie und die allgemeine Konflikttheorie. *Keller* erweitert den Untersuchungsbereich um die experimentellen Collective-Bargaining-Theorien. Unverständlich bleibt aber dabei, warum er andere Gliederungen und andere Schwerpunktsetzungen deshalb kritisiert, weil sie nicht seinen Untersuchungsbereich umfassen. Da die experimentellen Tests nur selten Tarifverhandlungen abzubilden versuchen, sind diese Experimente von ebenfalls sehr eingeschränkter Gültigkeit für die Tarifverhandlungssituation (*Wolters*, 1976, S. 28) und bieten insoweit keine Veranlassung, in alle Abhandlungen der Collective- Bargaining-Theorien aufgenommen zu werden.

Hier können nicht alle Theorien dargestellt werden, die Tarifverhandlungen zum Gegenstand haben. Die wichtigsten Vertreter wie *Hicks*, *Pen*, *Shackle* und ein dynamischer Ansatz in Anlehnung an *Cross* sollen aber exemplarisch vorgestellt werden.

3.3.2 Wichtige Ansätze der Theorie der Tarifverhandlungen

3.3.2.1 *Hicks'* Erklärung durch gewerkschaftliche Streikdrohung

Hicks versuchte 1932 die Unbestimmtheit der Theorie des bilateralen Monopols durch die Einführung einer *politischen Determinante* zu beseitigen (*Hicks*, 1963).

Es ging ihm im wesentlichen um die Beantwortung der Frage, in welchem Ausmaß die Gewerkschaften die Zahlung höherer Löhne veranlassen können. Das entscheidende Machtmittel dieser Tarifpartei wird dabei in der *Drohung mit einem Streik* gesehen. Dadurch muß der Unternehmer zwischen zwei Alternativen wählen, die ihm beide Kosten verursachen. Entweder gibt er der gewerkschaftlichen Drohung nach, zahlt höhere Löhne und mindert bei Fehlen von Überwälzungsmöglichkeiten seinen Gewinn, oder er wählt den Arbeitskampf mit Einstellung der Produktion und den dadurch entstehenden Kosten.

Die geforderte Lohnhöhe und die erwartete Streiklänge bestimmen im wesentlichen, wie sich der Unternehmer entscheidet. Es gibt einen Höchstlohnsatz l_{HU} für ihn, bei dem die Kosten des Produktionsausfalls gleich den abgezinsten Kosten beim Eingehen auf die gewerkschaftlichen Lohnforderungen sind. Im Bereich des alten Lohnsatzes und dieses Höchstlohnsatzes ist er zu Konzessionen bereit. Diesen Sachverhalt drückt *Hicks* in einer steigenden und sich dem Höchstlohnsatz asymptotisch nähernden *Konzessionskurve des Unternehmers* aus. Die Gewerkschaften bestimmen ihre Streikbereitschaft nach der Höhe des Lohnangebotes. Dabei wiegen sie den Lohnausfall bei Streik und die möglichen künftigen niedrigeren Löhne gegeneinander ab. Es ergibt sich dann eine *Widerstandskurve der Gewerkschaften*, die einen fallenden Verlauf hat. Sie beginnt mit einer gewerkschaftlichen

Höchstforderung und schneidet die alte Lohnsatzlinie nach einer endlichen Zeitperiode, da die Gewerkschaften nicht unbeschränkte Zeit streiken können (vgl. Abbildung 3.20).

Mit dem Schnittpunkt dieser beiden Kurven wird für *Hicks* der Lohnsatz angegeben, den die Gewerkschaften durch ihr Drohpotential erreichen können.

Abbildung 3.20: Die Theorie des Lohnkampfes von Hicks

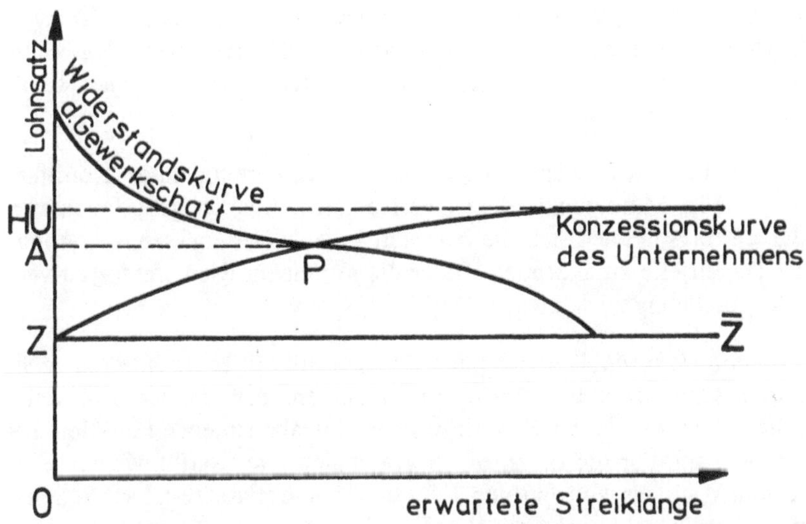

Bei diesem Ansatz handelt es sich nicht um eine eigentliche Verhandlungstheorie. *Hicks* räumt selbst ein, daß die von ihm verwandten Kurven sich während der Verhandlungen verschieben können. Wie eine Verschiebung den Verhandlungsprozeß beeinflußt und wie das Übereinkommen erreicht wird, ist durch diese Überlegungen nicht erklärt.

Hicks' Verdienst besteht aber darin, durch die Einführung der *Streiklänge* - also eines politischen Faktors - *den Lohnsatz in ökonomischer Analyse wieder als determiniert erscheinen zu lassen*. Sein Ansatz steht zwischen den Aussagen der frühen Theoretiker des bilateralen Monopols über den Unbestimmtheitsbereich des Verhandlungsergebnisses und der Verhandlungstheoretiker, die dem Risiko eines Konfliktausbruchs eine besondere Bedeutung bei der Bestimmung des Verhandlungsergebnisses beimessen. Seine Einführung der Streikdauer als strategische Größe hat in Deutschland insbesondere die Untersuchungen von *Krelle* (1961, S. 1ff.) und *Külp* (1965, S. 150ff.) beeinflußt.

3.3.2.2 Das Verhandlungsgleichgewicht nach *Pen*

Das Verhandlungsproblem wird bei *Zeuthen* und *Pen* als Sonderfall des allgemeinen Problems der Handlungswahl bei unsicherem Ausgang angesehen. Das Risiko eines Konfliktes steht bei beiden Autoren im Vordergrund. Hinzu kommen *psychologische Faktoren*, wie sie sich insbesondere durch den Hang zum Kampf (propensity to fight) ausdrücken. Da *Pen* eine umfassende Weiterentwicklung der *Zeuthen*schen Gedanken durchgeführt hat, soll zunächst in gebotener Kürze auf die *Zeuthen*schen Grundüberlegungen eingegangen werden.

Mit Hilfe des Begriffes *Konfliktrisiko* versucht *Zeuthen* nachzuweisen, daß das Ergebnis des Aushandelns des Lohnsatzes vorherbestimmbar ist, weil „nicht jede Lösung gleich wahrscheinlich ist". Die Frage nach dem Einigungslohnsatz ist für ihn „nicht ökonomisch indeterminiert" (*Zeuthen*, 1930, S. 106).

Genau wie bei *Hicks* steht bei *Zeuthen* die Erwartung eines Konflikts (Lohnstreik) im Mittelpunkt seiner Überlegungen. Auch er geht davon aus, daß die Vertragsparteien stets die Alternativen abwägen müssen, das Angebot der Gegenseite zu akzeptieren oder die mit einem Risikofaktor zu versehende Ablehnung zu wählen.

Der *Einigungslohnsatz* läßt sich nach *Zeuthen* mit Hilfe der *Konfliktwahrscheinlichkeitsfunktion* bestimmen. Er nimmt an, daß die Konfliktwahrscheinlichkeitsfunktion der Gewerkschaften eine abnehmende Funktion des Lohnsatzes l sei. Für die Unternehmer ergibt sich ihre Konfliktwahrscheinlichkeitsfunktion als zunehmende Funktion des Lohnsatzes. Der Schnittpunkt beider Konfliktwahrscheinlichkeitsfunktionen ergibt nach *Zeuthen* den Gleichgewichtslohnsatz als Abszissenwert. Dies gilt unter den Bedingungen, daß rationales Verhalten und das gegenseitige Wissen um die Lage der Gegner bei den Verhandlungsparteien vorausgesetzt werden können. Das Ergebnis der Verhandlungsprozesse ist somit nach *Zeuthen* dadurch determiniert, daß beim Gleichgewichtslohnsatz die *beiderseitige Konfliktwahrscheinlichkeit gleich groß* ist.

Der Schluß *Zeuthens*, daß die Parteien genau dann einen Vertrag eingehen, wenn ihre Konfliktwahrscheinlichkeiten gleich sind, hat Anlaß zu Kritik gegeben. Nach *Pen* ist auch bei Annahme rationalen Verhaltens und des Wissens über die gegnerische Konfliktwahrscheinlichkeitsfunktion ein solcher Schluß unzulässig. Die Frage, warum ein Verhandlungspartner in dem Augenblick zum Vertragsabschluß bereit ist, in dem sein Gegner den gleichen Risikowert hat, wird nach Auffassung *Pens* nicht beantwortet.

Die Annahme, daß bei gleicher Konfliktwahrscheinlichkeit eine Partei versuchen wird, durch Einflußnahme auf die Funktion der Gegenpartei einen größeren Vorteil für sich zu erlangen, und daß dadurch der Verhandlungsprozeß fortgesetzt wird, hat zumindest die gleiche Berechtigung wie die eines Verhandlungsendes bei dieser Konstellation. Auch durch seine einengende Rationalitätsannahme wird *Zeuthen* dem Verhandlungsprozeß nicht gerecht. Da beim Aushandeln die wirtschaftliche Macht, die es den Parteien ja ermöglicht, Zwang auf den Gegner auszuüben, eine wichtige Rolle spielt, können mit Hilfe seiner Rationalitätsannahmen gewisse irrationale Faktoren wie Täuschung, Furcht und Prestige nicht erklärt werden. Dennoch bleiben *Zeuthens* Verdienste. Er hat zum ersten Mal versucht, den Preis in einem bilateralen Monopol zu bestimmen und den Verhandlungsprozeß durchsichtig zu machen. Die Möglichkeiten des wirtschaftlichen Zwangs in Verhandlungen wurde durch die Einführung des Risikoelements unter bestimmten Prämissen analysiert.

Die Unsicherheit als strategischer Faktor wurde von *Pen* in seine Untersuchung über die *Kampfneigung* (propensity to fight) im Verhandlungsprozeß übernommen. Die *Pen*sche Theorie unterscheidet sich von *Zeuthens* Ansatz jedoch vor allem dadurch, daß sie dessen Ansatz weiter ausbaut, auf die Nutzenschätzungen der Delegierten zurückgreift und die möglichen Alternativen während der Verhandlungen nicht durch monetäre Vor- und Nachteile, sondern durch *Ophelimitäten* ausdrückt. Da Hoffnungen und Befürchtungen während der Verhandlungen für die bei *Pen* im Vordergrund stehende Neigung zum Kampf entscheidend sind, versucht er eine *rationale Theorie über derartige irrationale Bestimmungsgründe* zu entwickeln. Daher treten psychologische Momente und der Machtfaktor bei seinen Überlegungen stärker in den Vordergrund.

Pen unterscheidet bei der Abgrenzung des Lohnspielraums zwischen *internen* und *externen* Faktoren. Die internen Faktoren drücken sich in Präferenzschemata aus, die die Tarifparteien hinsichtlich bestimmter Lohnsätze haben. Diese Präferenzen können als funktionale Beziehungen zwischen dem Lohnsatz und der Bedeutung, die die Parteien der Erreichung dieses bestimmten Lohnsatzes beimessen, beschrieben werden. Die verschiedenen Bedeutungsgrade können auch als Nutzen bezeichnet werden (*Pen*, 1959, S. 14).

Nach seiner Auffassung sollte Nutzen aber durch den *neutraleren Begriff Ophelimität* ersetzt werden. Die funktionale Beziehung der Präferenzen bezüglich des Lohnsatzes läßt sich somit durch die Ophelimitätsfunktion ausdrücken. Als Grund für die Verwendung des Ophelimitätsbegriffs führt er an, daß der Nutzen zu sehr mit der Fähigkeit eines Gutes verknüpft sei, ein Bedürfnis eines Wirtschaftssubjektes zu befriedigen. Im *Pen*schen Sinne handelt es sich aber um eine besondere und indirekte Beziehung zwischen dem Lohnsatz und den Präferenzen der Verhandlungsführer. Die Ophelimitätsfunktionen drücken nämlich die *Präferenzen der Pseudoverkäufer*, d.h. der Gewerkschaftsvertreter in den Verhandlungen, bzw. die der Pseudokäufer, d. h. der Unternehmervertreter, aus. Diese versuchen, die höchsten Werte auf ihren Ophelimitätsfunktionen zu erreichen. Für den Unternehmervertreter kann nicht der jeweilige Gewinn bei verschiedenen Lohnsätzen als Index der Ophelimität benutzt werden, da der Pseudokäufer für mehrere Unternehmen handelt und auch die Einschätzung seines eigenen Interesses nicht notwendig vom Gewinn der vertretenen Unternehmergruppe abhängt.

Pen unterstellt, daß das Problem der Übertragung des Gruppeninteresses in eine Ophelimitätsfunktion des *Unternehmerdelegierten* gelöst sei, und bezeichnet diese Funktion des Delegierten in Abhängigkeit vom Kontraktlohnsatz w mit E (w). Die Ophelimitätsfunktion des *Gewerkschaftsführers* L (w) wird von der Zufriedenheit der Mitglieder mit der Gewerkschaftsleitung bei bestimmten Kontraktlohnsätzen und von der Mitgliederbewegung in höherem Grade beeinflußt als durch die Nachfrageelastizität in Bezug auf die Beschäftigungsmenge. Auch der Anstieg der Lebenshaltungskosten und die Erfolge anderer Gewerkschaften beeinflussen die Ophelimitätsfunktion. Die Rolle, die der Mentalität des Gewerkschaftsführers hinsichtlich des konkreten Verlaufs der Ophelimitätsfunktion zukommt, wird deutlich durch die bei verschiedenen Verhandlungsführern jeweilig unterschiedliche Beeinflussung des Funktionsverlaufs durch den Druck der Regierung, der öffentlichen Meinung, der Unternehmer und durch die Rücksichtnahme zum Beispiel auf Verbrauchergruppen (*Pen*, 1959, S. 56). Die aufgezeigten Einflußfaktoren auf die Ophelimitätsfunktionen machen deutlich, daß es sich bei diesen um keine konstanten Funktionen für einen bestimmten Verhandlungsprozeß handelt, sondern daß sie sich *ständig verändern* können. Hinzu kommt, daß jeder Verhandlungsdelegierte eine Schar solcher Funktionen ableiten kann, die jeweils mit einer bestimmten Laufdauer des Vertrages datiert sind.

Die bisherigen Überlegungen sollen durch die Abbildung 3.21 verdeutlicht werden, die die Ophelimitätsfunktionen in einem Zeitpunkt für eine *konkrete Laufdauer* wiedergibt und die für eine *friedliche Verhandlungssituation* gilt, in der Prestigegesichtspunkte und Verbitterung keine Rolle spielen. Die Ophelimitätsfunktionen der Gewerkschaft und des Unternehmervertreters sind durch L (w) und E (w) gegeben. Da nicht mit einem einheitlichen Maßstab für die Ophelimitäten beider Seiten operiert werden kann, wird die Ordinate in eine positive und negative Achse für die Gewerkschaft und eine positive und negative Achse für die Unternehmerseite unterteilt. Die Ophelimitäten im Falle eines unbefristeten Streiks oder einer Aussperrung - d. h. eines Konflikts ohne Aussicht auf Wiederaufnahme der Verhandlungen - werden als konstante Größen betrachtet und sind mit L_p bzw. E_p mit negativen Ophelimitätswerten eingezeichnet. L_c und E_c geben die Ophelimität an, die bei einem zeitlich begrenzten Streik geschätzt wird.

Abbildung 3.21: Die Ophelimitätsfunktionen

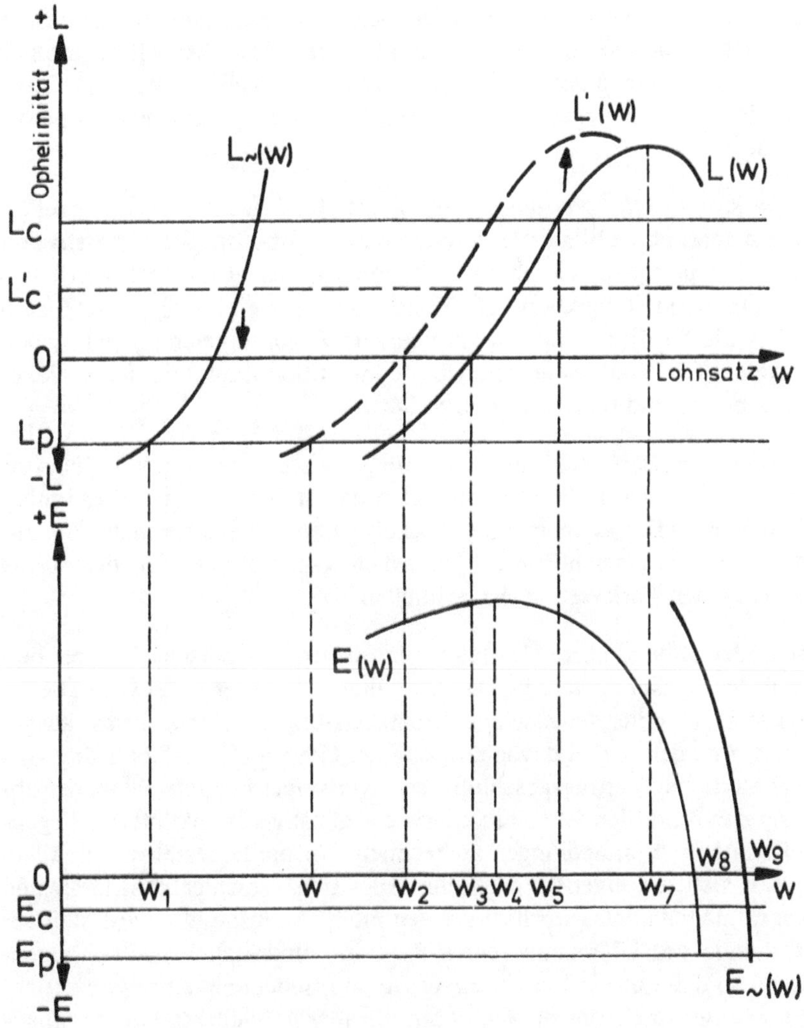

Quelle: In Anlehnung an *Pen*, 1959, S. 84.

Ein Lohnsatz w_3 hat für die Gewerkschaften keinen Wert, da die dazu gehörige Ophelimität mit Null bewertet wird. Unterhalb von w_3 ergeben sich sogar negative Ophelimitäten. Falls die Gewerkschaft stark genug ist, wird sie versuchen, w_7 zu erreichen, da bei diesem Lohnsatz das Maximum ihrer L (w)-Funktion gegeben ist. Die anschließende negative Neigung der Funktion bei noch höheren Lohnsätzen wird damit erklärt, daß L (w) mit E (w) korreliert, da das starke Abfallen von E (w) in diesem Bereich mit Lohnsätzen höher als w_7 durch zunehmende Gewinneinbußen erklärt wird, die einen starken Nachfragerückgang nach Arbeitskräften zur Folge haben, dem auch die gewerkschaftliche Verhandlungsführung Rechnung tragen muß.

w_4 bildet den für den Unternehmerdelegierten wünschenswerten Lohnsatz. Bei der gezeichneten Konfliktophelimität L_c der Gewerkschaft ergibt sich als *Untergrenze* der Kontraktzone w_5 und als *Obergrenze* w_8. Die Obergrenze gilt bei einer negativen Konfliktophelimität E_c des Unternehmerdelegierten.

Die *äußersten Konfliktgrenzen* sind durch die *Wettbewerbsgrenzen* gegeben, außerhalb derer keine bilaterale, sondern eine oligopolistische Marktstruktur vorliegt. Bei permanentem Streik und unbefristeter Aussperrung erhalten wir die Ophelimitätsfunktion $L_\infty(w)$ und $E_\infty(w)$ für eine unbegrenzte Zeitdauer und die für diese Situation hergeleiteten Ophelimitäten L_p und E_p beider Parteien. Die Wettbewerbsgrenzen (competition limits) der Kontraktzone liegen bei w_1 und w_9 (*Pen*, 1959, S. 88f.).

Der *tatsächliche Verhandlungsbereich* liegt zwischen w_5 und w_8. Die Aufgabe besteht nun darin, die Determinanten des in diesem Bereich endgültig erzielten Verhandlungsergebnisses zu analysieren. Dazu untersucht *Pen* zunächst das Gleichgewicht einer Partei, d. h. den Lohnsatz, zu dem diese willens ist, einen Tarifvertrag abzuschließen.

Im folgenden sollen unsere Überlegungen für den Gewerkschaftsführer beispielhaft durchgespielt werden. Das Verhalten der Gegenpartei wird ebenso wie der Versuch einer gegenseitigen Beeinflussung bei *Pen* zunächst ausgeklammert. *Pen* geht dabei davon aus, daß der Gewerkschaftsführer die Vor- und Nachteile bei Vertragsabschluß bzw. -verweigerung gegeneinander abwägt. Zu den Vorteilen ist insbesondere ein günstigeres zukünftiges Ergebnis bei weiteren Verhandlungen zu rechnen. Nachteile bestehen vor allem darin, daß sich die eigene Verhandlungsposition verschlechtern kann und mit Kampfmaßnahmen gerechnet werden muß. Vorausgesetzt wird, daß der Verhandelnde der Übernahme eines Risikos grundsätzlich neutral gegenübersteht, so daß nur die Erwartungswerte von Bedeutung sind. *Pen* spricht daher von einer *statistischen Mentalität*, die aber im weiteren durch realistischere Annahmen ersetzt wird.

Angenommen ein Lohnsatz w steht zur Verhandlung und der Unternehmerdelegierte hat diesen Lohn angeboten. Der Gewerkschaftsführer wird dann weiter verhandeln, wenn er hofft, einen Lohn mit einem höheren Ophelimitätswert erreichen zu können. Bezeichnen wir diesen mit w_7, dann gilt allgemein: $w_7 > w$. Durch Verhandlungen ist möglicherweise ein Ophelimitätsgewinn in Höhe der Differenz der Ophelimitäten $L(w_7) - L(w)$ zu erreichen. Wird w zurückgewiesen, ist aber auch ein Konflikt möglich, so daß bei seinem Eintreten mit der Bruttokonfliktophelimität L_c zu rechnen ist. Das Ergebnis würde $L(w) - L_c$ betragen. Schätzt der Gewerkschaftsführer die *Konfliktwahrscheinlichkeit* im Falle der Ablehnung von w mit r ein, so wird er die *Verhandlungen nur fortsetzen, wenn der erwartete Gewinn größer oder mindestens gleich dem befürchteten Verlust* ist.

Es gilt daher:

$$(1) \qquad (1-r)\left[L(w_7)-L(w)\right] \geq r\left[L(w)-L_c\right].$$

Der maximale Risikowert ergibt sich daraus mit

$$(2) \qquad r_{\max} = \frac{L(w_7)-L(w)}{L(w_7)-L_c}.$$

Diese Formel gleicht der Berechnung des maximalen Risikos nach *Zeuthen*. Nur verwendet *Pen* Ophelimitäten anstelle monetärer Größen und seine Funktionen haben jeweils ein Maximum.

Der Gewerkschaftsführer wird ein Angebot ablehnen, wenn gilt:

$$(3) \qquad \frac{L(w_7)-L(w)}{L(w_7)-L_c} - r > 0.$$

Der Gewerkschaftsführer wird den zur Diskussion stehenden Lohn akzeptieren, wenn die Differenz gleich Null ist. Dies ist der Gleichgewichtslohnsatz des Gewerkschaftsführers.

Das Verhalten des gewerkschaftlichen Verhandlungsführers ist somit durch die Determinanten r_{max} und r bestimmt. r_{max} bezeichnet *Pen* als den statistischen Index der Neigung zum Kampf (Pen, 1959, S. 131). Die Einschätzung des Risikos mit einem Wert größer als Null ist dadurch bedingt, daß der Gewerkschaftsführer die Ophelimitätsfunktion des Unternehmerdelegierten nicht kennt. Wäre immer die Nettokontraktophelimität E (w) - E_c bekannt, so würde bei jedem positiven Wert dieser Differenz r = 0 sein. Ist die Differenz gleich Null, so steht der Unternehmer am Endpunkt des Kontraktbereiches und ein Konflikt ist wahrscheinlich. Mit Hilfe der *Korrespektion*, d.h. der Verhandlungsführer hat subjektive Kenntnisse der Verhaltensabsichten der Gegenpartei, kann eine funktionale Beziehung zwischen der Nettokontraktophelimität der Unternehmer und dem Konfliktrisiko des Gewerkschaftsführers hergestellt werden. Diese Korrespektionsfunktion F_l hat dann die allgemeine Form

$$(4) \qquad r = F_l\left[E(w)-E_c\right].$$

Aus Gleichung (3) und Gleichung (4) erhält man die Bedingung, bei deren Vorliegen der Gewerkschaftsführer einen Vertragsabschluß dem Weiterverhandeln vorzieht:

$$(5) \qquad \frac{L(w_7)-L(w)}{L(w_7)-L_c}-F_l\left[E(w)-E_c\right]=0.$$

Läßt man nun die Annahme einer neutralen Risikofunktion fallen, so gibt es allgemein noch zwei weitere Einstellungen zum Risiko. Der *Lotteriespieler* z. B. ist risikofreudig, bei ihm besteht eine Präferenz für Risikoübernahmen. Ein *Versicherungsnehmer* ist hingegen risikoavers, d.h. er mißt dem Risiko einen negativen Wert bei. Ist die statistische Erwartung eines Ereignisses gleich x, so kann man die subjektive Bewertung dieses erwarteten Wertes mit y bezeichnen. Eine Risikobewertungsfunktion verbindet die beiden Werte:

$$y=\phi(x).$$

Wird s_l als Funktion von r_{max} geschrieben, so ergibt sich:

$$s_l=\phi_l(r_{max}).$$

s_l nennt *Pen* die Neigung des Gewerkschaftsführers zum Kampf. s_l kann je nach Mentalität größer als r_{max} oder kleiner als r_{max} sein. Nach Einführung der Risikobewertungsfunktion geht die Gleichung (5) über in:

$$(6) \qquad \phi_l\left[\frac{L(w_7)-L(w)}{L(w_7)-L_c}\right]-F_l\left[E(w)-E_c\right]=0.$$

Bei dem Lohnsatz w, der die Gleichung (6) erfüllt, zieht der Gewerkschaftsführer den Vertragsabschluß dem Weiterverhandeln vor. Jegliches Verhalten, ob rationalen oder irrationalen Überlegungen folgend, kann ex post so interpretiert werden, daß die obige Gleichung beim Vertragsabschluß erfüllt ist.

Im Gegensatz zu *Zeuthen* wird hier nicht versucht, ein wahrscheinliches Ergebnis des Verhandlungsprozesses anzugeben. Die *Zeuthen*schen Annahmen des rationalen Verhaltens bringen nach *Pen* ein normatives Element in die Theorie, während er seiner Formel *nur instrumentalen Charakter* zuschreibt und seine Theorie daher als positiv charakterisiert. Post factum erklärt *Pen*, warum ein Lohnsatz abgelehnt wird, während es bei einem anderen Lohnsatz zu einem Vertragsabschluß kommt. Bei dem einen Lohnsatz ist auf Grund der jeweiligen Korrespektions-, der Ophelimitäts- und der Risikobewertungsfunktion die Neigung zum Kampf größer als das Konfliktrisiko, bei dem anderen Lohnsatz sind beide jedoch gleich.

Pen setzt nun für den Verhandlungsprozeß Symmetrie zwischen Gewerkschaften und Unternehmern voraus und stellt die gleichen Überlegungen für den *Unternehmerdelegierten* an. Hierfür werden folgende Symbole verwandt:

e = Risikobewertungsfunktion des Unternehmervertreters

E (w) = Ophelimitätsfunktion des Unternehmervertreters

E_c = Bruttokonfliktophelimität des Unternehmervertreters

w_e = angestrebter optimaler Lohnsatz des Unternehmervertreters

F_e = Korrespektionsfunktion des Unternehmervertreters

L_c = Konfliktophelimität der Gewerkschaft

Daher gilt für den Gleichgewichtslohnsatz des Unternehmervertreters entsprechend:

$$(7) \qquad \phi_e\left[\frac{E(w_e)-E(w)}{E(w_e)-E_c}\right]-F_e\left[L(w)-L_e\right]=0.$$

Der Lohnsatz im Punkt des Verhandlungsgleichgewichts muß die beiden Gleichungen (6) und (7) erfüllen. Zu Beginn des Verhandlungsprozesses werden beide Gleichungen nur bei unterschiedlichen Lohnsätzen erfüllt sein. Die Gleichungen müssen daher materiell so umgeformt werden, daß sie beide durch den Gleichgewichtslohnsatz erfüllt werden. „Die Analyse des Verhandlungsprozesses ist daher die Analyse des Weges, wie die Gleichungen umgeformt werden." (*Pen*, 1959, S. 137). Der Verhandlungsprozeß übt also nach *Pen* die Funktion aus, dafür zu sorgen, daß die relevanten Größen und Beziehungen so transformiert werden, daß die Gleichgewichtsbedingungen gemäß (6) und (7) kompatibel werden.

Im Verhandlungsgeschick drückt sich somit das persönliche Talent des Verhandelnden aus, die Größen der Gleichungen so zu beeinflussen, daß dies zum eigenen Vorteil ausschlägt.

Die erfolgversprechenden Ansatzpunkte für die Parteien lassen sich aus den konstitutiven Funktionen der Gleichgewichtsbedingungen ableiten. Jede Partei wird versucht sein, den 'Hang zum Kampf' der anderen zu mindern und den eigenen möglichst zu stärken. Als erster Ansatzpunkt bietet sich hier die *Risikobewertungsfunktion* an. Da die jeweilige Form dieser Funktion besonders stark durch psychologisch bestimmte Verhaltensmuster des Verhandlungsführers geprägt wird, eignet sie sich aber nur wenig für Manipulationsversuche des Verhandlungsgegners.

Zum zweiten gibt es die Möglichkeit, auf die *Ophelimitätsfunktion* einzuwirken. Da der 'Hang zum Kampf' um so größer ist, je höher der mögliche Gewinn im Verhältnis zum Verlust des gegebenen Verhandlungslohnsatzes eingeschätzt wird, versuchen beide Parteien, sich gegenseitig davon zu überzeugen, daß der eigene Vorschlag für die Gegenseite viel günstiger ist, als diese selbst ihn einschätzt. Der Arbeitgebervertreter wird z.B. darauf hinweisen, daß bei dem eigenen Vorschlag keine negativen Beschäftigungseinflüsse zu erwarten sind und die Konkurrenzfähigkeit der Industrie erhalten bleibt. Er wird die Bedeutung dieser positiven Wirkungen für die Gewerkschaften besonders hervorheben. Andererseits wird der Gewerkschaftsvertreter versuchen, den eigenen Vorschlag der Unternehmerseite z.B. dadurch vorteilhaft erscheinen zu lassen, daß er auf die positiven Wirkungen zusätzlicher Kaufkraft, gesteigerter Zufriedenheit der Belegschaft und ähnliches verweist. *Die Erfahrungen mit realen Verhandlungssituationen bestätigen hinreichend den Realitätsgehalt dieser Annahmen.*

Die möglichen Veränderungen, die eine Partei hinsichtlich der Ophelimitätsfunktion der Gegenpartei durchzusetzen versucht, lassen sich entsprechend der graphischen Darstellung in horizontale und vertikale Veränderungen einteilen. Bei *horizontalen* Veränderungen bewegen sich die Maxima der Ophelimitätsfunktion aufeinander zu. Der Gewerkschaftsvertreter versucht die Unternehmerfunktion nach rechts zu bewegen, entsprechendes gilt umgekehrt für den Unternehmervertreter. Von *vertikalen* Veränderungen kann man sprechen, wenn die Maxima der Funktionen sich nur in ihrer Höhe ändern, d. h. die Intensität, mit der die günstigsten Punkte angestrebt werden, variiert.

Diese geschilderten Transformationsversuche sind als *friedliche Taktiken* zu charakterisieren, die daher auch in einem bestimmten Sinne eine Kooperation der Parteien voraussetzen.

Bei der Beeinflussung der *Konfliktophelimität* müssen hingegen die Ophelimitäten der Gegenpartei so verändert werden, daß sie möglichst klein oder sogar negativ werden. Dies geschieht durch direkte Drohung und die Ankündigung einer lang dauernden und harten Auseinandersetzung. Diese Politik hat aber auch Rückwirkungen auf den geschätzten Wert des Konfliktrisikos der drohenden Partei und ist daher nur mit Vorsicht zu verwenden. Die Konflikterwartung beeinflußt direkt die Höhe des geschätzten Konfliktrisikos. Diese ist abhängig von der Nettokontraktophelimität und der Korrespektionsfunktion. Die Nettokontraktophelimität wird durch Beeinflussung der Ophelimitätsfunktion, wie oben bereits diskutiert, variiert.

Für eine vorteilhafte Verschiebung der Korrespektionsfunktion ist es notwendig, daß die Gegenpartei die eigene Kontraktophelimität unterschätzt. Hierfür gibt es zwei Gründe. Die gegnerische Partei wird in diesem Fall leichter zu einem Kontraktabschluß bereit sein, und die Unterschätzung vermindert andererseits die Gefahr eines Konfliktes. In direkter Weise läßt sich dies dadurch erreichen, daß der gegebene Verhandlungslohnsatz als völlig unzumutbar erklärt und die eigene Kontraktophelimität vermindert wird. Eine weitere Möglichkeit liegt darin, die eigene Konfliktophelimität möglichst hoch erscheinen zu lassen. Eine indirekte Methode zur Veränderung der Korrespektionsfunktion besteht darin, überhöhte Forderungen während der Verhandlungen aufzustellen. Da solche Forderungen nur mit einem starken „Hang zum Kampf" kompatibel sind, bedeutet dies andererseits eine niedrige Kontraktophelimität. Das Konfliktrisiko wird somit durch eine Partei künstlich erhöht, um die Korrespektionsfunktion der Gegenpartei zu erhöhen. Dieses Verhalten ist aber für den Verhandelnden nicht ungefährlich, da er zu weiteren überhöhten Forderungen bereit sein muß, falls die Gegenseite den Bluff nicht völlig ernst nimmt. Falls er einen Gesichtsverlust befürchtet, kann sich dann das Maximum seiner Ophelimitätsfunktion zum augenblicklich zur Diskussion stehenden Lohnsatz hin verschieben. Liegt dieser Punkt außerhalb der Kontraktzone, wird ein Konflikt ausbrechen.

Mit diesen Beispielen konnte exemplarisch gezeigt werden, wie ein geschickter Verhandlungsführer die entscheidenden Größen der Gleichgewichtsbedingungen zu seinen Gunsten zu beeinflussen vermag. *Shackle* sah in den *Pen*schen Verhandlungstheorien *einen der brillantesten Beiträge* der ökonomischen Analysen der fünfziger Jahre. Auch heute noch - und insbesondere in den *von den Medien mitbeeinflußten Verhandlungssituationen* - lassen sich vielfältige Beispiele für *psychologische Tricks* und den hohen Realitätsgehalt des Modells finden. Das Modell selbst muß aufgrund der Berücksichtigung psychologischer Faktoren *komplex* sein. *Shackle* meinte, daß das Ergebnis dieses wissenschaftlichen Fortschritts darin bestünde, den *weißen Flecken des bilateralen Monopols in der Marktformentheorie* zu beseitigen, so daß „wir nun eine Theorie des bilateralen Monopols haben, die den Vergleich mit der Theorie des perfekten und des monopolistischen Wettbewerbs aushalten kann" (*Shackle*, 1957, S. 292 ff.).

Daneben gab es in der Literatur aber auch eine Anzahl kritischer Bemerkungen. *Nelson* kritisierte, daß die *Pen*schen Gleichungen nur tautologische Beziehungen darstellen. Da die Nutzengrößen für den Konfliktfall unabhängig vom Lohnsatz angesetzt wurden und da es sich bei den vorgeführten Variablen um keine beobachteten Werte handele, sei das vorgestellte *Pen*sche Modell nicht operational. Massiv war auch die Kritik *van der Sters*, der die Annahme von Verhandlungssituationen mit nur einem Kontrahenten auf jeder Seite, die Überbestimmtheit des Gleichungssystems, die eigentlich nur ex-post-Identitäten darstellten, und das Aufeinanderzuwachsen der unterschiedlichen Lohnsätze in den Gleichgewichtsgleichungen kritisierte. Der eigentliche Prozeß der Umformung werde nicht analysiert, so daß der Kern des Verhandlungsproblems nicht berührt würde.

Notwendig erscheint nach Ansicht der Verfasser die *Kritik an der von Pen vorgetragenen Symmetrieannahme* zwischen Unternehmern und Gewerkschaften. Ob ein völliges Symmetrieverhältnis in den Tarifverhandlungen zwischen Unternehmern und Gewerkschaften unterstellt werden kann, ist äußerst zweifelhaft. Allein die Tatsache, daß die Unternehmer nicht nur auf dem Arbeitsmarkt, sondern auch auf den Gütermärkten in Wirtschaftsverbänden organisiert sind, läßt meist eine flexiblere Verhandlungsposition zu. Dies gilt umgekehrt, wenn die Gewerkschaften auf Grund besonderer politischer Kontakte zur Regierung ihre Verhandlungsposition auf Kosten der Unternehmer verstärkt haben. Hinzu kommt, daß der Verhandlungsdruck der Vertretenen auf ihre Vertreter infolge unterschiedlicher persönlicher Vermögenslagen auch unter heutigen Bedingungen ein tatsächliches Symmetrieverhältnis unwahrscheinlich macht.

Shackle kritisierte weiter, daß es bei *Pen* innerhalb der Kontraktzone immer zu einem Vertragsabschluß kommen muß. Seiner Auffassung nach könne es auch zu einem Verhandlungsabbruch kommen aus Furcht vor einem Gesichtsverlust. Diese Charakterisierung des Verhandlungsprozesses soll im folgenden Abschnitt behandelt werden.

3.3.2.3 *Shackles* Analyse der Tarifverhandlungen

Auch nach *Shackle* ist das Ergebnis von Tarifverhandlungen als Folge der Unsicherheit, die auf beiden Seiten besteht, bestimmt. Auch er stellt den möglichen Nachteilen eines Verhandlungsabbruchs die hypothetischen Gewinne gegenüber, die bei einem positiven Verhandlungsergebnis für beide Parteien entstehen. In diesem Punkte besteht Übereinstimmung mit den Ansätzen *Zeuthens* und *Pens*. In der *Pen*schen Theorie der Tarifverhandlungen gibt es aber unter der Annahme bestimmter Ophelimitätsfunktionen immer einen Bereich, in dem es zu einem Vertragsabschluß kommen muß. Auf Grund der von *Shackle* angeführten drei strategischen Verhaltenskonzeptionen kommt er zu dem Ergebnis, daß es auch innerhalb des Kontraktzonenbereichs zu einem *Verhandlungsabbruch* kommen kann (*Shackle*, 1957).

Nach *Shackle* wählt der Verhandelnde zwischen drei Strategien aus:

(1) der möglichen *Abbruch-Strategie* (possible breakdown policy),

(2) der möglichen *Gesichtsverlust-Strategie* (possible loss of face policy) und

(3) der *kombinierten Strategie* (combined policy).

Um diese Strategien möglichst knapp charakterisieren zu können, führt er die für die Parteien *wichtigen Lohnsätze* ein: l_1 sei der absolute Minimumlohnsatz, der den Verhandelnden weder besser noch schlechter stellt als ein Abbruch der Verhandlungen. l_2 sei der anfänglich geforderte Lohnsatz (gambit price), j der tatsächliche Minimumlohnsatz, d.h. der schlechteste Preis, der bei einer einmal gewählten Strategie noch zu erzielen ist. v ist der Lohnsatz, der sich nach Abschluß der Verhandlungen ergibt und der bis dahin beiden Parteien unbekannt ist.

Bei der ersten Strategie wird der Verhandelnde nur solche Werte von l_2 und j wählen, mit denen er selbst bei vollem Nachgeben nicht das Gesicht verliert. Hier steht die langfristige Wirkung eines Nachgebens im Vordergrund. Der Verhandelnde wünscht als 'harter' Verhandlungspartner zu gelten. Es wird also ein l_2 gewählt, das nur wenig von j entfernt liegt. Die zweite Strategie gestattet ein Nachgeben von l_2 auf jeden Lohnsatz, bei dem die Differenz l_2 - v nicht größer ist als $l_2 - l_1$. Der Verhandelnde akzeptiert also jedes Zurückweichen bis zum absoluten Minimumpreis. Die Strategien 1 und 2 sind in gewissem Sinne Extrem-Strategien. Bei Strategie 3 ist ein gewisser Gesichtsverlust möglich, aber es wird ein $j > l_1$ als Grenze bestimmt.

Was bei *Pen* die Konfliktwahrscheinlichkeit ausdrückt, spiegelt sich bei *Shackle* äquivalent im Konzept der *potentiellen Überraschung* wider, die von ihm anstelle der subjektiven Wahrscheinlichkeit verwandt wird. Die mögliche Überraschung mißt die Intensität, die ein Wirtschaftssubjekt erfährt, wenn andere Ergebnisse eintreten als die von ihm erwarteten.

Nach *Shackle* wird der Verhandlungsprozeß somit durch die Wahl einer der drei Strategien und durch Festsetzung von l_2 und im Falle der dritten Strategie auch von j determiniert. Diese Entscheidungen nennt *Shackle* einen Verhandlungsplan. Die Einführung verschiedener Strategien kennzeichnet das besondere Verdienst von *Shackle*. Wir wollen die dritte Strategie, die kombinierte, an einem Schaubild verdeutlichen. Dabei lehnen wir uns aus didaktischen Gründen an eine Darstellung von *Dall'Asta* an (*Dall'Asta*, 1971, S. 56). Wir charakterisieren die Situation aus der Sicht der Gewerkschaft und der Sicht der Arbeitgeber, wie sie in der folgenden Darstellung übersichtlich gegenübergestellt wird (vgl. Abbildung 3.22).

l_0 sei das Ausgangslohnniveau, l_1 die gewerkschaftliche Minimalforderung und l_2 die Forderung zu Beginn der Verhandlungen.

Zwischen l_0 und l_1 liegt der Bereich der possible breakdown policy. Bis zum Lohnsatz l_1 wird von den Gewerkschaften auch das Kampfmittel Streik einbezogen werden. Im Bereich zwischen l_1 und l_2 werden sie aber eher einen Gesichtsverlust in Kauf nehmen als wirklich zu streiken. Das bedeutet natürlich nicht, daß sie nicht auch hier den Eindruck einer Streikbereitschaft aufrecht erhalten wollen. Für die Arbeitgeber liegt das Angebot bei l_3 zu Beginn der Verhandlungsrunde. l_4 wird als der Lohnsatz angenommen, von dem ab eine neue Strategie verfolgt wird (possible breakdown policy). Ihr maximales Lohnzugeständnis liegt bei l_5.

Abbildung 3.22: Verhandlungsergebnis und Verhandlungsstrategie nach Shackle

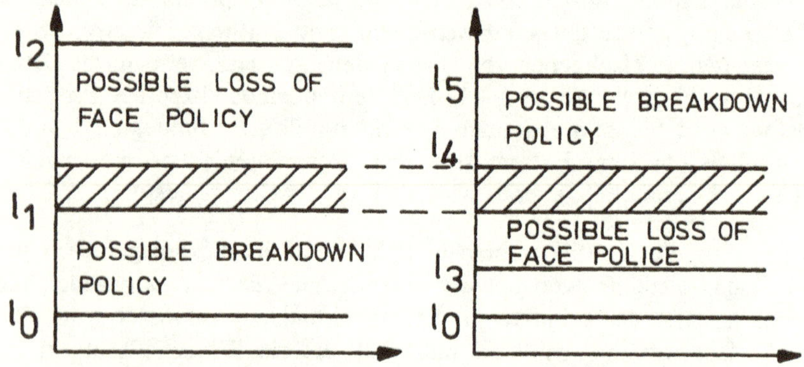

Situation aus der Sicht der Gewerkschaften

Situation aus der Sicht der Arbeitgeber

Bei dieser kombinierten Strategie ist eine *Einigung ohne Streik bei Lohnsätzen zwischen* l_1 *und* l_4 möglich. *Shackle*s Überlegungen gehen von der Hypothese des rationalen Verhaltens aus. Die Verhandlungsmacht und die Mentalität des Verhandlungsführers gehen nicht in die Analyse ein. Dies erklärt sich vor allem daraus, daß *Shackle* im Gegensatz zu *Pen* nicht mit Ophelimitäten arbeitet, sondern an ihrer Stelle die Konzeption des Nachgebens und der standardisierten Gewinne und Verluste jedes Verhandlungsplans einführt. Während die mögliche Überraschung bei *Shackle* eine feststehende Größe darstellt, ist die Konfliktwahrscheinlichkeit bei *Pen* variabel und durch die Ophelimitäts-, Korrespektions- und Risikobewertungsfunktion zu beeinflussen. Bei *Pen* spiegelt sich das Verhandlungsbemühen der Verhandelnden darin wider, daß er versucht, die Größen der Gleichgewichtsbestimmungsgleichung so zu verändern, daß es zu seinem Vorteil ist. Die Gleichungen sollen es gestatten, auch nicht-rationale Verhaltensannahmen zum Ausdruck zu bringen. Bei *Shackle* wird dagegen nach der Wahl des Verhandlungsplans versucht, unter Rationalitätsannahmen die Differenz zwischen Gewinn und Verlust zu maximieren. Darin besteht eine Ähnlichkeit mit den Spielen der Strategie, die ja auch Verfahren angeben, nach deren Anwendung die Auszahlung unter Berücksichtigung des gegnerischen Verhaltens möglichst hoch sein soll. *Pen* hat daher am *Shackle*schen Ansatz kritisiert, daß er *den Verhandlungsprozeß als ein reines Spiel behandelt*, daß Elemente der Macht und die Tatsache, daß die Verhandlungsparteien Teile der Gesellschaft sind, nicht genügend berücksichtigt werden (*Pen*, 1959, S. 193 f.).

3.3.2.4 Dynamische Verhandlungstheorien

Auf dem Wege zu einer operationalen Theorie, die Erklärungen und Vorhersagen tatsächlicher Verhandlungen ermöglicht, sind dynamische Modelle entwickelt worden. Hier ist besonders der Beitrag von *Cross* aus dem Jahre 1965 zu nennen (*Cross*, 1965).

Für *Cross* finden Verhandlungen über physische Auszahlungen statt. Soll z. B. die Gesamtmenge eines homogenen Gutes M_i unter mehreren Parteien aufgeteilt werden, und fordert Partei j von dieser Menge q_{ij}, so kommt es zu einem Konflikt, wenn gilt:

$$\sum_j q_{ij} > M_i .$$

Für *Cross* werden nun die *Zeitkosten* zum entscheidenden Parameter im Verhandlungsprozeß. Die Wirkungen der Zeit auf die Verhandlungen lassen sich in dreierlei Weise ausdrücken:

(1) Es wird eine Abzinsungsfunktion verwandt, wenn die Spieler die zukünftigen Vorteile abzinsen;

(2) es können sich die Nutzengrößen eines Übereinkommens im Verlauf ändern und

(3) es lassen sich feste Kosten des Verhandelns (Zeitaufwand für die Verhandlungen, Bereitstellung von Fachkräften, Streikkosten usw.) feststellen, die sich periodisch wiederholen.

Neben den eigenen Forderungen sind für das Verhandlungsergebnis bestimmend die erwarteten Konzessionsraten im Zeitablauf sowie die Parameter der Lernfunktion und die Diskontierungsfaktoren. Die Crux der bisher vorgestellten Theorieansätze lag im wesentlichen darin, daß sie ein Ergebnis nur ex post beschreiben konnten, so daß man eher von einer Interpretation als von einer Erklärung des Ereignisses sprechen konnte.

Ein *empirisch gehaltvolles Modell* muß aber z. B. Parameter enthalten, die zumindestens grundsätzlich für den jeweiligen Verhandlungsprozeß identifiziert werden können. Auf diesem Wege könnte die Beobachtung einer Folge von Verhandlungsprozessen den Grundstein dafür legen, einen abfolgenden Verhandlungsprozeß mit mehreren Phasen zu erklären (z. B. über ökonometrische Modelle). Die zweite Möglichkeit, einen empirischen Bezug herzustellen, läge darin, daß die Komponenten des Modells zumindest im Grundsätzlichen unabhängig vom konkreten Verhandlungsprozeß festgestellt werden. Nehmen wir an, ein Verhandlungsmodell enthält Parameter der Lernfunktion und des Diskontierungsverhaltens jedes Verhandelnden und nehmen wir weiter an, daß diese Parameter herausgearbeitet werden können, indem jeder Verhandelnde mit bestimmten Standardsituationen konfrontiert wird, die nicht seine Interaktion mit dem anderen Verhandelnden beinhalten. Ein solches Modell würde dann entsprechend dem zweiten Ansatz einen empirischen Inhalt haben. Es würde nicht nur eine expost-Interpretation des Verhandlungsprozesses ermöglichen.

In diesem Sinne hat *Coddington* (1968) versucht, den Ansatz von *Cross* als *geschlossenen Regelkreis* für die Mikrotheorie fruchtbar zu machen. Methodologisch geht er davon aus, daß es allgemeine Charakteristika des Verhandlungsprozesses gibt, die gut bekannt sind. Er sucht nach einer Theorie, die diese stilisierten Tatsachen verarbeitet. Dabei wird das Verhältnis von Theorie und Wirklichkeit in sehr allgemeiner Form behandelt. Die empirischen Tests sollten nach Auffassung von *Coddington* dem Entwicklungsstand der Theorie angepaßt sein und auch dem Entwicklungsstand der verfügbaren Fakten über die Verhandlungen. Im folgenden wird der Ansatz für eine dynamische Verhandlungstheorie, wie sie *Coddington* in Anlehnung an *Cross* konstruiert hat, vorgestellt.

Nach *Parsons* (1951) besteht eine Grundeigenschaft einer Handlung darin, daß sie nicht nur aus ad-hoc-Antworten auf situationsbedingte Anreize besteht, sondern daß der Handelnde ein *System von Erwartungen* gemäß den verschiedenen Eigenschaften der Situation entwickelt. „Im Falle der Interaktion zwischen sozialen Handlungsträgern ist einer nicht nur auf seine eigenen Bedarfsüberlegungen und seine eigenen verschiedenen Handlungen ausgerichtet, sondern es kommt eine zweite Dimension hinzu. Ein Teil der Erwartungen des Verhandlungsträgers besteht in der wahrscheinlichen Reaktion, seine möglichen Handlungen zu verändern. Dies ist eine Reaktion, die man zu antizipieren versucht, um so die Entscheidungen des Handlungsträgers selbst zu beeinflussen“ (*Parsons*, 1951, S. 5).

Der Versuch, diese Eigenschaft sozialer Handlungen zu erforschen, ist im ökonomischen Kontext für einfache *Klein*gruppenprozesse (für eine Zweipersonenverhandlung) bedeutsam. Die Tatsache, daß jeder Akteur nicht im voraus die exakte Reaktion der Gegenseite kennt, ist fundamental für den Verhandlungsablauf. Die *Anpassung der eigenen Erwartungen entsprechend den Reaktionen* ist bedeutsam. Wir wollen zunächst das Modell, das durch die Struktur: Entscheidung - Erwartung - Anpassung gegeben sei und den allgemeinen Verhandlungsprozeß widerspiegelt, als geschlossenen Regelkreis vorstellen (vgl. Abbildung 3.23).

Beginnen wir mit einem beliebigen Punkt im Ablauf des Verhandlungsprozesses, so können wir die Rückwirkungen einer Entscheidung im Kreislauf wie folgt beschreiben: Bei seinem gegenwärtigen Erkenntnisstand wählt 1 einen Plan aus und kündigt seine augenblickliche Forderung in Übereinstimmung damit an. Diese Forderung wird von 2 registriert und führt zum Test der eigenen Erwartungen über das Verhalten von 1. Wenn 2 seine Erwartungen anpassen muß, stellt er seine Forderungen entsprechend einem korrigierten Plan. Muß er seine Erwartungen nicht anpassen, so entscheidet er im Rahmen seines ursprünglichen Plans. Die Entscheidung von 2 wird nun von 1 wahrgenommen und dient seinem Test der Erwartungen bezüglich des Verhaltens von 2. Hinsichtlich seiner Entscheidung gilt nun das gleiche wie für 2 ausgeführt.

Abbildung 3.23: Schematische Darstellung des Verhandlungsprozesses

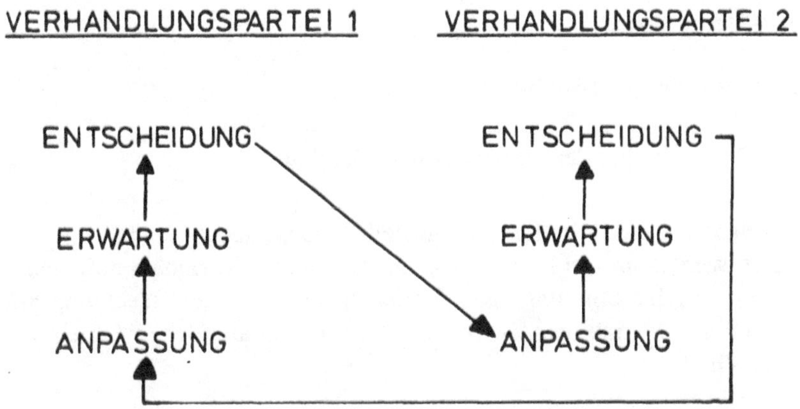

Entsprechend diesem Grundprinzip wollen wir nun das *Cross*-Modell als *Regelkreis* vorstellen (*Coddington*, 1968, S. 52 ff.). Die Forderungen der Verhandelnden sollen mit q1 und q2 bezeichnet werden, wobei wir das intraorganisatorische Verhandlungsfeld vernachlässigen. Verschiedene Nutzenfunktionen geben die Präferenzen für verschiedene Übereinkommen wieder. Dabei gilt für die Nutzenfunktionen u_1 (q_1) und u_2 (q_2): u'_1 (q_1) >0, u'_2 (q_2) >0. Der aufzuteilende Betrag M sei fest gegeben. Es gilt also $q_1 + q_2 > M$. In jedem Zeitpunkt glaubt jeder Verhandelnde, daß der andere auf seine Entscheidungen in besonderer Weise reagiert. Dabei mag es sein, daß der Verhandelnde vielleicht im Ablaufe der Verhandlungen entdeckt, daß seine Annahme falsch war. Als Ergebnis ist ein bestimmtes Tauschverhältnis in einem bestimmten Zeitpunkt zu erwarten. Insofern kann der *Cross*'sche Ansatz als ein Versuch angesehen werden, *Interaktionsselbststeuerungssysteme* für den 2-Handlungsträger-Fall zu entwickeln. Um den Regelkreis interpretieren zu können, seien hier die einzelnen Variablen noch einmal aufgeführt:

r_1 = die Erwartungen der Partei 2 über die Konzessionsrate der Partei 1

r_2 = die Erwartungen der Partei 1 über die Konzessionsrate der Partei 2

$\frac{dr_1}{dt}$ = Änderungen der erwarteten Konzessionsrate in der Zeit

t = zukünftige Zeitvariable

T = gegenwärtige Zeit

q_1 = Forderungen der Partei 1

q_2 = Forderungen der Partei 2

α_1, α_2 = Lernparameter

a_1, a_2 = Diskontierungsfaktoren

$\frac{dq_1}{dt}$ = Veränderung der Forderung im Zeitablauf

Alle Variablen werden im Kreis dargestellt. Die Beziehungen zwischen den Variablen werden an den Pfeilen ausgedrückt, die die Variablen miteinander verbinden. Die Bestimmung einer Variablen erfolgt unter Beachtung aller Pfeile, die im Variablenkreis enden. Alle acht Variablen erfahren eine Rückkopplung.

Es gibt zwei Unterschleifen für r_1, $\frac{dr_1}{dt}$ und r_2, $\frac{dr_2}{dt}$, die zum Feedback im Anpassungsprozeß jedes Verhandelnden korrespondieren. Wegen des allgemeinen Regelkreises bewirkt die Änderung einer Variablen eine Wirkung auf alle anderen. Deshalb gibt es im Gesamtmodell keine einseitige Ursache, sondern nur gegenseitige Beeinflussungen.

In der ökonomischen Theorie wurde die Relevanz solcher Modelle für die Mikrotheorie bis 1968 für Modelle mit mehr als einer Handlungseinheit nicht diskutiert. Obwohl es nicht die ursprüngliche Absicht von *Cross* war, den Verhandlungsprozeß als Regelkreis in dieser Form darzustellen, kann seine Theorie als Anwendung solcher Modelle für die Mikrotheorie betrachtet werden. *Jeder Verhandelnde trifft fehlerbehaftete Entscheidungen, aber jeder versucht, einen entgegengesetzten Weg zu steuern.* Wenn man eine mechanische Analogie heranziehen würde, könnte man sagen, daß es sich hierbei um zwei zusammengekoppelte Selbststeuerungsmechanismen handelt, wobei der Ausstoß des einen der Einsatz des anderen ist (vgl. Abbildung 3.24). Somit kann *Cross'* Theorie als Versuch gesehen werden, ein Modell für einen 2-Entscheidungsträger-Fall von Interaktionsselbststeuerungssystemen zu entwickeln. Dabei ist allerdings festzustellen, daß diese Theorie zwar dynamische Aspekte und allgemeine Charakteristika eines jeden 2-Entscheidungsträger-Falls beinhaltet, daß sie aber nur für nahezu vollsymmetrische Situationen Aufwendung findet. Jeder Entscheidungsträger zeigt auch hier Erwartungen und Lernverhalten der gleichen Art, obwohl sich die jeweiligen Parameterwerte von einem Entscheidungsträger zum anderen unterscheiden. Insofern müßten hier die Bedenken über die Symmetrieannahme ebenfalls angeführt werden, die schon im Abschnitt über *Pen* behandelt wurden.

Abbildung 3.24: Regelkreis für ein Verhandlungsmodell nach Cross/Coddington

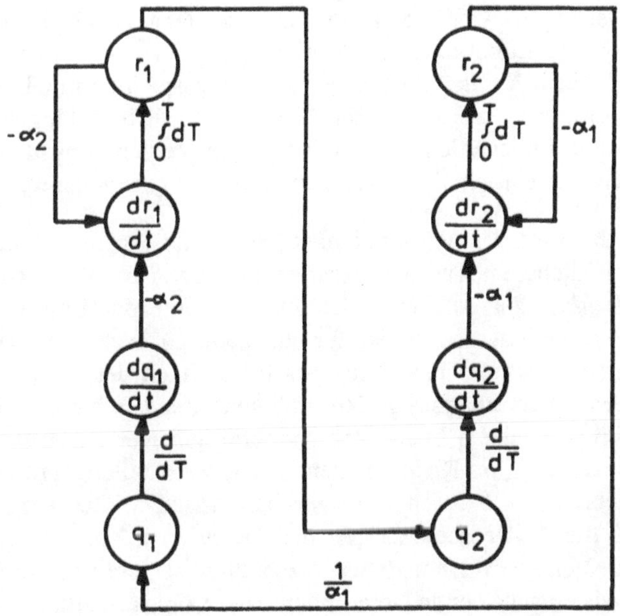

3.3.3 Leistungsfähigkeit und Grenzen der Verhandlungstheorien

Zieht man ein erstes Fazit zu Leistungsfähigkeit und Grenzen der Verhandlungstheorien, so ist positiv zu vermerken, daß mit ihnen eine *genauere Analyse des Lohnbildungsprozesses im Unbestimmtheitsbereich* gleichgewichtsloser Märkte (*Stackelberg*) und des *Edgeworth*schen Ergebnisses möglich ist. Diese *unzureichende Beschreibung des organisierten Arbeitsmarktes als bilaterales Monopol* und die Auffassung vieler Theoretiker des bilateralen Monopols, daß der Preis undeterminiert sei und durch Machtverhältnisse innerhalb eines Spielraums bestimmt werde, haben den Anstoß für die Entwicklung der Verhandlungstheorien gegeben. Es wurde hier eine Theoriengruppe beispielhaft behandelt, die von der Marktformenlehre ausgehend versuchte, die Verhandlungen durch Untersuchungen der Probleme der Strategie, der Ungewißheit, des Bluffs usw. zu erhellen. Die oben vorgeführten Bargaining-Theorien gehen davon aus, daß das Ergebnis der Verhandlungen *grundsätzlich determiniert* ist. Bei den unterschiedlichen psychologischen Verhandlungsmodellen, die ohne spieltheoretische Instrumente arbeiten, wurden verschiedene Determinanten des Verhandlungsprozesses herausgearbeitet.

Hicks beschreibt zum ersten Mal in der neueren Lohntheorie präzise, wie die Probleme der Lohnbildung als Ergebnis politischer Faktoren gedeutet werden können. Der entscheidende strategische Parameter für das Verhandlungsergebnis ist bei *Hicks* die *Streikdrohung der Gewerkschaft*. Der Lohnsatz wird durch die Einführung der Streiklänge in die ökonomische Analyse determiniert. Sein Ansatz, der den Verhandlungsspielraum und die eigentlichen Verhandlungen unberücksichtigt läßt, steht zeitlich und logisch zwischen der Theorie des bilateralen Monopols und den Verhandlungstheorien, die dem Moment der Unsicherheit besondere Bedeutung beimessen.

Bei *Zeuthen* und *Pen* wird das Verhandlungsproblem als Spezialfall der Handlungswahl bei unsicherem Ausgang gesehen. Die *Konfliktwahrscheinlichkeit* wird für *Zeuthen* zur bestimmenden Determinante der Lohnverhandlungen. Der Verhandlungsprozeß ist für ihn dadurch bestimmt, daß beim Gleichgewichtslohnsatz die Konfliktwahrscheinlichkeit der Gewerkschaft und des Unternehmerverbandes gleich groß sind. *Zeuthen* hat als Erster versucht, den Preis in einem bilateralen Monopol genauer zu bestimmen, um mit der Einführung des Risikoelementes den Verhandlungsprozeß durchsichtig zu machen. *Pen* hat den *Zeuthen*schen Ansatz weiter ausgebaut. Er greift auf die Nutzenschätzungen der Delegierten zurück und drückt die Vor- und Nachteile verschiedener Verhandlungsergebnisse durch Ophelimitäten aus. Als entscheidende Determinante der Lohnverhandlungen behandelt er die *Neigung zum Kampf*. Jede Neigung zum Kampf entwickelt er in Abhängigkeit von der *Ophelimitätsfunktion*, der *Risikobewertungsfunktion* und der *Korrespektionsfunktion*. Der *Pen*sche Ansatz versucht eine rationale Theorie auch über irrationale Bestimmungsgründe zu entwickeln. Daher treten psychologische Überlegungen und der Machtfaktor bei seinen Überlegungen stärker hervor. Ex post kann *Pen* mit Hilfe seiner Theorie beschreiben, warum ein Lohnsatz abgelehnt wird, während ein anderer Lohnsatz zum Vertragsabschluß führt.

Shackle interessiert sich für die Verhandlungstheorie im Rahmen seiner allgemeinen Theorie der Erwartungen. Auch nach *Shackle* ist das Ergebnis des Verhandlungsprozesses als Folge der Unsicherheit, die auf beiden Seiten besteht, vorherbestimmt. *Shackle* gelangt bei einer der von ihm untersuchten drei strategischen Verhaltensweisen zu dem Ergebnis, daß es auch innerhalb des Kontraktionsbereichs zu einem *Verhandlungsabbruch* kommen kann. Bei dieser possible breakdown-Strategie wird die einzelne Verhandlung hauptsächlich als Glied einer Kette von Verhandlungen gesehen und die Bedeutung des heutigen Verhandlungsprestiges für künftige Verhandlungen betont. Damit führt er ein dynamisches Element in die Analyse ein.

Faßt man die Ergebnisse der Untersuchungen dieser Vertreter der Bargaining-Theorien zusammen, so ergibt sich übereinstimmend, *daß bei Kenntnis der Präferenzen und der Risikobewertung beider Parteien das Ergebnis einer Verhandlung grundsätzlich bestimmbar ist.* Da aber zwischen den Determinanten und dem Lohnsatz keine numerisch bestimmten Funktionen aufgestellt werden, kann nur von einer grundsätzlichen Möglichkeit einer Vorhersehbarkeit des Verhandlungsergebnisses gesprochen werden. Nur in Sonderfällen dürfte es daher möglich sein, daß ein Schlichter das Ergebnis vorhersehen kann. Bei allen Ansätzen kann im Modell nur eine Verhandlungsvariable - der Lohnsatz - behandelt werden. Selbst das am weitesten ausgebaute Modell von *Pen* erlaubt nur ex post Aussagen über den tatsächlichen Verhandlungsablauf.

Mit Hilfe *spieltheoretischer* Instrumente kann versucht werden, das Verhandlungsergebnis zu bestimmen und die notwendigen Bedingungen der Determiniertheit allgemein aufzuzeigen. Hierbei sind die grundlegenden Arbeiten von *v. Neumann*, *Morgenstern*, *Nash*, *Luce* und *Raiffa* geliefert worden. Die Spieltheorie - bei der die Spieler mindestens eine „Strategie" auszuwählen haben, um mit ihrer Hilfe ihre Nutzen- oder Auszahlungsgrößen zu maximieren - liefert Modelle für soziale Sachverhalte und wirtschaftliches Tun. Da nämlich für Spieler und Wirtschaftssubjekte eine analoge Aufgabe darin besteht, auf rationaler Grundlage ein 'bestes Verhalten' für Situationen zu bestimmen, in denen der Ausgang nicht nur vom eigenen Verhalten abhängt, erweitert eine 'Mathematik der Konflikte' aufgrund der *Strukturgleichheit zwischen strategischen Spielen und sozialen Konflikten* unser Wissen über die soziale Wirklichkeit.

Eine Verhandlungsrunde zwischen den Tarifparteien wird in der Regel auf die gleiche Struktur wie ein Nicht-Nullsummen-Spiel zurückgeführt werden, da die Verluste einer Partei nicht notwendig gleich den Gewinnen der anderen Partei sind. Bei Anwendung des spieltheoretischen Instrumentariums muß das Verhandlungsproblem durch folgende Annahmen vereinfacht werden:

- beide Parteien verhalten sich rational,
- jede Partei kann jedem Ergebnis einen bestimmten Nutzenwert zurechnen,
- die Präferenzen der Gegenseite sind vollkommen bekannt,
- beide Seiten besitzen gleiches Verhandlungsgeschick.

Im weiteren bildet die Konstruktion des Präferenzsystems und die Messung der Präferenzen eine wichtige Aufgabe, da für die spieltheoretischen Lösungen die Zahlen in den Auszahlungsmatrizes gewonnen werden müssen.

In den spieltheoretischen Lösungsansätzen wurde mit *v. Neumann-Morgenstern*-Nutzenfunktionen gearbeitet. Dabei sind die Präferenzen einer Person zwischen einer *sicheren Wahl* und einer *Lotteriewahl* immer mit der Annahme konsistent, daß die Personen den mathematischen Erwartungswert ihres Nutzens maximieren. Die Nutzenfunktionen wurden bis auf eine die Präferenzordnung bewahrende lineare Transformation bestimmt.

Auf dieser theoretischen Grundlage gelang es *Nash*, eine und nur eine Funktion zu beschreiben, die für die Tarifverhandlung einen Punkt mit einer für beide Parteien 'fairen' Lösung bestimmt. Mit Hilfe der Theorie der kooperativen Spiele kann allgemein gezeigt werden, wie in bestimmten Verhandlungssituationen die Ergebnisse für beide Parteien vorteilhafter werden, wenn man *zu Absprachen bereit* ist und in besonderen Fällen einen *unparteiischen Schlichter* akzeptiert. Das *Nash*-Verfahren zur Bestimmung einer Schiedsrichterlösung zeigt modellmäßig, daß Schlichtungseinrichtungen für beide Parteien die Chance für einen zufriedenstellenden Vertragsabschluß vergrößern können. Die Verwendung der spieltheoretischen Terminologie für die Verhandlungstheorie ermöglichte es, wichtige Begriffe für die Beschreibung von Verhandlungen exakter zu fassen. Die Spielregeln, die die Summe möglicher Alternativen begrenzen, und die Sanktionsmechanismen, die ein Abweichen von den Spielregeln bestrafen, werden in concreto durch das Tarifrecht und möglicherweise durch Schlichtungsabkommen bestimmt. Zum Ausbau des spieltheoretischen Ansatzes im Sinne einer empirisch gehaltvollen Theorie sind sowohl *empirische Tests* der Nutzenfunktionen und des Verhaltens in Spielsituationen als auch *genaue Beobachtungen von Tarifverhandlungen und die systematische Auswertung von Interviews der Verhandelnden* erforderlich. Leider sind Forschungen zu 'Innenansichten des Verhandlungsprozesses' mittels intensiver Interviews - aufgrund der verteilungspolitischen Brisanz des Themas - seitens der Verhandelnden ungeliebt. Derartige Arbeiten sind daher bislang nur rudimentär durchgeführt worden.

Um zu einer operationalen Theorie - d.h. einem Aussagezusammenhang, der Erklärung und Vorhersage tatsächlicher Verhandlungen ermöglicht - zu gelangen, hat *Cross* ein dynamisches Verhandlungsmodell entwickelt. Zum entscheidenden Parameter werden bei ihm die *Zeitkosten*. Da sein Modell von den Zeitkosten des Verhandlungsprozesses ausgeht, spielen die Erwartungen der Spieler eine besondere Rolle. Einfache Lernfunktionen beeinflussen die Veränderung in den Forderungen der Spieler. Die Crux bei den behandelten Modellen besteht darin, daß sie Theorien eines in bestimmtem Sinne rationalen Verhaltens liefern, das in der Realität in dieser Reinheit nicht vorausgesetzt werden kann.

Eine nichtformalisierte Einbeziehung der Machtkomponente in die Verhandlungstheorien *erfordert eine soziologische und politologische Untermauerung der Modelle*, damit diese nicht in formalen Konstruktionen verharren. Die aufgeführten Mängel der Verhandlungstheorien und die noch mangelnde empirische Anreicherung sind zugleich ein gewichtiger Grund für die engen Grenzen, aus den modelltheoretischen Ableitungen Schlüsse für die Lohnpolitik ziehen zu können (*Zerche*, 1970).

3.3.4 Neuere Theorien des Gewerkschaftsverhaltens

Die vorgestellten Verhandlungstheorien bestimmten die ökonomische Modelldiskussion der Meso-Ebene bis in die siebziger Jahre. Etwa seit Anfang der achtziger Jahre hat sich der Fokus der theoretischen Forschung auf Modelle des Gewerkschaftsverhaltens gerichtet, die in einem mikroökonomischen Ansatz die Verhandlungssituation zwischen einem Arbeitgeber und einer Gewerkschaft abzubilden versuchen. Diese Modelle gehen davon aus, daß die Monopolgewerkschaft wegen allzu großer Realitätsferne nicht Gegenstand einer Theorie kollektiver Lohnverhandlungen sein sollte. An ihre Stelle treten - auch unter dem dominierenden Einfluß der angelsächsischen Literatur - Modelle zur Beschreibung des Verhaltens von Betriebsgewerkschaften.

Auch die neueren Theorien des Gewerkschaftsverhaltens weisen somit konzeptionelle Mängel auf. Aus zwei Gründen muß davor gewarnt werden, den Erklärungswert dieser Modelle insbesondere für die bundesdeutschen Lohnverhandlungen zu überschätzen: Erstens beschränken sich neuere Theorien auf das Gewerkschaftsverhalten, wohingegen eine *Theorie des Verhaltens der Arbeitgeberverbände bislang fehlt* (*Franz*, 1996a, S. 11ff.). Dies hat für die Implikationen der Modelle weitreichende Folgen, insbesondere dann, wenn die Verhandlungsergebnisse keinen maximalen Beschäftigungsstand hervorbringen. Dann nämlich wird die Verantwortung für die Arbeitslosigkeit ausschließlich oder implizit den Gewerkschaften angelastet, was angesichts beiderseitiger Zustimmung zum Verhandlungsergebnis die realen Verantwortlichkeiten verzerrt.

Dies leitet zur zweiten Kritik an den neueren Theorien des Gewerkschaftsverhaltens über. Jene sind Modelle der Verhandlung einer Betriebsgewerkschaft, wie es zwar der angelsächsischen Situation entspricht, nicht jedoch der bundesdeutschen Tarifautonomie. In Deutschland ist der *Betriebsrat per Gesetz eben nicht tariffähig* und nur in wenigen Großunternehmen (z.B. der Volkswagen AG) werden Haustarifverträge vereinbart. Auch wenn in den letzten Jahren unter dem Stichwort der Öffnung von Flächentarifverträgen eine Tendenz zur Konkretisierung des Flächentarifvertrags im einzelnen Unternehmen zu beobachten ist (vgl. die Ausführungen zu 'Verbetrieblichung der Tarifpolitik' in den Abschnitten 2.1.5 und 3.1.3), so kann von einer Tarifverhandlung auf Betriebsebene doch keine Rede sein.

Trotz dieser Kritik werden im folgenden die beiden wichtigsten neueren Theorien des Gewerkschaftsverhaltens vorgestellt (*Smith*, 1994, S. 123 - 131; *Landmann/Jerger*, 1999, S. 152 - 183). Dies sind einerseits die *efficient-bargain-Ansätze*, bei denen Lohnsatz und Beschäftigung in Verhandlungen festgelegt werden und andererseits die *Right-to-manage-Ansätze*, die sich auf die Lohnhöhe als gewerkschaftlichen Aktionsparameter beschränken und konzedieren, daß die Unternehmen die Beschäftigung weitgehend nach ihren Vorstellungen gestalten.

Grundgedanke des *Modells effizienter Verhandlungen* (*McDonald/Solow*, 1981) ist, daß sich sowohl Arbeitgeber als auch Gewerkschaften besser stellen, wenn sie gleichzeitig über Lohn- und Beschäftigungshöhe verhandeln. Mögliche Verhandlungsergebnisse liegen - hier zeigt sich der Rückgriff auf die in diesem Kontext problematische Theorie des bilateralen Monopols - auf einer *Kontraktkurve*, die nach bekanntem Muster der geometrischen Ort aller Tangentialpunkte von zwei Indifferenzkurvenscharen ist (Abbildung 3.25).

Abbildung 3.25: Das Modell effizienter Verhandlungen

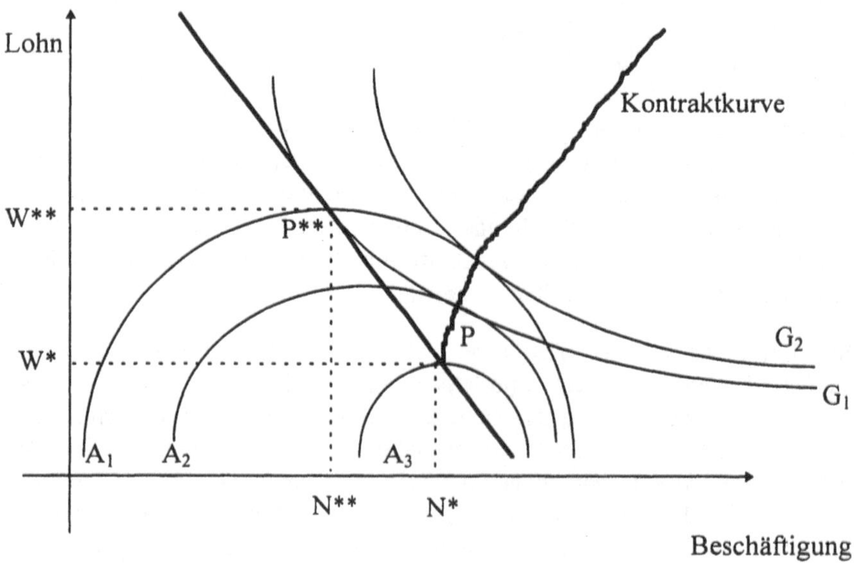

Quelle: *Smith*, 1994, S. 126.

Effiziente Verhandlungen sind in diesem Modell nur in Bezug auf die Präferenzen der Gewerkschaften und der Arbeitgeber effizient. So findet die Bandbreite möglicher effizienter Kombinationsabschlüsse ihre Grenze in der *Indifferenzkurve der Gewerkschaften* (G) und der *Isogewinnkurve der Arbeitgeber* (A). Aus den effizienten Kombinationen, d.h. den Tangentialpunkten von Indifferenzkurven und Isogewinnkurven, läßt sich eine Kontraktkurve konstruieren. Jeder Punkt auf der Kontraktkurve (z.B. P) ist *paretosuperior* gegenüber einem Punkt P** auf der Arbeitsnachfragekurve. Wird ein Punkt auf der Kontraktkurve realisiert, so kann sich keine Partei verbessern, ohne daß sich die Gegenseite verschlechtert.

Je nach den gewerkschaftlichen Präferenzen für Löhne und Beschäftigung und je nach Verlauf der Isogewinnlinien kann die Kontraktkurve eine *positive oder negative Steigung* annehmen oder auch *senkrecht* verlaufen, was weitere Modellvarianten hervorbringt. Das Hauptergebnis der vorstehenden Modellkonstruktion ist, daß bei der Kombination W* und N* eine Lösung existiert, die durch ihre Lage auf der Kontraktkurve paretosuperior ist und zudem für den Arbeitgeber die maximale Isogewinnkurve realisiert. Da umgekehrt die Gewerkschaft in W* N* ein nur geringes Nutzenniveau realisiert, wird die Gewerkschaftsaktivität darauf hinauslaufen, ein höheres Niveau der eigenen Indifferenzkurve zu Lasten der Unternehmensgewinne zu realisieren. Somit liegen die effizienten Verhandlungslösungen ausschließlich auf der Kontraktkurve, d.h. außerhalb der gewinnmaximierenden Arbeitsnachfragekurve der Arbeitgeber. Im Punkt P** würde die Gewerkschaft zwar eine höhere Indifferenzkurve realisieren und der Lohn wäre gestiegen. Gleichzeitig wäre im Gegenzug jedoch das Beschäftigungsniveau deutlich niedriger als in der Lösung bei effizienter Verhandlung. Welches Ergebnis auf der Kontraktkurve schließlich ausgehandelt werden wird, ist von der Lage der Indifferenz- bzw. Isogewinnkurven abhängig, wobei die *Mindestlohnforderungen* der Gewerkschaften bzw. die *Mindestrenditeforderungen* der Kapitaleigner einen Korridor möglicher Ergebnisse definieren.

Ohne empirische Kenntnis der Kurvenverläufe, etwa hinsichtlich der Frage, inwieweit die Gewerkschaften zwischen Lohn und Beschäftigungsniveau abwägen, hat auch das Modell effizienter Verhandlungen *keinen empirischen Aussagewert*. Es stellt sogar mit seinem Rückgriff auf die Kontraktkurve einen *Rückschritt* gegenüber den oben erläuterten Bemühungen der Theorie der Tarifverhandlungen dar, deren Ziel es ja war, das Verhandlungsgeschehen empirisch zu fassen. Darüber hinaus bleibt aus Sicht der bundesdeutschen Verhältnisse die Kritik, daß die skizzierte Verhandlungssituation *eben nicht die realen Gegebenheiten widerspiegelt*.

Realistischer ist daher der *Right-to-manage-Ansatz* (*Manning*, 1987), in dem *ausschließlich der Arbeitgeber über die Höhe des Beschäftigungsniveaus entscheidet*. Selbst wenn die Gewerkschaft den Lohn alleine fixieren kann (weshalb das Modell im deutschen Sprachraum auch Monopolmodell genannt wird), bleibt den Arbeitgebern immer noch die Option der Mengenanpassung an die Isogewinnkurve. Da die Arbeitsnachfragekurve die

Maxima der Isogewinnkurven verbindet, wird das Unternehmen bei jeder von der Gewerkschaft vorgegebenen Lohnhöhe den zugehörigen Punkt auf der Arbeitsnachfragekurve für die Bestimmung der Beschäftigungshöhe wählen.

Im Gegensatz zum Modell effizienter Verhandlungen liegen nun alle realisierten Kombinationen aus Lohn und Beschäftigungshöhe auf der Arbeitsnachfragekurve. Hat beispielsweise die Gewerkschaft die Lohnhöhe P** festgelegt, so ergibt sich ein Beschäftigungsniveau von N**. Gegenüber einer Lösung im Modell effizienter Verhandlungen (etwa P oder ein anderer Punkt auf der Kontraktkurve) ist - als Folge der unangetasteten Gewinnmaximierungsmöglichkeit der Arbeitgeber - *das Beschäftigungsniveau geringer und der Lohn höher*. Immerhin liegt die Lösung des Right-to-manage-Ansatzes auf der Arbeitsnachfragekurve und entspricht definitionsgemäß der Grenzproduktivität des Faktors Arbeit.

Diese Situation ist in Abbildung 3.26 dargestellt.

Versuche, die beiden vorgestellten Modelle des Gewerkschaftsverhaltens empirisch zu testen, stoßen zunächst auf das Problem der Bestimmung der gewerkschaftlichen Indifferenzkurve wie auch der Isogewinnkurve des Arbeitgebers. Zudem müssen die Verhandlungsergebnisse eines Einzelfalls in das Modellschema eingepaßt werden. Angesichts dieser Schwierigkeiten verwundert es nicht, daß ein Überblicksbeitrag zu den empirischen Tests zu dem Ergebnis kommt, daß *keine der beiden Theorien in der Lage ist, die tatsächlich ausgehandelten Löhne und das mit ihnen verbundene Beschäftigungsniveau zur erklären* (*Smith*, 1994, S. 129ff.). Diese Problematik wird um so deutlicher, je anspruchsvoller die Annahmen zu notwendigen Informationen sind. Insbesondere bei der Bestimmung der Kontraktkurve scheinen diese Probleme kaum abschließend überwunden werden zu können. Nochmals sei betont, daß der Erkenntnisfortschritt gegenüber der Theorie der Tarifverhandlungen wenn nicht negativ, so doch zumindest sehr gering ist.

In realen Lohnverhandlungen kommt es höchst selten zu monopolistisch gesetzten Lohndiktaten der Gewerkschaften. Sie werden dadurch noch unwahrscheinlicher, daß bei einem sinkenden gewerkschaftlichen Organisationsgrad und der Schwächung der Gewerkschaftsmacht angesichts von hoher Arbeitslosigkeit von Lohndiktaten de facto keine Rede sein kann. Eher scheinen heute Lohndiktate der Arbeitgeber wahrscheinlich. Angesichts der heutigen Komplexität der Verhandlungsgegenstände in der Tarifpolitik - vgl. das vielschichtige Bemühen um betriebliche und überbetriebliche Bündnisse für Arbeit - geben die vorgestellten Modelle *kaum mehr als Zerrbilder der tarifpolitischen Praxis* wieder.

Abbildung 3.26: Das Right-to-manage-Modell

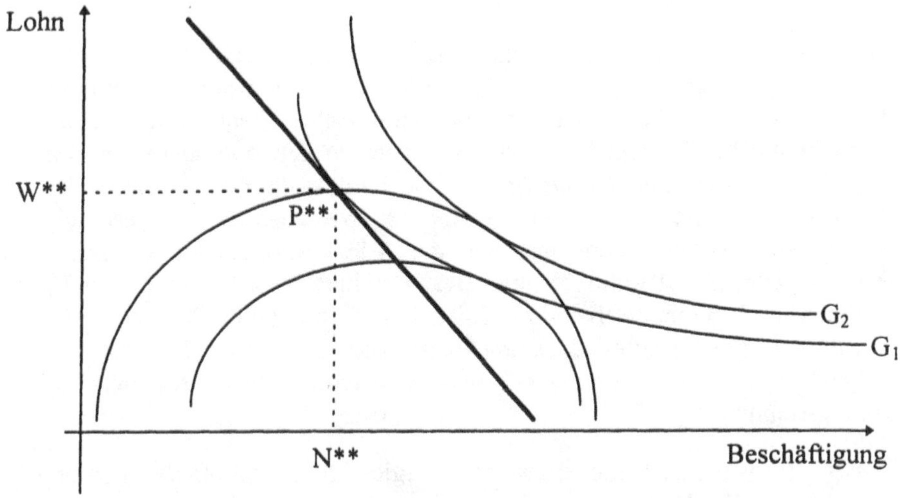

Quelle: *Smith*, 1994, S. 126.

Zwar lassen sich an den Haustarifverträgen der letzten Jahre, die etwa in der deutschen Automobilindustrie auf betrieblicher Ebene Lohnverhandlungen mit Zusagen der Arbeitgeber zur Sicherung der Arbeitsplätze verbunden haben, durchaus Elemente effizienter Verhandlung wiederfinden. Gerade diese komplexen und befristeten Übereinkünfte weisen jedoch in ihrem gesellschaftspolitischen Gehalt gleichzeitig über den Rahmen einfacher mikroökonomischer Verhandlungsmodelle hinaus. Sie werfen die Frage auf, wie hier politische Willensbildung und Verhandlungsstrategien beider Tarifparteien verknüpft sind.

Insgesamt ist daher der Ansicht zuzustimmen, daß sowohl das Modell effizienter Verhandlungen als auch das Monopolmodell keinen befriedigenden theoretischen Erklärungsansatz darstellen. Einmal mehr klaffen Eleganz der deduktiven Argumentation und unzureichende Empirie in einem Ausmaß auseinander, das seitens der Ökonomen *Anlaß zur methodischen Selbstkritik* geben sollte. Die schlichte Feststellung, daß sich die Gewerkschaften in einem grundsätzlichen Zielkonflikt zwischen Entlohnung und Beschäftigung befinden und daß die Höhe der Gewerkschaftsmacht und der sozialen Sicherung bei Arbeitslosigkeit die Lage der Indifferenzkurven beeinflussen, sind „wenig überraschende Resultate" (*Franz*, 1996a, S. 13). Keinesfalls kann eine einseitige Kausalität von Gewerkschaftsverhalten und Unterbeschäftigung konstatiert werden (*Jaeger*, 1996, S. 205). Am Verhandlungstisch sitzen stets zwei Tarifparteien, die beide das Ergebnis letztlich akzeptieren.

3.3.5 Performanceansätze

Der Vorteil der Performanceansätze gegenüber den mikroökonomischen Modellen liegt darin, daß sie vom Ansatz her *empirisch orientiert* sind, d.h. daß sie ihre Modellaussagen aus einer empirischen Beobachtung heraus entwickeln. Die Performanceansätze untersuchen den *optimalen Zentralisierungsgrad von Lohnverhandlungen* und berücksichtigen zudem andere Spezifika der nationalen Arbeitsmarktpolitik, wie etwa die Ausgestaltung des Systems sozialer Sicherung oder die Arbeitsmarktordnungspolitik in ihren Wirkungen auf Lohnhöhe und Beschäftigung. Trotz vielerlei Modifikationen und methodischer Kritik ist das Standardmodell von *Calmfors/Driffill* (1988) zum Zusammenhang von Tarifverhandlungssystem, Lohnhöhe und Beschäftigung der bislang wichtigste Ansatz dieser Forschungsrichtung.

Obwohl die westlichen Industriestaaten vergleichbaren konjunkturellen und strukturellen Einflüssen ausgesetzt sind, stellt sich die Entwicklung makroökonomischer Größen wie Wachstum, Inflation, Beschäftigung und Arbeitslosigkeit seit Mitte der siebziger Jahre in diesen Staaten z.T. sehr uneinheitlich dar. Neben der Diskussion über die Bedeutung von Regulierungen des Arbeitsmarktes hat sich seit Mitte der achtziger Jahre eine intensive Debatte über die Bedeutung der Abschlußebene von Tarifverträgen auf die makroökonomische Performance einer Volkswirtschaft entwickelt. Dieser Untersuchungsgegenstand soll im folgenden aufgegriffen und besonders für die bundesdeutsche Situation geprüft werden.

Als mögliche Abschlußebenen von Tarifverträgen lassen sich grundsätzlich die *betriebliche, sektorale und gesamtwirtschaftliche Ebene* voneinander unterscheiden. In ihnen herrschen typische Verhandlungssituationen vor. Unterstellt man zudem einen neoklassischen Arbeitsmarkt, auf dem die Reallohnhöhe das Beschäftigungsniveau bestimmt, so lassen sich zunächst zwei idealtypische Verhandlungssituationen und Performancehypothesen ableiten.

Betrachtet man zunächst die *betriebliche Ebene*, so wird unterstellt, daß die umfassende Wirkung wettbewerblicher Strukturen bei der Lohnfindung und *betriebsnahe Lohnverhandlungen der Schlüssel für eine knappheitsgerechte und flexible Lohnbildung sind.* Grundlage der Forderung nach betriebsnahen Verhandlungen ist daher die Auffassung, daß Entscheidungen sinnvollerweise auf der Ebene getroffen werden sollen, auf der die dafür notwendigen Informationen anfallen. Umgekehrt formuliert wäre mit einer Verlagerung der Entscheidungsfindung auf eine höhere Entscheidungsebene ein Verlust an Informationen und damit eine Verringerung der Entscheidungsqualität verbunden. Für den Bereich der Tarifpolitik bedeutet dies, daß bei Tarifverhandlungen auf überbetrieblicher Ebene generell mit dem Verlust unternehmensspezifischer Informationen - zum Produktionsablauf und zur Marktsituation - zu rechnen sei, was die Adäquanz des Tarifabschlusses für das einzelne Unternehmen in Frage stellt. Zudem sehen Vertreter dieses Ansatzes die Gefahr ineffizienter Institutionen sowie der Bildung und Etablierung von Verteilungskoalitionen.

Protagonisten *zentralisierter Lohnverhandlungen* halten dagegen eine hohe Zentralisierung von Lohnverhandlungen für überlegen, da die Vertragsparteien dann *auch die gesamtwirtschaftlichen Konsequenzen ihres Handelns in ihr Kalkül miteinbeziehen müssen.* Bei einem Verhandlungsabschluß auf zentraler Ebene haben die Vertragsparteien nämlich einen Großteil der sozialen Kosten, die von ihrem Abschluß ausgehen, selbst zu tragen. Sie werden folglich aus Eigeninteresse bemüht sein, negative Externalitäten ihres Handelns zu internalisieren. In der Literatur werden eine Reihe möglicher negativer externer Effekte diskutiert, die aus der vereinbarten Nominallohnerhöhung für eine Beschäftigtengruppe resultieren können. Dazu zählen inflationäre Tendenzen aufgrund der Versuche von Unternehmen, die höheren Löhne auf Güterpreise zu überwälzen, eine Erhöhung und Verfestigung der Arbeitslosigkeit sowie Kosten der Arbeitslosigkeit für den Staat und die Parafisci.

Der wichtige Beitrag von *Calmfors/Driffill* liegt nun in der Zusammenführung der beiden sich diametral gegenüberstehenden Hypothesen zu einem funktionalen Zusammenhang, der als *inverse U-Kurve* (hump-shape hypothesis) in die Literatur eingegangen ist. Ihre Kernaussage besteht darin, daß - im Rahmen eines als gültig unterstellten neoklassischen Modells - sowohl stark zentralisierte als auch stark dezentralisierte Lohnverhandlungen zu Reallohnzurückhaltung und einem hohen Beschäftigungsniveau führen.

Hingegen wird *intermediären Lohnverhandlungssystemen* die gleiche Fähigkeit abgesprochen, da dort weder die Internalisierungseffekte der Zentralisierung noch die Flexibilität der betrieblichen Lohnfindung auf eine beschäftigungsfördernde Lohnzurückhaltung hinwirken können. Hier trifft sich die Argumentation der inversen U-Kurve mit der Vermutung von *Olson*, daß Interessengruppen dann gesamtwirtschaftlich besonders schädlich sind, wenn sie einerseits bedeutend genug sind, um Einfluß auf gesamtwirtschaftlich relevante Entscheidungen ausüben zu können, andererseits aber zu klein, um von den negativen Wirkungen ihrer Einflußnahme entscheidend getroffen zu werden. Der Zusammenhang wird in Abbildung 3.27 veranschaulicht.

Abbildung 3.27: Die inverse U-Kurve

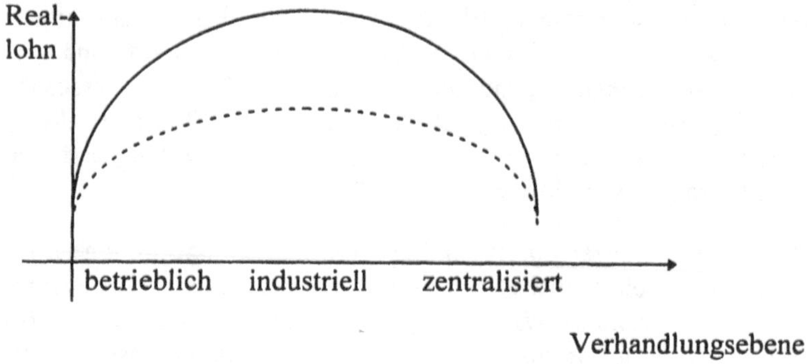

Quelle: Calmfors/Driffill, 1988; eigene Darstellung.

In einem neueren Beitrag hat *Calmfors* (1993, S. 10f.) die Annahme eines einheitlichen funktionalen Zusammenhangs aufgegeben und wichtige Modifikationen der inversen U-Kurve vorgestellt. Sie beziehen sich darauf, daß das Grundmodell auf der völlig unrealistischen Annahme einer geschlossenen Volkswirtschaft beruht und daher vor allem hinsichtlich der *Wettbewerbssituation auf den internationalen Gütermärkten* zu spezifizieren ist. Nimmt man an, daß die Gütermärkte international integriert sind, so bedeutet die damit verbundene Verschärfung des Wettbewerbs auf dem Gütermarkt, daß die Überwälzungsmöglichkeiten für Lohnerhöhungen geringer werden. Da die internationalen Güterpreise nicht durch nationale Lohnveränderungen berührt werden, vermindert sich der Preissetzungsspielraum, der wiederum ausschlaggebend für die negative Beurteilung der intermediären Ebene war. Folglich wird nun auf Branchenabschlüssen ein größerer Druck zur Reallohnzurückhaltung lasten, der zu einer *Verflachung der inversen U-Kurve* führt. Diese ist in Abbildung 3.27 gestrichelt eingezeichnet. *Danthine/Hunt* (1994, S. 539) ziehen daraus den Schluß, daß sich bei fortschreitender Integration die Beschäftigungsverluste einer Volkswirtschaft durch Lohnverhandlungen auf einer 'falschen' Abschlußebene verringern, allerdings um den Preis einer Verschlechterung der terms of trade des Inlandes.

Eine weitere wichtige Modifikation tritt dann auf, wenn man das einfache Schema der inversen U-Kurve verläßt und Lohnverhandlungen *gleichzeitig auf mehreren Abschlußebenen* konzediert. Diese Modifikation bringt nicht nur einen fruchtbaren Zugang etwa zur bundesdeutschen Situation, sie erfordert auch modifizierte Aussagen zur Performance. So weisen *Gerlach/Meyer* (1995, S. 385f.) auf ein Phasenschema hin, da auf die Lohnverhandlungen auf zentraler und intermediärer Ebene noch die (Verhandlungen über) Lohnaufstockungen auf Unternehmensebene folgen. Bereits oben wurde jene *Lohnspanne* zwischen Tariflöhnen und tatsächlichen Löhnen als *Effizienzlohn* interpretiert und quantitativ geschätzt (vgl. Abschnitt 3.1.3). Damit wird die Existenz der Lohnspanne zum Indikator dafür, daß die bundesdeutschen Verhandlungen auf der intermediären Ebene durchaus noch Spielraum für jene Unternehmen geben, die überdurchschnittliche Löhne zahlen wollen und können. Die theoretische Analyse des Zusammenhangs von Abschlußebene und Reallohn wird durch dieses Element der Unsicherheit weiter erschwert, und es werden weitere Fragen aufgeworfen. Ist die Lohnspanne Ausdruck betrieblicher Motivationspolitik im Sinne von Effizienzlöhnen, so stellen Effizienzlöhne ein wichtiges Element tarifpolitischer Flexibilität dar. Gleichzeitig wäre jedoch zu prüfen, ob durch Effizienzlöhne das gewerkschaftliche Bemühen um eine Lohnzurückhaltung (als gesamtwirtschaftliche Rücksichtnahme auf die Beschäftigungssituation) konterkariert wird.

Eine abschließende Beurteilung des Ansatzes von *Calmfors/Driffill* sollte zunächst bei den Grundannahmen des Modells ansetzen. Zunächst ist der Ansatz explizit neoklassisch konzipiert, d.h. von einer Senkung des Reallohns wird erwartet, daß sie das Beschäftigungsniveau erhöht. Eine solche Hypothese zählt zum Kernbestand der *angebotsorientierten Beschäftigungspolitik* und ist dementsprechend kontrovers. Zumindest ist bei solcherlei Vereinfachungen analytische Vorsicht geboten und Skepsis gegenüber den wirtschaftspolitischen Implikationen ratsam. Verwiesen sei hier nur auf die keynesianische Argumentation der Bedeutung der Binnennachfrage für die beschäftigungswirksamen Investitionen der Unternehmen sowie darauf, daß höhere Reallöhne auch als 'Produktivitätspeitsche' wirken. So wie niedrige Reallöhne helfen können, die Beschäftigungswirkungen des Strukturwandels abzufedern, so können hohe Reallöhne dem Strukturwandel selbst Impulse verleihen.

Zudem ist auch am grundsätzlichen Ansatz, den Zentralisierungsgrad von Tarifverhandlungen als alleinige unabhängige Variable zur Bestimmung des Beschäftigungsstandes zu messen, vielfältige methodische Kritik geäußert worden. Zum einen ist schon die Bildung einer *Rangfolge* der Länder nach ihrem Zentralisierungsgrad *in hohem Maße beliebig*, zum anderen sind die empirischen Ergebnisse *statistisch kaum signifikant* (*Rolle/van Suntum*, 1997, S. 47). Erst durch einen weitergehenden Ansatz, der etwa nationale Sonderentwicklungen des Beschäftigungsstandes sowie den Organisationsgrad der Tarifparteien sowie Grade der Koordination zwischen Tarifparteien und -ebene zu berücksichtigen hätte, könnte hier Klarheit geschaffen werden. Eine abschließende Bewertung der inversen U-Kurve ist angesichts der methodischen Probleme der *notwendigen Erfassung der Struktur- und Verhaltensparameter* kaum möglich. Das Verdienst von *Calmfors/Driffill*, das Problem des optimalen Zentralisationsgrades auf eine theoretische

Grundlage zu stellen, steht (bisher jedenfalls) in einem umgekehrten Verhältnis zu seiner empirischen Signifikanz (*Franz*, 1996a, S. 14).

Hinzu tritt als letzter Kritikpunkt, daß selbst dann, wenn man die Position etwa der Bundesrepublik auf der inversen U-Kurve exakt bestimmen könnte, noch die Frage der Politikberatung offen bliebe, in welche Richtung denn nun Reformen durchgeführt werden sollten. Theoretisch gesehen sind nach *Calmfors/Driffill* Zentralisierung oder Dezentralisierung des Tarifsystems gleichwertige Alternativen der *an sich offenen Zielrichtung*. Allerdings gehen die wirtschaftspolitischen Vorschläge der letzten Jahre überwiegend dahin, sich eher in Richtung auf Dezentralisierung zu bewegen, auch wenn dies mit genannten Gefahren (selektiv höhere Löhne führen zur Abschöpfung von Pioniergewinnen in profitablen Unternehmen, was den Strukturwandel erschwert) verbunden ist. In der Bundesrepublik wird meist die Ansicht vertreten, daß durch pfadabhängige, graduelle Reformen die Flexibilität der Flächentarifverträge hinreichend erhöht werden kann (*Gerlach/Meyer*, 1995, S. 383). Andererseits weisen Vorschläge eines neuen Bündnisses für Arbeit auch in die andere Richtung, d.h. einem konzertierten Vorgehen der Tarifparteien und des Staates zum Abbau der Arbeitslosigkeit. Eine umfassende ökonomische Performanceanalyse müßte diese beiden sich widersprechenden Aspekte bei ihrer Politikberatung berücksichtigen.

3.4 Ansätze einer Integration zum 'Konsensmodell' der Arbeitslosigkeit

Zum Abschluß des Kapitels zur Arbeitsmarkttheorie wird im folgenden erneut der Fokus auf das Problem der Arbeitslosigkeit gelegt. Im letzten Abschnitt des vorliegenden Buches wird damit versucht, Empirie, Politik und Theorie zusammenzuführen.

In den letzten Jahren sind verstärkt Versuche unternommen worden, neoklassische und keynesianische Theorien der Arbeitslosigkeit unter Rückgriff auf ihre neueren Modifikationen und in ihrer *modernen mikroökonomischen Fundierung* zusammenzuführen (zur deutschen Rezeption vgl. auch *Sesselmeier/Blauermel*, 1997, S. 257 - 266; *Franz*, 1996a, S. 9 - 39). Es scheint, daß sich aufgrund der neuen mikroökonomischen Fundierung „hinter allen wilden Divergenzen und Moden doch eine einheitliche Grundstruktur makroökonomischen Denkens herausgebildet hat, ein 'makroökonomischer Analyserahmen'. ... In diesem Rahmen wird unfreiwillige Arbeitslosigkeit mit einer inflationsstabilen Arbeitslosenrate erklärt, die sich aus der Lohn- und Preisbildung auf imperfekten Märkten ergibt. Dafür gibt es jedenfalls ... einigermaßen befriedigende theoretische Begründungen." (*Vogt*, 1996, S. 239). Diese Entwicklungen seien abschließend kurz skizziert.

Ein bekannter Integrationsversuch zur *Theorie der Arbeitslosigkeit* ist von *Layard, Nickel und Jackman* (1991, 1994) entwickelt worden. Mit ihr versuchen die Autoren, bekannte Bausteine der ökonomischen Theorie mit empirischen Beobachtungen zusammenzuführen, d.h. eine Theorie zu entwikkeln, die Theorieelemente von Beschäftigungsschocks, Transferwirkungen, Verhandlungstheorien und anderem enthält. Ausgangspunkt dafür ist die Beobachtung, daß die Arbeitslosenquote weitaus *stärker zwischen den Konjunkturzyklen variiert als innerhalb der Konjunkturzyklen.*

Eine Theorie der Arbeitslosigkeit ist daher - und das ist der Kern des neuen Konzeptes - weniger auf konjunkturelle Phänomene gerichtet als auf ihr *sprunghaftes Ansteigen und die dann folgende Verfestigung* (*Layard/Nickel/Jackman*, 1994, S. 4.). Auf einem beliebigen *Verfestigungsniveau* kann dann die Arbeitslosenquote einen Wert erreichen, der im Zuge einer Begrenzung der gewerkschaftlichen Lohnforderung die Inflationsrate stabilisiert. Diese inflationsstabile Arbeitslosenquote (Sockelarbeitslosigkeit) wurde bereits oben (Abschnitt 2.3.1.3) als NAIRU eingeführt und näher erläutert. Nochmals sei betont, daß die NAIRU kein markträumendes, *walras*ianisches Gleichgewicht abbildet: „This concept of equilibrium has nothing to do with the concept of 'market-clearing', any more than the equilibrium of a system of pulleys has to do with market-clearing. It simply represents the state to which the system will tend to return after a disturbance" (*Layard/Nickel/Jackman*, 1994, S. 11f.). Langfristig gesehen ist die NAIRU *abhängig von sozio-ökonomischen Variablen* wie schockartigem Wandel, dem System der sozialen Sicherung und dem Tarifverhandlungssystem. Hat sich die tatsächliche Arbeitslosenquote von der NAIRU entfernt, so braucht es einige Zeit, bis sie auf ihr Niveau zurückkehrt.

Das Integrative und eigentlich Innovative des Konzepts zeigt sich in der expliziten *Abkehr von monokausalen Ansätzen*, d.h. in der Vermutung, daß Arbeitslosigkeit vielfältige Ursachen und Erscheinungsformen haben kann (*Smith*, 1994, S. 223ff.). Bereits die wenigen Ausführungen zum Ansatz von *Layard/Nickel/Jackman* sollten deutlich gemacht haben, daß von den Autoren Elemente der *klassischen* mit Elementen der *keynesianischen* Theorie der Arbeitslosigkeit *kombiniert* werden. Ausdrücklich heben sie hervor: „There is no point trying to label this theory as Keynesian or classical. It has classical elements (the NAIRU) and it has Keynesian elements (the role of demand and persistence). So it is best to avoid those terms, which mean something different to the reader" (*Layard/Nickel/Jackman*, 1994, S. 15).

Ohne hier auf Details eingehen zu können, ist es fraglos richtig, daß sich klassische, keynesianische und strukturelle Arbeitslosigkeit nicht im Grundsatz ausschließen, sondern in verschiedenen historischen Situationen aufgetreten sind und auch zukünftig nebeneinander auftreten werden. Eine zentrale Rolle spielt dabei die Frage, wie die Volkswirtschaften auf exogene Schocks reagieren und was die Bestimmungsgründe der national unterschiedlichen Persistenz und Struktur von Arbeitslosigkeit sind. Ein konkretes nationales Niveau an Arbeitslosigkeit kann dann - idealtypisch - in seine Ursachen *in Prozent der Einflußfaktoren zerlegt* werden (*Layard/Nickel/Jackman*, 1991, S. 55). Dies Verfahren mag im Detail strittig sein, gibt jedoch der weiteren Diskussion eine gute Grundlage. Nach Ansicht der Autoren gelingt es, mit *sechs institutionellen Variablen* (Dauer der Arbeitslosenunterstützung, Umschlagshäufigkeit, Anteil aktiver Arbeitsmarktpolitik, Zentralisierungsgrad der Lohnverhandlung, Koordinationsgrad zwischen Gewerkschaften, Koordinationsgrad zwischen Beschäftigten sowie Veränderungsrate der Inflation) über 92 Prozent der Unterschiede zwischen den nationalen Arbeitslosenquoten zu erklären.

Von besonderem Interesse ist diese Auflistung, da sie *Aspekte einschließt, die in beiden Schulen seitens ihrer orthodoxen Vertreter als 'Tabuthemen' behandelt werden.* Ein Abbau der Arbeitslosigkeit kann demnach sowohl durch eine Verkürzung der Anspruchsdauer auf Arbeitslosenunterstützung als auch durch aktive Arbeitsmarktpolitik, sowohl durch eine Dezentralisierung der Lohnverhandlung als auch durch Koordination zwischen den Gewerkschaften realisiert werden. Die Bekämpfung der Arbeitslosigkeit ist keine Frage von mehr oder weniger staatlicher Intervention, sondern eine Frage des situationsadäquaten Instrumentariums.

Auch der strukturalistische Ansatz zur Erklärung der Arbeitslosigkeit nach *Phelps* (1994, 1995) sowie ähnlich auch *Lindbeck* (1993) und *Paqué* (1998,

S. 29ff.) stellen das Zusammenspiel externer angebots- und nachfrageseitiger *Schocks* mit Mechanismen der *Persistenz* in den Mittelpunkt der neueren Arbeitsmarkttheorie. An die Stelle der NAIRU setzt *Phelps* die QERU, d.h. die sich langfristig einstellende, quasi-gleichgewichtige Arbeitslosenquote. Um diese endogen erklären zu können, werden informationsbedingte Unvollkommenheiten auf den Arbeits- und Gütermärkten analog modelliert und in einem allgemeinen Gleichgewichtsmodell integriert. Führt man zusätzlich Angebots- und Nachfrageschocks ein, so lassen sich die Auswirkungen auf die Höhe der Arbeitslosigkeit analysieren (vgl. als Überblick zum strukturalistischen Ansatz *Stadler*, 1996).

Beispiele solcher *Angebots- und Nachfrageschocks* sind sprunghafte Entwicklungen des technischen Fortschritts (z.B. Einführung der Mikroelektronik), das Ausscheiden und der Neueintritt von Unternehmen in den Markt, Preisschocks bei Importprodukten (z.B. Erdöl), Steuererhöhungen, sprunghaft verbesserte Sozialtransfers (z.B. Arbeitslosenversicherung mit entsprechend höheren Lohnforderungen) oder kollektiv verhandelte Lohnerhöhungen, sofern sie nicht durch Produktivitätsfortschritte gedeckt sind (z.B. als Ausgleich von Kaufkraftverlusten). Jene Schocks sind ex definitione unvorhersehbar und in diesem Sinne unvermeidlich.

Der Fokus der weiteren Untersuchung liegt daher auf der Frage, warum sich die einmal entstandene Arbeitslosigkeit *verfestigt* und sie nicht bald wieder abgebaut wird. Hier nun fällt ins Gewicht, daß die neuere mikroökonomische Theorie des Arbeitsmarktes einen wesentlichen Beitrag zur Erklärung der Persistenz von Arbeitslosigkeit geleistet hat. Dieser Beitrag liegt nach neuerem Verständnis eben nicht in einer Erklärung des Entstehens von Arbeitslosigkeit durch überhöhte Löhne aus dem Marktprozeß heraus (*Knappe*, 1998, S. 174). Er liegt vielmehr darin, daß die *Effizienzlohn- sowie die Insider-Outsider-Theorien* erklären können, warum die Arbeitslosen nicht den Marktlohn unterbieten und somit wieder in den Arbeitsmarkt eintreten können. Den Outsidern ist nach einem schockartigen Ansteigen der Arbeitslosigkeit keine Möglichkeit gegeben, durch Unterbieten der Marktlöhne den induzierten Produktivitätsanstieg zu durchbrechen.

Durch die Identifizierung und explizite Modellierung der Marktunvollkommenheiten gelingt der neueren Arbeitsmarkttheorie eine *entscheidungstheoretische Fundierung*, die für die beschäftigungspolitischen Folgerungen neue und teilweise überraschende Erkenntnisse bringt. So führt beispielsweise ein Anstieg der Realzinsen und eine geringere Arbeitsnachfrage keineswegs zwangsläufig zu sinkenden Reallöhnen, sondern - entsprechend der Effizienzlohnhypothese - zu einer Mengenanpassung und steigender Arbeitslosenquote. Sofern eine staatliche Nachfragestimulation mit steigenden Realzinsen verbunden ist, kann diese daher sogar kontraktive Beschäftigungseffekte hervorrufen.

Von besonderer Bedeutung sind daher die Folgerungen für die Arbeitsmarkt- und Beschäftigungspolitik, die sich aus der neueren Arbeitsmarkttheorie (vgl. etwa *Lindbeck*, 1993, S. 135 - 169) ableiten lassen. Wie oben bereits vermerkt, stehen nun nicht mehr die kurzfristigen Fluktuationen der Arbeitslosigkeit im klassischen Konjunkturzyklus im Mittelpunkt des Interesses, sondern die umfassenden und einzigartigen ökonomischen Schocks und die ihnen folgende Persistenz von Arbeitslosigkeit.

Vor diesem Hintergrund wäre zunächst an eine *Ursachenbekämpfung* gegenüber dem Auftreten der Angebots- und Nachfrageschocks zu denken, da hier umfassende Anstrengungen lohnen. Die Kosten einer Politik zur Vermeidung solcher Schocks (internationale Koordination staatlichen Nachfragemanagements und kompensatorischer Steuerpolitik) wären zwar erheblich, vermutlich jedoch geringer als die Kosten zur Überwindung persistenter Arbeitslosigkeit. Ausschlaggebend für die Skepsis gegenüber einer solchen Politik sind daher die bekannten Zweifel an der praktischen Umsetzung notwendiger Maßnahmen seitens der Politik.

So bleibt unter dem Primat eines Abbaus der Arbeitslosigkeit letztlich doch nur der Weg zur *Überwindung von Verfestigungstendenzen am Arbeitsmarkt*, der in einer kombinierten Strategie aus Schwächung der Insider einerseits und einer Stärkung der Outsider andererseits besteht (vgl. zum Bezug auf die bundesdeutsche Situation *Funk/Knappe*, 1996, S. 55f.).

Die Strategie einer *Schwächung der Insider* meint eine strukturelle Begrenzung des Lohnerhöhungsspielraums der Arbeitsplatzbesitzer durch Abbau von Arbeitsschutzgesetzen, durch Schwächung der Tarifparteien mittels eines Vetorechts der Arbeitslosen sowie durch Zulassung eines Niedriglohnsektors. Diese Ansatzpunkte sind indes ordnungspolitisch und wohlfahrtsökonomisch problematisch, da sie - was häufig übersehen wird - die Position der 90 Prozent der erwerbstätigen Erwerbspersonen nachhaltig schwächen. Eine pauschale Verminderung der Insidermacht geht auch insofern an der Problematik vorbei, da sich das Problem struktureller Arbeitslosigkeit auf den Teil der Erwerbspersonen mit geringer Qualifikation konzentriert und die Unternehmen bereits heute die unteren Lohngruppen kaum besetzen. Zudem könnte eine dauerhafte Niedriglohnstrategie der Position Deutschlands im internationalen Wettbewerb langfristig schaden (vgl. zur kritischen Würdigung *Entdorf*, 1996, S. 165 und *Heise*, 1998, S. 262ff.).

Erfolgversprechender scheint daher der Ansatz, die *Position der arbeitslosen Outsider zu stärken*, indem Einstellungshindernisse überwunden werden. Instrumente hierzu wären die Förderung von Unternehmensneugründungen und insbesondere die Erhöhung von Anreizen zur Arbeitsaufnahme für Langzeitarbeitslose. Hierfür lassen sich internationale Erfahrungen (*Rolle/van Suntum*, 1997 sowie Abschnitt 2.3.6) nutzen. Dies wiederum bedeutet, die Brückenfunktion der Arbeitsmarktpolitik (vgl. *Schmale/Schönig*,

1998, S. 16) zur Wiedereingliederung in den ersten Arbeitsmarkt zu stärken, d.h. Fehlanreize (Armutsfallen) im System sozialer Sicherung zu beheben und gleichzeitig in Fortbildung und Umschulung der Arbeitslosen zu investieren.

Integrierte Konzepte zur Bekämpfung der Arbeitslosigkeit sind nicht paretosuperior, sondern mit erheblichen *Verteilungskonflikten* - zwischen Insidern und Outsidern sowie innerhalb dieser Gruppen - verbunden. Eine Verschiebung der Verteilungsrelationen kann nur und insoweit gerechtfertigt werden, wie sie dem Ziel dienen, wieder einen dauerhaften Ausgleich von Angebot und Nachfrage auf dem Arbeitsmarkt herbeizuführen. Hier sind von der Politik Abwägungen zwischen einzelnen Zielen gefordert, die nur situativ, d.h. angesichts eines konkreten Ausmaßes und einer Struktur der Arbeitslosigkeit getroffen werden können. Ist Vollbeschäftigung erreicht, so stellt sich der Arbeitsmarktpolitik eine grundsätzlich andere Situation im Konflikt zwischen Insidern und Outsidern als in Zeiten hoher struktureller Arbeitslosigkeit. Über die politischen Prioritäten wird in einer rationalen Politik situativ nach dem höchsten Grenzertrag einer Maßnahme entschieden, wobei immer zu bedenken ist, daß auch das arbeitsmarktpolitische Instrumentarium zu- und abnehmenden Ertragszuwächsen beim Mitteleinsatz unterliegt (vgl. mit Bezug zur allgemeinen Sozialpolitik *Winterstein*, 1969, S. 217).

Angesichts der neueren Entwicklungen der Arbeitsmarkttheorie liegen die Perspektiven erfolgreicher Arbeitsmarkt- und Beschäftigungspolitik mit Sicherheit *nicht in der Fixierung auf ein Patentrezept* angebots- oder nachfragetheoretischer Provenienz. Das unverbundene Nebeneinander der verschiedenen mikro- und makroökonomischen Ansätze bringt zwar einen Reichtum an empirischen Ergebnissen hervor, kann jedoch die Politikberatung überfordern.

Auf einen Nenner gebracht, läßt sich der Stand der Forschung mit *Franz* (1996a, S. 39) wie folgt skizzieren: „Der Gütermarkt ist durch Schwankungen der Produktion gekennzeichnet, ausgelöst durch Fluktuationen in der gesamtwirtschaftlichen Nachfrage und Verschiebungen aufgrund eines Strukturwandels. Unternehmen verändern daraufhin ihren Arbeitseinsatz, und zwar bei trägen Preisen als Folge von Anpassungskosten bei unvollständiger Information. Auf dem Arbeitsmarkt sind ebenfalls unzureichende Anpassungsgeschwindigkeiten zu verzeichnen, sei es, daß der qualifikatorische und regionale Mismatch nur allmählich abgebaut wird, sei es durch eine inflexible Lohnbildung. Als Folge bildet sich allmählich eine Persistenz von Arbeitslosigkeit heraus, weil Arbeitslose tatsächlich oder vermeintlich um so weniger produktiv sind, je länger ihre Arbeitslosigkeitsdauer anhält." Jenseits dieser groben Skizze sind indes auch nach Ansicht von *Franz* die Gründe für das beängstigende Persistenzverhalten der Arbeitslosigkeit „sowohl theoretisch wie auch empirisch weit davon entfernt, einigermaßen zuverlässig geklärt zu sein" (*Franz*, 1996b, S. 171). Dabei besteht das Problem der Forschung nicht so sehr in einem Mangel an theoretischen Hypothesen als vielmehr in deren exakter empirischer Prüfung. In der Praxis führt dies zu einer Verwendung von Hilfsvariablen, die dann keine klare Differenzierung zwischen den Theorien ermöglichen. Es läßt sich daher die Aussage vertreten, daß es eine Vielzahl von ineinandergreifenden Ursachen der Arbeitslosigkeit gibt, die wiederum nicht mit einem einzigen Instrument bekämpft werden können. Schon daher empfiehlt sich „eine graduelle und gemischte Strategie, welche alle Elemente enthält, aber mit Augenmaß anstatt mit Radikalkuren betrieben wird" (*Franz*, 1996b, S. 172).

So einsichtig ein integrierter Ansatz zur Erklärung der Arbeitslosigkeit auch ist, so ist auch er für eine erfolgversprechende Politikberatung nicht unproblematisch. Eine mögliche Gefahr liegt darin, daß aus dem integrierten Ansatz die Existenz eines an sich überlegenen Politikmodells abgeleitet wird (*Sesselmeier/Blauermel*, 1997, S. 264ff.), welches - entsprechend Max *Weber*s Vermutung einer 'okzidentalen Art der Weltbeherrschung' - als Blaupause in allen entwickelten Industriestaaten implementiert werden müsse.

Eine solche Forderung übersieht die *Realität länderspezifischer Eigenheiten*, die im allgemeingültigen Makromodell nur unzureichend erfaßt werden. Folgerichtig müßten diese Eigenheiten *explizit* in die Modelle eingeführt werden. Die heutige Praxis, wonach Spezifika der angelsächsischen Situation (z.B. die Betriebsgewerkschaft als Organisation von Insidern) *implizit* verallgemeinert werden, verdeckt den Blick auf die Funktionsweise anderer institutioneller Systeme (z.B. die bundesdeutschen Branchengewerkschaften und Flächentarifverträge).

Damit liegen abschließend die Herausforderungen der Fortentwicklung der Arbeitsmarktpolitik und -theorie - nach wie vor - in der *integrierten Betrachtung von analytischer und institutioneller Arbeitsökonomik* (vgl. Abschnitt 1.1). Aus der Theorie der Arbeitsbeziehungen unter Berücksichtigung der gewachsenen formalen und informellen Institutionen ergeben sich vielfältige, landesspezifische arbeitsmarkt- und beschäftigungspolitische Optionen sowie die Vermutung, daß die Integrationsversuche der neueren Arbeitsmarkttheorie vor allem eine solide Grundlage der weiteren Forschung geschaffen haben.

LITERATURVERZEICHNIS

Ackley, Gardner (1961): Macroeconomic Theory, New York.

Addison, John T., Welfens, Paul J. J. (1998): Labor Markets and Social Security, Wage Costs, Social Security Financing and Labor Market Reforms in Europe, Berlin u.a.

Afheldt, Horst (1994): Wohlstand für niemand?, Die Marktwirtschaft entläßt ihre Kinder, München.

Arbeitsgruppe Alternative Wirtschaftspolitik (1983): Memorandum 1983, Qualitatives Wachstum, Arbeitszeitverkürzung, Vergesellschaftung, Alternativen zu Unternehmerstaat und Krisenpolitik, Köln.

Arbeitsgruppe Alternative Wirtschaftspolitik (1987): Memorandum 1987, Am Beginn des Abschwungs, Mit Arbeitszeitverkürzung und Umweltprogrammen gegen die Krise, Köln.

Arndt, Erich (1953): Die Lohnpolitik in einzel- und gesamtwirtschaftlicher Sicht, Stuttgart/Düsseldorf.

Ashenfelter, Orley, Heckman, James J. (1974): The Estimation of Income and Substitution Effects in a Model of Family Labor Supply, in: Econometrica, Jg. 42, S. 73 - 85.

Auer, Peter (1995): Das amerikanische Beschäftigungswunder, in: Beschäftigungsobservatorium, 42. Jg., Nr. 49, S. 21 - 31.

Autorengemeinschaft des IAB (1998): Der Arbeitsmarkt in der Bundesrepublik Deutschland in den Jahren 1997 und 1998, in: Mitteilungen aus der Arbeitsmarkt- und Berufsforschung, 31. Jg., H. 1, S. 5 - 57.

Bach, Heinz W. (1990): Die Langzeitarbeitslosigkeit in der Bundesrepublik Deutschland, Teil 1, Entstehung und Ausmaß, Teil 2, Betroffenheit, Ursachen und Ansätze zur Therapie, in: Sozialer Fortschritt, 39. Jg., H. 5 bzw. H. 6, S. 112 - 116 bzw. S. 129 - 135.

Bäcker, Gerhard, Naegele, Gerhard (1995): Ältere Arbeitnehmer zwischen Langzeitarbeitslosigkeit und Frühverrentung, in: WSI-Mitteilungen, 48. Jg., H. 12, S. 777 - 784.

BAG, AP, Nr. 5, Entscheidung vom 26. 2. 1964.

Bauer, Frank, Groß, Hermann, Schilling, Gabi (1996): Arbeitszeit '95, Arbeitszeitstrukturen, Arbeitszeitwünsche und Zeitverwendung der abhängig Beschäftigten in West- und Ostdeutschland, Resultate einer aktuellen Repräsentativbefragung bei abhängig Beschäftigten in West- und Ostdeutschland, Gutachten im Auftrag des Ministeriums für Arbeit, Gesundheit und Soziales des Landes Nordrhein-Westfalen, Düsseldorf.

Becker, Irene (1998): Vergleich und Bewertung alternativer Grundsicherungskonzepte, in: WSI-Mitteilungen, 51. Jg., H. 11, S. 747 - 757.

Bergmann, Joachim, Jacobi, Otto, Müller-Jentsch, Walter (1979): Gewerkschaften in der BRD, Gewerkschaftliche Lohnpolitik zwischen Mitgliederinteressen und ökonomischen Systemzwängen, Studienreihe des Instituts für Sozialforschung, Bd. 1, 3. Auflage, Frankfurt a.M.

Berthold, Norbert, Hank, Rainer (1999): Bündnis für Arbeit: Korporatismus statt Wettbewerb, Tübingen.

Bilimovic, Aleksandr (1943): Der Preis bei beiderseitigem Monopol, in: Weltwirtschaftliches Archiv, S. 312 - 363.

Birk, Angela, Gries, Thomas (1997): Amerikanisches Job-Wunder versus deutsches Produktivitätswunder, in: Wirtschaftsdienst, 77. Jg., H. 2, S. 99 - 106.

Bispinck, Reinhard, WSI-Tarifarchiv (1996): Vom Lohnstreik zum 'Bündnis für Arbeit', in: WSI Mitteilungen, Jg. 49, H..3, S. 141 - 165.

Blazek, Alfred (1970): Die Wirkung der Besteuerung auf das Arbeitsangebot, Volkswirtschaftliche Schriften, H. 144, Berlin.

Bohnet, Armin, Schratzenstaller, Margit (1998): Beschäftigungstheorien, Vom Keynesianischen Paradigma zur „Konvergenz“ neoklassischer und keynesianischer Theorieelemente bei der Erklärung gesamtwirtschaftlicher Beschäftigungsdefizite, in: Wirtschaftswissenschaftliches Studium, H. 12, S. 602 - 609.

Borjas, George J. (1996): Labor Economics, New York.

Bosch, Gerhard (1987): Entkoppelung von Arbeits- und Betriebszeiten, in: WSI-Mitteilungen, 40. Jg., H. 12, S. 713 - 726.

Bosch, Gerhard (1998): Anmerkungen zum 'Neuen Bericht an den Club of Rome, „Wie wir arbeiten werden“', in: Vierteljahreshefte zur Wirtschaftsforschung, 67. Jg., H. 4, S. 259 - 271.

Bredemeyer, Willi (1976): Lohnbestimmung durch organisationspolitische Größen, Berlin.

Brenner, Otto (1965): Gewerkschaftliche Dynamik in einer sich wandelnden Welt, Schriftenreihe der IG Metall, Bremen.

Brentano, Lujo (1871 und 1872): Die Arbeitergilden der Gegenwart, Leipzig.

Bretschneider, Joachim, Husmann, Jürgen, Schnabel, Fritz (1970ff.): Handbuch einkommens-, vermögens- und sozialpolitischer Daten, Loseblattsammlung, Köln.

Brinkmann, Gerhard (1984): Ökonomik der Arbeit, Bd. 3, Die Entlohnung der Arbeit, Stuttgart.

Büchtemann, Christoph F., Neumann, Helmut (Hrsg.) (1990): Mehr Arbeit durch weniger Recht?, Chancen und Grenzen der Arbeitsmarktflexibilisierung, Berlin.

Bundesministerium für Arbeit und Sozialordnung (1997): Statistisches Taschenbuch 1997, Bonn.

Buttler, Friedrich, Kühl, Joachim, Rahmann, Bernd (Hrsg.) (1985): Staat und Beschäftigung, Angebots- und Nachfragepolitik, in: Theorie und Praxis, Beiträge zur Arbeitsmarkt- und Berufsforschung, Bd. 88, Nürnberg.

Calmfors, Lars (1993): Centralisation of Wage Bargaining and Macroeconomic Performance, A Survey, OECD, Economics Department, Working Papers No. 131, Paris.

Calmfors, Lars, Driffill, John (1988): Bargaining structure, corporatism and macroeconomic performance, in: Economic Policy, No. 6, S. 14 - 61.

Carell, Erich (1956): Arbeit, in: Handwörterbuch der Sozialwissenschaften, Bd. 1, Stuttgart/Tübingen/Göttingen, S. 229 - 234.

Cartter, Allan M., Marshall, F. Ray, King, Allen G. (1973): Labor Economics, Wages, Employment and Trade Unionism, Homewood/Ill.

Clasen, Lothar (1998): Innovative Vertragspolitik, in: Bundesarbeitsblatt, H. 4, S. 5 - 12.

Coddington, Alan (1968): Theories of the Bargaining Process, University of York Studies in Economics 2, London.

Cross, John G. (1965): A Theory of the Bargaining Process, in: American Economic Review, 55, S. 67 - 94.

Dall'Asta, Eberhard R. (1971): Theorie der Lohnpolitik, Berlin.

Danthine, Jean-Piere, Munt, Jennifer (1994): Wage Bargaining Structure, Employment and Economic Integration, in: The Economic Journal, May 1994, S. 528 - 541.

Däubler, Wolfgang (1974): Das soziale Ideal des BAG, Referat auf der Tagung der IG Metall „Streik und Aussperrung" im Sept. 1973, in: Kittner, Michael (Hrsg.): Streik und Aussperrung, Frankfurt a.M./Köln, S. 411 - 522.

Deutsches Institut für Wirtschaftsforschung (1998): Grundlinien der Wirtschaftsentwicklung, Wirtschaftspolitische Überlegungen, DIW-Wochenbericht, H. 1, Berlin.

Diehl, Karl, Momberg, Rupprecht (Hrsg.) (1919): Ausgewählte Lesestücke zum Studium der politischen Ökonomie, 2. Bd., Der Arbeitslohn, Karlsruhe.

Dittmar, Rupprecht (1974): Lohn- und Vermögensverteilung, Göttingen.

Dornbusch, Rüdiger, Fischer, Stanley (1987): Makroökonomik, 3. Auflage, München/Wien.

Düll, Herbert, Ellguth, Peter (1999): Atypische Beschäftigung, Arbeit ohne betriebliche Interessenvertretung?, Empirische Analysen mit dem IAB-Betriebspanel zum Einfluß von Betriebsräten auf befristete und geringfügige Beschäftigung, in: WSI-Mitteilungen, 52. Jg., H. 3, S. 165 - 176.

Dunlop, James T. (1950): Wage Determination under Trade Unions, New York.

Eckert, Gerhard (1996): Wie hoch ist die Arbeitslosigkeit tatsächlich?, in: Universitas, 51. Jg., H. 9, S. 900 - 909.

Edgeworth, Francis Y. (1881): Mathematical Psychics, London.

Ehrenberg, Ronald G., Smith, Robert S. (1994): Modern Labor Market Economics, Theory and Public Policy, New York.

Eichhorst, Werner (1999): Die beschäftigungsfördernde Koordination staatlicher Sozial- und Steuerpolitik und sozialpartnerschaftlicher Tarifpolitik, Erfahrungen aus Ländern der Europäischen Union, in: WSI-Mitteilungen, 52. Jg., 8/1999, S. 530 - 538

Engelen-Kefer, Ursula u.a. (1995): Beschäftigungspolitik, 3. Auflage, Köln.

Entdorf, Horst (1996): Strukturelle Arbeitslosigkeit in Deutschland, Mismatch, Mobilität und technologischer Wandel, in: Gahlen, Bernd, Hesse, Helmut, Ramser, Hans J. (Hrsg.): Arbeitslosigkeit und Möglichkeiten ihrer Überwindung, Tübingen, S. 139 - 170.

Felderer, Bernhard, Homburg, Stefan (1989): Makroökonomik und neue Makroökonomik, 4. Auflage, Berlin u.a.

Fellner, William (1965): Competition among the Few, reprinted, New York.

Fellner, William u. a. (1964): The Problem of Rising Prices, Organisation for European Economic Co-Operation (Hrsg.), Paris.

Filer, Randall K., Hamermesh, Daniel S., Rees, Albert E. (1996): The Economics of Work and Pay, New York.

Föhl, Carl (1964): Lohnpolitik, Verteilungspolitik und Geldwertstabilität, in: Ekkehard Stiller (Hrsg.): Lohnpolitik und Vermögensbildung, Frankfurter Gespräch der List-Gesellschaft, 29.-30. Nov. 1963, Protokolle und Gutachten, Basel, S. 7 - 17.

Föhr, Horst (1974): Willensbildung in den Gewerkschaften und Grundgesetz, Berlin.

Forrester, Viviane (1997): Der Terror der Ökonomie, Wien.

Franke, Heinrich (1992): Brennpunkt Arbeitsmarkt, Ein Lehrbuch für die politische und betriebliche Praxis, 2. Auflage, Nürnberg.

Franz, Wolfgang (1995): Die Lohnfindung in Deutschland in einer internationalen Perspektive, Ist das deutsche System ein Auslaufmodell?, in: Beihefte der Konjunkturpolitik, Heft 43, Wege aus der Arbeitslosigkeit, Tagungsband zur Jahresversammlung der Arbeitsgemeinschaft Deutscher Wirtschaftswissenschaftlicher Forschungsinstitute e.V. im Mai 1995 in Bonn, Berlin, S. 31 - 57.

Franz, Wolfgang (1996): Arbeitsmarktökonomik, 3. Auflage, Berlin u.a.

Franz, Wolfgang (1996a): Theoretische Ansätze zur Erklärung von Arbeitslosigkeit, Wo stehen wir 1995?, in: Gahlen, Bernd, Hesse, Helmut, Ramser, Hans Jürgen (Hrsg.): Arbeitslosigkeit und Möglichkeiten ihrer Überwindung, Tübingen, S. 3 - 45.

Franz, Wolfgang (1996b): Arbeitsmärkte, in: Hagen, Jürgen v., Börsch-Supran, Axel, Welfens, Paul J.J. (Hrsg.): Springers Kompendium der Volkswirtschaftslehre, Berlin u.a., S. 135 - 176.

Frerich, Johannes, Frey, Martin (1993): Handbuch der Geschichte der Sozialpolitik in Deutschland, Bd. 1, Von der vorindustriellen Zeit bis zum Ende des Dritten Reiches, München/Wien.

Frey, Bruno S. (1966): Lohn- und Sparpolitik als optimale Gewerkschaftsstrategien, in: Jahrbuch für Sozialwissenschaft, 17. Jg., S. 198 - 224.

Funk, Lothar, Knappe, Eckhard (1996): Der Beitrag des Neukeynesianismus zur Erklärung der Arbeitslosigkeit in Europa, in: Hamburger Jahrbuch für Wirtschafts- und Gesellschaftspolitik, 41. Jg., S. 43 - 57.

Gagel, Alexander (1998): Einführung, in: SGB III, Arbeitsförderung, Textausgabe der Beck-Texte im dtv, 3. Auflage, München, S. IX - XXXIII.

Gallaway, Lowell E. (1971): Manpower Economics, Homewood/Ill.

Gerlach, Knut, Meyer, Wolfgang (1995), Tarifverhandlungssysteme, Lohnhöhe und Beschäftigung, in: Mitteilungen aus der Arbeitsmarkt- und Berufsforschung, 18. Jg., H. 3, S. 383 - 389.

Göcke, Matthias (1996): Formen ökonomischer Hysteresis, in: Zeitschrift für Wirtschafts- und Sozialwissenschaften, 116. Jg., H. 1, S. 31 - 57.

Green, Christopher (1967): Negative Taxes and the Poverty Problem, Washington D.C.

Grote, Hermann (1952): Der Streik, Taktik und Strategie, Köln.

Gutenberg, Erich (1979): Grundlagen der Betriebswirtschaftslehre, Bd. 1, Die Produktion, 23. unveränderte Auflage, Berlin/Heidelberg/New York.

Hampe, Peter (Hrsg.)(1984): Friedman contra Keynes, Zur Kontroverse über die Konjunktur- und Beschäftigungspolitik, München.

Hank, Rainer (1997): Kapitalismus ohne Arbeit, in: FAZ v. 23.8.1997.

Hardes, Heinz-Dieter (1988): Vorschläge zur Differenzierung und Flexibilisierung der Löhne, in: Mitteilungen aus der Arbeitsmarkt- und Berufsforschung, 21. Jg., H. 1, S. 52 - 73.

Harms, Bernhard (1923): Arbeit, in: Handwörterbuch der Staatswissenschaften, Bd. 1, Jena, S. 368 - 387.

Haug, Frigga (1996): Arbeit, in: Haug, Wolfgang Fritz (Hrsg.), Historisch-kritisches Wörterbuch des Marxismus, Bd. 1, 2. Aufl., Hamburg /Berlin, Sp. 401 - 422.

Hauser, Richard, Becker, Irene (1996): Zur Entwicklung der personellen Verteilung der Einkommen in West- und Ostdeutschland 1973 bzw. 1990 bis 1994, in: Sozialer Fortschritt, 45. Jg., H. 12, S. 285 - 293.

Hein, Eckhard (1998): Keynesianismus - ein wirtschaftstheoretisches und wirtschaftspolitisches Auslaufmodell?, Perspektiven keynesianischer Wirtschaftspolitik, in: WSI-Mitteilungen, 51. Jg., H. 12, S. 820 - 832.

Heinelt, Hubert, Bosch, Gerhard, Reissert, Bernd (Hrsg.)(1994): Arbeitsmarktpolitik nach der Vereinigung, Berlin.

Heinen-Kammerer, Tatjana (1997): Der Arbeitsmarkt in den neuen Bundesländern, Warten auf den Aufschwung, in: Zerche, Jürgen (Hrsg.): Warten auf die Soziale Marktwirtschaft, Ausbau oder Abbau der sozialen Lage in den neuen Bundesländern?, Kölner Schriften zur Sozial- und Wirtschaftspolitik, Bd. 31, Regensburg, S. 1 - 13.

Heinlein, Dirk (1996): Bruttojahresverdienste in der Industrie, im Handel, bei Kreditinstituten und im Versicherungsgewerbe, in: Wirtschaft und Statistik, H. 9, S. 573 - 582.

Heinrich, Johannes (1999): Begriff und Wert der Arbeit in Zeiten der Massenarbeitslosigkeit, in: Scheidewege, 28. Jg., S. 274 - 298.

Heise, Arne (1995): Wachstum ohne Beschäftigung - Langzeitarbeitslosigkeit eine Folge der 'Eurosklerose', in: WSI-Mitteilungen, 48. Jg., H. 12, S. 760 - 768.

Heise, Arne (1996): Arbeit für Alle - Vision oder Illusion, Zu den Bestimmungsgründen der Beschäftigungsentwicklung in der Bundesrepublik Deutschland während der letzten beiden Dekaden, Marburg.

Heise, Arne (1998): Ungleichheit und Beschäftigung aus makroökonomischer Perspektive, in: Heise, Arne (Hrsg.): Renaissance der Makroökonomik, Marburg, S. 241 - 266.

Henderson, James M., Quandt, Richard E. (1971): Microeconomic Theory, A Mathematical Approach, New York u. a.

Hernekamp, Karl (1975): Arbeitskampf, Berlin/New York.

Heyde, Ludwig (1953): Arbeitskampf, in: Handwörterbuch der Sozialwissenschaften, Tübingen/Göttingen, S. 298 - 305.

Hicks, John R. (1963): The Theory of Wages, Second Edition, reprinted, London.

Hilf, Hubert H. (1964): Einführung in die Arbeitswissenschaft, Berlin.

Himmelmann, Gerhard (1970): Lohnbildung durch Kollektivverhandlungen, Berlin.

Himmelmann, Gerhard (1977): Der Einfluß des Organisationsgrades auf die Tarifpolitik aus der Sicht der Gewerkschaften, in: Külp, Bernhard, Haas, Hans-Dieter (Hrsg.): Soziale Probleme der modernen Industriegesellschaft, Schriften des Vereins für Socialpolitik, N.F. Bd. 92/II, Berlin, S. 649 - 702.

Hinrichs, Karl (1992): Zur Zukunft der Arbeitszeitflexibilisierung, Arbeitnehmerpräferenzen, betriebliche Interessen und Beschäftigungswirkungen, in: Soziale Welt, 43. Jg., H. 3, S. 313 - 330.

Hof, Bernd (1995): Gleichgewicht oder andere Verteilung?, Arbeitsmarktentwicklung im Systemzusammenhang, in: IW-Trends, 22. Jg., H. 3, S. 69 - 92.

Hoffmann, Edeltraut, Walwei, Ulrich (1998): Normalarbeitsverhältnis, Ein Auslaufmodell?, in: Mitteilungen aus der Arbeitsmarkt und Berufsforschung, 21. Jg., H. 3, S. 409 - 425.

Holler, Manfred J. (1992): Ökonomische Theorie der Verhandlungen, 3. Auflage, München/Wien.

Institut der deutschen Wirtschaft (1999): Zahlen zur wirtschaftlichen Entwicklung der Bundesrepublik Deutschland, Köln.

Institut für Arbeitsmarkt- und Berufsforschung (1995): Zahlen-Fibel 1995, Nürnberg.

Institut für Arbeitsmarkt- und Berufsforschung (1996): Wege zu mehr Beschäftigung, Simulationsrechnungen bis zum Jahr 2005 am Beispiel Westdeutschland, IAB-Werkstattbericht Nr. 5, 10.9.1996, Nürnberg.

Institut für Arbeitsmarkt- und Berufsforschung (1997): Zahlen-Fibel 1997, Nürnberg.

Institut für Arbeitsmarkt- und Berufsforschung (1998): IAB-Agenda '98, Wissenschaftliche Befunde und Empfehlungen zur Arbeitsmarkt- und Beschäftigungspolitik, IAB-Werkstattbericht Nr. 10, 28.9.1998, Nürnberg.

Jaeger, Klaus (1996): Gewerkschaftsverhalten und Arbeitslosigkeit, in: Gahlen, Bernd, Hesse, Helmut, Ramser, Hans Jürgen (Hrsg.): Arbeitslosigkeit und Möglichkeiten ihrer Überwindung, Tübingen, S. 178 - 209.

Jahoda, Marie, Lazarsfeld, Paul F., Zeisel, Hans (1975): Die Arbeitslosen von Marienthal, Ein soziographischer Versuch über die Wirkungen langandauernder Arbeitslosigkeit, Frankfurt a.M.

Jahresbericht der Bundesvereinigung der Arbeitgeberverbände, Köln, erscheint jährlich.

Kaldor, Nicholas (1960): Alternative Theories of Distribution, wiederabgedr. in: Kaldor, Nicholas (Hrsg.): Essays on Value and Distribution, Part V, London, S. 209 - 236.

Kaufmann, Franz-Xaver (1997): Schwindet die Integrationskraft des Sozialstaates ?, in: Gewerkschaftliche Monatshefte, 48. Jg., H. 1, S. 2 - 14.

Kehrmann, Karl (1999): Ein Blick zurück im Zorn, Arbeitsrechtliche Bilanz der Regierung Kohl, in: Arbeit und Recht, 47. Jg., H. 1, S. 5 - 11.

Keller, Berndt (1974): Theorien der Kollektiv-Verhandlungen, Ein Beitrag zur Problematik der Arbeitsökonomie, Berlin.

Keller, Berndt (1997): Einführung in die Arbeitspolitik, 5. Auflage, München/Wien.

Keller, Berndt (1999): Supranationale Regulierung von Arbeitsverhältnissen, Das Beispiel der EU, oder: Der Fortschritt ist eine Schnecke und manchmal nicht einmal dies, in: WSI-Mitteilungen, 52. Jg., H. 2, S. 109 - 118.

Kirchler, Erich (1993): Arbeitslosigkeit, Psychologische Skizzen über ein anhaltendes Problem, Göttingen u.a.

Klauder, Wolfgang, Schnur, Peter, Zika, Gerd (1996): Wege zu mehr Beschäftigung, IAB-Werkstattbericht Nr. 5, Nürnberg.

Klaus, Joachim (1972): Die konzertierte Aktion als Instrument der Neuen Wirtschaftspolitik, in: Dürr, Ernst (Hrsg.): Neue Wege der Wirtschaftspolitik, Schriften des Vereins für Sozialpolitik, N.F. Bd. 65, S. 11 - 51.

Klems, Wolfgang, Schmid, Alfons (1992): Langzeitarbeitslosigkeit, Ein ungelöstes arbeitsmarktpolitisches Problem?, in: WSI-Mitteilungen, 45. Jg., H. 7, S. 448 - 458.

Klös, Hans-Peter (1999): Die deutsche Arbeitsmarktstatistik, Aussagekraft und ihre Grenzen, in: IW-Trends, 26. Jg., H. 1, S. 53 - 76.

Knappe, Eckard (1997): Arbeitsmarktordnung und Arbeitsmarktpolitik, in: Jahrbücher für Nationalökonomie und Statistik, Vol. 216, No. 4+5, S. 498 - 523.

Knappe, Eckhard (1998): Einige Irrtümer der Arbeitsmarktdebatte, in: Knappe, Eckhard, Berthold, Jürgen (Hrsg.): Ökonomische Theorie der Sozialpolitik, Bernhard Külp zum 65. Geburtstag, Heidelberg, S. 168 - 193.

Knuth, Matthias, Büttner, Renate (1996): Synopse zur AFG-Reform, Gelsenkirchen.

Köllermann, Hans W. (1971): Sozialpolitik in Deutschland, Eine geschichtliche und systematische Einführung, Bundesministerium für Arbeit und Sozialforschung (Hrsg.), 5. Auflage, Stuttgart.

Kommission Mitbestimmung (1998): Mitbestimmung und neue Unternehmenskulturen, Bilanz und Perspektiven, Bericht der Kommission Mitbestimmung, herausgegeben von der Bertelsmann Stiftung und der Hans-Böckler-Stiftung, Gütersloh.

Krelle, Wilhelm (1961): Lohn (1) Theorie, in: Handwörterbuch der Sozialwissenschaften, Bd. 7, Göttingen u. a., S. 1 - 16.

Krelle, Wilhelm (1968): Verteilungstheoretische Grundfragen der Lohnpolitik, in: Lenz, Friedrich (Hrsg.): Beiträge zur Wirtschafts- und Gesellschaftsgestaltung, Festschrift für Bruno Gleitze, Berlin, S. 275 - 289.

Kress, Ulrike, Brinkmann, Christian, Wiedemann, Eberhard (1995): Entwicklung und Struktur der Langzeitarbeitslosigkeit, in: WSI-Mitteilungen, 48. Jg., H. 12, S. 741 - 748.

Kromphardt, Jürgen (1989): Regulierung der Arbeitszeit als Mittel der Beschäftigungspolitik, in: Scherf, Harald (Hrsg.): Beschäftigungsprobleme hochentwickelter Volkswirtschaften, Berlin, S. 251 - 265.

Kromphardt, Jürgen (1992): Arbeitslosigkeit, in: Gaugler, Eduard (Hrsg.): Handwörterbuch des Personalwesens, 2. Auflage, Stuttgart, S. 148 - 159.

Kromphardt, Jürgen (1998): Arbeitslosigkeit und Inflation, Einführung in die ökonomischen Kontroversen, 2. Aufl., Zürich/Göttingen.

Kromphardt, Wilhelm (1964): Art.: Preis (II), Preistheorie, in: Handwörterbuch der Sozialwissenschaften, Bd. 8, Göttingen u. a., S. 477 - 499.

Krüger, Wolfgang, Müller, Petra, Stegemann, Karsten (1999): Wirtschaftliche Anreize für betriebliche Maßnahmen zur Unfallverhütung und zur Verringerung arbeitsbedingter Gesundheitsgefahren, Gutachten herausgegeben von der Bundesanstalt für Arbeitsschutz und Arbeitsmedizin, Dortmund.

Külp, Bernhard (1965): Lohnbildung im Wechselspiel zwischen politischen und wirtschaftlichen Kräften, Berlin.

Külp, Bernhard (1972): Zur Problematik der Tarifautonomie, in: Hamburger Jahrbuch für Wirtschafts- und Gesellschaftspolitik, 17. Jg., S. 199 - 222.

Külp, Bernhard (1973): Verbände in Verhandlungen, Marksteine der Theorie der Tarifverhandlungen, in: Herder-Dorneich, Philipp (Hrsg.): Zur Verbandsökonomik, Ansätze zu einer ökonomischen Theorie der Verbände, Berlin, S. 110 - 162.

Külp, Bernhard (1994): Verteilung: Theorie und Politik, 3. Aufl., Stuttgart/New York.

Külp, Bernhard, Schreiber, Wilfrid (Hrsg.) (1972): Arbeitsökonomik, Köln/Berlin.

Küng, Emil (1971): Arbeit und Freizeit in der nachindustriellen Gesellschaft, Tübingen.

Lampert, Heinz (1986): Möglichkeiten und Grenzen einer Flexibilisierung der Beschäftigungsverhältnisse, in: Wirtschaftsdienst, 66. Jg., H. 4, S. 179 ff.

Lampert, Heinz (1989): 20 Jahre AFG, Mitteilungen aus der Arbeitsmarkt- und Berufsforschung, 12. Jg., H. 2, S. 173 - 186.

Lampert, Heinz (1998): Lehrbuch der Sozialpolitik, 5. Auflage, Berlin u.a.

Lampert, Heinz, Englberger, Josef, Schüle, Ulrich (1991): Ordnungs- und prozeßpolitische Probleme der Arbeitsmarktpolitik in der Bundesrepublik Deutschland, Berlin.

Landmann, Oliver, Jerger, Jürgen (1999): Beschäftigungstheorie, Berlin u.a.

Layard, Peter R. G., Nickell, Stephen, Jackman, Richard (1991): Unemployment: Macroeconomic Performance and the Labour Market, Oxford.

Layard, Peter R. G., Nickell, Stephen, Jackman, Richard (1994): The Unemployment Crisis, Oxford.

Lester, Richard A. (1946): Shortcomings of Marginal Analysis for Wage-Employment Problems, in: American Economic Review, Vol. 36, No. 1, S. 63 - 82.

Leutenecker, Sabine (1999): Der Erfolg des amerikanischen Beschäftigungsmodells und seine Ursachen, in: Aus Politik und Zeitgeschichte, B14-15, 49. Jg., S. 24 - 30.

Liefmann-Keil, Elisabeth (1961): Ökonomische Theorie der Sozialpolitik, Berlin u. a.

Lind, Jens (1998): Der Sozialpakt in Dänemark zwischen Kooperation und Wettbewerb, in: Gewerkschaftliche Monatshefte, 49. Jg, H. 10, S. 669 - 678.

Lindbeck, Assar (1993): Unemployment and Macroeconomics, Cambridge Mass./London.

Lindner, H. (1975): Steigende Mitgliederzahl beim DGB, in: Die neue Gesellschaft, 22. Jg., S. 548 - 551.

Löbbe, Klaus (1998): Sectoral Employment Elasticities in Germany, in: Addison, John T., Welfens, Paul J. J. (Hrsg.): Labor Markets and Social Security, Wage Costs, Social Security Financing and Labor Market Reforms in Europe, Berlin u.a., S. 91 - 121.

Loderer, Eugen (1974): Qualität des Lebens statt Vermögenspolitik, in: Pitz, Karl H. (Hrsg.): Das Nein zur Vermögenspolitik, Reinbek.

Lorenz, Martin, Clasen, Lothar (1996): Viele kleine Bündnisse für Arbeit, in: Bundesarbeitsblatt, H. 12, S. 5 - 10.

Luckenbach, Helga (1994): Grundlagen der Volkswirtschaftslehre, München.

Machlup, Fritz (1946): Marginal Analysis and Empirical Research, in: American Economic Review, Vol. 36, No. 2, S. 519 - 554.

Maneval, Helmut (1973): Die Phillips-Kurve, Empirische, theoretische und wirtschaftspolitische Aspekte, Tübingen.

Manning, Alan (1987): An Integration of Trade Union Models in a Sequential Bargaining Framework, in: Economic Journal, 97, S. 121 - 139.

Marburger, Horst (1998): Die Arbeitsförderung im SGB III, in: Wege zur Sozialversicherung, 52. Jg., H. 2, S. 33 - 39.

Marcuse, Herbert (1975): Über die philosophischen Grundlagen des wirtschaftswissenschaftlichen Arbeitsbegriffs, wiederabgedr. in: Marcuse, Herbert: Kultur und Gesellschaft, Frankfurt a.M.

Markmann, Heinz (1971): Gewerkschaften und Konzentration, in: Arndt, Helmut (Hrsg.): Die Konzentration in der Wirtschaft, Schriften des Vereins für Socialpolitik, N.F. Bd. 20/11, 2. Auflage, Berlin, S. 513 - 544.

Martin, Hans-Peter, Schumann, Harald (1996): Die Globalisierungsfalle. Der Angriff auf Demokratie und Wohlstand, Reinbek.

Marx, Karl (1962): Das Kapital, Bd. 1, Berlin (Ost).

McConnell, Campbell R., Brue, Stanley L., MacPherson, David A. (1998): Contemporary Labor Economics, Homewood/IL.

McDonald, Ian M., Solow, Robert M. (1981): Wage Bargaining and Employment, in: American Economic Review, Vol. 71, No. 4, S. 896 - 908.

Meinhold, Helmut (1964): Veränderung oder Aufhebung der Tarifautonomie, in: Raiser, Ludwig u.a. (Hrsg.): Das Verhältnis der Wirtschaftswissenschaft zur Rechtswissenschaft, Soziologie und Statistik, Schriften des Vereins für Socialpolitik, N.F. Bd. 33, Berlin, S. 78 - 89.

Mellerowicz, Konrad (1973): Allgemeine Betriebswirtschaftslehre, 1. Bd., New York/Berlin.

Mertens, Dieter (1968): Rahmenvorstellungen des Instituts für Arbeitsrecht und Berufsforschung, Mitteilungen des Instituts für Arbeitsrecht und Berufsforschung, 1/1968.

Müller, Josef H. (1963): Die Determinanten der Lohnquote, in: Zeitschrift für die gesamte Staatswissenschaft, Bd. 119, S. 300 - 312.

Musgrave, Richard A. (1974): Finanztheorie, Studienausgabe, Tübingen.

Mutz, Gerd (1999): Strukturen einer Neuen Arbeitsgesellschaft, in: Aus Politik und Zeitgeschichte, 49. Jg., B9, S. 3 - 11.

Nell-Breuning, Oswald v. (1960): Kapitalismus und gerechter Lohn, Freiburg.

Nell-Breuning, Oswald v. (1970): Aktuelle Fragen der Gesellschaftspolitik, Köln.

Niggemann, Jürgen (1973): Zur Verbandsökonomik, Ansätze zu einer ökonomischen Theorie der Verbände, Berlin.

Nipperdey, Hans C. (o.J.): Arbeitsrecht, München.

North, Douglas C. (1984): Transaction Costs, Institutions and Economic History, in: Zeitschrift für die gesamte Staatswissenschaft, Journal of Institutional and Theoretical Economics, Vol. 140, S. 7 - 17.

o.V.(1997): Globalisierung - Die Mär vom Ende der Arbeit, in: iwd Nr. 38 v. 18. September 1997, S. 4 f.

Oberhauser, Alois (1996): Mehr Arbeitslosigkeit durch Parallelpolitik, Eine Folge einzelwirtschaftlichen Denkens, in: Wirtschaftsdienst, 76. Jg., H. 11, S. 566 - 573.

Olson, Mancur jr. (1992): Die Logik des kollektiven Handelns, Kollektivgüter und Theorie der Gruppe, 3. durchges. Auflage, Tübingen.

Organisation for Economic Development and Co-Operation OECD (Hrsg.) (1974): Negative Income Tax, An Approache to the Coordination of Taxation and Social Welfare Policies, Paris.

Ott, Alfred E. (1991): Grundzüge der Preistheorie, 3. Auflage, Göttingen.

Paqué, Karl-Heinz (1998): Structural Unemployment in Europe, A Bird's-Eye View, in: Addison, John T., Welfens, Paul J.J. (Hrsg.): Labor Markets and Social Security, Wage Costs, Social Security Financing and Labor Market Reforms in Europe, Berlin u.a., S. 17 - 43.

Parsons, Talcott (1951): The Social System, New York.

Paulsen, Andreas (1965): Allgemeine Volkswirtschaftslehre III, 3. Auflage, Berlin.

Pen, Jan (1959): The Wage Rate Under Collective Bargaining, Cambridge, Mass.

Perlman, Richard (1969): Labor Theory, New York u. a.

Pfähler, Wilhelm (1972/73): Begriff und Formen der Negativsteuern, in: Finanzarchiv, N.F. Bd. 31, S. 234 - 261.

Phelps, Edmund S. (1994): Structural Slumps, The Modern Equilibrium Theory of Unemployment, Interest, and Assets, Cambridge.

Phelps, Edmund S. (1995): The Structuralist Theory of Employment, in: American Economic Review, P&P, Vol. 85, No. 2, S. 226 - 231.

Pitz, Karl H. (Hrsg.)(1974): Das Nein zur Vermögenspolitik, Gewerkschaftliche Argumente und Alternativen zur Vermögensbildung, Reinbek.

Priewe, Jan, Havighorst, Frank (1999): Auf dem Weg in die Teilhabergesellschaft?, Investivlöhne, Gewinn- und Kapitalbeteiligungen der Arbeitnehmer in Westeuropa und den USA - eine vergleichende Bestandsaufnahme, hrsg. von der Friedrich-Ebert-Stiftung, Reihe Wirtschaftspolitische Diskurse, Heft 123, Bonn.

Priller, Eckhard, Zimmer, Annette, Anheier, Helmut K. (1999): Der Dritte Sektor in Deutschland, in: Aus Politik und Zeitgeschichte, 49. Jg., B9, S. 12 - 21.

Rahmann, Bernd (1985): Ist Angebotsökonomik eine instrumentelle Alternative zur keynesianischen Nachfrageökonomik?, in: Buttler, Friedrich, Kühl, Jürgen, Rahmann, Bernd (Hrsg.): Staat und Beschäftigung, Angebots- und Nachfragepolitik in Theorie und Praxis, Beiträge zur Arbeitsmarkt- und Berufsforschung, Bd. 88, Nürnberg, S. 65 - 100.

Rasch, Sebastian, Reitz, Martin (1997): Erfolgsbeteiligungen stärken die Mitarbeitermotivation, in: Handelsblatt vom 10.12.1997.

Recktenwald, Horst C. (1958): Steuerinzidenzlehre, Berlin.

Reuter, Norbert (1997): Arbeitslosigkeit bei ausbleibendem Wachstum - das Ende der Arbeitsmarktpolitik?, in: Aus Politik und Zeitgeschichte, 47. Jg., B35, S. 3 - 13.

Revel, Saul W. (1994): Tarifverhandlungen in der Bundesrepublik Deutschland, Eine Untersuchung der Bedeutung verschiedener Verhandlungsebenen für die sozialökonomische Entwicklung, Baden-Baden.

Reynolds, Lloyd G., Masters, Stanley H., Moser, Collette H. (1997): Labor Economics and Labor Relations, Englewood Cliffs.

Richter, Rudolf, Schlieper, Ulrich, Friedmann, Willy (1981): Makroökonomik, Eine Einführung, 4. korrigierte und ergänzte Auflage, Berlin/Heidelberg/New York.

Rifkin, Jeremy (1995): Das Ende der Arbeit und ihre Zukunft, Frankfurt/New York.

Robinson, Joan (1933): Economics of Imperfect Competition, London.

Rodbertus-Jagetzow, Carl (1899): Schriften, Berlin.

Rolle, Carsten, van Suntum, Ulrich (1997): Langzeitarbeitslosigkeit im Ländervergleich, Zum Einfluß von sozialen Sicherungssystemen und Tariffindungssystemen auf die Beschäftigung in Deutschland, Österreich, Schweiz und USA, Berlin.

Rose, Klaus (1967): Einkommens- und Beschäftigungstheorie, in: Ehrlicher, Werner u. a. (Hrsg.): Kompendium der Volkswirtschaftslehre, Bd. 1, Göttingen, S. 189 - 243.

Ross, Arthur M. (1952): Trade Unions Wage Policy, Berkeley.

Rothschild, Kurt W. (1954): Theory of Wages, Oxford.

Rothschild, Kurt W. (1957): Approaches to the Theory of Bargaining, in: Dunlop, James T. (Hrsg.): The Theory of Wage Determination, London, S. 281 - 291.

Rothschild, Kurt W. (1963): Lohntheorie, Berlin/Frankfurt a.M.

Rothschild, Kurt W. (1978): Arbeitslose: Gibt's die?, in: Kyklos, Vol. 31, No. 1, S. 2 - 35.

Sachverständigenrat zur Begutachtung der gesamtwirtschaftlichen Entwicklung (1974): Vollbeschäftigung für morgen, Jahresgutachten 1974/75, Stuttgart/Mainz.

Sachverständigenrat zur Begutachtung der gesamtwirtschaftlichen Entwicklung (1983): Jahresgutachten 1983/1984: Ein Schritt voran, Stuttgart/Mainz.

Sachverständigenrat zur Begutachtung der gesamtwirtschaftlichen Entwicklung (1993): Jahresgutachten 1993/1994: Zeit zum Handeln - Antriebskräfte stärken, Stuttgart/Mainz.

Sachverständigenrat zur Begutachtung der gesamtwirtschaftlichen Entwicklung (1995): Im Standortwettbewerb, Jahresgutachten 1995/96, Stuttgart.

Salamon, Lester M., Anheier, Helmut K. (1997): Der Nonprofit-Sektor im internationalen Vergleich, Ein theoretischer Versuch, in: Schauer, Reinbert, Anheier, Helmut K., Blümle, Ernst-Bernd (Hrsg.): Der Nonprofit Sektor im Aufwind, Linz, S. 13 - 56.

Samuelson, Paul A., Nordhaus, William D. (1987): Volkswirtschaftslehre, Bd. 1 und 2, Köln.

Schellhaaß, Horst M. (1990): Das Arbeitsrecht als Beschäftigungshemmnis?, in: Büchtemann, Christoph F., Neumann, Helmut (Hrsg.): Mehr Arbeit durch weniger Recht?, Chancen und Grenzen der Arbeitsmarktflexibilisierung, Berlin, S. 87 - 104.

Schewe, Dieter, u.a. (1975): Übersicht über die Soziale Sicherung, Der Bundesminister für Arbeit und Sozialordnung (Hrsg.), Bonn.

Schiller, Karl (1984): Der Stellenwert staatlicher Konjunktur- und Beschäftigungspolitik in der Bundesrepublik Deutschland, in: Hampe, Peter (Hrsg.): Friedman contra Keynes, Zur Kontroverse über die Konjunktur- und Beschäftigungspolitik, München, S. 27 - 42.

Schleicher, Heinz A. (1967): Kritische Bemerkungen zur Grenzproduktivitätstheorie, in: Frisch, Helmut (Hrsg.): Beiträge zur Theorie der Einkommensverteilung, Berlin, S. 23 - 48.

Schmale, Ingrid, Schönig, Werner (1998): Gestaltungsoptionen in modernen Gesellschaften, Zum Beitrag von Sozialpolitik und Genossenschaften, in: Schönig, Werner, Schmale, Ingrid (Hrsg.): Gestaltungsoptionen in modernen Gesellschaften, Festschrift für Jürgen Zerche zum 60. Geburtstag, Regensburg, S. 3 - 27.

Schmid, Günther (1996): Beschäftigungswunder Niederlande?, WZB-Discussion Paper FS I 96-206.

Schneider, Erich (1960): Einführung in die Wirtschaftstheorie, 6. Auflage, Tübingen.

Schönig, Werner (1996): Alimentierung und Entlastungsleistungen von Wirtschaftsverbänden, Anmerkungen zum Erklärungswert der Theorie des Rent Seeking, in: Hamburger Jahrbuch für Wirtschafts- und Gesellschaftspolitik, 41. Jg., S. 111 - 127.

Schönig, Werner (1996a): Ersparnisbildung und Vermögensanlage privater Haushalte, Zur Fundierung einer Verhaltenstheorie des Sparens mittels einer Auswertung des sozio-ökonomischen Panels, Frankfurt a.M. u.a.

Schroeder, Wolfgang, Esser, Josef (1999): Modell Deutschland: Von der Konzertierten Aktion zum Bündnis für Arbeit, in: Aus Politik und Zeitgeschichte, B37, 10. September 1999, S. 3 - 12.

Schumacher, Ernst F. (1985): Small is beautiful, Die Rückkehr zum menschlichen Maß, Reinbek.

Schumann, Jochen (1987): Grundzüge der mikroökonomischen Theorie, Berlin u.a.

Schwientek, Roland (1993): Kapazitätsorientierte Betriebszeiten, Betriebswirtschaftliche Aspekte flexibler Arbeitszeitgestaltung im Industriebetrieb, in: Angewandte Arbeitswissenschaft, Nr. 138, S. 1 - 22.

Seifert, Hartmut (1987): Variable Arbeitszeitgestaltung, Arbeitszeit nach Maß für die Betriebe oder Zeitautonomie für die Arbeitnehmer?, in: WSI-Mitteilungen, 40. Jg., H. 1, S. 1 - 22.

Seifert, Hartmut (1990): Zur Diskussion um Arbeitszeitverkürzung, Fachkräftemangel und Wachstumseinbußen, in: WSI-Mitteilungen, 43. Jg., H. 3, S. 157 - 165.

Seifert, Hartmut (1993): Ausmaß und Effekte der Arbeitszeitverkürzung, in: Hampe, Peter (Hrsg.): Zwischenbilanz der Arbeitszeitverkürzung, München, S. 11 - 28.

Seifert, Hartmut (1999): Betriebliche Vereinbarungen zur Beschäftigungssicherung, in: WSI-Mitteilungen, 52. Jg., H. 3, S. 156 - 164.

Sell, Stephan (1998): Entwicklung und Reform des Arbeitsförderungsgesetzes als Anpassung des Sozialrechts an flexible Erwerbsformen?, Zur Zumutbarkeit von Arbeit und Eigenverantwortung der Arbeitnehmer, in: Mitteilungen aus der Arbeitsmarkt- und Berufsforschung, 31. Jg., H. 3, S. 532 - 549.

Sesselmeier, Werner, Blauermel, Gregor (1997): Arbeitsmarkttheorien, Ein Überblick, 2. Auflage, Heidelberg.

Shackle, George L. S. (1957): The Nature of the Bargaining Process, in: Dunlop, James T. (Hrsg.): The Theory of Wage Determination, London, S. 292 - 314.

Sievert, Olaf (1984): Angebotsorientierte versus nachfrageorientierte Wirtschaftspolitik, in: Hampe, Peter (Hrsg.): Friedman contra Keynes, Zur Kontroverse über die Konjunktur- und Beschäftigungspolitik, München, S. 67 - 93.

Simonde de Sismondi, Jean C. L. (1902): Neue Grundsätze der politischen Ökonomie, nach der zweiten Ausgabe von 1827 übertragen von R. Prager, Berlin.

Smith, Adam (1993/1789): Der Wohlstand der Nationen, Eine Untersuchung seiner Natur und seiner Ursachen, Aus dem Englischen übertragen von Horst C. Recktenwald, München.

Smith, Stephen W. (1994): Labour Economics, London/New York.

Snodow, Brian, Vane, Howard R., Wynarczyk, Peter (1994): A Modern Guide to Macroeconomics, An Introduction to Competing Schools of Thought, Cheltenham.

Snower, Dennis J. (1996): Evaluation unemployment policies: What do the underlying theories tell us?, in: Snower, Dennis J., Dehesa, Guillermo (Hrsg.): Unemployment policy: government options for the labour, Cambridge, S. 15 - 53.

Sperner, Rudolf (1975): Referat des 1. Vorsitzenden Rudolf Sperner vor dem 10. ordentlichen Gewerkschaftstag der IG Bau-Steine-Erden in Hamburg, 9.10.1975, Maschinenschr. Manuskript, Frankfurt a.M.

Stackelberg, Heinrich v. (1951): Grundlagen der theoretischen Volkswirtschaftslehre, 2. Auflage, Tübingen/Zürich.

Stadler, Manfred (1996): Elemente und Funktionsweise des strukturalistischen Ansatzes zur Erklärung von Arbeitslosigkeit, in: Gahlen, Bernd, Hesse, Helmut, Ramser, Hans J. (Hrsg.): Arbeitslosigkeit und Möglichkeiten ihrer Überwindung, Tübingen, S. 307 - 326.

Statistisches Bundesamt (Hrsg.) (1990): Fachserie 18, Volkswirtschaftliche Gesamtrechnungen, Stuttgart/Mainz.

Statistisches Bundesamt (Hrsg.) (1996, 1997): Statistisches Jahrbuch für das Ausland, Stuttgart/Mainz.

Statistisches Bundesamt (Hrsg.) (versch. Jahrgänge): Statistisches Jahrbuch für die Bundesrepublik Deutschland, Stuttgart/Mainz.

Stegemann, Karsten (1999): Begründungszusammenhänge der Prävention in der Arbeitsmedizin neu gedacht - Prävention lohnt sich (nicht), in: Hofmann, Friedrich, Reschauer, Georg, Stößel, Ulrich (Hrsg.): Arbeitsmedizin im Gesundheitsdienst, Bd. 12, Freiburg i.Br.

Steinke, Rudolf (1996): Die Reform des Arbeitsförderungsgesetzes (AFG), Ein Schritt des Sozialabbaus oder ein Instrument zur effektiven Flankierung des Strukturwandels?, in: Soziale Sicherheit, 45. Jg., H. 5, S. 162 - 177.

Stern, Klaus, Münch, Paul (1967): Gesetz zur Förderung der Stabilität und des Wachstums der Wirtschaft, Stuttgart.

Stigler, George J. (1946): The Economics of Minimum Wage Legislation, in: American Economic Review, 36, S. 358 ff., wiederabgedr. in: Külp, Bernhard, Schreiber, Wilfried (Hrsg.) (1972): Arbeitsökonomie, Köln/Berlin, S. 405 - 414.

Stille, Frank, Zwiener, Rudolf (1988): Arbeitszeitverkürzung als Instrument der Beschäftigungspolitik, in: WSI-Mitteilungen, 41. Jg., H. 10, S. 590 - 598.

Stobbe, Alfred (1981): Möglichkeiten und Fragestellungen einer Verteilungstheorie, in: Klanberg, Frank, Krupp, Hans-Jürgen (Hrsg.), Einkommensverteilung, Königstein/Ts., S. 33 - 49.

Stonier, Alfred W., Hague, Douglas C. (1972): A Textbook of Economic Theory, 4. Auflage, London.

Streeck, Wolfgang (1998): Das Zukunftsmodell - der Flächentarifvertrag, in: Gewerkschaftliche Monatshefte, 49. Jg., H. 1, S. 6 - 18.

Symons, Elizabeth J., Layard, Richard (1984): Neoclassical Demand for Labour Functions for Six Mayor Countries, Economic Journal, Vol. 94, S. 788 - 799.

Trabold, Harald (1997): Globalisierung: Falle oder Wohlstandsquelle?, DIW-Wochenbericht 23/97.

Tugan-Baranowsky, Michail I. (1913): Soziale Theorie der Verteilung, Berlin.

Vesper, Dieter (1985): Was könnte 'Nachfragepolitik' heute leisten?, Einige Bemerkungen zu einer ungeliebten Strategie, in: Buttler, Friedrich, Kühl, Jürgen, Rahmann, Bernd (Hrsg.): Staat und Beschäftigung, Angebots- und

Nachfragepolitik in Theorie und Praxis, Beiträge zur Arbeitsmarkt- und Berufsforschung, Bd. 88, Nürnberg, S. 9 - 44.

Visser, Jelle, Hemerijck, Anton (1998): Ein holländisches Wunder?, Frankfurt /New York.

Vogt, Winfried (1996): Überlegungen zur makroökonomischen Modellbildung, in: Gahlen, Bernd, Hesse, Helmut, Ramser, Hans Jürgen (Hrsg.): Arbeitslosigkeit und Möglichkeiten ihrer Überwindung, Tübingen, S. 237 - 267.

Wack, Rene (1959): Kollektivverhandlungen in den USA, Zur Theorie der Vertragsverhandlungen im institutionellen Arbeitsmarkt, in: v. Salin, Edgar, Bombach, Gottfried (Hrsg.): Staatswissenschaftliche Studien, N.F. Bd. 37, Zürich.

Wagner, Thomas, Jahn, Elke J. (1997): Neue Arbeitsmarkttheorien, Düsseldorf.

Walter, Norbert (1985): Angebotsorientierter Politikansatz, in: Buttler, Friedrich, Kühl, Jürgen, Rahmann, Bernd (Hrsg.): Staat und Beschäftigung, Angebots- und Nachfragepolitik in Theorie und Praxis, Beiträge zur Arbeitsmarkt- und Berufsforschung, Bd. 88, Nürnberg, S. 1 - 8.

Walwei, Ulrich, Werner, Heinz (1998): Großbritannien, „Europas kranker Mann“ genesen, IAB Kurzbericht, Nr. 8.

Weddigen, Walter (1962): Zur Theorie und Praxis der Mitbestimmung, 2. Bd., Berlin.

Weißkirchen, Christoph (1994): Vermögensbildung in Arbeitnehmerhand, Neue Ansätze in den neunziger Jahren, in: Sikora, Joachim (Hrsg.): Vermögensbildung in Arbeitnehmerhand, Bad Honnef, S. 35 - 55.

Weizsäcker, Ernst Ulrich von, Weizsäcker, Christine von (1979): Recht auf Eigenarbeit statt Pflicht zum Wachstum, in: Scheidewege, 9. Jg., H. 2, S. 221 - 234.

Wendeling-Schröder, Ulrike (1997): Die Zukunftsfähigkeit des Tarifvorranges, in: WSI-Mitteilungen, 50. Jg., H. 2, S. 90 - 98.

Werlhof, Claudia von (1985): Der weiße Mann versucht noch einmal durchzustarten - Zur Kritik dualwirtschaftlicher Ansätze in der neueren Diskussion, in: Opielka, Michael (Hrsg.): Die ökosoziale Frage, Entwürfe zum Sozialstaat, Frankfurt/Main, S. 164 - 182.

Werner, Heinz (1997): Arbeitsmarktentwicklung in den USA, Lehren für uns?, in: MittAB, 30. Jg., H. 3/97, S. 585 - 600.

Werner, Heinz (1998): Beschäftigungspolitisch erfolgreiche Länder, in: Aus Politik und Zeitgeschichte, 48. Jg., B34-35, S. 3 - 14.

Werner, Heinz (1998a): Auf dem Weg zu mehr Beschäftigung: Erfahrungen anderer Länder, in: Wirtschaftsdienst, 78. Jg., H. 10, S. 601 - 608.

Winterstein, Helmut (1969): Sozialpolitik mit anderen Vorzeichen, Zur Frage einer stärkeren Betonung von persönlicher Freiheit und Selbstverantwortung in der westdeutschen Sozialpolitik, unter besonderer Berücksichtigung der Sozialversicherung, Berlin.

Woll, Arthur (1990): Allgemeine Volkswirtschaftslehre, 10. Auflage, München.

Woll, Artur (1975): Das *Phillips*-Theorem, in: WISU, H. 5, S. 241 - 245.

Wolters, Rudolf (1976): Strategien der Verhandlungsführung, Eine Analyse empirischer Tests zur Bargaining-Theorie des Lohnes, Berlin.

Zerche, Jürgen (1970): Lohnfindung durch Tarifverhandlungen, Tübingen.

Zerche, Jürgen (1974): Verteilungspolitik in theoretischer Analyse, in: Konjunkturpolitik, 20. Jg., Berlin, S. 222 - 242.

Zerche, Jürgen (1993): Gedanken zu einer Theorie der Sozialpolitik, in: Iwersen, Albrecht, Tuchtfeldt, Egon (Hrsg.): Sozialpolitik vor neuen Aufgaben, Bern/Stuttgart/Wien, S. 43 - 61.

Zerche, Jürgen (1997): Das Ende der Arbeit und die Zukunft des Genossenschaftssektors, in: Brazda, Johann, Kleer, Jerzy (Hrsg.): Genossenschaften vor neuen Herausforderungen, Augsburg 1997, S. 319 - 331.

Zerche, Jürgen, Gründger, Fritz (1996): Sozialpolitik, Einführung in die ökonomische Theorie der Sozialpolitik, 2. Auflage, Düsseldorf.

Zerche, Jürgen, Schmale, Ingrid, Blome-Drees, Johannes (1998): Einführung in die Genossenschaftslehre, München/Wien.

Zeuthen, Frederik (1930): Problems of Monopoly and Economic Warfare, London.

Zinn, Karl Georg (1999): Massenarbeitslosigkeit und Massenwohlstand, Das Janusgesicht unseres Kapitalismus zum Jahrhundertende und die Optionen der Beschäftigungspolitik, in: Aus Politik und Zeitgeschichte, 49. Jg., B14-15, S. 3 - 13.

Personenverzeichnis

Sachverzeichnis